Nürnbergs Weg in die Moderne

Wirtschaft, Politik und Gesellschaft
im 19. und 20. Jahrhundert

R. Endres / M. Fleischmann

Nürnbergs Weg in die Moderne

Wirtschaft, Politik und Gesellschaft im 19. und 20. Jahrhundert

Herausgeber
Stadtsparkasse Nürnberg

Verlag
W. Tümmels, Nürnberg

Umschlag vorne:
Ansicht von der Derrerbrücke
Johannes Scharrer
Industrielle Fertigung um 1960
GfK-Nürnberg e.V.

Umschlag hinten:
ICE vor der Kulisse der Nürnberger Altstadt

Impressum

Herausgeber: Stadtsparkasse Nürnberg
Autoren: Prof. Dr. Rudolf Endres, Martina Fleischmann, M. A.
Wissenschaftliche Mitarbeit: Charlotte Bühl, Wiss. Ass.
Koordination: Dr. Julia Lehner
Grafik: Heinz Glaser
Gesamtherstellung: W. Tümmels Buchdruckerei
und Verlag GmbH, Nürnberg
Lithos: Reprotechnik Staudacher GmbH
ISBN: 3-921590-43-4

Inhalt

Grußwort

Am 2. November 1821 wurde in Nürnberg die erste Sparkasse in Bayern eröffnet. Ihre Gründung geht auf die Initiative des großen Nürnberger Reformers Johannes Scharrer zurück, dem darüber hinaus eine Reihe von Innovationen wie der Eisenbahnbau, eine Schulreform, der moderne Denkmalschutz sowie der Vorläufer der Fachhochschule zu verdanken sind.

Die Wurzeln der Stadtsparkasse reichen in eine Zeit zurück, als Nürnberg am Beginn seiner Entwicklung zum bedeutendsten Industriezentrum Süddeutschlands stand. Mit der Ansiedlung industrieller Produktionsstätten ging ein massenhafter Zuzug von Arbeitskräften einher. Dabei prägte die drängende Sorge um das tägliche Auskommen das Leben der arbeitenden Bevölkerung.

Schon in ihren Gründungsjahren, lange vor Bismarcks Sozialgesetzen, diente die Stadtsparkasse nicht allein der Vermögensbildung von Mittel- und Unterschichten. Sie betrachtete auch die Kreditgewährung an Handwerker, kleine Grundbesitzer und Gewerbetreibende als ihre Aufgabe. Damit gab das Institut bereits Mitte des vergangenen Jahrhunderts seiner Leistung eine Spannweite, die es heute leicht macht, Vergangenheit und Gegenwart in gerader Linie miteinander zu verbinden.

Die vielfältige Wirksamkeit der Stadtsparkasse entwickelte sich in konsequenter Fortführung und schöpferischer Weitergestaltung ihres Gründungsauftrages: den Bürgern zu dienen und auf diese Weise das Vertrauen zu rechtfertigen, das dem Hause stets entgegengebracht worden ist.

So hat der Gründungsgedanke der ehemaligen Städtischen Sparkasse im Verlauf der letzten 175 Jahre eine eindrucksvolle Verwirklichung gefunden. Die Stadtsparkasse Nürnberg ist heute das größte universell tätige Kreditinstitut vor Ort und zweitgrößte Sparkasse Bayerns. Sie ist zuverlässiger Partner der Wirtschaft, wichtiger Arbeitgeber und damit bedeutender Wirtschaftsfaktor in der Region. Es wäre deshalb keineswegs unbegründet, in einer festlichen Chronik das Geleistete festzuhalten. Stattdessen hat die vorliegende Publikation einen anderen Leitgedanken! Sie soll in erster Linie die Lebens- und Arbeitsbedingungen jener schildern, die in diesen 175 Jahren die Kunden der Sparkasse waren. Vor allem ist das Buch ein wichtiger Beitrag zur Nürnberger Wirtschafts-, Sozial- und Kulturgeschichte des 19. und 20. Jahrhunderts, der in diesem Zusammenhang noch nicht geleistet worden ist.

Die Stadtsparkasse Nürnberg möchte damit ihre Verbundenheit zur Stadt und ihren Bürgerinnen und Bürgern zum Ausdruck bringen. Die historische Aufarbeitung der vergangenen 175 Jahre bedeutet deshalb gleichsam ein Dankeschön an alle Nürnbergerinnen und Nürnberger.

Wir freuen uns, daß wir für diese wissenschaftliche Arbeit als Autorenteam Herrn Professor Dr. Rudolf Endres und Frau Martina Fleischmann M.A., Lehrstuhl für bayerische Landesgeschichte an der Universität Bayreuth, gewinnen konnten. Wir danken insbesondere ihnen sowie allen weiteren Mitarbeiterinnen und Mitarbeitern, die zum Entstehen dieses Buches beigetragen haben.

Hubert Weiler

Professor Hubert Weiler
Vorsitzender des Vorstands
der Stadtsparkasse Nürnberg

Vorwort

Im Jahr 1806 verlor die Stadt Nürnberg ihre reichsstädtische Freiheit und wurde Teil des neugegründeten Königreichs Bayern. Was viele Zeitgenossen als Schmach empfanden, war der Beginn eines tiefgreifenden Wandels der alten Gewerbe- und Handelsstadt zum herausragenden Industriezentrum Bayerns. Weltfirmen wie Bing, Schuckert, Cramer-Klett, Faber oder Schwanhäußer sowie ein breitgefächertes Branchenspektrum sind die Kennzeichen der rasanten wirtschaftlichen Entwicklung. Die Innovationskraft risikofreudiger Unternehmer, aber auch der Fleiß und der Einsatz der Arbeiterschaft zeichneten für den Aufschwung verantwortlich und gaben der Gesellschaft in Nürnberg ein neues Gesicht. Die Arbeiterfamilien trugen freilich die Hauptlast des wirtschaftlichen und auch des sozialen Wandels. Schlechte Arbeitsbedingungen sowie verheerende Wohnverhältnisse bestimmten lange Zeit ihren Alltag. Bis heute hat Nürnberg eine wichtige Stellung als industrielles Zentrum inne und bildet das Herz der nordbayerischen Wirtschaftsregion, auch wenn die Wende von der Produktions- zur Dienstleistungsgesellschaft nicht ohne Turbulenzen bleibt.

Nürnbergs Weg in die Moderne ist aber nicht nur vom wirtschaftlichen Aufschwung, sondern auch von gesellschaftlichen und kulturellen Wandlungsprozessen gekennzeichnet. In sieben Abschnitten will das Buch die wirtschaftliche, politische und gesellschaftliche Entwicklung Nürnbergs vom beginnenden 19. Jahrhundert bis zum Ende des Zweiten Weltkriegs aufzeigen. In einem Ausblick werden die Nachkriegszeit und der Wiederaufbau nach der tiefen Zäsur von 1945 lediglich kurz skizziert, da zu einer umfassenden Darstellung noch entsprechende wissenschaftliche Untersuchungen und Vorarbeiten geleistet werden müssen.

Zahlreiche, eingeschobene Essays heben einzelne Themen hervor und illustrieren die vielfältigen Facetten der Geschichte der Industriestadt Nürnberg. Überdies sollen das reiche, vielfach unbekannte Bildmaterial sowie die in den laufenden Text eingebetteten Quellenzitate die Lektüre von zwei Jahrhunderten Stadtgeschichte anschaulich und lebendig gestalten. Denn nicht nur an Historiker, sondern auch an interessierte Laien wendet sich dieses Buch, welches mit einer Auswahlbibliographie und Hinweisen zu den benutzten Quellen den Lesern weitere Anregungen zum Thema geben will.

Bei der Recherche und Auswahl des Bildmaterials wirkte Frau Charlotte Bühl maßgeblich mit. Dafür und für die Übernahme redaktioneller Aufgaben gebührt ihr großer Dank. Ein herzlicher Dank geht auch an Frau Claudia Leitzmann und Herrn Dr. Siegfried Zelnhefer für ihre Mitarbeit sowie an die Damen und Herren des Stadtarchivs und der Stadtbibliothek, die uns bei der Auffindung des Bildmaterials unterstützt haben.

Rudolf Endres/Martina Fleischmann

Die Reichsstadt wird bayerisch

„Ära Wurm"

Als im September 1806 der Leiter des Pegnitzkreises, Karl Friedrich Graf von Thürheim, Nürnberg für das Königreich Bayern in Besitz nahm, war die einstige Reichsstadt politisch weitgehend bedeutungslos und wirtschaftlich fast am Ende. Zwar war es 1803 Nürnberg zusammen mit den drei Hansestädten Hamburg, Bremen und Lübeck und den Reichsstädten Frankfurt und Augsburg gelungen, durch Zahlung hoher Geldbeträge an die Franzosen die Mediatisierung noch einmal abzuwenden, doch mit der Unterzeichnung der Rheinbundakte am 12. Juli 1806 verlor Nürnberg seine Reichsunmittelbarkeit und wurde dem bayerischen Territorium zugeschlagen. Am 15. September 1806 entließ Graf Thürheim Bürgermeister und Rat aus ihrer Pflicht, indem er das Übergabeprotokoll und das königliche Besitzergreifungspatent verlas und ih-

Abb. 1: Christian Heinrich Wurm, kgl. bayerischer Polizeidirektor in Nürnberg von 1806–1818. Pastellgemälde von Johann Lorenz Kreul.

nen sogleich den „Dienst- und Unterthänigkeits-Eid" abnahm. In seinem letzten offiziellen Publicandum gab der patrizische Rat der Bürgerschaft Kenntnis von der Besitznahme durch Bayern. Einige Tage später schloß ein von Graf Thürheim angeordneter Dankgottesdienst in St. Sebald den ganzen Vorgang ab.

Alle reichsstädtischen Ämter wurden nun zu königlich bayerischen Behörden, setzten aber zunächst ihre Arbeit unverändert fort. Schritt für Schritt wurden die Behörden jedoch aufgelöst und dem bayerischen Verwaltungsapparat eingegliedert. Als erstes wurde die Machtstellung des patrizischen Rates beseitigt. Da sich der Rat allerdings weiterhin regelmäßig traf, ordnete im November 1808 ein Dekret Thürheims formal seine Auflösung an. Damit endete die über 500jährige oligarchisch-patriarchalische Herrschaft der Patrizier in Nürnberg.

Mit der Beseitigung der reichsstädtischen Selbstverwaltung ging der Aufbau einer neuen Verwaltungsorganisation einher. Vorübergehend wurde Nürnberg zur Hauptstadt des Pegnitzkreises, verlor den Sitz aber nach antibayerischen Ausschreitungen im Jahr 1809. Die vollziehende Gewalt in Nürnberg lag nun allein beim neuen Polizeidirektor Christian Wurm. Energisch und diensteifrig trat er sein neues Amt als Polizeidirektor in Nürnberg an, welches er bis zum Erlaß der Gemeindeordnung ausübte. Seine außerordentliche Machtfülle, die er reichlich ausschöpfte, und sein autoritärer Führungsstil machten ihn allerdings äußerst unpopulär. Wurm war in Ansbach geboren, hatte in Erlangen studiert und seine Beamtenlaufbahn bei der preußischen Regierung in Ansbach begonnen. Durch seine arrogant-selbstherrliche Politik prägte der neue Polizeidirektor jedoch das Geschehen in der ehemaligen Reichsstadt bis zum Ende der Gemeindeordnung 1818, so daß man mit Recht von der „Ära Wurm" spricht.

Unter seinem harten Regiment wurden zur Abtragung der hohen Schulden zahlreiche bedeutende Kunstschätze, Immobilien und Mobilien der Stadt verkauft. So wurde der städtische Silberschatz mit dem berühmten Tafelaufsatz von Wenzel Jamnitzer verschleudert, und das wertvolle Bronzegitter im Rathaussaal, die „Zier und Schönheit des Saales" aus der Werkstatt Peter Vischers wurde als Bruchmessing verkauft. Selbst das Sebaldusgrab war gefährdet und konnte nur mit großer Mühe vor der Zerschlagung und dem Verkauf gerettet werden. Verkauft und abgebrochen aber wurden die Siechköbel St. Peter und St. Leonhard, St. Johannis und St. Jobst. Die Barfüßerkirche kam für 500 Gulden an den Kaufmann Bestelmeyer, der sie abreißen ließ, und die Dominikanerkirche wurde an den Fabrikanten Neikam verkauft. Die Salvatorkirche des Karmelitenklosters in der Adlerstraße wurde dem bayerischen Oberpostamt, das Deutschordenshaus der Militärverwaltung zugewiesen, und die Moritzkapelle wurde in ein Heumagazin umgewandelt.

Das rücksichtslose Regiment des Polizeidirektors Wurm ließ die Abneigung gegen Bayern spürbar anwachsen. Dazu kamen die verhaßten Konskriptionen zur bayerischen Armee und die Einstellung der Zinszahlungen an die Patrizier und Bürger für ihre Kredite, die sie dem bisherigen Stadtregiment gegeben hatten. Weiterhin traf die Schließung der reichsstädtischen Universität Altdorf das Selbstbewußtsein und den Stolz der Nürnberger empfindlich. Erst die Gemeindeverfassung von 1818 mit der weitgehenden Selbstverwaltung brachte eine allmähliche Aussöhnung mit der neuen bayerischen Herrschaft.

Abb. 2: Lorenzkirche und Lorenzer Platz, Blick von Osten. Kolorierte Lithographie von William Wollnoth nach einer Zeichnung von Robert Betty 1822.

Allerdings muß anerkannt werden, daß die „Ära Wurm" bei allem Zentralismus und aller Härte der Durchführung eine beachtliche Modernisierung der Verwaltung bewirkt hat, mit unverkennbaren Erfolgen im Schulwesen, bei der Neuordnung des Stiftungswesens und im Kirchenwesen. In vielen Bereichen wurden die noch mittelalterlich anmutenden Einrichtungen von effektiver arbeitenden Institutionen abgelöst.

Wirtschaftliche Lage

Nürnbergs Wirtschaft befand sich seit vielen Jahren in einer schweren Krise. Das Handwerk unterlag noch immer strengen Vorschriften, die eine freie Entfaltung hemmten. Nach wie vor bestimmte das „Rugamt", das von fünf, meist wirtschaftlich unerfahrenen Patriziern geleitet wurde, die reichsstädtische Wirtschafts- und Gewerbepolitik. Die Zahl der Betriebe wurde streng begrenzt und auswärtigen Anbietern der Zugang zum Markt versperrt. Nicht nur Dauer und Verlauf der Ausbildung im Handwerk waren genau reglementiert, sondern auch die Herstellungsverfahren der Erzeugnisse. Die Entwicklung und Anwendung neuer Produktionstechniken, wie etwa eine verbesserte Drehbank bei den Rotschmieden, wurden verboten und in einigen Fällen sogar unter Strafe gestellt. Die technische Entwicklung stagnierte, und Innovationen blieben unter dem Protektionismus des Rugamtes, das die Gewerbepolitik der Reichsstadt lenkte, aus. Auch hatte man es versäumt, arbeitsteilige Manufakturen einzuführen, wie dies etwa in Schwabach und Erlangen nach der Ansiedelung der Hugenotten geschehen war. In vielen Branchen erwuchs dem Nürnberger Handwerk auf diese Weise Konkurrenz, so in der Glas- und Spiegelverarbeitung, der Strickwarenherstellung und der Gold- und Silberdrahtfertigung.

Den Handel erschwerten und behinderten immer wieder Kriege und Importverbote der großen Territorien. Da das Nürnberger Gewerbe in erster Linie für den Bedarf fremder Märkte produzierte, schränkten die hohen Schutzzölle und Einfuhrverbote anderer Staaten im Zeitalter des Merkantilismus den Absatz Nürnberger Waren spürbar ein. Die protektionistische Wirtschaftspolitik der Großmächte und die Schutzzollpolitik der geschlossenen Territorien im Reich führten im 18. Jahrhundert zu einem weitgehenden Niedergang des Nürnberger Fern- und Kolonialwarenhandels. Drastische Zollerhöhungen und Einfuhrverbote Österreichs 1728, die Einfuhrverbote Preußens 1748 und der Erlaß eines strengen Mautsystems Bayerns 1748/64 schädigten alle Branchen in Nürnberg. Seit 1792 aber trafen die Revolutions- und Befreiungskriege und dann die Napoleonischen Kriege den Nürnberger Handel nachhaltig. Mit der Verhängung der Kontinentalsperre durch Napoleon 1810 wurden der Nürnberger Fernhandel und der Handel mit den „Nürnbergischen kurzen Waren" unterbrochen. Besonders betroffen war aber der wichtigste Zweig des Nürnberger Handels, nämlich die Kolonialwarenvermittlung von den Nordseehäfen nach Süddeutschland, Österreich, Böhmen und in die Schweiz. Denn Nürnberg war der wichtigste Stapel- und Umschlagplatz für „Kolonialwaren" wie Kaffee, Tee, Kakao, Zucker, Gewürze und Tabak.

Andererseits konnten in Nürnberg nur wenige Gewerbezweige Nutzen aus der Aussperrung der britischen Güter ziehen, wie etwa die Zichorieherstellung und die Tabakverarbeitung. So entstanden rasch 26 Zichorienfabriken für Kaffee-Ersatz. Nach der Aufhebung der Kontinentalsperre im November 1813 aber gingen diese Fabriken sogleich wieder ein.

Die hohen Aufwendungen für die Reichskriege gegen Frankreich und die französischen Besetzungen 1796 und 1801 belasteten den reichsstädtischen Haushalt sehr schwer, so daß 1806 die Schuldenlast schließlich auf 12,5 Millionen Gulden angewachsen war. Den Gläubigern, in der Mehrzahl Nürnberger Bürger, fehlte dadurch das für wirtschaftliche Unternehmungen so notwendige Kapital. Trotz der schlechten politischen und wirtschaftlichen Bedingungen fanden jedoch Investitionen in bescheidenem Rahmen im Handel statt. Auch die Warenproduktion ließ nicht nach. Als „Nürnberger Tand" wurden auch in bayerischer Zeit weiterhin ausgeführt: Arzneien, Borten, Tressen, Brillen, Pinsel, Bücher, Landkarten, Spielkarten, Stiche, Farben, Drähte, Nägel, Nadeln, Drechsler- und Elfenbeinware, Fingerhüte, Spiegel, Schmuckstücke, Leder- und Galanteriewaren, Blattgold, Musikinstrumente, Getreide, Tabak, Hopfen, Lebkuchen und andere Genußwaren, aber auch Waffen und Pulver.

Im verarbeitenden Gewerbe, das beim Übergang an Bayern etwa 2.500 Betriebe umfaßte, hatten die Drechsler, Schuster, Rotschmiede und Schneider den höchsten Anteil. Die mitgliederstärkste Branche war das Baugewerbe, in dem während der Bausaison durchschnittlich sieben Beschäftigte in jedem Betrieb arbeiteten. Wirtschaftlich am besten ging es den Versorgungsgewerben wie Metzger, Bäcker oder Brauer. 1811 beschäftigten 27 Brauereien 10.424 Arbeiter. Nürnberg verfügte auch immer noch über eine große Anzahl an Mühlen. Unter den 70 Mühlen an der Pegnitz waren sechs Papiermühlen, vier Pulvermühlen, sieben Spiegelschleifmühlen, drei Spiegelfolienhämmer und etwa 20 Metallhammerwerke.

In den wenigen Manufakturen, die es in Nürnberg gab, arbeiteten insgesamt rund 200 Leute. 76 Arbeiter waren davon um 1811 alleine in den acht Tabakmanufakturen beschäftigt, weitere 84 Arbeiter waren in zwei Möbelfabriken tätig. Darüber hinaus gab es noch eine Brillenglasschleiferei im städtischen Zuchthaus, eine Fayencemanufaktur, eine Kattundruckerei, zwei Garnspinnereien und die Landkartenmanufaktur von Homann. 1804 hatte Georg Christoph Franz Fembo einen Teil des Homännischen Kartenverlags erworben, konnte aber nicht mehr an die alte Bedeutung der Offizin anknüpfen. So bestand die Haupteinnahmequelle im Kartenhandel, während im eigentlichen Kartenstich ein vollkommener Stillstand eingetreten war.

Der Gesamtwert der Nürnberger Waren, die exportiert wurden, betrug nach der Statistik des dirigierenden Bayerischen Ministers Maximilian von Montgelas von 1811/12 rund 1,835 Millionen Gulden. Davon war der Anteil des Brauereigewerbes mit 350.000 Gulden am größten. Je 60.000 Gulden entfielen auf die Hefe- und Essigherstellung, 40.000 Gulden auf Tabakwaren. Mit immerhin 90.000 Gulden waren die Lebküchnereien am Exportgeschäft beteiligt.

Nicht nur das Wirtschaftsleben stagnierte in Nürnberg in der politischen Umbruchphase zu Beginn der bayerischen Zeit, sondern auch die demographische Entwicklung. Die Kontinentalsperre, die Teuerungsphase und die Hungersnot nach den Kriegen, die im Winter 1816/17 ihren Höhepunkt erreichten, verursachten einen deutlichen Rückgang der Einwohnerzahl der ehemaligen Reichsstadt. Während eine Volkszählung für Nürnberg im Jahre 1806 noch 25.176 Einwohner ergab, waren es 1820 nur noch 23.491. Nürnberg hatte zu dieser Zeit seinen Tiefpunkt erreicht. Erst danach trat eine allmähliche, aber spürbare Erholung ein.

Kommunale Finanzen

Mit dem Übergang an das Königreich Bayern verlor Nürnberg seine reichsstädtische Autonomie. Verwaltung, Gerichtsbarkeit und Finanzhoheit gingen an den bayerischen Staat über. Das gesamte Gemeindevermögen, alle öffentlichen Gebäude, die Stadtbefestigung, der Sebalder und der Lorenzer Reichswald sowie das ehemalige reichsstädtische Archiv kamen nun unter die bayerische Verwaltung. Gleichzeitig mußte der Staat aber die horrenden Schulden der Reichsstadt übernehmen. Die „Staats-Schulden-Tilgungskommission", die 1810 eingesetzt wurde, errechnete eine Schuldensumme von 9.923.580 Gulden zuzüglich 2.292.520 Gulden rückständiger Zinsen. Von einer

Georg Zacharias Platner

Dienstzeichen des Gemeindekollegiums

grundlegenden Umstrukturierung des Steuerwesens für ganz Bayern wurde auch Nürnberg erfaßt. Zunächst wurde die Stadt in 16 Steuerbezirke eingeteilt. Alle Grund- und Hausbesitzer mußten sogenannte Fassionen, also genaue Angaben über ihren Besitz abgeben. Auf diese Weise sollten eine gleichmäßige Besteuerung sowie die Anlage eines Steuerkatasters ermöglicht werden. Darüber hinaus wurde durch sorgfältige Vermessung das gesamte Stadtgebiet topographisch erfaßt, und 1809 gab eine Volkszählung Aufschluß über die Bevölkerungsentwicklung der Stadt. Zur Sanierung der kommunalen Finanzen griff der Staat rigoros durch und schreckte auch vor unpopulären Maßnahmen nicht zurück. So hatte er zwar die Schulden der Reichsstadt übernommen, setzte aber umgehend die Zinszahlungen zu vier Prozent an die Inhaber der Schuldobligationen aus. Die Schuldpapiere nahm er lediglich zu 40 Prozent ihres Nennwertes in Zahlung. Nach den Protesten der 1.666 Gläubiger, die sich zum großen Teil in ihrer Existenz bedroht sahen, nahm Bayern 1811/12 die Zinszahlungen zunächst mit zwei Prozent und erst 1819 in der vollen Höhe zu vier Prozent wieder auf. Bis zum Jahr 1815 war der Schuldenstand trotz der vielen Immobilienverkäufe und des Verschleuderns von reichsstädtischen Kunstschätzen nur unmerklich gesunken. Laut der Eintragung im bayerischen Schuldenkataster betrug die Summe noch immer 8.575.658 Gulden.

1811 wurde wieder eine eigene Kommunaladministration eingerichtet, zu deren Leiter Samuel Freiherr von Haller berufen wurde. Sie war zuständig für die Verwaltung eines Teiles des Kommunalvermögens, zu dem der Ostteil der Burg, die gesamte Stadtmauer mit Zwingern und Türmen, Straßen und Gassen, Brunnen und Wasserleitungen, die Kräme, die Schultheißwohnung in der Burgstraße, das Ungeldhaus, das Fünferhaus, das Leihhaus, das Unschlitthaus, das Theater, der Dutzendteich und der Fischbach gehörten. Die Kommunaladministration mußte für den Unterhalt der Immobilien aufkommen. Der Kommunalkasse wurden dafür vom Staat die Einnahmen aus dem Getreide- und Fleischaufschlag, die Einkünfte des Unschlittamtes, das Pflaster- und Brückengeld sowie Gebühren und Mieten gewährt. Der Handlungsspielraum zur Abwicklung von Finanzgeschäften war für Haller äußerst begrenzt. Als das Gemeindevermögen 1818 an die neue Stadtverwaltung überging, betrug der Kapitalwert 1.524.463 Gulden. Den Ausgaben von 78.588 Gulden standen dabei lediglich Einnahmen von 72.217 Gulden gegenüber. Auch die übergebenen Immobilien belasteten den Stadtsäckel zunächst mehr, als daß sie Einnahmequellen boten. Der Magistratsbericht vom 15. September 1818 vermerkte, „daß alle Baugegenstände mit Ausnahme von ein paar neugepflasterten Straßen im bußwürdigsten Stande" waren.

„Stadtregiment"

Mit der Publikation der Bayerischen Verfassung am 26. Mai 1818 trat auch die neue bayerische Gemeindeordnung in Kraft. Das Gemeindeedikt räumte den Kommunen weitgehende Selbstverwaltungsrechte ein, die allerdings durch die Staatsaufsicht kontrolliert und beschränkt wurden. Zwölf bürgerliche und vier rechtskundige Magistratsräte sowie 36 Gemeindebevollmächtigte nahmen nun die Verwaltungsaufgaben wahr. Beide Gremien wurden von den wenigen tausend inskribierten Gemeindebürgern gewählt.

Das Stadttor in Wöhrd (1832 abgebrochen)

Das passive Wahlrecht war auf die am höchsten Besteuerten beschränkt. Am 23. November 1818 fand im großen Rathaussaal unter Glockengeläut und Kanonendonner die feierliche Verpflichtung der beiden Kammern statt. Im Anschluß daran unterstrichen ein Gottesdienst in der Sebalduskirche und ein abendlicher Festball die Bedeutung des Ereignisses. Einige Tage später verließ auch der unbeliebte Polizeidirektor Wurm die Stadt. Die Mitglieder der städtischen Verwaltung rekrutierten sich zum großen Teil aus dem Kreis der reichen Kaufleute und Unternehmer. Allein 23 Kaufleute gehörten dem Kollegium der Gemeindebevollmächtigten an. 1821 folgte Johannes Scharrer dem Zweiten Bürgermeister Nicolaus Sörgel im Amt. 1838 wurde der Tabakfabrikant Georg Bestelmeyer als Zweiter Bürgermeister bestätigt. Er vertrat bereits seit 1834 Nürnberg im Landtag in München. Die beiden herausragenden Kaufleute Georg Zacharias Platner und Johannes Merkel waren Mitglieder im Magistratsrat. Nur langsam und mit viel Mühe gelang es der großbürgerlichen Verwaltung, die wirtschaftliche Stagnation und die finanziellen Schwierigkeiten zu überwinden. Erst 1839 konnte mit dem „Bierpfennig", einer Verbrauchersteuer, eine weitgehende Sanierung der Stadtfinanzen realisiert werden. Zuvor schon, 1825, erfolgte die Eingemeindung zahlreicher Vororte, die sich zu Keimzellen der Industrialisierung entwickeln sollten, wie Wöhrd, Gostenhof oder Johannis. Mit der Eingliederung des „Burgfriedens" stieg die Einwohnerzahl um 6.700 Seelen. Das Stadtgebiet reichte nun über die reichsstädtischen Stadtmauern hinaus.

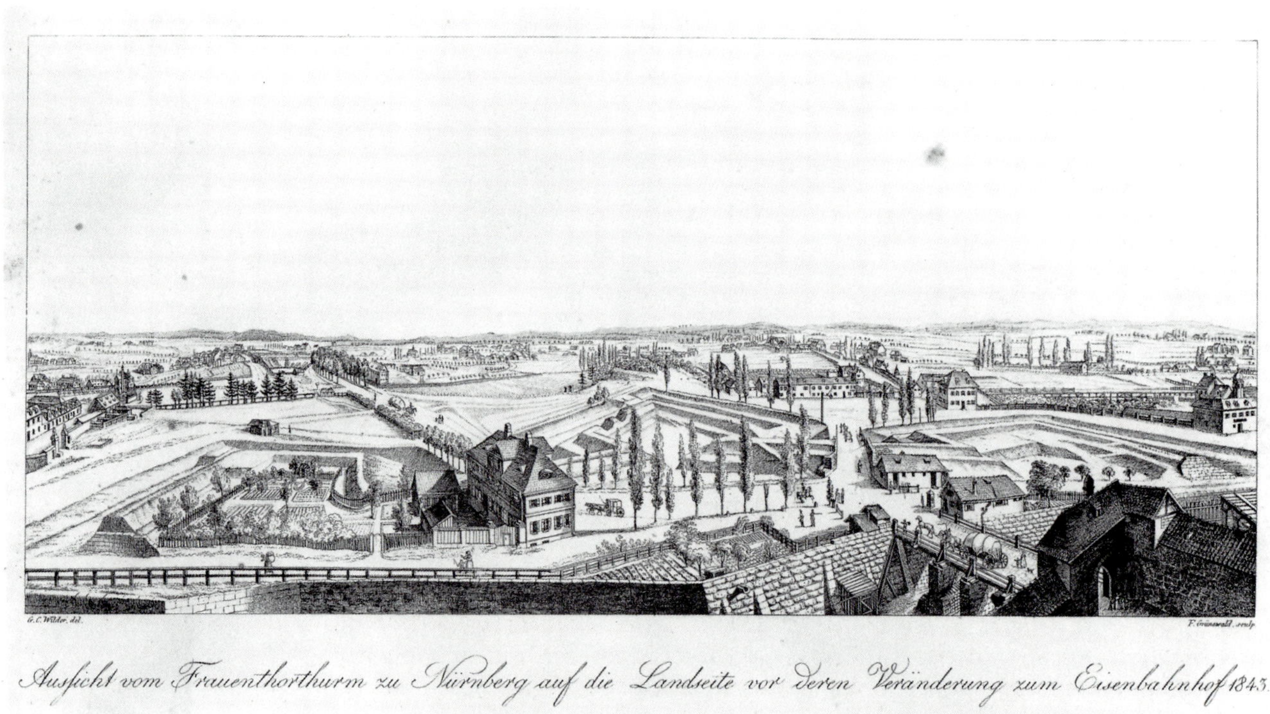

Abb. 3:
Blick auf die Schanzen und die Vorstadtgemeinden St. Peter und Steinbühl. Radierung von Georg Christoph Wilder/Friedrich Grünewald 1843.

Panorama der Stadt

Nach dem Übergang Nürnbergs an das Königreich Bayern veränderten neue Bestimmungen und Einrichtungen allmählich das äußere Erscheinungsbild der Stadt, das sich seit Jahrhunderten nur wenig geändert hatte. Die strenge Überwachung der Straßenreinigung, die verordnete Auflösung der Mist- und Dungstätten an den Häusern und die Beseitigung der alten Ziehbrunnen verbesserten als erstes die hygienischen Verhältnisse. Auf der Insel Schütt wurden ein Wasserbassin als Freibad eingerichtet und zahlreiche Bäume angepflanzt. Alleen säumten bald die Wege vom Frauentor nach St. Peter, von Gostenhof nach Steinbühl und den Maximiliansplatz. Als am Frauentor der Galgen umstürzte, wurde dort ein kleiner Park angelegt. Anstatt der vielen kleinen Kramerläden wurden auf Initiative der bayerischen Regierung nun sogenannte Kolonnaden am Marktplatz errichtet, und in der Theresienstraße konnte eine neue Polizeiwache bezogen werden. Auch die öffentliche Straßenbeleuchtung, die Nürnberg schon seit 1792 besaß, wurde durch weitere Öllaternen ausgedehnt. Begeistert äußerte sich der Langenburger Jurist Karl Julius Weber auf seiner „Reise durch Franken" über die Veränderungen in der Stadt: „Nürnberg könnte man in einer Stunde umgehen, und zwar seit den neuen Anlagen im Schatten. Die Insel Schütt (wohin sonst aller Schutt gebracht wurde) ist jetzt Paradeplatz und angenehmer Spaziergang mit Alleen und einem Wildbad; die Plätze vor den Kirchen Sankt Lorenz und Sankt Jakob, gegenüber der Kaserne (sonst deutsches Haus), sind gleichfalls geräumt und mit Bäumen besetzt, die alten Chörlein an den Häusern und die vielen Buden in den Straßen hinweg-

Abb. 4:
Nürnberg von Süden.
Lithographie von
Friedrich Scharrer 1847.

geräumt – überhaupt ist das alte Nürnberg unter Bayern so heiter geworden wie das bayerische Himmelblau." Weber zeichnete noch 1826 ein außerordentlich idyllisches Bild Nürnbergs: „Die alte Reichsstadt ist natürlich nicht regelmäßig und hat gar viele winklige, enge und bucklige Straßen, aber die meisten Häuser sind massiv und recht ansehnlich und beschämen gar viele neuerbaute Häuser in den vergrößerten Hauptstädten Deutschlands."

Erst als in der Mitte des 19. Jahrhunderts der Industrialisierungsprozeß einsetzte, veränderte sich auch das Bild der Stadt einschneidend. Neben die mittelalterliche Stadtlandschaft, die bislang Nürnberg als Gewerbe- und Kunststadt geprägt hatte, traten nun Fabrikschornsteine als Symbole für Unternehmergeist und Fortschritt. „Man werfe von der Freiung der Burg einen Blick nach Süden und versuche, die über das Häusermeer Nürnbergs emporragenden Fabrikschornsteine zu zählen, es ist unmöglich, denn ihre Zahl scheint unendlich." Dieses Bild von Nürnbergs blühender Industrie entwarf der Stadtbaurat Carl Weber 1899. Zumeist hatten die Firmengründer ihre Betriebe und Fabriken in den Vororten angesiedelt, wie etwa Klett in Wöhrd, Zeltner in Steinbühl oder die Gebrüder Giulini in Gostenhof. Doch im Zuge mehrerer Eingemeindungsaktionen wurden die Landgemeinden um die Nürnberger Mauern Schritt für Schritt ins Stadtgebiet eingegliedert. Insbesondere Gostenhof entwickelte sich zum Rückgrat der Nürnberger Industrie, da es in der Nähe des Kanalhafens und der Eisenbahnlinie Nürnberg-Fürth verkehrstechnisch außerordentlich gut erschlossen war. Eisen- und Spielwarenhersteller produzierten hier zumeist in kleinen Heimwerkstätten.

Die wirtschaftliche und demographische Entwicklung des frühindustriellen Nürnberg erforderte den systematischen Aufbau einer modernen Infrastruktur. So wurde Ende des Jahres 1847 das erste Gaswerk Bayerns in Gostenhof in Betrieb genommen, das zunächst 638 öffentliche Straßenlaternen mit Gas versorgte. 1857 erfolgte nach einer Anregung des Zweiten Bürgermeisters Christoph Seiler und auf der Basis eines einheitlichen Bebauungsplanes die Anlage der Marienvorstadt, der ersten planmäßigen Stadterweiterung. Einer freien Entfaltung der Stadt bot jedoch die Stadtmauer Einhalt. Nürnberg hatte

Abb. 5:
Ansicht von der Derrerbrücke nach einem Stich von Carl Käppel um 1841.

*Abb. 6:
Das Bratwurstglöcklein an der Moritzkapelle gehörte zu den Traditionslokalen Alt-Nürnbergs. Ansichtskarte um 1900.*

*Abb. 7:
Häuser am Fluß. Die Partie vom Sand zur kleinen Insel Schütt wurde nach dem Zweiten Weltkrieg zugeschüttet. Ansichtskarte um 1900.*

nicht wie andere Städte den Mauerring schleifen dürfen, da erst 1866 auf Antrag der städtischen Kollegien die Festungseigenschaft vom König aufgehoben wurde. So hatte man lediglich zur verkehrstechnischen Erschließung neue Zugänge wie das Färbertor, das Königstor, das Marientor, das Maxtor und das Ludwigstor anlegen können. Auch als Nürnberg zum „offenen" Platz erklärt worden war, mußte jede geplante Veränderung an der alten Stadtbefestigung zur Genehmigung der Regierung in München vorgelegt werden. Schließlich plädierten weite Teile der Öffentlichkeit, voran der Direktor des Germanischen Nationalmuseums und staatliche Konservator der Nürnberger Kunstdenkmäler, August von Essenwein, für den Erhalt der historischen Stadtmauer. Insgesamt wurden nur einige wenige Teile der Stadtbefestigung am Maxtor und am Laufer Tor eingelegt.

Auf Initiative der Stadtverwaltung, aber auch in privater Regie von Unternehmern entstanden zahlreiche Grün- und Erholungsanlagen. Georg Zacharias Platner ließ an der Bucher Straße Ödflächen bepflanzen und schenkte sie 1841 der Stadt. Auch der Tabakfabrikant Georg Bestelmeyer finanzierte die Anpflanzung einer Allee und eines englischen Gartens zwischen Spittlertor und Neutor. Die Hallerwiese und die Rosenau ließ der Stadtmagistrat gärtnerisch gestalten, und der sogenannte Judenbühl am Maxfeld wurde vom Staat der Stadt Nürnberg als nahes Erholungsgebiet überlassen.

Bürgerliches Wohnen

Die Bürger- und Patrizierhäuser verliehen dem Nürnberger Stadtbild seine einzigartige Geschlossenheit, die auch nach der Zerstörung der Altstadt im Zweiten Weltkrieg an vielen Stellen noch wahrgenommen werden kann. Die Sozialstruktur der mittelalterlichen und neuzeitlichen Stadtgesellschaft sowie die strengen Bauverordnungen des Nürnberger Rates führten dazu, daß sich die Einzelbauten der bürgerlichen Bauherren harmonisch in das Gesamtbild einfügten. Seit dem 14. Jahrhundert bestimmten hohe traufseitige Häuser mit steilen Satteldächern das Straßenbild. Reglementiert waren die Firsthöhe sowie die Verwendung von Ziegeldächern. Aus Feuerschutzgründen wurde der Sandsteinbau besonders gefördert. Erdgeschoß und erstes Obergeschoß waren bis Ende des 15. Jahrhunderts grundsätzlich aus Stein, weitere Geschosse konnten aus Fachwerk sein, wie etwa beim Dürer-Haus oder dem sogenannten Pilatus-Haus. Ab dem 16. Jahrhundert setzten sich vollständige Sandsteinbauten mehr und mehr durch. Die äußere Gestaltung der Fassaden war sehr schlicht. Lediglich Kartuschen, plastische Wappen oder Wandmalereien waren als Ausschmückung üblich. Etwas repräsentativer wurden die Eckhäuser gestaltet, etwa durch reiche Giebelverzierungen oder Statuen an den Hausecken. Ein augenfälliges Beispiel eines aufwendig dekorierten Eckhauses bietet heute noch das Fembohaus. Eine Nürnberger Eigenart im Fassadenschmuck stellten die sogenannten Chörlein dar, die zum Blickfang in den nüchternen Häuserfronten wurden. Ursprünglich ein Teil der Hauskapelle, wie das Sebalduschörlein, wandelte sich ihre Bedeutung zum reinen Baudekor. Bis zum 17. Jahrhundert waren die Chörlein aus Stein, danach

Abb. 8:
Das Pellerhaus am Egidienberg (erbaut 1602–1607) galt als eines der repräsentativsten Bürgerhäuser. Es wurde im Zweiten Weltkrieg größtenteils zerstört. Ansichtskarte um 1900.

Abb. 9:
Das Topplerhaus (erbaut 1590–1597) am Paniersplatz war eines der herausragenden Renaissancehäuser der Stadt (1945 zerstört). Ansichtskarte 1899.

betonten vor allem Holzerker das barocke Aussehen der Bürgerhäuser, wie etwa am Unschlittplatz.

Im Gegensatz zu dem schlichten äußeren Erscheinungsbild der Bürgerhäuser stand die innere Ausstattung. Die Innenhöfe umgaben mehrgeschossige Galerien, deren Steinbalustraden meist kunstvoll gearbeitet waren. Darüber hinaus bereicherten Dacherker, Altane und Treppentürme die Hofanlagen. Einen besonderen Reiz konnten auch Wandbrunnen bieten. Während die Laden- und Geschäftsräume im Erdge-

Abb. 10:
Das Haus der Patrizierfamilie Groland (erbaut 1489) am Paniersplatz war um die Jahrhundertwende ein beliebtes Postkartenmotiv (1945 zerstört). Ansichtskarte 1904.

Abb. 11:
Prächtige Innenhöfe gehörten zum Wohnkomfort der Nürnberger Oberschicht. Adam Krafft gestaltete 1505 die aufwendige Steingalerie dieses Hauses in der Tucherstraße (1945 zerstört). Ansichtskarte (verkleinert) um 1940.

schoß zweckmäßig eingerichtet waren, erhielten die Repräsentations- und Prunkräume eine reiche Ausstattung, die die gesellschaftliche und wirtschaftliche Stellung der Familie veranschaulichen sollte. Dazu gehörten Täfelwerk an Decken und Wänden, kunstvoll gearbeitete Schränke und Öfen, aber auch ein vielarmiger Kronleuchter. Bei Modernisierungen im 18. Jahrhundert wurden die Holzdecken oft durch Stukkaturen ersetzt. Nicht selten wurden dafür italienische Meister engagiert, allen voran Carlo Brentano und Donato Polli.

Vormärz und Frühindustrialisierung

Neue Rahmenbedingungen

Schon früh hatte die bayerische Verwaltung zahlreiche Maßnahmen getroffen, die einen wirtschaftlichen Aufschwung bringen und fördern sollten. Das Zunftwesen war zwar nicht aufgehoben, doch entschieden gelockert worden. Die sogenannten realen, also an den Häusern haftenden Gewerberechte wurden, mit Ausnahme der Brauereien und Mühlen, aufgehoben, und die Polizeigewalt der Zünfte wurde auf persönliche Gewerberechte eingeschränkt. Am 11. September 1825 trat das bayerische Gewerbegesetz in Kraft, das unter anderem die Verteilung von Konzessionen zur Ausübung eines Gewerbes regelte. Bedingung war die persönliche Befähigung des Bewerbers, doch nahmen es die Verantwortlichen damit nicht immer ganz genau. Dennoch stagnierte die wirtschaftliche Entwicklung. Um 1830 waren nur etwa 9.000 Arbeiter im Nürnberger Gewerbe beschäftigt. Dabei war das gewerbliche Bild der Stadt noch immer geprägt von sogenannten Meisterwerkstätten, die nur einige wenige Gesellen und Lehrlinge beschäftigten. Die meisten Betriebe stellten Spielwaren, Messingwaren, leonische Erzeugnisse, Tuch, Spiegel, geschlagene und getriebene Metalle, Brillen, Gürtler- und Drechslerwaren, Nadeln oder Tabakfabrikate her. Viele Werkstätten waren noch immer in ein Verlagssystem eingebunden, bei dem die einzelnen ihre Produktion auf bestimmte Arbeitsgänge und Handgriffe spezialisiert hatten. Der Verleger, in der Regel ein Kaufmann oder kapitalstarker Handwerksmeister, übernahm den Verkauf der Erzeugnisse. In Nürnberg waren es vor allem Rotschmiede, Ahlen-

*Abb. 12:
Der Nürnberger Hauptmarkt mit den alten Kolonnaden. Von 1809 bis 1895 waren hier Verkaufsstände untergebracht. Photographie um 1870.*

schmiede, Bürstenbinder, Büttner, Sattler und Nagelschmiede, die für Verleger arbeiteten. Der Absatzradius ihrer Produkte war weitgehend auf Nürnberg und Fürth begrenzt. Das Königreich Bayern bot mit seiner geringen Bevölkerungsdichte von nur 3,5 Millionen Einwohnern keinen großen Markt, weshalb dem Handel enge Grenzen gesetzt waren. Im Jahr 1825 betrug der Exportwert der Nürnberger Waren nur 6.729.723 Gulden.

Schon bald erkannten die Kaufleute und Unternehmer, daß es für Nürnberg eine Frage des wirtschaftlichen Überlebens war, neue Märkte in Deutschland zu erschließen und die Handelsbeschränkungen zu beseitigen. Auf der Frankfurter Frühjahrsmesse 1819 wurde unter maßgeblicher Beteiligung von Nürnberger Kaufleuten der „Verein deutscher Kaufleute und Fabrikanten" gegründet. Ziel des Vereins waren der Abbau der Zollbarrieren und die Einführung der Gewerbefreiheit. Die treibenden Kräfte für die Gründung waren die Nürnberger Kaufleute C.F. Bauerreis und Johann Jakob Schnell. Sie brachten zur Verwirklichung ihrer Ideen von Handels- und Zollfreiheit sogar große finanzielle Opfer. Noch im selben Jahr erhielt der Verein seine Geschäftsstelle in Nürnberg, und zehn Nürnberger Kaufleute wurden Mitglieder des Vorstands, unter ihnen Johann Friedrich Klett, Johannes Merkel und der Bankier Johann Wolfgang Kirchdörfer. Als am 1. Januar 1834 der Deutsche Zollverein unterzeichnet wurde und ihm 18 Staaten beitraten, war damit die Zielsetzung des Vereins zumindest bezüglich

Abb. 13:
Nürnberg von Süden. Die Zeltner'sche Ultramarinfabrik vor den Mauern der Stadt war die erste dieser Art in Deutschland. Stahlstich von Jobst Riegel nach Georg Christoph Wilder 1845.

einer Zolleinigung erfüllt. Der Zollverein brachte nicht nur für Nürnberg einen spürbaren Aufschwung, sondern „dem deutschen Gewerbsfleiß einen großen freien Markt von 24 Millionen Consumenten," wie der Hopfenhändler Johannes Scharrer wenig später konstatierte.

Handelsvorstand und Handelskammer

Am 19. September 1842 wurden durch eine staatliche Verordnung Handelskammern ins Leben gerufen und ihnen die Aufgabe gestellt, den Handel und das Gewerbe in Bayern zu fördern, eine ständige Interessenvertretung der Industrie zu bilden sowie für den Staat in Sachfragen des Gewerbes und des Handels gutachtlich tätig zu werden oder auch aus eigener Initiative Vorschläge zu unterbreiten. Als Sitz der Handelskammer für Mittelfranken wurde Nürnberg ausgewählt, da die Stadt „der Mittelpunkt für das gesamte industrielle und kommerzielle Leben jener Gegenden" sei. Die erste Sitzung fand im Rathaussaal am 15. Mai 1843 unter dem Altersvorsitz Dr. Friedrich Campes statt.

Die Handelskammer Mittelfranken war erst nach zähen Verhandlungen und gegen den Widerstand der Nürnberger Handels- und Industriekreise eingerichtet worden. Denn mit dem Handelsvorstand bestand in Nürnberg seit Jahrhunderten bereits eine Interessenvertretung der Kaufmannschaft, die am Ende der reichsstädtischen Zeit sogar zur „Wortführerin der Demokratie" geworden war. Mit dem Übergang der Reichsstadt an das Königreich Bayern kämpfte der Handelsvorstand unter der Führung der herausragenden Marktvorsteher Paul Wolfgang Merkel und Karl Gottfried Kießling gegen die Verdrängung durch eine staatliche Institution und für die bisherige Selbstverwaltung. Noch vor der offiziellen

Inbesitznahme durch den bayerischen Staat wurden die Marktvorsteher Kießling, Merkel, Johann Jakob Reichel und Georg Wolfgang Börner bei König Max I. Josef und Minister von Montgelas in München vorstellig und traten für den Erhalt der korporativen Verfassung der Kaufmannschaft ein. Wohlwollend wurde ihnen dieses Anliegen gewährt. Während der patrizische Rat und das Genanntenkollegium aufgelöst wurden, konnte sich der Handelsvorstand als einziges Gremium aus reichsstädtischer Zeit somit behaupten. Mit einem Gala-Diner am 23. September 1806 im „Goldenen Reichsadler" wurden die Anerkennung des Kaufmannsstandes und der Fortbestand seiner Vertretung im Handelsvorstand gebührend gefeiert. Ein dem Nürnberger Handelsvorstand vergleichbares Gremium bestand Anfang des 19. Jahrhunderts in Bayern nur noch in der Augsburger Kaufleutestube. Der seit den 30er Jahren einsetzende Industrialisierungsprozeß mit den tiefgreifenden Veränderungen in der Gewerbestruktur und der Zunahme an Fabriken sowie wichtige Fragen der Eisenbahnpolitik veranlaßten jedoch die bayerische Staatsregierung zu Plänen für eine körperschaftliche Interessenvertretung, die über eine lokale Vereinigung hinausging. Schon 1826 hatte der Nationalökonom und ehemalige Erlanger Professor Karl Heinrich Rauh die Gründung einer Handelskammer vorgeschlagen. Seine Idee wurde von der bayerischen Ständeversammlung zwar mehrmals aufgegriffen, aber erst 1842 wurde der Gedanke in die Tat umgesetzt und die Handelskammer als Vertretung von Handel, Gewerbe und Industrie auf Regierungsebene mit dem Auftrag gegründet, sich mit Tarif-, Zoll- und Verkehrsfragen zu beschäftigen. Am 15. Mai 1843 wurde die Handelskammer Mittelfranken im Rathaussaal feierlich eröffnet. Sie sollte sich aus 18 Mitgliedern, davon neun aus Nürnberg, vier aus Fürth, drei aus Erlangen und zwei aus Schwabach, zusammensetzen. Allerdings erschienen die ernannten Mitglieder nicht vollzählig, so daß weder ein Vorsitzender gewählt noch Beschlüsse gefaßt werden konnten. Auch scheiterte eine personelle Verbindung zwischen Handelskammer und Handelsvorstand am passiven Widerstand der Handelsvorstände. So existierten beide Interessenvertretungen bis 1853 zunächst nebeneinander. 1854 wurde die Handelskammer umorganisiert, und die Mitglieder des Handelsvorstandes und die Fabrikanten wurden im „Handelsrat" zu einem wichtigen Lokalgremium zusammengefaßt, womit der Einfluß des Handelsvorstandes gesichert war. Ab 1858 erscheint die Bezeichnung „Handels-, Fabrik- und Gewerbekammer von Mittelfranken". In der Handelskammer waren die wichtigen Branchen der mittelfränkischen Wirtschaft vertreten, wie das Bankwesen, der Buch- und Eisenhandel, die Spiegelglasfabrikation, mit Konrad Seitz die leonische Drahtfabrikation, mit David Bestelmeyer die Tabakindustrie und ab 1845 mit Johannes Zeltner der Hopfenhandel und die Ultramarinfabrikation. Allerdings fehlten einige der bedeutendsten Nürnberger Unternehmer wie Heinrich Philipp Lobenhofer, Wilhelm Spaeth, Johann Friedrich Klett und Lothar Faber.

Die angesehene Handelsmetropole Nürnberg wurde 1857 vom Deutschen Bund auch als Tagungsstätte für die wichtigen Beratungen der Handelsgesetzgebungskommission ausgewählt. Im März 1861 war nach fast 600 Sitzungen mit dem Deutschen Handelsgesetzbuch ein Gesetzeswerk geschaffen worden, welches auch nach Ende des Deutschen Bundes 1866 gültig blieb und einen wichtigen Baustein im deutschen Einigungsprozeß darstellt.

*Abb. 14:
Die Ludwigseisenbahn am Bahnhof Plärrer. Sie verkehrte bis 1922 auf der Strecke von Nürnberg nach Fürth. Photographie vor 1900.*

Verkehrstechnik als Impuls für den Maschinenbau

Eisenbahn

Von großer Bedeutung für die wirtschaftliche, politische und gesellschaftliche Entwicklung eines Staates ist der Ausbau des Verkehrswesens. So wurde der Eisenbahnbau zum ausschlaggebenden Faktor für den Beginn der Industrialisierung in Deutschland. Der Nationalökonom und Wirtschaftshistoriker Werner Sombart hat den Eisenbahnbau sogar überschwenglich als „die größte Leistung der Menschheit", als „größte produktive Tat aller Geschichte" gefeiert und das 19. Jahrhundert zum „Jahrhundert der Eisenbahn" erklärt.

Während in England, Frankreich, Belgien und Österreich bereits Dampf- und Pferdebahnen verkehrten, wurden in Deutschland weiterhin Chausseestraßen angelegt. Nürnberg war seit 1804 mit Fürth durch eine vorzüglich ausgebaute Chaussee verbunden, aber auch mit Regensburg, Pleinfeld und Rothenburg. Von Fürth aus führten Chausseen nach Würzburg und Bamberg. Wiederum war es die Nürnberger Kaufmannschaft, aus deren Reihen die Initiative zum Bau einer Eisenbahnstrecke zwischen Nürnberg und Fürth kam. Die Idee hierzu war schon mehrmals vorgetragen worden, zuletzt 1826 von König Ludwig I. Die bayerische Regierung hatte den Städten Nürnberg und Fürth die Herstellung einer Teststrecke nahegelegt, und anläßlich seines Besuchs in Fürth am 27. September 1826 ermunterte der König die Kaufmannschaft zur Vorbereitung des Projektes. Als engagierter Befürworter des Unternehmens versuchte der Fürther Bürgermeister Franz Joseph von Bäumen allerdings vergeblich, die Fürther und Nürnberger Kaufleute für sein Vorhaben zu gewinnen. Die Gründe für die Vorbehalte und zögerliche Haltung waren unterschiedlich. Zum einen war es wohl ein gewisser Mangel an Risikofreude, und zum anderen sahen viele in einem gut ausgebauten Straßennetz noch immer die beste Voraussetzung für das Transportwesen der Zukunft. Der Nürnberger Marktadjunkt Johann Harleß hielt den Bau einer Eisenbahn nur dann für sinnvoll, wenn der Landtransport „durch die Natur erschwert oder durch die Kunst noch nicht geregelt sei." Bald aber sollten sich mit dem Zollverein die Voraussetzungen für einen Eisenbahnbau ändern, und auch die Meinung im Nürnberger Handelsvorstand wandelte sich. So rechtfertigte Johannes Scharrer im Einladungsschreiben vom 14. Mai 1833 zur Gründungsversammlung einer Eisenbahnaktiengesellschaft das Vorhaben: „Eisenbahnen, in Verbindung mit Dampfmaschinen, gehören unstreitig zu den wichtigsten und einflußreichsten Erfindungen unserer Zeit, sie sind das schnellste, wohlfeilste und sicherste Transportmittel für Personen und Waaren." Außer Johannes Scharrer und Georg Zacharias Platner schlossen sich noch der Nürnberger Erste Bürgermeister Jakob Friedrich Binder, der Fürther Bürgermeister Franz Joseph von Bäumen und die Fürther Kaufleute Heinrich Friedrich Meyer und Julius Wilhelm Reisig dem Gründungskomitee an. Die Beteiligung an dem Unternehmen war außerordentlich rege. Die Aktionäre kamen aus Nürnberg, Fürth, München, Augsburg, Schweinfurt, Stuttgart und anderen Städten. Auch ein Engländer aus Liverpool zeichnete Aktien für 2.000 Gulden. Hauptaktionär war jedoch Platner selbst, der insgesamt 21.000 Gulden investierte. Bis Ende 1833 waren bereits Aktien im Wert von 137.500 Gulden gezeichnet worden. Der bayerische Staat hatte sich lediglich mit 200 Gulden daran beteiligt, einer Summe, die etwa dem Jahreseinkommen eines Arbeiters entsprach. In der Gründungsversammlung am 21. November 1833 wurde Platner zum Direktor und Kassier der kgl. privilegierten Ludwigs-Eisenbahn-Gesellschaft ernannt. Künftig war Platner hauptsächlich für den Technologietransfer von England nach Deutschland verantwortlich, wie etwa die Vereinbarungen mit Robert Stephenson, dem Sohn des britischen Eisenbahningenieurs, über die Lieferung der Lokomotive zeigen. Scharrer übernahm die Geschäftsführung. Am 7. Dezember 1835 konnte die Ludwigsbahn eingeweiht werden und der „Adler" verkehrte zwischen Nürnberg und Fürth. Die Gesamtkosten hatten 175.496 Gulden betragen.

Fahrschein der Ludwigs-Eisenbahn-Gesellschaft

Die Bedeutung der Eisenbahn für Nürnberg

Die Bedeutung der Ludwigsbahn für das Transport- und Nachrichtenwesen war nur gering, aber sie gab das Startzeichen für den Eisenbahnbau und die industrielle Entwicklung zunächst in Nürnberg und bald darüber hinaus in Deutschland. Denn der Aufbau eines Streckennetzes vergrößerte die Absatzgebiete und erschloß neue Märkte. Angesichts der überaus vielversprechenden Zukunftschancen der Eisenbahn nahm Bayern die Streckenerschließung 1843 in staatliche Regie, und Nürnberg wurde als Sitz der „Eisenbahnbau-Commission" gewählt. Von Nürnberg aus wurden die ersten Strecken nach Bamberg, Nördlingen, Würzburg und Regensburg verlegt, und von Würzburg und Nördlingen wurden wiederum Anschlußstrecken nach Frankfurt und Augsburg geschaffen. Schon 1851 war eine Verbindung von München nach Berlin über Hof hergestellt, und 1853

Abb. 15:
Der „Adler" auf seiner Jungfernfahrt am 21. November 1835. Ansichtskarte von 1920.

hatte man die Strecke der Staatsbahn Hof – Lindau eröffnet und somit das Königreich von Norden nach Süden durch die Eisenbahn erschlossen. Bereits Ende der 30er Jahre setzte der Gütertransport auf den Schienen ein und eröffnete für Nürnberger Waren neue Absatzgebiete.

Aber nicht nur der Handel erfuhr durch das neue Transportmittel einen ungeahnten Aufschwung. Mit dem Eisenbahnbau ist auch der Nürnberger Maschinenbau aufs engste verbunden. Der Bedarf an Baumaschinen und anderem Betriebsmaterial gab den Anstoß zur Gründung zahlreicher Maschinenbaubetriebe in Nürnberg. Das traditionelle, einheimische Metallverarbeitungsgewerbe stellte sich flexibel auf den steigenden Eisenbahnbedarf ein. Die Nachfrage an Arbeitsmaschinen für den Streckenbau, Maschinen für die Herstellung von Waggons, Konstruktionsteilen für Brücken- und Tunnelbau, Geräten für die Reparatur und Wartung der Dampfloks und Bahnstrecken wurde von Nürnberger Unternehmen gedeckt.

Der erste leistungsfähige Betrieb war die mechanische Werkstatt von Wilhelm Spaeth. Spaeth baute nicht nur den „Adler", der in Einzelteilen von George Stephenson aus England geliefert worden war, in seiner Werkstatt am Dutzendteich zusammen, sondern war auch sogleich in der Lage, die benötigten Weichen und Drehscheiben, Brücken und Stellwerksanlagen anzufertigen. Darüber hinaus spezialisierte er sich auf die Konstruktion und Herstellung von Maschinen für den Eisenbahnbau, von Baggern und Erdtransportmaschinen. Anerkennend notierte Johannes Scharrer: „Die Maschinenwerkstätten des ausgezeichneten Mechanikers Wilhelm Spaeth sind in der Industrie Nürnbergs eine neue Erscheinung."

1837 gründete Johann Friedrich Klett aus Thüringen in Nürnberg eine mechanische Werkstatt und übernahm zunächst Reparaturen für die Ludwigseisenbahn, die Spaeth ablehnte. 1842 erhielt er die Konzession zur Errichtung einer Maschinenfabrik mit einer Eisengießerei, einem Kupolofen und Dampfmaschinen. Klett hatte sein Konzessionsgesuch für eine Maschinenfabrik mit dem großen Bedarf an Eisenbahnausrüstung begründet: „Der Zweck meines Unternehmens ist, einem längst gefühlten Mangel auf dem hiesigen Fabrik- und Gewerbeplatz an Maschinen u. dgl., namentlich aber auch für die bereits bestehenden und noch in das Leben gerufen werdenden Eisenbahnen abzuhelfen, und hoffe daher bei der Ausführung desselben nicht nur nicht gestört und aufgehalten, sondern auf alle mögliche Weise gefördert und unterstützt zu werden." In den Räumen der Merz'schen Spinnmanufaktur in Wöhrd produzierte er Gußstücke, Wasserräder, Maschinen und Kräne. Da Klett mit großem kaufmännischen Geschick und mit weitsichtiger Planung sein Unternehmen führte, wurde er für Spaeth bald zum ernsthaften Konkurrenten, so daß sich dieser gezwungen sah, seine Werkstätten ebenfalls in eine Maschinenfabrik umzuwandeln. Schon bald beschäftigte Klett 70 Arbeiter in seiner Fabrik. Als er 1847 starb, übernahm sein Schwiegersohn Theodor Cramer die Firma und führte sie unter dem Namen Cramer-Klett weiter. Unter seiner Leitung stieg der Betrieb zum Hauptlieferanten für Eisenbahnbaumaterial auf. Neben der Herstellung von Dampfmaschinen spezialisierte sich die Fabrik auf den Bau technischer Eisenkonstruktionen und den Brückenbau. Unbestritten führend aber wurde sie auf dem Gebiet des Eisenbahnwaggonbaus. So erfüllte die Firma allein im Jahr 1855 einen Auftrag zum Bau von über tausend Eisenbahnwaggons. Dem Auftragsvolumen entsprechend stieg auch die Zahl der Beschäftigten. Waren es 1850 noch 300 Arbeiter, so wuchs die Zahl in den folgenden fünf Jahren schon auf 1.300 Arbeiter an. 1873 wurde die Firma Cramer-Klett in eine Aktiengesellschaft umgewandelt und mit der Maschinenfabrik Augsburg zur „Maschinenfabrik Augsburg-Nürnberg" (M.A.N.) vereinigt.

Johann Wilhelm Spaeth

Kanal

Unter der Protektion König Ludwigs I. wurde die Erschließung des Königreichs Bayern durch ein weiteres Massentransportmittel geplant, nämlich durch die Binnenschiffahrt, deren Ausbau nun forciert wurde. 1834 genehmigte der Landtag den Bau eines Kanals zwischen Main und Donau, wodurch das Mittelmeer mit der Nordsee verbunden werden sollte. Damit griff man letztlich den Plan Karls des Großen auf, der um 800 mit der „Fossa Carolina" allerdings gescheitert war. Im Juli 1836 wurde der Bau des Kanals unter der Leitung des kgl. Oberbaurats Freiherr Heinrich von Pechmann begonnen. Für die Bauzeit waren sechs Jahre vorgesehen. Aber erst im Juli 1846 konnte der Kanal mit der feierlichen Enthüllung eines Denkmals in Erlangen eingeweiht werden. Allerdings war schon im Vorjahr das erste befrachtete Schiff „Ludwig" im Nürnberger Kanalhafen eingelaufen. Das Projekt, das durch eine Aktiengesellschaft unter Beteiligung der Königlichen Bank finanziert worden war, verschlang mehr als 17 Millionen Gulden und überstieg den Voranschlag um 100 Prozent. Unvorhersehbare geologische Schwierigkeiten hatten die Kosten derart in die Höhe schnellen lassen. Gewinne warf der Kanal durch steigende Transportmengen und Erträge aber nur bis etwa zur Mitte des 19. Jahrhunderts ab, da sich die Eisenbahn als Güter- und Personentransportmittel erfolgreich durchsetzte und dem Kanal den

Rang ablief. Nürnberg profitierte vom Kanal allerdings durch eine bessere Versorgung mit Massengütern wie Sand, Baumaterial und Holz, wenn auch die geplanten Lagerhäuser nicht gebaut wurden. Nach der Fertigstellung des Kanals erläuterte Heinrich Freiherr von Pechmann die Zukunftsperspektiven des neuen Verkehrsmittels: „Die Gewerbe aller Art haben in Bayern seit wenigen Jahren ungemeine Fortschritte gemacht. Um so erfreulicher ist es, daß durch den Ludwigskanal diesen so rastlos zum Bessern fortschreitenden Gewerben ein bequemer und wohlfeilerer Ausfuhrweg gesichert ist, und er wird vielleicht manche derselben in's Leben rufen, welche bis jetzt vernachlässigt geblieben sind." Die Vision Pechmanns sollte sich jedoch nicht erfüllen.

Obwohl der Kanal für die Volkswirtschaft kein Erfolg wurde, so zog die Nürnberger Industrie dennoch unmittelbare Vorteile aus seinem Bau. Vor allem Wilhelm Spaeth war von Pechmann wegen seines leistungsstarken Betriebs und seiner technischen Fähigkeiten als Lieferant, Partner und Ratgeber gewonnen worden. Spaeth konstruierte und baute eigens Maschinen für die Ausschachtungs- und Erdarbeiten, wie Wasserschnecken, Schöpfräder und Arbeitsgleise. Er stellte aber auch Kanalausrüstungen wie Stauwehre, Hafenkräne und Schleusenbeschläge her und führte Reparaturen am Ludwigskanal aus. Spaeth übernahm sogar im Bauabschnitt bei Dörlbach die Erdarbeiten in Regie. Die damaligen Versorgungsbaracken ließ der Unternehmer als Modellager am Dutzendteich wieder aufstellen, wo es bis Ende der 30er Jahre des 20. Jahrhunderts stand.

Abb. 16:
Der Kanalhafen von Nürnberg verfügte anfangs nur über einige provisorische Lagerschuppen. Stahlstich von Alexander Marx 1844.

Abb. 17:
Der größte von insgesamt drei Kränen am Nürnberger Kanalhafen wurde zwar im Ausland gefertigt, die Aufträge für die beiden anderen zum Preis von je 1.000 Gulden erhielt jedoch Wilhelm Spaeth. Kupferstich von Alexander Marx 1844.

Neue Branchenvielfalt

Gewerbestatistik von 1847

1847 erstellte der Zollverein für den aufstrebenden Wirtschaftsplatz Nürnberg erstmals eine Gewerbestatistik. Sie zeigt, daß immer noch kleine Handwerksbetriebe das wirtschaftliche Bild der Stadt prägten. Der Nahrungs- und Genußmittelsektor bildete dabei einen Schwerpunkt. Die der örtlichen Versorgung dienenden Gewerbe zählten 3.091 Meister mit durchnittlich zwei bis drei Gesellen oder Lehrlingen. Dagegen produzierten 192 Handwerker und 2.289 Arbeiter in rund 500 Betrieben hauptsächlich für den Großhandel und den Export. So beschäftigten 21 Tabak- und Zigarrenfabriken insgesamt 479 Arbeiter und 38 Zündwarenfabriken 295 Arbeiter. Daneben verdienten in 55 „Eisendrahtwerken" 176 und in 30 Brauereien 162 Männer ihr Brot. 128 Meister arbeiteten im Baugewerbe mit durchschnittlich etwa vier Gesellen und Lehrlingen. In der Metallbranche waren 689 Meister und 878 Lehrlinge tätig und im Textilgewerbe 664 Meister und 508 Arbeiter und Arbeiterinnen.

Nach der Gründung des Deutschen Zollvereins hatte sich das Bild der Nürnberger Wirtschaft allmählich gewandelt. Es war kein radikaler Umbruch, denn immer noch herrschten die Handwerksbetriebe vor, aber die Zahl der Betriebe mit modernen Maschinen und neuen Produktionsformen hatte deutlich zugenommen. Konnte man 1818 erst 227 Fabriken zählen, so waren es 1852 schon 494, darunter sogar einige Großbetriebe. Auch die Entwicklung der Beschäftigungszahlen geben Aufschluß über die wirtschaftlichen Veränderungen. 1818 hatte noch keine der Fabriken mehr als 25 Arbeiter, 1852 waren es bereits acht Betriebe mit über 100 Arbeitern. An der Spitze lag Klett mit 755 Leuten, aber auch die Nachtlichterfabrik Glafey beschäftigte schon 250, Zeltner 164 und Spaeth 131 Arbeiter. Viele der neu entstandenen Fabriken waren aus Handwerksbetrieben hervorgegangen.

Der stetige wirtschaftliche Aufschwung in Nürnberg war weniger ein Erfolg der staatlichen Wirtschaftspolitik oder der staatlichen Gewerbeförderung, als vielmehr das Resultat des Engagements, der Risikofreudigkeit und der Innovationskraft von Fürther und vor allem Nürnberger Unternehmen für den Bau eines neuen zukunftsweisenden Transportmittels, der Eisenbahn, und für die Einführung moderner Produktionsmethoden in modernen Fabriken. Nürnberg war auf dem Weg zur Industriestadt.

Die Textilindustrie

Neben der rasch aufblühenden Maschinenindustrie kennzeichneten noch andere Gewerbezweige den wirtschaftlichen Aufschwung in Nürnberg und erlangten überregionale Bedeutung. So wirkte etwa der Tuchfabrikant Johannes Philipp Lobenhofer bahnbrechend, als er 1822 im Vorort Wöhrd eine Tuchfabrik, die erste Fabrik überhaupt, errichtete. Schon 1817 hatte Lobenhofer gegen den erbitterten Widerstand der Nürnberger Tuchmacher eine Tuchmaschine aufgestellt. Seine Söhne hatten ihm dazu geraten, die während eines Aufenthaltes in den Niederlanden diese neue Produktionsmethode kennengelernt hatten. Die Tuchfabrik in Wöhrd entwickelte sich bald zu einer der größten in Bayern. In der Fabrik wurden nicht nur sämtliche Fertigungsarbeiten durchgeführt, sondern nach englischem

Vorbild auch Maschinen eingesetzt. Schon bald besaß Lobenhofer 56 Maschinen, und 115 Leute arbeiteten für ihn. Für Wartung und Reparaturen, aber auch zur Konstruktion und zum Bau neuer Maschinen stellte Lobenhofer 1822 den Mechaniker Wilhelm Spaeth ein. Die erfolgreiche Fabrik Lobenhofer blieb in der Textilbranche in Nürnberg allerdings ein Einzelfall, denn die Textilindustrie erlangte in der Pegnitzstadt nie eine größere Bedeutung. Weder im Preis noch in der Qualität konnte man mit den hochwertigen Fabrikaten aus England konkurrieren. Dabei erhielten Lobenhofer und seine Söhne für ihre Produkte sogar mehrere Auszeichnungen, wie etwa eine goldene Medaille auf einer Ausstellung des Polytechnischen Vereins in München und 1828 von König Ludwig I. den zweiten Ermunterungspreis für Verbesserungen in der Tuchherstellung. 1847 erweiterte dann der Sohn Heinrich Philipp Lobenhofer die Fabrik und richtete eine mechanische Spinnerei ein. Diese Neugründung erwies sich allerdings als Fehlschlag. 1868 übernahm Johannes Zeltner die Fabrik für lediglich 72.000 Gulden. Die Tuchherstellung wurde sogleich eingestellt.

*Abb. 18:
Der Unternehmer Johannes Zeltner (1805–1882). Ölgemälde von Karl Fleischmann.*

Chemische Industrie

Von großer Bedeutung war die chemische und Farb-Industrie in Nürnberg. 1838 gründete der rührige Unternehmer Johannes Zeltner mit seinem Schwager Friedrich Wilhelm Heyne die Nürnberger Ultramarinfabrik zur Herstellung des Ultramarins nach den Angaben von Professor Thomas Leykauf. Leykauf war Chemielehrer an der Polytechnischen Schule und hatte gemeinsam mit seinem Schüler Heyne ein Verfahren zur synthetischen Herstellung von grünem Ultramarin entwickelt. Zeltner, der seit Jahren im Nürnberger Hopfenhandel tätig war, erkannte die Bedeutung dieser Entdeckung und stellte die notwendigen Geldmittel zur Gründung einer Fabrik zur Verfügung, die schließlich in Steinbühl errichtet wurde. Bald übernahm Zeltner alleine die Leitung der Fabrik, nachdem Heyne und Leykauf wenig kaufmännisches Talent bewiesen hatten. Die Fabrik produzierte nun im großen Stil. Farbstoffe in blau, grün, rot, violett und rosa im Wert von rund

Abb. 19: Selbstbewußt präsentieren sich Anwohner und Besitzer des Kolonial- und Tabakwarenladens in der Kaiserstraße. Photographie vor 1909.

30.000 Gulden wurden noch im selben Jahr nach Norddeutschland, Österreich, Italien, der Schweiz, Böhmen, Polen und England exportiert. Selbst die Gebiete in Übersee gehörten in den folgenden Jahren zu den Absatzmärkten. Umfangreiche Lieferungen gingen nach Nord- und Südamerika, Neuholland, Asien und nach Afrika. Vor allem wegen der hohen Qualität an Deckfähigkeit, Lichtechtheit, Laugenstabilität und auch wegen ihrer Unschädlichkeit und Verträglichkeit hatten die Farbstoffe aus Nürnberg weltweit einen guten Ruf. Das Angebot reichte von Farben zum Anstreichen bis hin zum Bedrucken von Tapeten, Papier, Büchern und Geweben. Bis zur Jahrhundertmitte hatte sich die Jahresproduktion schon versiebenfacht, und die Zahl der Arbeiter war auf 210 angestiegen. 1860 wurden auch die ersten Dampfmaschinen aufgestellt. Infolge einer lang anhaltenden Absatzkrise fusionierten 14 deutsche Ultramarinfirmen im Jahre 1893 zu den Vereinigten Ultramarinfabriken. In diesem Zusammenhang wurden die Nürnberger Fabrikanlagen nach Leverkusen verlegt.

Eine weitere gutgehende Farbenfabrik betrieben die Gebrüder Karl und Wilhelm Puscher. 1842 erhielten sie die Konzession für den fabrikmäßigen Betrieb ihrer Werkstätte in Johannis, die sie bald mit Dampfmaschinen ausrüsteten. Neben Tüncher- und Malerfarben stellten sie auch Ultramarinfarben und Teerfarben her.

Eine chemische Fabrik ganz anderer Art gründeten die Gebrüder Joseph und Paul Giulini aus der Lombardei beziehungsweise Mannheim zwischen 1842 und 1850 in Nürnberg. Da sie herausgefunden hatten, daß nach Nürnberg jährlich etwa 1.000 Zentner Schwefelsäure von außerhalb geliefert wurden, wollten sie diese Nachfrage vor Ort bedienen. Die Konzession von 1844 zur Errichtung einer Schwefelraffinerie wurde jedoch nie genutzt. Statt dessen begannen die Gebrüder Giulini mit der Herstellung von Alaun und Salpetersäure auf einem Grundstück in Gostenhof hinter dem Rochusfriedhof. Eine weitere Salpetersäure- und Schwefelfabrik unterhielt seit 1843 A.J. Bartels. Die Firma N. Adam hatte sich auf die Gewinnung von Blutsäure durch Dörrung von Tierblut spezialisiert, stellte aber auch Farben her. Auch die Firma J. Gradl bei Wöhrd betrieb eine Blutsiederei zur Gewinnung von Benzoesäure.

Tabakfabrikation

Zu den wichtigen und bedeutenden Nürnberger Kaufmannsunternehmen gehörte die Tabakfabrikation. 1825 verlegten die Gebrüder David und Georg Bestelmeyer ihre Tabakfabrik von Schwabach nach Nürnberg. Sie hatten die Firma 1790 gegründet und schon bald mit Maschinen ausgestattet. Zum Zeitpunkt der Fabrikverlegung betrug allein der Wert des Warenbestandes über 60.400 Gulden. Sowohl ausländische als auch einheimische Tabake wurden zu Schnupf- und Rauchtabak und zu Zigarren unterschiedlicher Qualität verarbeitet. Durch die Entwicklung und die Anwendung neuer Produktionstechniken konnte sich die Firma gegen die Konkurrenz in der Tabakbranche behaupten. So wurde 1834 ein Verfahren zur Rauchtabakröstung patentiert. Wenig später kam eine neue Zigarettenmaschine zum Einsatz. Insbesondere Georg Bestelmeyer erwies sich als außerordentlich rührig und geschäftstüchtig. 1828 verfaßte er im Auftrag der Nürnberger Tabakfabrikanten die Denkschrift „Über die Verhältnisse der Tabakfabrikation und der Tabakkultur in Bayern". Über seine kaufmännische Tätigkeit hinaus engagierte er sich aber auch als Magistratsmitglied, als Landtagsabgeordneter 1834 und als Zweiter Bürgermeister vor allem in Zollfragen für die Interessen der Industrie und des Handels. Weiterhin setzte Georg Bestelmeyer sich für die Verschönerung und die Verbesserung der Lebensqualität in der heranwachsenden Industriestadt Nürnberg ein, indem er nach dem Vorbild Platners Gärten und Alleen entlang der Stadtbefestigung anlegen ließ. Zwischen 1834 und 1852 gab es in Nürnberg noch 25 weitere Tabakfabriken, von denen einige sogar überregionale Bedeutung erlangten. Zu ihnen zählte die 1812 gegründete Firma Schwarz und Co. am Lorenzer Platz, in deren Fabrik Wilhelm Spaeth Maschinen einrichtete. Seit 1829 produzierten Luchs und Stadtler in Wöhrd. Auch die Firmen Krafft u. Co., Gebr. Beck, Johann Jakob Gechter, Lorenz Hüttner und Rupprecht konnten sich in der Tabakbranche behaupten.

Abb. 20: Zahlreiche Geschäfte wie hier am Josephsplatz boten ihre Tabakwaren an. Photographie um 1877.

Nachtlichterproduktion

Eine Besonderheit des Nürnberger Industrielebens stellte die Nachtlichterfabrikation dar. Das Gewerbe war aus Frankreich eingeführt worden und konnte sich, neben Wien, bald auch in

Abb. 21: Ansicht der Bleistiftfabrik Schwan am Maxtor. Aquarell von Johann Christian Perlberg 1863.

Abb. 22: Die Werbemethoden waren bereits um 1900 vielfältig. Mit sogenannten Vignetten warb zum Beispiel die Nachtlichterfabrik Glafey.

Nürnberg fest etablieren. Um 1850 gab es etwa 40 Nachtlichtermacher, zumeist Handwerker, die die Lichter im Familienbetrieb herstellten. Nur einige wenige konnten ihren Betrieb zur Fabrik erweitern und ausbauen. Zu ihnen zählten etwa Johann Gottlieb Heinrich Kummer in der Pfarrgasse, Georg Schmidt am Weinmarkt, Barbara Schein in Wöhrd oder Johann Christian Pickel in der Hinteren Sterngasse. Am bedeutendsten jedoch war die 1808 gegründete Firma von Gottlieb August Glafey in der Adlerstraße. Etwa 190 Familien fertigten als Heimarbeiter Teilfabrikate für die Firma Glafey. Schon bald lieferte Glafey Nachtlichter in größerem Umfang nach Breslau, Leipzig, Naumburg, Halle, Hamburg und sogar nach Paris, Lyon und Marseille. Ab 1867 konnte Gottlob Glafey den Export auf die USA, Indien, Südamerika und China ausdehnen, wobei sich die Produktionspalette inzwischen um Altar-, Friedhofs- und vor allem Teelichter erweitert hatte.

Handel

Seit 1806 entwickelte sich Nürnberg allmählich zum führenden Stapel- und Umschlagplatz des Warengroßhandels im Königreich Bayern. In Nürnberg kreuzten sich seit dem Mittelalter die großen Handelsstraßen nach Italien, Ungarn, Frankreich, Polen sowie in die Hafenstädte im Norden. Die Aufhebung der Kontinentalsperre, die Gründung des Deutschen Zollvereins und die verkehrstechnische Erschließung des Landes vor allem durch die Eisenbahn ließen den Fernhandel, zu dessen Zentrum Nürnberg unangefochten aufstieg, erneut aufblühen. Seit dem Ende der Napoleonischen Kriege wurde in Nürnberg wiederum fast der gesamte Kolonial- und Tabakwarenhandel für Südbayern, die Schweiz und Österreich abgewickelt, und umgekehrt wurden über die Hansestädte die Nürnberger und Fürther Spiegel- und Manufakturwaren exportiert. „Der Verbrauch von Nürnberger Waaren ist fast durch alle Länder der fünf Erdteile verbreitet, von dem Indus und Ganges bis an den Laplata und Mississippi. Fast kein Schiff segelt von dem europäischen Kontinent, ohne seine Ladung mit Nürnberger und Fürther Spiegel, Kämmen, Klaviersaiten, leonischen Waren, Bleistiften, Metall- Holz- und Spielwaren etc. zu vervollständigen", beschrieb Johannes Scharrer 1836 die weltweiten Handelsverbindungen der Pegnitzstadt. 1825 gab es in Nürnberg etwa hundert Handlungshäuser, die europaweit Kommissionshandel betrieben, und schon rund 40 Firmen in Nürnberg und Fürth unterhielten Handelsverbindungen nach Nordamerika, Brasilien und in die Türkei, wie etwa das hervorragende Kolonialwarenhaus Lödel & Merkel in der Karlstraße. Teilhaber der Handlung waren die Witwe des Marktvorstehers Paul Wolfgang Merkel und die beiden Söhne Paul Gottlieb und Johannes. Sie pflegten Kontakte nach Hamburg, Bremen, London und Paris und unternahmen auch regelmäßig Geschäftsreisen zu ihren Handelspartnern. Zu ihren exotischen Handelsgütern zählte unter anderem auch Elfenbein. Die Firma der Gebrüder Bestelmeyer nutzte ebenfalls die Handelsbeziehungen zu Nordamerika und bezog von dort Tabakblätter. Als der Großkaufmann Georg Zacharias Platner 1811 die Leitung des väterlichen Handelshauses übernahm, das Indigo aus Indien importierte, erweiterte er die Geschäftstätigkeit durch Niederlassungen in Hamburg und Rotterdam sowie durch Kontakte nach London und Livorno.

Große Bedeutung erlangte auch der Handel mit Hopfen. Die Entwicklung Nürnbergs zur unbestrittenen Weltbörse des Hopfenhandels begann schon in der ersten Hälfte des 19. Jahrhunderts, als der Export nach den USA verstärkt ausgebaut werden konnte. Die Vereinigten Staaten waren durch ihren beispiellosen volkswirtschaftlichen Aufschwung für Europa zum wichtigen Absatzmarkt geworden. Die Bevölkerung in Nordamerika hatte sich in kurzer Zeit durch Kolonisierung und Einwanderung verdreifacht, Bodenschätze waren reichlich vorhanden und wurden genutzt. Sowohl die demographische als auch die wirtschaftliche Entwicklung boten ideale Rahmenbedingungen für den massenweisen Absatz von Nürnberger Luxus- und Genußgütern, wie Spiel- und Galanteriewaren, Bleistifte, Musikinstrumente, Eisenwaren, Gold- und Silberpapier, Bücher, optische, mathematische und physikalische Instrumente, Spiegel, Kämme, Bürsten, Ultramarin, Chemikalien und Arzneien. Auch setzte sich in den USA das Bier als Volksgetränk durch, und die Nachfrage nach Hopfen stieg. Bald erreichte die 1829 gegründete Nürnberger Hopfenhandlung von C. Scharrer & Comp. durch den geschäftlichen Weitblick und das Engagement des Teilhabers und Kaufmanns Johannes Scharrer im Hopfenhandel eine zentrale Stellung. Insgesamt betrug der Ausfuhrwert der Nürnberger Waren nach den bayerischen Zollregistern von 1825 6,73 Millionen Gulden. Dem stand ein Einfuhrwert von 5,34 Millionen Gulden gegenüber. Ein Jahr später teilte der Nürnberger Handelsvorstand, an dessen Spitze der Großhändler Johannes Merkel stand, mit, daß aus Nürnberg auf der Straße nach Hamburg rund 19.000 Zentner Manufakturwaren im Wert von 1,5 Millionen Gulden, auf der sächsischen Straße rund 14.000 Zentner für 1,1 Millionen Gulden und auf den Straßen über Augsburg und Salzburg rund 5.500 Zentner für eine halbe Million Gulden ausgeführt wurden.

Über die Hansestadt Hamburg wickelten die Nürnberger Kaufleute ihre Exportgeschäfte nach Süd- und Mittelamerika ab und nutzten die Verbindungen zu den bayerischen staatlichen Handelsagenten in Bahia, Caracas, Mexico-Stadt und Rio de Janeiro. Es waren die Nürnberger Handelsvorsteher gewesen, die 1826 dem Finanzministerium die Aufstellung bayerischer Handelsagenten in Südamerika empfohlen hatten. Mit Recht übten sie bei der Besetzung der Konsularstellen maßgeblichen Einfluß aus. Nach der Gründung des Zollvereins 1834 wurde auch in Nordamerika ein Konsularwesen aufgebaut und eingerichtet. Bayerische Konsulate entstanden in New York, Philadelphia, Louisville, Baltimore und Cincinnati. 1835 unterhielt der Staat Bayern insgesamt 42 Konsulate und Agenturen in Übersee und Europa. Mitglieder des Nürnberger Handelsvorstandes wie der Marktvorsteher Johannes Merkel hatten beim Aufbau des bayerischen Konsulatsnetzes eine maßgebliche Rolle gespielt. Umgekehrt hatte in Nürnberg der New Yorker Kaufmann Philipp Geiße ein Konsulat der USA eingerichtet. Nicht nur der Absatzradius der Nürnberger Handelswaren und Exportgüter hatte sich durch den riesigen Markt in Übersee ausgedehnt, sondern auch der Horizont des kaufmännischen Denkens und das Weltbild der Nürnberger Kaufleute allgemein hatten sich erweitert. Denn nach hanseatischem Vorbild schickten nun Nürnberger Kaufleute ihre Söhne zur Ausbildung in die Handelszentren der USA. Die jungen Unternehmer brachten eine völlig neue Weltsicht mit zurück in ihre Heimatstadt. Zwar verlagerte sich durch die Erschließung der überseeischen Märkte der Großhandel mehr und mehr auf die Seehäfen, doch konnte Nürnberg dank seiner hochentwickelten und international konkurrenzfähigen Exportindustrie und wegen der traditionellen Stellung als Handelsplatz die Rolle als bedeutende Handelsstadt noch lange behaupten.

Die Sparkasse „nach dem Scharrerischen wohldurchdachten Plan"

Erste Pläne

Bereits am Ende des 18. Jahrhunderts war das Sparkassenwesen in England gut etabliert. Eine vergleichsweise ungehemmte Entwicklung von Handel, Gewerbe und Geldwirtschaft, das Engagement bedeutender Nationalökonomen wie Robert Malthus sowie entsprechende Gesetze hatten das Aufblühen der Sparkassen in England wesentlich gefördert. Auch in Deutschland waren schon im ausgehenden 18. Jahrhundert mehrere Spar- und Leihkassen gegründet worden, wie etwa in Braunschweig, Hamburg, Oldenburg oder Kiel. Jedoch entfaltete sich das Sparkassenwesen erst, nachdem die Napoleonischen Kriege überwunden waren und sich auch eine wirtschaftliche Erholung abzeichnete. Auf der Suche nach Wegen, individueller Armut bedingt durch Alter, Invalidität oder wirtschaftliche Not entgegenzutreten, gewann die Idee der „Hilfe zur Selbsthilfe" an Bedeutung. Diese Vorstellung nahm im Spargedanken als Daseinsvorsorge für Krisenzeiten konkrete Formen an. Im Königreich Bayern griff 1816 die „Allgemeine Verordnung das Armenwesen betreffend" diesen Gedanken auf und empfahl den Gemeinden die Bildung von Sparkassen „für Zeiten des Alters und der Not" und legte somit zugleich die Gründung von Sparkassen als kommunale Aufgabe fest.

Doch nicht diese Empfehlung von staatlicher Seite bildete in Nürnberg den ersten Schritt zur Gründung der Sparkasse. Ein erster Entwurf zur Errichtung einer „Spahr- und Versorgungs-Cassa" stammte bereits 1810 aus der Feder des rechtskundigen Magistratsrats Johann Chr. Friedrich Schmid, der sich in seiner Denkschrift vor allem auf die positiven Erfahrungen in England berief. Der Kerngedanke seiner Überlegungen bestand darin, jungen Leuten durch die Möglichkeit des Sparens eine spätere Existenzgründung zu erleichtern. Wie dieser Plan, so blieb auch drei Jahre später der Vorschlag des Stadtgerichtsassessors Rudolf Sigmund von Holzschuher zum Aufbau einer „Spar-Cassa-Anstalt" wegen der „stöhrenden Kriegsunruhen" zunächst unbeachtet. Holzschuher, Mitglied der „Gesellschaft zur Beförderung vaterländischer Industrie", wies in seinem Entwurf neben den wirtschaftlichen Vorteilen auch auf den erzieherischen Wert einer Sparanstalt hin: „Viele legen Geld zusammen ohnversehens zeigt sich etwas, wodurch dieses Ersparte wieder weggegeben wird, welches unterbliebe, wann kein Geld da gewesen wäre. Der lustige Bruder verschwendet solches, welches er unterließe, woferne es in sicherer Verwahrung liegete."

Wie Holzschuher gehörte auch der Marktvorsteher und Abgeordnete im Bayerischen Landtag Paul Wolfgang Merkel zu den treibenden Kräften für die Gründung einer Sparkasse. In einem Brief an den Magistrat übersandte er 1819 einen Erfahrungsbericht der Sparkasse Altona über die außerordentlich positive Einlagenentwicklung trotz der wenig günstigen allgemeinen wirtschaftlichen Situation. Darüber hinaus engagierte sich Merkel durch mehrere Anträge im Landtag für die Errichtung einer Sparkasse. Im gleichen Jahr legte auch der Magistratsrat Johann Chr. Friedrich Schmid einen „Plan einer Erspahrungs-Anstalt" dem Magistratskol-

Paul Wolfgang Merkel

legium vor. Die detaillierten Ausführungen sahen unter anderem Zwangseinlagen der Sparer und Angaben über den Verwendungszweck des Einlagebetrages vor und betonten damit sehr stark die moralische und erzieherische Komponente der Sparkasseneinrichtung. Im Juli 1819 präsentierte schließlich der rechtskundige Magistratsrat Martin Wilhelm von Neu seinen Plan einer „Spahr – und Leih-Anstalt", die „sowohl denjenigen, welche ihr Vermögen benützen und vermehren wollen, als denjenigen, welche Hülfe und Unterstützung bedürfen", zur Verfügung stehen sollte. Der Plan Julius Graf von Sodens, „Flüchtige Ideen über eine Spar-Kaße oder Ersparniß-Bank", sah dagegen die Errichtung eines Privatinstituts vor. Wie für viele andere stellte auch für von Soden ein maßgebliches Gründungsmotiv das Ziel dar, „der Not, sowie dem Reiz zum Luxus und einem ungeregelten Lebenswandel zu wehren und dagegen Arbeitsamkeit, Ordnungsliebe, Sparsamkeit und Wirtschaftlichkeit unter einer Volksklasse aufzuregen." Die Sparkasse sollte nicht nur ein Selbsthilfeinstrument gegen Armut sein, sondern auch pädagogische Wirkungen auf die ärmere Bevölkerung ausüben und erzielen.

Der Scharrer'sche Plan und die Eröffnung der Sparkasse

Trotz der vielen unterschiedlichen Vorschläge überzeugte lange kein Entwurf den Nürnberger Stadtmagistrat hinreichend. Erst als am 11. Dezember 1820 der Magistratsrat Johannes Scharrer seinen Plan einschließlich Zinstabelle und Schema in der Plenarsitzung zur Diskussion stellte, sprachen sich beide städtische Kollegien für seine Annahme einschließlich einiger Modifikationen aus. Ende März 1821 beschlossen die zwei Gremien die Errichtung einer Sparkasse in Nürnberg. Ein weiterer Vorschlag der „Gesellschaft zur Beförderung vaterländischer Industrie" vom Februar 1821 wurde nicht mehr berücksichtigt. Scharrer begründete in seinem Vortrag die Notwendigkeit der Sparkasse mit dem vorteilhaften „Einfluß, den die Sparkassen überall wo sie errichtet worden sind, auf die Moralität der Dienstboten und der niederen Stände überhaupt" ausübten. Darüber hinaus verwies Scharrer auf die guten Erfahrungen anderer Sparkasseninstitute in Deutschland und besonders in England. Die Regierungsentschließung vom 5. Mai 1821 genehmigte endlich die Errichtung der Nürnberger Sparkasse „nach dem Scharrerischen wohldurchdachten Plan." Noch im September 1821 erfolgte die öffentliche Bekanntmachung der neuen Einrichtung und der Satzung mit folgender Einleitung: „Um den Einwohnern, besonders den Dienstboten und andern unbemittelten Personen der hiesigen Stadt und Vorstädte, Gelegenheit zu verschaffen, ihre Ersparniße auf Zinsen sicher anzulegen und sich nach und nach ein Kapital zu sammeln, das sie einstens zur Begründung einer Niederlassung und Verheirathung, oder zur Hülfe in Krankheit, Alter und Not benützen können; um dadurch die Sparsamkeit und Moralität unter dem Gesinde zu befördern und dem steigenden Luxus und der übertriebenen Kleiderpracht desselben entgegen zu wirken, hat der Magistrat die Errichtung einer Sparkasse beschlossen."

Organisation

Am 2. November 1821 nahm die erste Sparkasse in Bayern ihren Geschäftsbetrieb im ehemaligen Augustinerkloster auf. Da Scharrer die Pflegschaft wegen Arbeitsüberlastung ablehnte, wurde Carl Christoph Freiherr von Hars-

Abb. 23:
Im ehemaligen Almosenamt war die erste Geschäftsstelle der Sparkasse untergebracht. Im Auftrag der Sparkasse entstand dieses Gemälde im historisierenden Stil aus Anlaß ihres hundertjährigen Bestehens. Ölgemälde von Friedrich Trost d.J. 1921.

dorff zum magistratischen Kommissar ernannt. Für die laufenden Verwaltungskosten wurden zunächst 425 Gulden veranschlagt zuzüglich 173 Gulden, die durch den Ausbau des Geschäftszimmers entstanden waren. Als Jahressalair für den nebenberuflich tätigen Kassier Georg Adam Stöhr und den als Bürodiener eingestellten Ballenbinder Thomas Pfann wurden 100 bzw. 75 Gulden veranschlagt. Beiden mutete man allerdings die Hinterlegung einer Kaution von 1.000 beziehungsweise 300 Gulden als Sicherheit zu.

Die Öffnungszeiten beschränkten sich anfänglich auf einen Tag in der Woche. Lediglich an den vier Zieltagen Lichtmeß (2. Februar), Walburgis (1. Mai), Laurenzi (10. August) und Allerheiligen (1. November) war die Kasse eine ganze Woche lang tagsüber geöffnet. Nur dann konnten die Einlagen ohne vorherige Kündigung abgehoben werden. Außerhalb der Zieltage war dies nur in dringenden Ausnahmefällen möglich.

Auch die Einlagenhöhe war genau reglementiert. Die Spanne konnte von einem bis maximal 300 Gulden reichen. Die Einzahlungen wurden nicht – wie heute üblich – in einem Sparbuch festgehalten, sondern es wurden sogenannte Sparscheine an die Einleger ausgegeben. Nach der Einlagenhöhe staffelte sich auch die Höhe der Zinsen von 3 1/3 Prozent bis 4 Prozent. Bei nur einem Einlagejahr wurden allerdings überhaupt keine Zinsen angerechnet. Während 1821 noch 6.558 Gulden einbezahlt wurden, betrugen die Einlagen drei Jahre später bereits 100.000 Gulden und 1839 sogar fast 900.000 Gulden.

Die Zielgruppe der Sparkasse, nämlich Dienstboten und unbemittelte Schichten, hatte bisher nur die Möglichkeit gehabt, zurückgelegtes Geld zu Hause aufzubewahren oder aber ihrer Herrschaft zur Verwaltung anzuvertrauen. Jetzt bot sich für sie die Chance, eigenverantwortlich Geld anzulegen und Kapital anzuhäufen. Dies war deshalb möglich, weil ein Teil des Lohnes für Mägde und Knechte in Naturalien ausbezahlt wurde, so daß Ausgaben für Nahrungsmittel, Bekleidung oder auch Unterkunft oftmals wegfielen. Im Jahr 1823 waren von den insgesamt 1.056 Sparern weit über die Hälfte Dienstboten. 437 weibliche und 134 männliche Bedienstete zahlten sogar regelmäßig etwas ein. Ein weiterer wichtiger Einlegerkreis rekrutierte sich aus unmündigen Personen und Kindern. 1823 waren es bereits 421. So genehmigte beispielsweise der Stadtmagistrat den Antrag des Stadt- und Kreisgerichts Nürnberg, eine Sparanlage über 100 Gulden der minderjährigen Agnes Maria Groß bis zu ihrer Volljährigkeit anzunehmen. Gerade die Einlageerlaubnis für Kinder brachte es mit sich, daß auch Personen, die keinem der angesprochenen Gruppen, sondern gehobeneren Gesellschaftsschichten angehörten, die Gelegenheit nutzten und für „echte" oder auch „erfundene" Kinder Einlagen tätigten. Weitere Einleger waren Handwerksgesellen. Doch blieb der Kreis der Sparer auf die „Inwohner" der Stadt begrenzt.

Obwohl Scharrer die magistratische Pflegschaft abgelehnt hatte, beteiligte er sich an der Geschäftsleitung, übernahm die Buchführung und machte seinen Einfluß und sein ökonomisches Wissen in der Anlagepolitik geltend. Schon 1823 bot der Staat zur Förderung seiner Sparkassen die Gelegenheit, Sparkassen-Einlagen bei der Staatsschulden-Tilgungskasse für fünf Prozent anzulegen. Dies bedeutete für viele Neugründungen eine wichtige Starthilfe. Doch bald warnte Scharrer davor, sich ausschließlich auf diese Anlagemöglichkeit zu stützen und empfahl einen Teil des Kapitals auf „Realitäten“ anzulegen, die im Gegensatz zu Staatspapieren nicht im Wert sinken konnten. Scharrers Befürchtungen bewahrheiteten sich, als 1829 der Staat die Sparkassengelder nurmehr zu vier Prozent und 1835 sogar nur noch zu 3 1/2 Prozent verzinste.

Nach dem Übergabeprotokoll von 1825, das anläßlich der Verlegung der Geschäftsräume der Sparkasse in das Heilig-Geist-Spital angefertigt wurde, war das Sparkassenkapital außer bei der Staatsschulden-Tilgungskasse auch bei den Kommunen Windsheim und Rothenburg zu fünf Prozent sowie bei der städtischen Leihanstalt, in Getreidemagazinsaktien, bei den Kultusstiftungen und in der Gemeinde Gostenhof jeweils zu vier Prozent angelegt. Auch an Private verlieh die Sparkasse Kapital gegen fünf Prozent Zinsen. Man folgte also dem Vorschlag Scharrers, kleinere Beträge an Gewerbetreibende und Gutsbesitzer gegen sichere Hypotheken auszugeben. Gleichzeitig konnten „ohne Dazwischenkunft kostspieliger Geldnegozianten“ Bauern und Handwerker vor Zinswucherern und unseriösen Geschäftemachern geschützt werden. Im Jahr 1825 wurden insgesamt 41.250 Gulden an 48 Gutsbesitzer und Gewerbetreibende verliehen, wobei streng auf die Solidität der Darlehensbewerber geachtet worden war.

Abb. 24: Johannes Scharrer (1785–1844), Zweiter Bürgermeister und Gründer der Sparkasse. Lithographie von Friedrich Wagner.

Entwicklung der Sparkasse bis 1851

Die Höhe der Sparkasseneinlagen stieg kontinuierlich an. Im Rechnungsjahr 1829/30 beliefen sich die Einzahlungen auf 129.960 Gulden, fünf Jahre später waren es bereits 169.889 Gulden. Politische Unsicherheiten wie etwa die französische Julirevolution von 1830 hatten das Vertrauen der Sparer in die Sparkasse nicht erschüttert. Deshalb verschärfte sich in der Folgezeit das Problem der Geldunterbringung. Während die Einlagen allein bei der Nürnberger Sparkasse bis 1839 auf 889.000 Gulden anstiegen, verringerten sich gleichzeitig die Möglichkeiten, das Kapital attraktiv anzulegen. Die Staatsschulden-Tilgungskasse sah sich einem Überangebot an Sparkassengeldern ohne ausreichende Verwendungsmöglichkeit gegenüber. Da die Eisenbahn noch in privater Regie gebaut wurde, blieb der Ludwig-Donau-Main-Kanal das einzige kapitalaufwendige Staatsprojekt. Weitere Unterbringungsmöglichkeiten bestanden allein bei Kommunen und Stiftungen sowie Leihanstalten, da im Handel und im Gewerbe noch wenig Investitions- und Expansionsbereitschaft vorhanden war.

Eine neue Sparkassensatzung sollte 1840 den Einlegerkreis noch einmal genau abgrenzen und Mißbrauch ausschließen. Einlageberechtigt waren demnach ausdrücklich nur Dienstboten, Gesellen, Kinder und unbemittelte Personen. Der Höchstbetrag für eine Einzahlung wurde auf nur noch 150 Gulden begrenzt. Trotz der verschärften Statuten stiegen die Einlagen bis 1843 auf 959.000 Gulden an.

Am 1. Oktober 1843 lehnte die Staatsschulden-Tilgungskasse trotz Protests im Landtag die Annahme weiterer Sparkassengelder ab. Darüber hinaus versuchte der Staat die Fehlentwicklungen zu korrigieren und den Mißbrauch des Sparkassengedankens einzudämmen. In einer königlichen Verordnung zur Organisation des bayerischen Sparkassenwesens entwarf der Staat Normen, auf deren Grundlage die Satzungen geändert werden mußten. Noch einmal wurde die Höchsteinlage à Ziel auf 50 Gulden reduziert und der Kreis der Einlageberechtigten präzise beschrieben. Neben Minderjährigen, Dienstboten, Gesellen, Lehrlingen, Fabrikarbeitern und Taglöhnern zählten nun auch vermögenslose „Amts- und Kanzlei-Individuen", Studenten, ledige Frauen und Witwen und auch Handlungsdiener zu den zugelassenen Sparern. Tatsächlich stagnierte durch diese rigide Beschränkung die Einlagenentwicklung. Bis 1851 sank der Geldbestand sogar auf 677.000 Gulden. Verantwortlich für den bedenklichen Rückgang waren die Märzunruhen im Jahr 1848, die in Nürnberg allerdings vergleichsweise milde ausfielen, und vor allem eine Mißernte sowie die dadurch hervorgerufene Teuerung. War in der Anfangszeit ein Mindestbetrag von einem Gulden für eine Einzahlung nötig, so nahm die Sparkasse jetzt jeden Betrag an. Nur mit viel Mühe konnte die Sparkasse die geforderten Rückzahlungen an die Sparer aufbringen und mußte dabei sogar Einlagen bei städtischen Stiftungen oder bei der Staatsschulden-Tilgungskasse belasten. Die bayerische Staatskasse, finanziell schwer strapaziert durch den staatlichen Eisenbahnbau, war nicht in der Lage, den bedrängten Sparkassen in Nürnberg, Augsburg und München unter die Arme zu greifen. Das Jahr 1848 bedeutete aber noch in einem anderen Sinn eine Zäsur für die städtische Sparkasse. Ihre Geschäftsräume wurden vom Heilig-Geist-Spital in das ehemalige Fünferhaus verlegt, das 1810 in den Besitz der Stadt übergegangen war. Ursprünglich Sitz des reichsstädtischen Fünfergerichts, beherbergte es in den 1830er Jahren die Rumford'sche Suppenanstalt sowie eine Mädchen- und Knabenschule.

Abb. 25:
„Des Deutschen Reiches Schatzkästlein" – auf vielen Ansichtskarten wurde mit dem geschlossenen mittelalterlichen Stadtbild geworben. Ansichtskarte um 1923.

Romantische Entdeckung Alt-Nürnbergs

„Nürnberg ist durch und durch eine Charakterstadt, Baukunst, Malerei und Bildhauerkunst vereinigten sich, um ein prächtiges Gesamtbild zu erzeugen, das als ein herrliches Denkmal deutscher Vergangenheit vor uns steht. Jeder Stein erzählt uns hier Geschichte, jedes Haus ist ureigen, so recht deutsch." Mit nahezu lyrischen Worten beschreibt ein Stadtführer um die Jahrhundertwende die Reize der pittoresken Nürnberger Altstadt, die seit Mitte des 19. Jahrhunderts zunehmend von Touristen aufgesucht wurde. Die Wiederentdeckung der Altstadt als historisches und für Deutschland einzigartiges Gesamtmonument und die verklärend-romantisierende Rückschau auf Kunst und Kultur des Mittelalters begann 1793, als zwei Berliner Studenten, Wilhelm Heinrich Wackenroder und Ludwig Tieck, von ihrem Studienort Erlangen aus mehrmals die benachbarte Reichsstadt besuchten. Ihre Begeisterung über die Schönheiten des mittelalterlichen Stadtbildes hielten sie in mehreren schwärmerischen Schriften fest, voran in den „Herzensergießungen eines kunstliebenden Klosterbruders". Die Entdeckung der mittelalterlichen Kunst und Religion als Gegen- und Vorbild zur Gegenwart, die Bewertung der Gotik als die eigentliche deutsche Kunst und die nationale und religiöse Erneuerung des Volkes im Geiste des Mittelalters vor dem Hintergrund der napoleonischen Kriege wurden zum politischen Programm der Romantik. Mit seiner Schrift „Ehrengedächtniß unseres ehrwürdigen Ahnherrn Albrecht Dürer" verfaßte Tieck eine Hommage an Nürnbergs alte Meister. Mit der Wiederentdeckung Albrecht Dürers und seines Werkes wuchs auch Nürnbergs Ruhm als nationales Symbol, vor allem nach dem Dürer-Jahr 1828. „Nürnberg! du vormals weit berühmte Stadt, wie gerne durchwanderte ich deine krummen Gassen, mit welcher kindlichen Liebe betrachtete ich deine altväterlichen Häuser und Kirchen, denen die feste Spur von unserer alten vaterländischen Kunst eingedrückt ist. Wie innig lieb ich die Bildungen jener Zeit, die eine so derbe, kräftige und wahre Sprache führen!" Mit diesen emphatischen Worten erinnerte Tieck im „Ehrengedächtnis" an seinen Aufenthalt in der alten Reichsstadt. Auch andere Vertreter der deutschen Romantik wie Clemens von Brentano, Achim von Arnim, Barthold Georg Niebuhr oder E.T.A. Hofmann beteiligten sich schwärmerisch an der Wiederentdeckung Nürnbergs.

In der Folgezeit gab Nürnberg die historische Kulisse für überregionale und sogar nationale Feste und Veranstaltungen ab. Ein besonderer Höhepunkt wurde 1828 das Dürer-Jahr, in dem der Maler sowohl zum Vorbild der romantischen Künstlerbewegung gekürt wie zum Symbol der deutschen Kunst schlechthin hochstilisiert wurde. Auch für das erste deutsche Sängerfest 1861 wurde Nürnberg zur Feststadt. Festumzüge als wichtige Gestaltungsmittel kleiner und großer Feiern gerieten durch ihre historisierende Ausstattung und Kostümierung der Teilnehmer bewußt zu einer verklärenden Reminiszenz an Nürnbergs wirtschaftliche und kulturelle Blüte im Mittelalter. Kein Umzug war ohne die alten Meister Hans Sachs und Albrecht Dürer denkbar. Selbst der Stadtarchivar Ernst Mummenhoff schlüpfte hin und wieder in das Kostüm des dichtenden Schuhmachers. Richard Wagner setzte dann das verklärte Nürnberg-Bild künstlerisch in der Oper „Die Meistersinger von Nürnberg" um, die 1868 uraufgeführt wurde. Aber auch in der Wiederbelebung alter reichsstädtischer Erinnerungen und Tugenden kam der Nürnberg-Mythos zum Ausdruck. So fand nach dem Tode Wilhelms I. 1888 das traditionell reichische Bewußtsein der Nürnberger Bürger in der Errichtung eines Reiterstandbildes des ersten deutschen Kaisers am Egidienberg seinen Ausdruck. Gleichzeitig wurde dadurch sichtbar gemacht, daß die Hohenzollern als ehemalige Burggrafen in Nürnberg ihre historischen Wurzeln hatten.

Das Bild Nürnbergs als „des Reiches Schatzkästlein" oder als die „deutscheste aller Städte" geriet allerdings im 20. Jahrhundert mehr und mehr in die Hände deutschnationaler und rechtskonservativer Kräfte, die die historische Kulisse als Bühne für ihre politischen Agitationen mißbrauchten. Der „Deutsche Tag" 1923, eine Heerschau paramilitärischer und nationalsozialistischer Gruppierungen, war nur eine von zahlreichen demokratiefeindlichen Veranstaltungen, die in den Reichsparteitagen der Nationalsozialisten ihren Höhepunkt fanden. Nürnberg, die ehemalige Stadt der Reichstage und der Aufbewahrungsort der Reichskleinodien, wurde nun zur Stadt der Reichsparteitage und als romantische Szenerie für die Propagandaschauen der Nazis instrumentalisiert.

Armenquartiere

Die gewerbliche Entwicklung und die „Industrielle Revolution" seit der Mitte des 19. Jahrhunderts brachten nicht nur einen unerhörten wirtschaftlichen Aufschwung, sondern führten in vielen Fällen auch zu individueller Not und großem Elend. Immer mehr Arbeiter zogen mit ihren Familien in die Altstadt oder in die Nähe der Werkstätten und Fabriken, um lange Fußwege zu ihren

Arbeitsplätzen zu vermeiden. Der massenhafte Zuzug aus der Umgebung, der die Einwohnerzahl bis 1850 auf rund 50.000 anwachsen ließ, führte bald zu großer Wohnungsnot. Auch in Nürnberg entstanden Elendsquartiere, vor allem im Burgviertel und um den Jakobsplatz. Bis zu sechs Personen mußten sich dabei oft ein Zimmer teilen. Da das Essensbudget fast 70 Prozent des Jahreseinkommens eines Fabrikarbeiters beanspruchte, mußten vor allem kinderreiche Familien an der Wohnungsmiete sparen. So setzte sich auch die Untervermietung von Zimmern an alleinstehende Arbeiter oder Arbeiterinnen als Wohnmöglichkeit durch und führte zur Überbelegung des Wohnraumes. Drangvolle Enge und hygienische Mängel waren die Folge. „Die Aftermiethe, welche dem Hauptmiether zur Bestreitung seines Miethzinses unentbehrlich ist, bildet den Hauptkrebsschaden unserer Arbeiterwohnungsfrage, sie läßt sich aber nicht durch ein Verbot beseitigen, denn die Ledigen wollen auch wohnen", beschrieb der Architekt Emil Hecht noch 1898 die Misere.

Stadt und Staat unternahmen nur einige wenige Ansätze, um die Wohnungsnot der Arbeiter zu lindern und damit ihre Lebensqualität zu verbessern. 1857 regte König Max II. den Bau von Genossenschaftshäusern an. Noch im selben Jahr konnte die Stadtverwaltung 24 Wohnungen mit Hilfe eines staatlichen Zuschusses im Kartäusergarten fertigstellen. Doch blieb diese erfreuliche Maßnahme ein Einzelfall. Als 1872 das Gemeindekollegium Bürgermeister Otto Freiherr von Stromer darauf aufmerksam machte, daß „abgesehen von mehr als überfüllten Häusern und kaum wasserdichten Dachkammern vielfach ehemalige Ställe und feuchte Hofwinkel von filzigen Wucherern aller Art gegen theueren Mietzins als Wohnraum eingerichtet" würden, wurde das Stadtoberhaupt nicht aktiv. Er begründete seine Haltung damit, daß die Betroffenen zumeist aus den niedrigsten Ständen kämen und wegen ihres „liederlichen Lebenswandels" an ihrer Notlage selbst schuld seien. Hilfe kam dagegen aus den Reihen der Unternehmer. So ließ Theodor Freiherr von Cramer-Klett zum 25jährigen Firmenjubiläum für 150.000 Gulden Arbeiterwohnungen in Wöhrd nahe der Fabrik errichten. Nicht nur humanitäre Motive gaben für diese patriarchalisch-noble Geste den Ausschlag, sondern auch betriebswirtschaftliche Gesichtspunkte. Unübersehbar verlagerten sich die Arbeiterwohnviertel von der Altstadt mehr und mehr in die Industrievororte wie Gostenhof, Steinbühl oder Wöhrd, wo die großen Fabriken entstanden waren. An dem Elend der Arbeiterfamilien, das durch niedrige Löhne, harte Arbeitsbedingungen und Wohnraummot verursacht wurde, änderte sich dadurch freilich nur wenig.

Abb. 26:
Ein Großteil der Arbeiterfamilien lebte in äußerst beengten und sänitär völlig unzureichenden Verhältnissen in der dicht bebauten Altstadt. Photographie um 1885.

Werkstätten

Anfang des 19. Jahrhunderts umfaßte das Nürnberger Handwerk etwa 130 Einzelberufe. Die meisten Werkstätten zählten zum metallverarbeitenden Gewerbe. So gab es 1836 allein 199 Rotschmiede, 40 Stahl- und Messingdrahtzieher, 52 Gold- und Silberarbeiter und 26 Nagelschmiede. Auch andere Spezialhandwerke waren stark vertreten wie etwa Kammacher, Spielwarenmacher, Brillenmacher und Optiker, Bürstenmacher, Drechsler und Ahlenschmiede. Auf dem Nahrungsmittelsektor arbeitete das stark spezialisierte Fleischergewerbe der Kuttler, Metzger und Charcutiers sowie das Bäckergewerbe mit fünf Nudelbäckern, 19 Oblatenbäckern und 16 Lebküchnern. Manche der Werkstätten produzierten vorzugsweise für den auswärtigen Handel. Durch neue Erfindungen und technische Innovationen, durch arbeitsteilige Produktionsformen und durch den Einsatz von Maschinen wurden zahlreiche Werkstätten zur Keimzelle großer Industriefabriken. Allerdings bestanden daneben nach wie vor viele kleine Werkstätten, die in erster Linie für den lokalen Markt produzierten. Sie konnten zwar vom Wirtschaftsboom der Gründerjahre nur wenig profitieren, wurden aber gleichzeitig zu Trägern bürgerlicher Tugenden wie Fleiß, Ehrlichkeit und Redlichkeit und standen vor dem Hintergrund der beginnenden Massenproduktion in den Fabriken weiterhin für handwerkliche Tradition und Solidität. All dies wurde von Staat und Gesellschaft durchaus honoriert. So durften einzelne Handwerker den Titel „Hoflieferant" führen, und vor allem wurden bei Regional- und Landesausstellungen viele Handwerksbetriebe mit Medaillen und Prämien ausgezeichnet, wie etwa 1882 der Nürnberger Metzgermeister Albrecht Bauer für seine „Wunderburger Knackwurst". Darüber hinaus pflegte man weiterhin die vielfältigen Handwerkstraditionen, um die eigene Identität zu wahren und den Berufsstand auch nach außen hin zu repräsentieren. Zu diesem Zweck wurden 1833 die Handwerkerumzüge anläßlich des Nürnberger Volksfestes eingeführt und seitdem mit großem Aufwand stets wiederholt.

Zahlreiche Handwerksbetriebe drängten sich vor allem in der Altstadt Nürnbergs, wo das enge Nebeneinander von Produktions- und Wohnräumen die Lebensqualität drastisch einschränkte. Geringer Wohnraum, Lärm- und Geruchsbelästigung gehörten zum Alltag der Handwerkerfamilien. 1819 schränkte eine polizeiliche Anordnung den Betrieb eines Flaschners in der Schusterstraße zeitlich ein, da der Lärm von vier Ambossen für die Bewohner der Nachbarhäuser unerträglich geworden war. Später verbot der Magistrat das sogenannte „Beinbrennen" vor 23.00 Uhr. Das Verbrennen von Knochen zur Herstellung von Schuhcreme war ein Nebenerwerb der Nürnberger Hafner, und dabei entstand ein bestialischer Gestank.

Auch die Arbeitsbedingungen in den Werkstätten selbst waren alles andere als ideal. Oft kam es vor, daß mehrere Werkstätten ein Wasserrad an der Pegnitz gemeinsam als Energiequelle benutzen mußten. Die freie Einteilung des Arbeitstages war dadurch stark eingeschränkt, und 11 bis 12 Arbeitsstunden waren üblich. Häufig gefährdeten große Sicherheitsmängel Meister, Gesellen und Lehrlinge. Bei der Visitation einer Schleiferei 1882 beanstandete der staatliche Gewerbeinspektor: „Sehr niedriges und mangelhaft beleuchtetes Local, durch das wegen der geringen Höhe die Betriebsriemen quer über die Verkehrswege laufen." Ein Polizeisol-

dat gab 1886 zu Protokoll, daß er von Arbeiterinnen in die Werkstatt des Goldschlägerformenmachers Karl Voit in der Eberhardshofstraße gerufen wurde. Dort gab es Wände, „welche in Folge der dort herrschenden Feuchtigkeit circa einen Meter hoch mit Schwämmen dicht bedeckt waren. Auch Holzbänke, welche in diesem Raum standen, waren voller Schwämme." Ähnlich unzureichend waren oft auch die Unterkünfte der Gesellen und Lehrlinge. So berichtete der staatliche Gewerbeinspektor von einer Werkstatt in der unteren Kieselbergstraße, in der die Schlafstelle des Gehilfen direkt neben dem Abort lag. In einem anderen Fall waren die Lehrlinge und Gesellen eines Bäckers in einem finsteren Kellergewölbe untergebracht.

Der hohenlohische Jurist Karl Julius Weber rühmte in seiner Reisebeschreibung neben der „Wohlfeilheit des Nürnberger Tandes aus erster Hand" auch einzelne Werkstätten und Läden wie die Kunsthandlung Frauenholz, die Kartenmanufaktur Fembos oder Bestelmeyers Magazin. Insbesondere hob Weber die Leistung in der Metallverarbeitung hervor und bezeichnete es als „ein unterhaltendes Schauspiel, selbst die kleinsten Kinder in den Quincaillerie-Werkstätten arbeiten zu sehen, und Farben, Puppen, Brummeisen, Kaffeemühlen, bleierne Soldaten etc. sind keine unbedeutenden Artikel." Kinderarbeit, von der Weber hier verharmlosend berichtet, war vor allem in der Spielzeugherstellung verbreitet. Nürnberg verbot zwar bereits 1834 als erste Stadt in Deutschland die Beschäftigung von schulpflichtigen Kindern, doch bezog sich der Magistratsbeschluß nur auf den Einsatz in Fabriken. In der Hausindustrie und in den kleinen Familienbetrieben, die ohne die billigen Arbeitskräfte nicht konkurrenzfähig waren, wurden Kinder nach wie vor ausgebeutet.

Abb. 27:
Blick in die Werkstatt einer Bleistiftfabrik. Er zeigt das Nebeneinander von Maschineneinsatz und handwerklichen Arbeitsgängen am Übergang zur industriellen Massenproduktion. Um 1860.

Garnison

Als Nürnberg am 15. September 1806 mit der offiziellen Übergabe an das Königreich Bayern den Status als Reichsstadt verlor, ging damit gleichzeitig die bisherige Rolle als Truppenstandort des Fränkischen Reichskreises zu Ende. Die reichsstädtische Garnison wurde aufgelöst, und die Reste der stationierten Kreistruppen wurden in die Pflicht der bayerischen Armee genommen. Dabei *befanden sich die 297 Infanteristen, 19 Reiter, vier Artilleristen und 49 Invaliden militärisch wie moralisch in einem erbärmlichen Zustand. Bereits einen Monat später wurde jedoch die Militärpräsenz in Nürnberg durch die Verlegung des 5. leichten Infanterie-Bataillons aus Bamberg unter dem Kommando von Oberstleutnant Lamotte wieder verstärkt. Damit begann Nürnbergs Geschichte als königlich bayerische Garnisonstadt, die bis 1919 dauern sollte. Die bayerischen Truppen wurden von den ehemals reichsfreien Nürnbergern verhalten und ohne Jubel begrüßt, denn zu sehr war die Eingliederung in das bayerische Königreich als Okkupation empfunden worden. Die militärische und strategische Bedeutung der aufstrebenden Industriestadt nahm jedoch stetig zu. Neben der Infanterie waren später Kavallerie, Artillerie sowie eine Sanitätskompanie am Standort, und auch wichtige Stäbe der höheren Kommandoebene hatten zeitweise ihren Sitz in Nürnberg. So war schon 1807 das Generalkommando für Franken aus Bamberg nach Nürnberg verlegt worden.*

Die Präsenz des Militärs schlug sich vielfach auch im Stadtbild nieder. Zahlreiche Gebäude innerhalb und vor allem außerhalb des Burgfriedens wurden als Militärunterkünfte genutzt. Das Herrenschießhaus bei der Insel Schütt war Lazarett und die Insel Schütt Paradeplatz. Als provisorische Kasernen dienten das Kartäuserkloster, die Kaiserstallungen und das Deutschordenshaus. Die Bärenschanzkaserne sowie die Kasernen hinter der Veste und in Johannis wurden erweitert. Neue Kasernen entstanden in Großreuth und an der Fürther Straße. Auch andere militärische Anlagen wiesen im Stadtbereich auf die militärische Präsenz hin, wie die Manöver- und Exerzierplätze am Ludwigsfeld, auf der Deutschherrnwiese, in Schweinau und in Gibitzenhof. Im Forstbezirk Lichtenhof gab es sogar zwei Schießstände.

Den Erhalt der alten Mauern und Bastionen der Nürnberger Stadtbefestigung hatte 1825 König Ludwig I. selbst angeordnet: „Wir wollen durchaus nichts zerstören lassen, was für die Führung eines kräftigen Vertheidigungs-Krieges von einigem Werth sei". Nürnberg galt (aus militärischer Sicht) als „strategischer Punkt von sehr hoher militärischer Bedeutung" und blieb deshalb „Festung" und „Waffenplatz". Nach den revolutionären Unruhen 1848/49 wuchsen in München die Befürchtungen, daß es in dem „roten Nürnberg" zu ernsten Störungen der öffentlichen Ordnung und Ruhe kommen könne. Deshalb sollten die Burg und die Türme mit Geschützen bestückt und die Sicherung der Eisenbahn, der Brücken und Tore gewährleistet werden. Doch die Angst legte sich, als die befürchteten Tumulte ausblieben, so daß schließlich 1866 die Festungseigenschaft aufgehoben wurde, die wichtigen Anteil am Erhalt der alten Stadtbefestigung hatte.

Das Mißtrauen der bayerischen Regierung in München gegen die fränkische Industriestadt als dem „Zentralpunkt der politischen Agitation in den Landestheilen diesseits des Rheins" führte auch zu einer Anordnung des Königs, das Kantonsreglement zu durchbrechen und die Garnison nicht wie bisher aus Nürnberg und der nächsten Umgebung, sondern aus der Oberpfalz und aus Schwaben zu rekrutieren. Schon dem hohenlohischen Rentier Karl Julius Weber war bei einer Besichtigung Nürnbergs der deutliche Unterschied zwischen den „bayerischen Rundköpfen" und den „nürnbergischen Langköpfen" aufgefallen. Dabei war der Anteil des Militärs an der Gesamtbevölke-

rung der Stadt mit 8,5 Prozent vergleichsweise gering, und er sank bis Ende des Jahrhunderts sogar auf nur noch zwei Prozent.

Trotz der gelegentlichen Spannungen und Konflikte zwischen der militärischen Führung und dem Magistrat war die Garnison für Nürnberg ein nicht zu unterschätzender Wirtschaftsfaktor. Die Versorgung der einzelnen Truppenteile sowie die Bedürfnisse der Soldaten garantierten einen ständigen Absatzmarkt. Immerhin erreichten die Ausgaben des 5. Infanterie-Regiments etwa die Hälfte der Gesamtausgaben des städtischen Haushalts. Die 4.000 bis 5.000 Soldaten brauchten immer wieder Kleidung, Schuhe, Arzneimittel oder andere Dinge des alltäglichen Bedarfs. Vor allem füllten sie die Wirtshäuser und Biergärten. War man anfangs keineswegs vom Nutzen der Garnison überzeugt und noch weniger von der Einführung der ungewohnten Wehrdienstpflicht, so wuchsen Militär und Zivilbevölkerung bald zusammen, so daß im Fremdenführer der Stadt Nürnberg von 1849 zu lesen war, daß das „Militär mit der Einwohnerschaft im besten Einvernehmen steht“. Trotz des guten Miteinander und obwohl die Garnison einen stabilen Absatzmarkt in Nürnberg darstellte und vielen Handel- und Gewerbetreibenden ein festes Einkommen garantierte, unternahm die Stadtverwaltung nur wenig, um diesen Wirtschaftsfaktor für Nürnberg zu sichern oder gar auszubauen. Im Gegensatz zu anderen Garnisonsstädten, wie etwa Erlangen, das sich mehrmals um eine Truppenvermehrung bemühte, bewarb sich Nürnberg nur ein einziges Mal um eine Verstärkung der Garnison.

Abb. 28:
Die Erinnerungsvedute zeigt die zahlreichen Militärbauten der Nürnberger Garnison. 1896.

Jakob Daniel Burgschmiet

Als Jakob Daniel Burgschmiet 1829 in Nürnberg eine Gießwerkstatt begründete, war sein beruflicher Werdegang ebenso beispiellos wie geradezu idealtypisch. Aus ärmlichen Verhältnissen hatte sich Burgschmiet durch Fleiß und Ehrgeiz, aber auch durch handwerkliche Tüchtigkeit und Unternehmergeist zum angesehenen Firmeninhaber emporgearbeitet. Burgschmiet, am 11. Oktober 1796 geboren, wuchs als Sohn eines armen Steinhandwerksgesellen im Vorort Wöhrd auf. Da seine Eltern ihm keine Ausbildung ermöglichen konnten, entwickelte sich Burgschmiet schon früh zum lernbegierigen Autodidakten. Durch Nachahmen erwarb er handwerkliche Fähigkeiten im Zeichnen und Schnitzen und brachte sich auch hinreichende Kenntnisse im Rechnen, Lesen und Schreiben bei. Als sein Vater durch seine Trunksucht zunehmend arbeitsunfähig wurde, mußte der junge Jakob Daniel mit seinem schmalen Verdienst entscheidend zum Lebensunterhalt der Familie beitragen. Mit elf Jahren war er bereits Vollwaise. Ein Drechslermeister und Freund seines Vaters namens Maichel erkannte wohl das Talent und die Arbeitskraft des Jungen, nahm ihn als Lehrling an und bewahrte ihn dadurch wahrscheinlich vor der Einweisung ins Waisenhaus. Während seiner Lehr- und Gesellenjahre verfeinerte Burgschmiet nicht nur seine manuellen Fähigkeiten, sondern schulte nun auch sein räumliches Sehen. 1816 machte er sich als mechanischer Spielzeugfabrikant selbständig, fertigte aber auch Holzplastiken sowie Bein- und Zahnprothesen an. Darüber hinaus empfahl er sich als Dekorationsmaler. Phantasie, Erfindergeist und Mut zu weitgespannten Unternehmungen zeigte Burgschmiet 1820, als er mit seinem ehemaligen Lehrherrn Maichel und einem Lithographen mit einem selbstkonstruierten automatischen Theater durch Deutschland reiste. Nach seiner Rückkehr nach Nürnberg baute sich Burgschmiet Schritt für Schritt eine bürgerliche Existenz auf. Zunächst legalisierte er sein Verhältnis zu seiner langjährigen Lebensgefährtin und Mutter seines Kindes – dies war die Voraussetzung für die Niederlassungskonzession als „Schutzbürger" in der Stadt. Seine erste Auftragsarbeit als Bildhauer fertigte er für das Waisenhaus an, sein Können stellte er aber auch bei der Restaurierung des Schönen Brunnens und der Kreuzwegstationen Adam Krafts unter Beweis. 1825 schuf Burgschmiet dann seine erste große Bildhauerarbeit, das Melanchthon-Denkmal am Egidienplatz. Die unpathetische Darstellung des Reformators war zugleich eines der ersten deutschen Denkmäler, das einem Mann des Geistes gesetzt wurde. Burgschmiets Renommee als Spezialist für Plastiken und Skulpturen war bereits so gewachsen, daß ihm sogar ein Lehramt an der Polytechnischen Schule in Nürnberg übertragen wurde. Zwar hatte Burgschmiet bereits Versuche mit Bronzegüssen durchgeführt, doch sein eigentlicher Durchbruch als Künstler und Inhaber einer Kunstgießerei ging einher mit dem Aufkommen der romantischen Bewegung und der Wiederentdeckung der alten Meister wie Hans Sachs, Albrecht Dürer oder Peter Vischer. Als 1828 König Ludwig I. die Errichtung eines Bronze-Denkmals zum 300. Todestag Albrecht Dürers anregte, wurde das Modell dazu bei dem bekannten Berliner Professor Christian Rauch in Auftrag gegeben. Die Ausführung des Gusses allerdings wurde auf Drängen des Nürnberger Stadtmagistrats einer Nürnberger Werkstatt, nämlich der Burgschmiets, übertragen. Insbesondere der Zweite Bürgermeister Johannes Scharrer hatte sich für Burg-

schmiet eingesetzt und erwirkte für ihn noch zusätzlich einen Studienaufenthalt in Paris, dem europäischen Zentrum der Bronzegießkunst. Außerdem erhielt Burgschmiet nach seiner Rückkehr nach Nürnberg das Bürgerrecht verliehen. Als 1837 Rauch das Modell geliefert hatte und Burgschmiet die Ausführung des Bronzegusses übernahm, gelang ihm ein sensationelles Werk. Er fertigte nämlich den zweiteiligen Guß ohne jeden Fehler, und selbst das sonst übliche Nachbessern war nicht nötig. Die außerordentlich hohe Qualität und die große technische Perfektion der Burgschmiet'schen Arbeiten sowie die „Denkmal-Mode" des 19. Jahrhunderts bescherten der Gießhütte Aufträge aus ganz Europa. Als Burgschmiet 1858 verstarb, trat seine Nachfolge sein ehemaliger Schüler und Schwiegersohn Christoph Lenz an.

Burgschmiet war es durch großes handwerkliches Können gelungen, der Bronzegießkunst, die in Nürnberg durch die Familien Vischer, Labenwolf und Jamnitzer eine lange hervorragende Tradition gehabt hatte, wieder zum Leben zu verhelfen. Entsprach sein Selbstverständnis am Anfang seiner beruflichen Laufbahn dem eines modernen Handwerkers am Beginn des industriellen Zeitalters, der experimentierte, neue Techniken kopierte und sich auf Studienreisen weiterbildete, so präsentierte er sich am Höhepunkt seiner Karriere im historisierenden Gewand der alten Meister des 16. Jahrhunderts, und zwar mit Kinnbart, Lederschurz und Kappe in der Nachfolge Peter Vischers.

*Abb. 29:
Jakob Daniel Burgschmiet (1796–1858).
Lithographie um 1840.*

Revolution 1848/49

Im Februar 1848 führten in Frankreich Revolutionsunruhen zum Sturz des Königtums und zur erneuten Ausrufung der Republik. Wenig später sprang der revolutionäre Funke auch nach Deutschland über. Nürnberg war keineswegs ein Zentrum der Märzunruhen, doch wurden auch hier die Forderungen nach Presse- und Vereinsfreiheit, nach Aufstellung einer Volksmiliz und der Einberufung eines bundesweiten Parlamentes erhoben. Am 2. März stellte eine Volksversammlung unter dem Vorsitz des Advokaten Wilhelm Korte einen Sieben-Punkte-Katalog, die „Märzforderungen" nach Verfassungsreformen auf. Einige Tage später war König Ludwig I., dessen Autorität durch seine Affäre mit der spanischen Tänzerin Lola Montez stark gelitten hatte, zum Einlenken bereit. Die Nachricht löste am 7. März in Nürnberg ein Freudenfest aus, und erstmals wurden die Farben Schwarz-Rot-Gold öffentlich als Symbol der Einheitsbewegung präsentiert. In das Frankfurter Vorparlament, das die Einberufung der Nationalversammlung vorbereiten sollte, entsandte Nürnberg den Würzburger Dr. Johann Gottfried Eisenmann, einen der Akteure des Vormärz. Die Ereignisse in Frankfurt stießen in Nürnberg auf großes Interesse, denn als Eisenmann auf Einladung des Ersten Bürgermeisters Jakob Friedrich Binder in der Egidienkirche darüber öffentlich berichtete, quoll der Kirchenraum von Menschen über. Vier Nürnberger Bürger wurden für die Nationalversammlung in der Paulskirche gewählt: Der Altliberale Dr. Wilhelm Krafft löste Dr. Eisenmann ab, Johannes Zeltner vertrat als Abgeordneter die Stadt Fürth, der Kaufmann Ludwig Günther sollte Dinkelsbühl vertreten, lehnte aber die Wahl ab, und Dr. Gustav Philipp Blumröder wurde als Abgeordneter für Wunsiedel entsandt.

In Nürnberg regte sich politisches Leben. Zahlreiche Clubs und Vereine formierten sich. Im „Politischen Verein" versammelte sich vor allem die einfache Bevölkerung, die eine demokratische, republikanische Richtung verfolgte. Das höhere Bildungsbürgertum, die vermögenden Schichten und die Beamtenschaft schlossen sich dem „Konstitutionellen Verein" an, während der Mittelstand sich im „Volksverein" traf. Auch einzelne Bürger brachten ihre Ideen in die Verfassungsdiskussion mit ein, wie etwa Hans von Aufseß, der die Nürnberger Burg als Sitz des zu wählenden deutschen Kaisers und den Rathaussaal als Tagungsort des Reichstags vorschlug und so an die Rolle der ehemaligen Reichsstadt als „heimliche Hauptstadt des Reiches" anknüpfen wollte.

Auch das Handwerk versuchte im Zuge der Revolutionsunruhen eigene Anliegen durchzusetzen. Im Mai 1848 wurde wie in vielen Städten auch in Nürnberg eine Handwerkerversammlung einberufen, die in einer Eingabe nach München unter anderem die Aufhebung der Gewerbefreiheit forderte. Noch im April hatten sich in der Pegnitzstadt freiwillige Stadtwehren formiert. Die bewaffneten Korps rekrutierten sich größtenteils aus Mitgliedern des Turnvereins und der Staatseisenbahn-Werkstätten. Nur einmal kam es aus nichtigem Anlaß zu einer tumultartigen Demonstration, bei der Militär eingesetzt werden mußte.

Sowohl lebendiges Reichsbewußtsein als auch ein Bekenntnis zu den demokratischen Ideen des Paulskirchen-Parlaments gaben die Nürnberger zu erkennen, als im August 1848 Erzherzog Johann, der als „Reichsverweser" bis zur Verabschiedung einer Verfassung

Abb. 30:
In der Königstraße feierten auch die Nürnberger die Proklamation König Ludwigs I. von Bayern, in der im Zuge der Revolution 1848 liberale Reformen versprochen wurden. Zeitgenössische Lithographie.

die Reichsgeschäfte versah, durch Nürnberg reiste. Eine gemächliche Fahrt durch Nürnbergs Straßen sowie eine Ansprache von einem Fenster des Hotels „Bayerischer Hof" erfüllten die Hoffnungen und Erwartungen der Nürnberger. Als am 6. August in ganz Bayern eine Huldigungsfeier für den Reichsverweser stattfand, richteten die Nürnberger den Festakt unter reger Beteiligung der begeisterten Einwohner auf der Deutschherrnwiese aus.

Einen jähen Rückschlag erhielt die deutsche Einigungsbewegung im April 1849, als König Friedrich Wilhelm IV. von Preußen die Kaiserkrone ablehnte. Auf Initiative des Gemeindebevollmächtigten Eduard Bock forderten Gemeindekollegium und Magistrat von der bayerischen Regierung dennoch die Anerkennung der Reichsverfassung. In einer Versammlung am 2. Mai 1849 auf dem Judenbühl (Maxfeld), an der rund 15.000 Bürger und Bauern teilnahmen, wurden die Anerkennung der Reichsverfassung sowie die Entlassung des Ministers Ludwig von der Pfordten gefordert. Die Versammlung verlief ohne Zwischenfälle, und das vorsorglich in Nürnberg stationierte Militär kam nicht zum Einsatz.

Doch die Spannungen zwischen Franken und München eskalierten. Im Landtag gingen die fränkischen Demokraten, die eine starke Fraktion bildeten, offen zur Opposition über. Sie verlangten von König Max II. die Annahme der Grundrechte und die Anerkennung der Beschlüsse der Paulskirche. Falls er dies ablehnen sollte, drohten die fränkischen Abgeordneten mit der Lostrennung Frankens. In Nürnberg nannte der Demokrat Gustav Diezel, der Begründer des „Politischen Vereins", die wichtig-

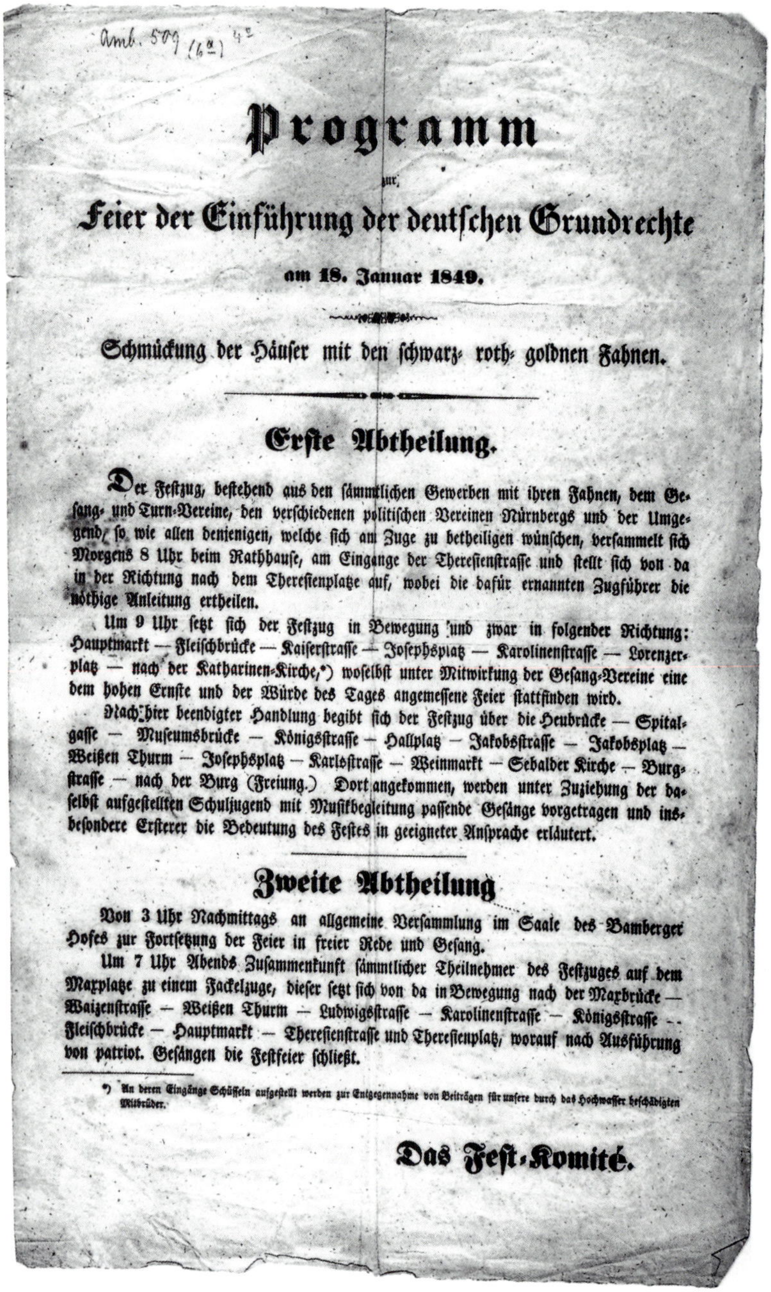

Programm

zur

Feier der Einführung der deutschen Grundrechte

am 18. Januar 1849.

Schmückung der Häuser mit den schwarz- roth- goldnen Fahnen.

Erste Abtheilung.

Der Festzug, bestehend aus den sämmtlichen Gewerben mit ihren Fahnen, dem Gesang- und Turn-Vereine, den verschiedenen politischen Vereinen Nürnbergs und der Umgegend, so wie allen denjenigen, welche sich am Zuge zu betheiligen wünschen, versammelt sich Morgens 8 Uhr beim Rathhause, am Eingange der Theresienstrasse und stellt sich von da in der Richtung nach dem Theresienplatze auf, wobei die dafür ernannten Zugführer die nöthige Anleitung ertheilen.

Um 9 Uhr setzt sich der Festzug in Bewegung und zwar in folgender Richtung: Hauptmarkt — Fleischbrücke — Kaiserstrasse — Josephsplatz — Karolinenstrasse — Lorenzerplatz — nach der Katharinen-Kirche,*) woselbst unter Mitwirkung der Gesang-Vereine eine dem hohen Ernste und der Würde des Tages angemessene Feier stattfinden wird.

Nach hier beendigter Handlung begibt sich der Festzug über die Heubrücke — Spitalgasse — Museumsbrücke — Königsstrasse — Hallplatz — Jakobsstrasse — Jakobsplatz — Weißen Thurm — Josephsplatz — Karlsstrasse — Weinmarkt — Sebalder Kirche — Burgstrasse — nach der Burg (Freiung.) Dort angekommen, werden unter Zuziehung der daselbst aufgestellten Schuljugend mit Musikbegleitung passende Gesänge vorgetragen und insbesondere Ersterer die Bedeutung des Festes in geeigneter Ansprache erläutert.

Zweite Abtheilung

Von 3 Uhr Nachmittags an allgemeine Versammlung im Saale des Bamberger Hofes zur Fortsetzung der Feier in freier Rede und Gesang.

Um 7 Uhr Abends Zusammenkunft sämmtlicher Theilnehmer des Festzuges auf dem Maxplatze zu einem Fackelzuge, dieser setzt sich von da in Bewegung nach der Maxbrücke — Waizenstrasse — Weißen Thurm — Ludwigsstrasse — Karolinenstrasse — Königsstrasse — Fleischbrücke — Hauptmarkt — Theresienstrasse und Theresienplatz, worauf nach Ausführung von patriot. Gesängen die Festfeier schließt.

*) An deren Eingänge Schüsseln aufgestellt werden zur Entgegennahme von Beiträgen für unsere durch das Hochwasser beschädigten Mitbrüder.

Das Fest-Komité.

Abb. 31:
Für den 18. Januar 1849 organisierte ein Fest-Komité anläßlich der Verkündung der Grundrechte eine Feier, die bereits am Morgen mit einem Festumzug begann.

ste Aufgabe der Volksbewegung in Franken „die Stärkung des fränkischen Standesbewußtseins auf der Basis des Deutschtums gegenüber dem Baiernthum". In München stellte man sich auf einen bewaffneten Aufstand in Franken ein, als das Nürnberger „Comité für Volksversammlungen" für den 13. Mai eine Versammlung einberief. Die 30.000 Teilnehmer auf dem Judenbühl drohten mit dem Abfall Frankens, falls der König den gewählten radikalen Landtag auflösen sollte. Danach ging man friedlich auseinander, die vorsorglich in Nürnberg stationierten 17.000 altbayerischen Soldaten brauchten nicht einzugreifen. Als in der letzten Juniwoche König Max II. auf seiner Huldigungsreise nach Nürnberg kam, verlief sein Besuch wenig glänzend. Die Bürgerwehr verweigerte ihm das Straßenspalier, viele Einwohner blieben zu Hause, und der Magistrat schmückte die Straßen mit Schwarz-Rot-Goldenen Fahnen.

Zu einem harten Vorgehen gegen republikanisch gesinnte Kreise in Nürnberg kam es, als durch Verrat ein geheimes Depot des „Volksvereins" von der Polizei ausgehoben wurde. In einer Wirtschaft am Webersplatz wurde ein Lager mit Sensen und eine Liste der für die Volksbewaffnung bereitstehenden Mitglieder gefunden. Der folgenden Verhaftungswelle fielen die Vereinsvorstände J.M. Köchert, J.Th. Stettner, H.Th. Tiefel und A. Diethorn zum Opfer. Auch die Redakteure G. Diezel und J. Lang des „Freien Staatsbürgers" wurden festgenommen, dagegen konnten der Buchdruckereibesitzer Wilhelm Tümmel und der Bierbrauereibesitzer Christian Lederer, beide Mitunterzeichner eines Aufrufes „Im Namen des demokratischen Frankens", noch rechtzeitig fliehen. Erst am 20. Dezember 1849 stellte ein Amnestiegesetz die Verfolgung und Ahndung von politischen Verbrechen und Vergehen ein. Sämtliche Agitatoren konnten nach Nürnberg zurückkehren, doch blieben 18 von ihnen als „gefährliche Subjekte" weiterhin unter Polizeiaufsicht. Auch mußten alle politischen Vereine aufgelöst werden. Die freiheitliche Presse verfiel der Zensur.

„Arbeitslust, Arbeitskraft und Unternehmergeist" – Die Hochindustrialisierung

Voraussetzungen der Hochindustrialisierung

Wirtschaftspolitische Grundlagen

Die „bürgerliche Revolution" von 1848/1849 hatte in Nürnberg genauso wie auch in allen anderen Regionen Handel und Produktion behindert. Als sich die politischen Verhältnisse nach der Mitte des 19. Jahrhunderts normalisierten, wandte sich das Wirtschaftsbürgertum wieder verstärkt dem Erwerbsleben zu. Doch später als in England setzte die „Industrielle Revolution" in Deutschland ein. Sie war gekennzeichnet durch starkes Bevölkerungswachstum, Arbeitsteilung und wachsende Spezialisierung und basierte darüber hinaus auf dem Einsatz neuer Techniken, auf Massenproduktion und neuen Energiequellen wie Kohle, Erdöl und Elektrizität. Die „Industrielle Revolution" dauerte bis zur „Gründerkrise" nach der Reichsgründung 1870/71. Gleichermaßen als Produkt und Impuls des industriellen Aufschwungs setzte im Bismarckreich ein beispielloser Urbanisierungsprozeß ein mit einem sprunghaften Bevölkerungsanstieg in den Städten. Nach der Überwindung der „Gründerkrise" entfaltete sich der eigentliche wirtschaftliche Aufstieg, der mit einigen Konjunkturzyklen bis zum Beginn des Ersten Weltkrieges andauerte.

Nach der Reichsgründung 1871 setzte die Regierung unter Otto von Bismarck die Politik des Zollvereins zunächst fort. Gewerbefreiheit und Freihandel bestimmten die liberale Wirtschaftspolitik des Reiches. Zu dem wirtschaftlichen Aufschwung oder „Boom" hatten aber vor allem die französischen Reparationsleistungen beigetragen, die die deutsche Volkswirtschaft stärkten. Mit der gesteigerten Kaufkraft wuchs auch die Nachfrage nach Industriegütern und Arbeitskräften. Der Einbruch von 1873 mit der „Gründerkrise" und dem spektakulären Börsen- und Bankenkrach sowie der wachsende amerikanisch-britische Wettbewerb beendeten jedoch die Hochphase des Konjunkturaufschwungs und leiteten die allmähliche Abkehr vom ökonomischen Liberalismus und von der wirtschaftspolitischen Zurückhaltung des Staates ein. Preissteigerungen begrenzten nun die Absatzmöglichkeiten, die verringerte Kaufkraft, vor allem im wichtigen Exportland USA, traf auch die Nürnberger Wirtschaft. Darüber hinaus führten Stockungen im Eisenbahnbau zu schweren Turbulenzen in der Nürnberger Metall- und Maschinenindustrie. Katastrophale Umsatzeinbrüche bis in die 1880er Jahre führten etwa bei der Firma Cramer-Klett sogar zu Überlegungen, das Nürnberger Werk wegen mangelnder Rentabilität ganz aufzulösen.

Schließlich vollzog Bismarck eine radikale Wende in der Wirtschaftspolitik zum „System des Schutzes der nationalen Arbeit". Reichskanzler Bismarck, der 1880 auch das Handelsministerium übernahm, vollzog den Wechsel vom Wirtschaftsliberalismus zum „Neumerkantilismus" und führte Finanz- und Schutzzölle für Industriegüter und Getreide ein. Daneben wurde ein deutscher Handels- und Gewerberat geschaffen, der sich aus 15 Mitgliedern aus verschiedenen Bundesstaaten zusammensetzte; außerdem wurde die Gewerbeordnung überarbeitet.

Erst nach dem Rücktritt Bismarcks 1890, unter Reichskanzler Caprivi erleichterten Handelsabkommen mit Belgien, Italien, Österreich-Ungarn und der Schweiz den deutschen Export, und schließlich stabilisierten sich auch die wirtschaftlichen Beziehungen zu Rumänien, zu Serbien und zu dem für den Absatz so bedeutenden Rußland. 1893 stellte die Handelskammer zuversichtlich fest: „Das wohl Schlimmste ist überwunden, da in einzelnen Industrien bereits Besserung eingetreten ist." Auch die Firmen selbst versuchten, die Absatzmöglichkeiten zu verbessern. So nahmen etwa Cramer-Klett, Faber und Schuckert unter Ausschluß des vermittelnden Handels selbst direkten Kontakt zu ihren Handelspartnern im Ausland auf. Auch traten nun Staaten mit niedrigeren Schutzzöllen in den Mittelpunkt der Interessen wie etwa Griechenland.

Um im internationalen Wettbewerb bestehen zu können, schlossen sich viele Betriebe organisatorisch zusammen. Auch in Nürnberg wurden zahlreiche Firmen wie zum Beispiel Schuckert, Cramer-Klett oder Häberlein & Metzger zu kapitalkräftigen Aktiengesellschaften umgewandelt. Zudem reagierten die Hersteller flexibler als bisher auf die Bedürfnisse oder den Geschmack ihrer potentiellen Kunden. So warnte der brasilianische Konsul die Handelskammer: „Bei Völkern, denen eine gewisse Farbenfreudigkeit eigen ist, ruft eine Lokomotive mit blankem Messingschornstein und glänzend rot und gold lackiert, einen bei weitem günstigeren Eindruck hervor als solche mit schwarzem Schornstein und in dunklen Farben." Der Hinweis galt als Empfehlung für die Firma Cramer-Klett, deren Produkte bislang offensichtlich dem Geschmack der brasilianischen Kundschaft nicht entsprachen.

1896 setzte eine neue Phase der Hochkonjunktur ein. Die bayerischen Landes-Industrieausstellungen, die 1882,

1896 und 1906 in Nürnberg stattfanden, belegen die Vielfalt und Leistungsstärke der bayerischen und fränkischen Industrie.

Nürnbergs wirtschaftlicher Aufschwung setzte erst um 1880 ein. Die Pegnitzstadt wurde rasch zum Zentrum der Hochindustrialisierung in Bayern. Obwohl viele Betriebe in den Krisenjahren eingegangen oder finanziell stark angeschlagen waren, wie etwa die Nürnberger Maschinenfabrik von Cramer-Klett, stellten sich die Nürnberger Industrie und das Handwerk am Ende der „Gründerkrise" immer noch reich gegliedert nach Branchen und Produkten, Betriebsgrößen und Produktionsweisen in Fabriken und im Handwerk dar. Nürnbergs Aufschwung beruhte vor allem auf der Maschinenindustrie, in der neue Techniken zum Einsatz kamen.

Gleichzeitig erwuchs ein neuer Unternehmertypus, der „Industrieunternehmer", der sich gezielt neues technisches Wissen im Sinne eines Technologietransfers von außerhalb aneignete. Die „Industrieunternehmer" waren als einzelne durch Eigeninitiative und selbstverantwortliches Handeln herausra-

Abb. 32: Der Tiergärtnertorplatz unterhalb der Kaiserburg. Der mittelalterliche Charakter der Stadt blieb auch im Zuge der Industrialisierung vor allem auf der Sebalder Stadtseite erhalten. Photographie um 1900.

gend beteiligt an der Kräftekonzentration und der technischen Expansion in den Fabriken und Werkstätten. Der Unternehmer des modernen Zuschnitts zeichnete sich durch sein feines Gespür für technische Errungenschaften und Innovationen, durch Improvisationsvermögen und große Risikobereitschaft aus. Andererseits stellte er seine Person auch in den Dienst der Gesellschaft und gestaltete entscheidend die Entwicklung einer modernen städtischen Lebensform und Bürgergemeinde mit. Enge Verflechtungen mit und gute Beziehungen zur Stadtverwaltung waren wichtige Bedingungen und Kennzeichen für den modernen „Industrieunternehmer".

Eine wesentliche Voraussetzung für die freie Entfaltung von Handel und Gewerbe sowie für die einsetzende Massenproduktion in den Fabriken war der Wegfall von hemmenden Vorschriften durch den regulierenden Staat als Ordnungsmacht. Der Deutsche Zollverein von 1834 hatte bereits mit dem Abbau der Schutzzölle begonnen. Als letzter deutscher Staat führte Bayern endlich 1868 die Gewerbefreiheit ein. Damit wurden das Zunftwesen beseitigt, Gewerbevereine und Innungen aufgelöst und die bisherigen hemmenden Fabrikkonzessionen und Gewerbemonopole abgeschafft.

Um einen Überblick über die Wirtschaftsstruktur und die Exportmöglichkeiten zu erhalten, regte der Deutsche Handelstag die Anlage von Adreßbüchern der Industrie an. Ein solches verfaßte 1891 der Nürnberger Valentin Brettinger als Redakteur des Handels- und Gewerbe-Adreßbuches des Deutschen Reiches auch für Nürnberg-Fürth auf der Grundlage der Angaben der Geschäftsinhaber, heute eine vorzügliche Quelle für die mittelfränkische Wirtschaftsgeschichte.

Demographische Entwicklung

Neben den wirtschaftspolitischen Rahmenbedingungen spielte vor allem die demographische Entwicklung für die Industrialisierung eine entscheidende Rolle. Der Bevölkerungszuwachs war ein Motor für den wirtschaftlichen Aufschwung und die Entstehung der Großindustrie. Zum Zeitpunkt des Übergangs an das Königreich Bayern hatte Nürnberg 25.176 Einwohner. 1855 war die Zahl auf fast 56.400 gestiegen, 1881 hatte Nürnberg über 100.000 Einwohner, und 1900 stand es mit über 260.000 Einwohnern an neunter Stelle der Großstädte im Deutschen Reich. Dieser starke Bevölkerungszuwachs führte zu einem einschneidenden Wandel in der Bevölkerungs-, Sozial- und Wirtschaftsstruktur und stellte eine wichtige Voraussetzung für die Entstehung einer urbanen Massengesellschaft dar.

Die Gründe für den explosionsartigen Anstieg der Bevölkerungszahlen Nürnbergs sind vielschichtig. Zum einen führten drei große Eingemeindungswellen zur Erweiterung des Stadtgebietes. 1825 versechsfachte sich das Stadtgebiet und vergrößerte sich von 160 Hektar auf 988 Hektar. 1865 wurde das Stadtgebiet um die Gemeinde Sündersbühl und die Ortschaft Rennweg erweitert, und 1899 kamen weitere 13 umliegende Landgemeinden zur Stadt. Nürnberg war innerhalb eines Jahrhunderts mit 5.444 Hektar auf das 34fache seiner ursprünglichen Fläche angewachsen und hatte sich weit über die alten Stadtmauern hinaus erweitert und ausgedehnt.

Neben dem durch Eingemeindungen hervorgerufenen Bevölkerungszuwachs stiegen die Einwohnerzahlen auch durch natürliche Veränderungen an. Seit der Mitte des 19. Jahrhunderts überstiegen die Geburtenzahlen deutlich die Sterbeziffern, denn seit 1865 wurde einerseits eine Stagnation der Sterberate, andererseits ein Anstieg der Geburten registriert. Die Geburtenzahlen erreichten 1875 in Nürnberg ihren vorläufigen Höhepunkt, während die Sterberate stetig abnahm. Bessere Ernährung sowie ein allmählicher Fortschritt bei den hygienischen Verhältnissen, etwa durch die Einführung der Kanalisation, waren für diese Entwicklung ausschlaggebend.

Für den bedeutendsten Zuwachs aber waren die vielen Zuwanderer aus der nächsten Umgebung der Stadt sowie aus dem mittelfränkischen Umland und der Oberpfalz verantwortlich. Der vermehrte Maschineneinsatz im ländlichen Gewerbe und die zunehmende Mechanisierung in der Landwirtschaft bedrohten seit der Mitte des 19. Jahrhunderts große Teile der ländlichen Bevölkerung in ihrer beruflichen Existenz. Viele suchten deshalb in der Nürnberger Fabrikindustrie ihren Lebensunterhalt zu verdienen. Die Wanderungsbewegung erreichte während der 1880er Jahre einen Höhepunkt und spiegelt zugleich die ausgesprochen gute Konjunktur in der ehemaligen Reichsstadt wider. Während auf dem landwirtschaftlichen Sektor und im häuslichen Dienst immer weniger Erwerbspersonen arbeiteten, prosperierten Industrie und Handwerk kontinuierlich. Mitte der 1890er Jahre waren fast zwei Drittel der Nürnberger Erwerbspersonen in Industrie und Handwerk beschäftigt, mehrheitlich in der Industrie. Im Jahre 1907 arbeiteten von insgesamt 152.220 Nürnbergerinnen und Nürnbergern 93.987 Personen in der Industrie, also schon weit mehr als die Hälfte.

Aber auch bei Handel und Verkehr weisen die Erwerbstätigenzahlen auf die Bedeutung dieser Bereiche hin. Mit einer Steigerungsrate von fast 1.200 Prozent erreichten der Handel und das Verkehrswesen sogar den größten Zuwachs im 19. Jahrhundert. Die Zeit des größten wirtschaftlichen Aufschwungs markieren auch hier die Jahre zwischen 1882 und 1895, in denen allein 5.280 zusätzliche Arbeitskräfte eingestellt wurden. Im Jahre 1907 waren fast 30.663 Menschen in den Bereichen Handel und Verkehr beschäftigt. Zwischen 1905 und 1910 kamen noch einmal etwa 30.000 Menschen aus den umliegenden Bezirksämtern in Mittel- und Oberfranken und der Oberpfalz nach Nürnberg. Dabei zogen hauptsächlich junge Menschen aus dem Umland, die ein wertvolles Arbeiterreservoir für die Nürnberger Wirtschaft darstellten, in die Industrie- und Handelsmetropole.

Abb. 33: Ansicht Untere Söldnergasse 1. Enge Bebauung, winkelige Straßen und deren starkes Gefälle erschwerten die verkehrstechnische Erschließung der Sebalder Altstadt, so daß viele Gewerbetreibende ihre Betriebe vor die Tore der Stadt verlegen mußten. Photographie 1895.

Eingemeindungen

Als Nürnberg im Jahr 1806 an das Königreich Bayern überging, beschränkte sich das Stadtgebiet auf die Fläche innerhalb der Stadtmauern mit 160,84 Hektar. 104 Jahre später war das Stadtgebiet vierzig Mal so groß und erstreckte sich jetzt über 6.563,98 Hektar. Ein beispielloses Wachstum hatte stattgefunden. Die Vororte, in denen die ersten Fabriken errichtet worden waren, zählten nun zum Stadtgebiet, und ab 1870 entfaltete sich überall eine ungeahnte Bautätigkeit. Gleichzeitig setzte ein reger Urbanisierungsprozeß ein und schuf eine hervorragende Infrastruktur mit Kanalisation, Wasserversorgung, Klinikum und kulturellen Einrichtungen. Sogar ein Stadtpark wurde zur Erholung der vielen Menschen geschaffen, und ein öffentliches Nahverkehrssystem verbesserte unverkennbar die Lebensqualität in der aufstrebenden Industriestadt.

„Das neue Nürnberg schließt sich um den Gurt der Altstadt und zeigt uns ein ebensolch typisches Bild der neuen deutschen Städteentwicklung, wie uns das alte Nürnberg Glanz- und Blütezeit der deutschen Kultur im Mittelalter vergegenwärtigt. Schöne breite Straßen mit monumentalen Bauten, großartige, mit Sorgfalt und künstlerischem Verständnis gepflegte Parkanlagen, interessante Museen, prächtige Theater- und Gesellschaftsräume; neuzeitliche Warenhäuser und Geschäfte, vorzügliche Restaurationen und komfortable Hotels: all diese Kennzeichen einer Großstadt läßt auch Nürnberg nicht vermissen." So präsentierte sich die Stadt 1912 im „Fränkischen Kurier". Schrittweise hatte der Modernisierungs- und Urbanisierungsprozeß stattgefunden und so der Stadtverwaltung genügend Zeit und Möglichkeiten gegeben, auf die neuen Aufgaben zu reagieren und vorausschauend Stadt, Raum, Infrastruktur und Verkehr zu planen und zu gestalten.

Im Jahr 1825 leitete die erste große Eingemeindungsaktion die Stadterweiterung ein. Mit den Gemeinden Gostenhof, Wöhrd, Wöhrder Gärten, Gleißhammer, Teilen von Sündersbühl, St. Johannis, Galgenhof, Bleiweiß und Maxfeld kamen wichtige Industrievororte zum Stadtgebiet, und Nürnberg war über die alten Stadtmauern hinausgewachsen. Mit Gostenhof zählten bald zwei Bahnhöfe und der Kanalhafen zum Stadtgebiet. 1865 wurden weitere Gebiete von Sündersbühl und die Vororte Steinbühl und Rennweg eingemeindet. 1898 wurde Sündersbühl schließlich ganz übernommen. Dies war insbesondere wegen der Errichtung des städtischen Schlachthofes an der Rothenburger Straße notwendig geworden. Durch die ersten Eingemeindungen befanden sich nun auch mehrere Fabriken im Nürnberger Stadtgebiet, jedoch boten die meisten Betriebe ein trauriges Bild. Weiterhin kamen neun Bäckermeister, ein Zahntechniker, drei Bader, eine Hebamme, zwei Hufschmiede, 31 Viehhändler und Unterhändler, ein Kommissionär, zwei Zeremonienmeister, ein Apotheker und zahlreiche Wirtschaften zur Stadt. Dies bedeutete nicht nur eine Bereicherung der bisher in der Stadt ansässigen Berufe, sondern auch zusätzliche Steuereinnahmen.

Die größte Einverleibungsaktion fand 1899 statt und erweiterte die Stadt gleich um 13 Landgemeinden: Schniegling, Wetzendorf, Thon, Kleinreuth hinter der Veste, Großreuth hinter der Veste, Schoppershof, Erlenstegen, Mögeldorf, Gleißhammer, Gibitzenhof, Schweinau, Großreuth bei Schweinau, Höfen, Muggenhof, Leyh, Gaismannshof und Eberhardshof. Im Landrat legte der Erste Bürgermeister Georg von

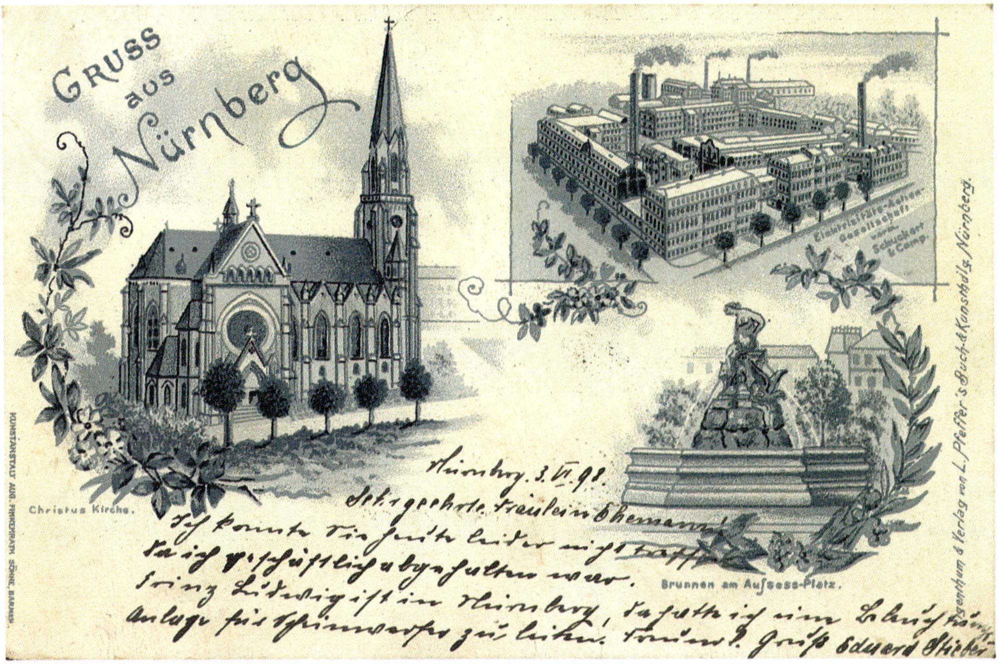

Abb. 34:
1865 wurde der bedeutende Industrievorort Steinbühl eingemeindet. Die Potpourrikarte zeigt Ansichten von der Christuskirche, den Schuckert-Werken und dem Nymphenbrunnen am Aufseßplatz. Ansichtskarte 1898.

Schuh die Notwendigkeit der Eingemeindungen für die zukünftige Stadtentwicklung dar: „In Folge der raschen baulichen Entwicklung der St. Nbg in den letzten Jahrzehnten seien in den umliegenden Ortschaften viele neue Bauanlagen entstanden, welche mangels jeder Abwässerung, Bewässerung, Beleuchtung u. überhaupt der modernen öff. Einrichtungen aller Art die schwersten Mißstände, besonders auf gesundheitl. Gebiete zeitigte. Da die angrenzenden Landgemeinden außerdem das begreifliche Bestreben hätten, an den verschiedenen Vortheilen, welche die Einrichtungen einer großen Stadt bieten, theilzunehmen, so hätten die sämmtlichen Ortschaften, welche im Kranze um die Stadt Nbg herumliegen, an letztere den Antrag gestellt, sie in ihr Gebiet einzuverleiben. Diesem Antrag sei seitens der St. Nbg das Bestreben entgegengekommen, einerseits auf die bauliche Entwicklung des sie umgebenden Landgebietes den zur Sicherung gesunder Zustände erforderlichen Einfluß zu gewinnen, andererseits ihr eigenes Gebiet für die weitere Entwicklung zu vergrößern." Im Kgl. Kreis-Amtsblatt von Mittelfranken war Schuhs Rede abgedruckt worden.

1900 konnte das Stadtgebiet noch durch den Gibitzenhofer Exerzierplatz und das Gelände der Maschinenbau-Aktiengesellschaft, vormals Cramer-Klett, 1901 bis 1910 mit dem Gelände des Rangierbahnhofes, dem Forstdienstanwesen beim Dutzendteich und dem Gelände der Gartenstadt nach Süden abgerundet werden.

Einsatz neuer Technologien

Die „Industrielle Revolution" ist neben der demographischen Entwicklung gekennzeichnet durch die Erfindung, Durchsetzung und Anwendung neuer Technologien, wie der Dampfkraft, der Elektrotechnik, aber auch des Telegrafen und des Telefons als moderne schnelle Kommunikationsmittel. Im Jahre 1885 wurde der staatliche Telefonverkehr in Nürnberg eröffnet. Und 1891 war eine Verbindung nach München, in die Landeshauptstadt, hergestellt worden. 1906 wurde in der Karolinenstraße ein eigenes Telegrafen- und Telefongebäude mit modernsten Apparaten und Einrichtungen vollendet. Dies war der Beginn einer erfolgreichen Ausweitung des Telefon- und Telegrafennetzes.

In der ersten Industrialisierungsphase in der ersten Hälfte des 19. Jahrhunderts war für den in Nürnberg dominierenden Metallsektor die Nutzung von Kohle zum Schmelzen von Metallen besonders wichtig. Ebenso bedeutend aber war die Anwendung der Dampfkraft. Ihr Einsatz ist für Nürnberg erstmals in einer Gewerbetabelle des Jahres 1830 für zwei „Fabriken mit Chocoladendampf" belegt. Die Ausbreitung der neuen Technik ging zunächst nur langsam vonstatten. 1837 suchte der Tabak- und Zuckerfabrikant Friedrich Blumröder um die Erlaubnis zur Aufstellung von Dampfapparaten nach und richtete zwei Dampfmaschinen mit insgesamt 50 PS ein. In einer Fabriktabelle des Jahres 1840 sind lediglich zwei weitere Dampfapparate aufgelistet.

Erst der Kaufmann und Unternehmer Johann Friedrich Klett zeigte die notwendige Investitionsbereitschaft und führte die Nutzung der Dampfkraft in großem Stil ein. Darüber hinaus beschränkte er sich nicht nur auf ihren Einsatz, vielmehr erkannte er die bahnbrechende Bedeutung der neuen Technik und stellte 1842/43 selbst die erste Dampfmaschine her. Seit Mitte des 19. Jahrhunderts kam es so zu einer raschen Ausbreitung von Dampfapparaten in der Nürnberger Industrie. Neben dem Metallgewerbe setzten insbesondere die chemische Industrie wie auch das Brauereigewerbe die Dampfkraft als Antriebsquelle ein.

Die Dampfkraft blieb zwar bis Ende des 19. Jahrhunderts die wichtigste Energiequelle, mußte aber allmählich der Anwendung komplexerer Technologien weichen. Denn in der zweiten Industrialisierungswelle bestimmten innovatorische Prozesse unter Anwendung von Stahl, Elektrotechnik und Chemie die Industrialisierung. Während England in der „ersten industriellen Revolution" noch führend war, so war in der „zweiten Industrialisierungswelle" Deutschland bestimmend und marktbeherrschend. Nicht nur die Nachfrage nach den begehrten deutschen elektrotechnischen Produkten, sondern auch der weltweite Bedarf an deutschem Know-how brachte für die Elektroindustrie vor allem ab 1895 einen enormen Aufschwung. Ausschlaggebend hierfür aber waren nicht nur die verschiedenen Erfindungen und Innovationen, ebenso wichtig waren ihre kontinuierliche Anwendung und Verbesserung. So konnte sich die Anwendung von Stark- und Wechselstrom in Deutschland rasch durchsetzen, und auch in der Hochspannungstechnik konnten große Fortschritte erzielt werden, während England nach wie vor auf Gleichstrom setzte und beharrte. Vor allem die Nürnberger Firma Schuckert gewann weltweite Bedeutung in der Fabrikation von Dynamomaschinen, aber auch andere Vertreter der jungen, erfolgreichen und innovatorischen Elektroindustrie hatten ihren Sitz in Nürnberg, wie etwa die Allgemeine Elektrizitätsgesellschaft (AEG), die Kabel- und Metallwerke Neumeyer, die Süddeutsche Apparatefabrik (SAF), die Süddeutschen Telefon-Apparate-Kabel- und Drahtwerke (TeKaDe).

Eine wichtige Voraussetzung für die Durchsetzung moderner Technologien und ihre Einbindung in den allgemeinen Urbanisierungs- und Wirtschaftsprozeß waren die Aufgeschlossenheit der jeweiligen Stadtverwaltung für die technischen Neuheiten sowie deren Risikobereitschaft und Mut zur Anwendung. In vielen Städten wurde die Massenstromversorgung auf der Basis von öffentlichen und privaten Unternehmungen eingerichtet. Die Kommunen wurden zunächst Teilhaber an privatwirtschaftlichen Versorgungsunternehmen. Oftmals ging dabei die Initiative von großen Elektroherstellern aus. Es entstanden Mischunternehmen, deren finanzielles Risiko in der Hauptsache bei den privaten Firmen lag.

Außerordentlich weitsichtig und mutig ging die Nürnberger Stadtverwaltung unter ihrem Ersten Bürgermeister Georg von Schuh bei der Einführung der Elektrizität vor. Nicht Privatunternehmen ergriffen die Initiative zur Errichtung eines städtischen Elektrizitätswerkes, sondern die Stadtverwaltung. Sie forderte 1891 mehrere Firmen, darunter Schuckert & Co., zur Beteiligung an einem Wettbewerb zur Errichtung einer elektrischen Zentralanlage auf. Von Anfang an wurde die Anwendung von Wechselstrom mit Transformatoren favorisiert. Nach Plänen des Münchner Ingenieurs Oskar von Miller wurde die Elektrizitäts-Aktiengesellschaft, vormals Schuckert & Co., mit der Errichtung eines Elektrizitätswerkes beauftragt. Von Beginn an wurde das Projekt in städtischer Verantwortung geplant und auch durchgeführt, ungeachtet dessen, daß zu diesem Zeitpunkt die Elektrotechnik noch im Entwicklungsstadium steckte und es noch an praktischen Erfahrungen fehlte. Vor allem Georg von Schuh hatte sich gegen eine Beteiligung der Privatindustrie ausgesprochen, Bedenken hinsichtlich der Rentabilität zerstreut und eine hohe Amortisationsquote vorausgesagt. Noch 1890 wollte die Stadtverwaltung unter dem Ersten Bürgermeister Otto Freiherr von Stromer wegen des finanziellen Risikos die Anlage auf privatwirtschaftlicher Basis errichten. Bürgermeister Georg von Schuh dagegen schätzte die Bedeutung der neuen Technologie für den wirtschaftlichen und sozialen Fortschritt richtig ein, als er in einem Vortrag 1893 formulierte: „Unser Zeitalter steht nicht nur im Zeichen des Verkehrs, es steht auch in dem der Elektrizität."

Verkehr und Transport

Nürnbergs Aufstieg zur Industriemetropole Bayerns war eng verknüpft mit dem Ausbau des Transport- und Verkehrswesens. Denn, so polemisierte der Wirtschaftsprofessor Georg Ritter von Ebert, „solange im deutschen Binnenland der Fußgänger schneller von Stadt zu Stadt gelangte als die Droschke auf den schlechten Straßen, solange hatte Begehr nach Fabrikanstalten allerdings keinen Sinn". Die weltweiten Handelsbeziehungen sowie die eigene Rohstoffarmut und der Mangel an schiffbaren Flüssen hatten Nürnberg seit jeher zu einem Ausbau der Verkehrswege gezwungen. Durch die industrielle Massenproduktion des 19. Jahrhunderts entstand und wuchs der Bedarf an Massentransportmitteln, die zum einen eine günstige und billige Zufuhr von Rohstoffen in großen Mengen garantierten, zum anderen die Absatzmärkte des exportorientierten Nürnberger Gewerbes schnell und zuverlässig bedienten. Dieses Transportmittel war die Eisenbahn. „Denn die Eisenbahn bewirkte neben vollständiger Veränderung der überkommenen verkehrsgeographischen Strukturen einen ungeheuren Bedarf an Baumaterial und an Maschinen, Schienen und Brücken, rollendem Gut und Kranen, Lokomotiven, Kraft-

Abb. 35:
Der Plärrer entwickelte sich zum Hauptverkehrsknotenpunkt und war zugleich das Tor zur Industrie- und Arbeitervorstadt Gostenhof. Ansichtskarte 1903.

und Arbeitsmaschinen, dazu den für menschliches Zeitmaß unaufhörlichen Bedarf einer sozusagen über Nacht nach bisher unbekannten Dimensionen laufenden Kapitalreproduktion. Und wenn bisher der Transport eines schweren Baumstammes über Land ein kostspieliges Wagnis war, wurden Massenwaren zu Verkehrsgütern der neuen Zeit." So charakterisierte Ritter von Ebert die Bedeutung der Eisenbahn.

Zunächst trug aber der in staatlicher Regie erbaute Ludwig-Donau-Main-Kanal dem Bedürfnis eines Massentransportmittels mit hoher Kapazität Rechnung. Nach Fertigstellung des Bauabschnitts Bamberg-Kelheim wurde mit dem Gesamtumschlagsvolumen von 107.054 Tonnen ein Rekordergebnis erreicht. In der Regel lag dabei der Gütereingang höher als der Güterversand, was auf die Rohstoffarmut Nürnbergs zurückzuführen ist. Seit der Mitte der 1870er Jahre aber verlor der Kanal als Transportmittel zunehmend an Bedeutung.

Denn mit dem Ausbau des Schienenverkehrs wurde ein Großteil der Fracht auf die Eisenbahn verlagert. Größere Transportkapazitäten und die Unabhängigkeit von klimatischen Bedingungen machten die Eisenbahn flexibler und billiger. Nachdem zwischen 1844 und 1846 der Staatsbahnhof vor dem Frauentor erbaut und am Kohlenhof ein Güterbahnhof entstanden war, stieg Nürnberg zu einem Eisenbahnknotenpunkt ersten Ranges auf. Insbesondere Gostenhof, an der 1844 eröffneten Nord-Süd-Bahn-Linie von München nach Bamberg gelegen und zudem Standort des Kanalhafens, wurde zum Verkehrszentrum. 1849 konnte die staatliche Südbahnlinie bis München in Betrieb genommen werden, und bereits 1848 war die Verbindung über Hof nach Leipzig und Berlin hergestellt worden, also in die für Nürnberg wichtigsten Absatzgebiete. 1862 konnte die Bahnstrecke Nürnberg-Pilsen-Prag unter der Regie der privaten bayerischen Ostbahn eröffnet werden, die die Nürnberger In-

*Abb. 36:
Am 25. August 1881 fuhr in Nürnberg die erste Pferdebahn vom Staatsbahnhof zur Gostenhofer Hauptstraße. Erst mit dem zweigleisigen Ausbau des Streckennetzes ab 1888 wurde sie zu einem leistungsfähigen Verkehrsmittel. Photographie vom Depot an der Fürther Straße 1883.*

dustrie mit der wichtigen böhmischen Kohle, aber auch mit anderen Gütern und Rohstoffen, etwa mit Graphit, versorgte. Schon in den zwei Jahren nach der Eröffnung der Ostbahn wurden 25.250 Tonnen Kohle aus Böhmen eingeführt, zwei Jahre später hatte sich die Menge bereits vervierfacht. 1864 wurden aus Nürnberg insgesamt über sechs Millionen Zentner Fracht im Wert von fast drei Millionen Gulden auf der Eisenbahn transportiert. 1865 konnte die Bahnlinie Nürnberg-Fürth-Würzburg in Betrieb genommen werden. Sie war auf Initiative eines Komitees unter Vorsitz von Theodor von Cramer-Klett zustande gekommen, das sich für eine direkte wirtschaftliche Verbindung zwischen Nürnberg und Würzburg und darüber hinaus ins Rheinland einsetzte. 1871 wurde eine kürzere Verbindung nach Regensburg über Neumarkt fertiggestellt. 1875 wurde Nürnberg mit Crailsheim verbunden. Zwei Jahre später entstand eine Bahnstrecke nach Bayreuth. 1878 wurde eine Abzweigung von Schnabelwaid nach Marktredwitz geschaffen, wodurch mit der Fichtelgebirgsbahn die wichtige Verbindung nach Eger hergestellt wurde.

Die steile wirtschaftliche Entwicklung Nürnbergs wäre ohne die ausgezeichnete Anbindung an das mitteleuropäische Eisenbahnnetz nicht möglich gewesen. Die Bahn garantierte die kostengünstige Zufuhr von Rohstoffen, insbesondere der wichtigen Kohle, und der Güterversand konnte seit der Massenproduktion in der Hochindustrialisierungsphase reibungslos und im großen Stil abgewickelt werden. In den Jahren 1891 bis 1895 überflügelte der Warenexport aus Nürnberg sogar erstmals den Güterimport.

Neben dem Ausbau der Fernverkehrswege stieg mit der Urbanisierung und der Bevölkerungszunahme auch die Nachfrage nach einer Verbesserung des innerstädtischen Verkehrs und der Verkehrsmittel. Zunächst wurden die

Straßen mit Holzklötzen oder Granitsteinen aus der Oberpfalz gepflastert. 1897 verwendete man erstmals Asphalt als Straßenbelag. Auch mit der Verbreiterung vielfrequentierter Straßen und mit neuen Verbindungsstraßen und Unterführungen wurde dem erhöhten innerstädtischen Verkehrsaufkommen Rechnung getragen.

Bereits 1864 trug Theodor von Cramer-Klett im Magistrat vor, auch in Nürnberg nach dem Vorbild von New York, Paris und Berlin eine Pferdebahn für den öffentlichen Nahverkehr einzurichten. Nicht nur der Fortschritt im Verkehrswesen war für den weitsichtigen Unternehmer dabei ein Grund für seinen Plan, vielmehr sah er im Zug fortschreitender Industrialisierung in einem Nahverkehrsmittel einen wichtigen und notwendigen Beitrag zur Förderung des ansässigen Handels und Gewerbes: „Die Pferdebahnen beschleunigen den Verkehr, gewähren wie die Lokomotivbahnen eine Ermäßigung der Transportpreise und regeln und vereinfachen den die Straßen der großen Städte belästigenden Menschenverkehr. Nürnberg, durch seine Bevölkerung, seine Lage und seine Industrie bestimmt, einer der industriellen Mittelpunkte Deutschlands zu werden, enthält alle jene Elemente, welche die Anlage solcher Pferdebahnen begünstigen und damit einen fördernden Einfluß auf die Entwicklung von einzelnen Zweigen des Handels und der Industrie erwarten lassen." In Gesprächen mit Vertretern des Stadtmagistrats wurde die Linienführung Staatsbahnhof – Lorenzkirche – Ludwigstraße – Plärrer – Ludwigsbahngebäude mit einer Abzweigung von der Königstraße bis zum Zollamtsgebäude am Kornmarkt projektiert. Die Umsetzung scheiterte jedoch vorläufig an äußeren Umständen, in erster Linie an den Kriegsereignissen 1866 und 1870/71, aber auch am Desinteresse der Stadtverwaltung. Das Engagement eines 1872 aus Nürnberger und Fürther Bürgern gegründeten „Comités für Erbauung einer Pferdebahn zwischen Nürnberg und Fürth" blieb zunächst ebenfalls erfolglos.

Wochen-Strecken-Karte der Straßenbahn

Schließlich aber zwangen nicht nur das Prestige und wirtschaftspolitische Überlegungen die Stadt zu einer Realisierung des Projektes, vielmehr mußte Nürnberg als Veranstaltungsort für die 1. Bayerische Landesgewerbe- und Industrieausstellung im Jahr 1882 über ein kapazitätsstarkes innerstädtisches Personentransportmittel verfügen. Im August 1881 konnte der nach den Plänen des Bremer Unternehmers Heinrich Alfes errichtete erste Streckenabschnitt der Pferdebahn vom Staatsbahnhof bis zum Plärrer eingeweiht werden. Im folgenden Jahr wurden neben der Altstadt auch zahlreiche Vororte mit dem neuen Verkehrsmittel erschlossen und an das Stadtzentrum angebunden. 1896 spielte die Ausrichtung der Bayerischen Landesgewerbe- und Industrieausstellung auf dem Maxfeld in Nürnberg wiederum bei der Elektrifizierung der Straßenbahn eine wichtige Rolle. Nachdem die Probestrecke Maxfeld – Fürth von der AEG/Berlin 1896 erfolgreich auf den elektrischen Betrieb umgestellt worden war, wurde die Straßenbahn schrittweise elektrifiziert.

Moderne Stadtverwaltung

Wichtige Voraussetzungen für die Entfaltung industrieller Kräfte und Energien für die Entwicklung einer modernen Stadtgesellschaft waren sowohl eine leistungsfähige und dem technischen Fortschritt gegenüber aufgeschlossene Stadtverwaltung und entwickelte Bürokratie, als auch der kommunale Handlungsspielraum. Die Verstädterungs- und Industrialisierungsphase seit der Mitte

Abb. 37:
Bürgermeister Georg von Schuh, der Stifter Kommerzienrat Ludwig Gerngros sowie der Vorstand des Gemeindebevollmächtigtenkollegiums Georg Hesse posieren selbstbewußt vor dem neuen Neptunbrunnen am Hauptmarkt. Photographie 1903.

Abb. 38:
Stolz wird die ab 1896 elektrifizierte Straßenbahn als Symbol für Fortschritt und Technisierung auch als Ansichtskartenmotiv präsentiert. Ansichtskarte von der Königstraße 1905.

des 19. Jahrhunderts forderte zunehmend einen Wandlungsprozeß von der obrigkeitsstaatlichen Hoheitsverwaltung hin zur vorausschauenden und planenden Leistungsverwaltung der Daseinsfürsorge. Seit April 1869 räumte die neue bayerische Gemeindeordnung den Kommunen ein weitgehendes Selbstverwaltungsrecht ein und befreite sie aus staatlicher Vormundschaft. In einem Zwei-Kammer-System übernahm nun der Magistrat, an dessen Spitze der Erste Bürgermeister stand, die eigentlichen Verwaltungsaufgaben. Das Kollegium der Gemeindebevollmächtigten

Abb. 39:
Mit dem Wachstum der beiden Städte Nürnberg und Fürth avancierte die Fürther Straße zu einer Hauptverkehrsader, gesäumt von repräsentativen Bürgerhäusern der Gründerzeit. Ansichtskarte um 1900.

vertrat die Bürgerschaft, die dieses Gremium wählte. Wahlberechtigt war jedoch nur, wer das Bürgerrecht besaß, das an hohe Gebühren gebunden war. 1887 hatten gerade 5.596 von rund 100.000 Nürnbergern das kommunale Wahlrecht. Im Rahmen von Mischkommissionen, durch ein Einspruchsrecht und vor allem durch die Prüfung und den Beschluß des Gemeindehaushalts konnte das Kollegium der Gemeindebevollmächtigten die Politik des Magistrats mitgestalten und korrigieren. Die Kreisregierung in Ansbach übte jedoch weiterhin die staatliche Aufsicht über die kreisunmittelbaren Städte wie Nürnberg aus.

Von großer Bedeutung für die Stadtentwicklung Nürnbergs war es, daß glücklicherweise gerade die Zeit des wirtschaftlichen Umbruchs und der politischen Neuorientierung in die Ägide zweier energischer und fortschrittlicher Stadtoberhäupter fiel. Von 1867 bis 1891 lenkte Otto Freiherr von Stromer die Geschicke der Stadt, und sein direkter Nachfolger Georg von Schuh blieb bis 1913 im Amt. Mit großer Energie zeigten sich die beiden liberalen Bürgermeister außerordentlich aufgeschlossen für die Bedürfnisse und Belange der heranwachsenden Industriemetropole. Auch ist es ihren langen Amtszeiten zu verdanken, daß viele ihrer Initiativen in aller Ruhe projektiert und dann in die Tat umgesetzt werden konnten. So begann unter Otto Freiherr von Stromer der Ausbau eines effektiven Verkehrsnetzes. Mit der Pferdebahn wurde 1881 der Grundstein zum öffentlichen Nahverkehr gelegt. Aber vor allem Georg von Schuh, ein ausgesprochen tüchtiger Verwaltungsfachmann mit einem hohen Maß an Durchsetzungskraft, verlieh Nürnberg eine leistungsstarke Infrastruktur und schuf die notwendigen Instrumentarien einer modernen Stadtverwaltung. In seine Amtszeit fielen unter anderem die Erschließung der Rannaquelle und der Bau einer Wasserleitung, der Ausbau der Kanalisation, der

Bau eines modernen Klinikums im Norden der Stadt, der Bau zahlreicher Schulhäuser sowie von kulturellen Stätten wie das Künstlerhaus, das Luitpoldhaus oder die Fränkische Galerie. Seit 1896, also nur ein Jahr später als die Landeshauptstadt München, unterhielt Nürnberg eine Arbeiternachweisstelle, eine kostenlose Dienstleistung sowohl für Arbeitssuchende als auch für Arbeitgeber. 1898 nahm das Stadterweiterungsbureau seine Tätigkeit auf, um das Wachstum der Stadt in geordnete Bahnen zu lenken. Auf Schuhs Antrag hin wurde 1900 auch das städtische Statistische Amt eingerichtet, welches regelmäßig die Bevölkerungszahlen, die Arbeitslosenquoten und ähnliche Daten statistisch erfaßte und auswertete. Mit der Elektrifizierung der Pferdebahn und ihrer Übernahme in städtische Regie sowie mit der Errichtung eines kommunalen Elektrizitätswerkes stellte sich die Stadtverwaltung an die Spitze der technischen Neuerungen der Zeit und arbeitete dabei eng mit den ortsansässigen Firmen wie Schuckert zusammen.

Abb. 40:
Das städtische Arbeitsamt wurde 1896 eröffnet. Ansicht von den Geschäftsräumen am Fünferplatz. Photographie vor 1909.

Bildung und Ausbildung

Von großer Wichtigkeit für das hohe Niveau der Nürnberger Industrie und die führende Stellung etlicher Firmen auf dem Weltmarkt war ein entsprechendes Reservoir an Facharbeitern und hochqualifiziertem Personal. Speziell die Ingenieurausbildung stellte einen wesentlichen Faktor für den technischen Fortschritt dar, insbesondere im Bereich der Elektrotechnik. Bereits in der Frühphase der Industrialisierung hatten vorausblickende Bürger die Notwendigkeit einer guten Ausbildung für die wirtschaftliche Entwicklung erkannt. So regte 1792 der Pfarrer Johann Ferdinand Roth die „Gesellschaft zur Beförderung vaterländischer Industrie" zur Gründung der Industrieschule für Mädchen und 1803 für Knaben an. Beide Schulen gingen später im Realschulbereich auf. Auch der Hopfenhändler und Zweite Bürgermeister Johannes Scharrer sah in der Förderung des Schulwesens einen Schlüssel zum wirtschaftlichen Aufschwung. Er gründete 1823 eine Höhere Töchterschule und reorganisierte die 1816 gegründete Höhere Bürgerschule, die auf eine gehobene Stellung in Wirtschaft, Gewerbe, Fabrikwesen und in den Künsten vorbereiten sollte.

Noch entschieden wichtiger und folgenreicher aber war 1823 die Gründung der Polytechnischen Schule durch Johannes Scharrer, die im ehemaligen Augustinerkloster eröffnet wurde. Schon sechs Jahre später siedelte sie in den Peunthof um. Der Polytechnischen Schule lag ein modernes Konzept der Verflechtung von Unterricht und Praxis zugrunde, genau zugeschnitten auf die Bedürfnisse der Nürnberger Wirtschaft. Zu den prominenten Dozenten und Rektoren der 1833 verstaatlichten Schu-

Otto Freiherr von Stromer

le zählten neben anderen der Physiker und Wegbereiter der modernen Elektrotechnik Georg Simon Ohm, der Architekt Carl Alexander Heideloff, der Mechaniker und Konstrukteur des Kettenstegs Conrad Georg Kuppler und der Chemiker und Erfinder des Ultramarins Thomas Leykauf. In einer Festschrift ist über die Schule nachzulesen: „Ihre Aufgabe war nunmehr, künftige Ingenieure, Berg- und Forstleute für die 'kameralistische Fakultät' der Universität München vorzubereiten, sowie Maschinentechniker und Mechaniker für die Industrie wissenschaftlich auszubilden. Der Lehrplan umfaßte in den drei Jahresklassen niedere und höhere Mathematik mit Einschluss der darstellenden Geometrie, Physik, Mechanik, Chemie, Maschinenlehre, Maschinen- und Architektenzeichnen." Sowohl Ausbildungskonzept wie auch Lehrpersonal verliehen der Schule von Anfang an einen Hochschulcharakter mit hohem Ausbildungsniveau. 1868 wurde die Polytechnische Schule in ihrer bisherigen Form jedoch geschlossen, denn die 1827 gegründete Polytechnische Schule in München wurde zur Technischen Hochschule im Königreich Bayern erhoben. Aber noch im gleichen Jahr 1868 sicherte die Eröffnung der Kgl. Industrieschule weiterhin die Ingenieursausbildung in Nürnberg, und zwar mit einer mechanisch-technischen, chemisch-technischen und bautechnischen Abteilung. 1904 wurde sie an den Keßlerplatz verlegt. Die Industrieschule entließ nicht nur den qualifizierten Nachwuchs für die Nürnberger Industrie, sondern ihr Lehrpersonal wurde auch bei der Lösung öffentlicher Aufgaben einbezogen, so zum Beispiel bei der Planung der städtischen Wasserversorgung und der Kanalisierung.

Auf Initiative von Freiherr von Stromer startete 1870 die städtische Baugewerkschule in der Lorenzer Straße ihren ersten Kurs. Sie bot Ausbildungsgänge zum Polier oder Baugewerbemeister an. 1884 wurde die Schule um die Fachabteilungen für Schlosser, Mechaniker und Maschinenbauer erweitert. Im Schuljahr 1897/1898 besuchten etwa 400 Schüler den baugewerblichen Zweig, und 50 Jungen lernten in der Maschinenbauabteilung. Neben elementaren Fächern umfaßte das Lehrprogramm Kurse in Maschinenbau, Hydraulik, Konstruktion in Eisen, Baustofflehre, Getriebelehre, Raumlehre, Kräfte- und Festigkeitslehre, aber auch Buchführung.

Neben städtischen und staatlichen Initiativen für Gewerbe- und Technikschulen waren es vor allem die Unternehmer selbst, die an einem soliden Bildungssystem interessiert waren. So gründete 1869 Theodor von Cramer-Klett eine eigene Fabrikschule, die Absolventen der Volksschulen auf den Besuch der Kreisrealschule oder einer anderen höheren Bildungsanstalt vorbereiten sollte. Im Schuljahr 1897/1898 besuchten etwa 100 Buben im Anschluß an die Volksschule hier den Unterricht, und im gleichen Jahr traten 26 ehemalige Schüler in die Kreisrealschule, drei in eine technische Hochschule, zwei in eine Industrieschule, zwei in ein Gymnasium und einer in die Kunstgewerbeschule über. In ähnlicher Weise wirkte die Schuleinrichtung der Elektrizitätsaktiengesellschaft, vorm. Schuckert & Co. Aus Mitteln der Schuckertstiftung war 1897 die Unterrichtsanstalt für Kinder von Fabrikangehörigen gegründet worden. Das Angebot umfaßte sowohl eine Haushaltsschule für konfirmierte Mädchen sowie eine technische Fortbildungsschule für Buben. Im ersten Schuljahr besuchten schon 76 Schüler die Einrichtung. Der Fächerkatalog erstreckte sich unter anderem auf Elektrotechnik, Mechanik, Physik, Buchführung, Geometrie und Zeichnen.

Wirtschaftliche Entwicklung

Gewerbestatistiken von 1861 und 1875

Trotz der beginnenden Industrialisierung bestimmten auch in der zweiten Hälfte des 19. Jahrhunderts noch zahlreiche kleine Handwerksbetriebe die Gewerbestruktur in Nürnberg. Nach der Gewerbestatistik des Zollvereins von 1861 arbeiteten und produzierten 3.942 Meister oder Selbständige vor allem für den örtlichen Bedarf. Darüber hinaus wurden 5.730 Lehrlinge, Gesellen und Gehilfen von der Statistik erfaßt. An der Spitze der Gewerbe stand der metallverarbeitende Sektor mit 879 Meistern und 1.316 Beschäftigten. 790 Meister und 651 Mitarbeiter umfaßte die Herstellung von Kurzwaren, hier waren vor allem Drechsler, Spiel- und Holzwarenmacher, Haarkammmacher, Pinsel- und Futteralmacher, Bürstenbinder, aber auch Buchbinder tätig. In der Kleiderverarbeitung und Herstellung verdienten 564 Meister mit 666 Mitarbeitern ihren Lebensunterhalt. Eine bedeutende Stellung hatte auch der Nahrungsmittelsektor inne, in dem 391 Meister und 553 Mitarbeiter beschäftigt waren. Während in den Versorgungsgewerben durchschnittlich ein bis zwei Mitarbeiter beschäftigt waren, bot das Baugewerbe gleich mehreren Mitarbeitern je Betrieb Arbeit. Auf lediglich 109 Meister kamen 845 Beschäftigte. Weitere bedeutende Gewerbe waren die Lederwarenfabrikation mit 306 Meistern und 509 Beschäftigten, der holzverarbeitende Sektor mit 321 Meistern und 749 Mitarbeitern, aber auch die Herstellung von mechanischen Instrumenten mit 114 Meistern und 67 weiteren Beschäftigten.

Trotz der immer noch facettenreichen Gewerbestruktur stagnierten etliche Handwerkszweige in ihrem Wachstum oder gingen gar ein. Im Vergleich zur Gewerbestatistik von 1847 nahm etwa die Zahl der in der Textilverarbeitung Beschäftigten ab. Waren 1847 32 Meister und 21 Mitarbeiter in Nürnberg tätig, beschäftigten 1861 32 Meister nur noch 18 Mitarbeiter. Eine ähnlich rückläufige Entwicklung zeichnete sich auch im Bereich der Seiler und Dochtmacher ab. 1847 waren es 24 Meister und ebensoviele Mitarbeiter, 1861 arbeiteten lediglich 18 Meister mit 17 Gehilfen. Ebenso verschwanden die vielen Zündwarenwerkstätten, Eisen- und Kupferhämmer, und die Spiegelglasfabrikation erlag der Fürther Konkurrenz.

Der Schwerpunkt des Wirtschaftswachstums hatte sich nun auf die Fabriken verlagert, die in erster Linie für den Großhandel produzierten. Diese Entwicklung stand in engem Zusammenhang mit dem Einsatz von Dampfmaschinen. Die Zahl der Dampfmaschinen hatte sich im Zeitraum von 1847 bis 1861 verdreifacht und ihre Gesamtleistung sogar verfünffacht. An der Spitze der Fabriken standen unangefochten die metallverarbeitenden Betriebe. Während für 1847 im Bereich der Eisenbahnwaggon- und Wagenfabrikation zwei Betriebe mit lediglich acht Beschäftigten verzeichnet sind, nennt die Gewerbestatistik einen Betrieb – es handelt sich hierbei um die Firma Cramer-Klett – mit 1.019 Arbeitern. Auch die Zahl der in der Maschinenherstellung Beschäftigten hatte sich deutlich erhöht. Waren 1847 in vier Fabriken nur 27 Arbeiter tätig, so beschäftigte 1861 eine Fabrik bereits 376 Personen.

Weitere Schwerpunkte in der Nürnberger Industrie stellten die Bleistiftherstellung und der Genußmittelsektor dar. In der Gewerbestatistik von 1861 sind im Bereich der Herstellung von Siegellacken, Oblaten, Federposen, Bleistift- und Stahlfedern fünf Betriebe mit 230 Arbeitern genannt, während für 1847 nur 145 Beschäftigte aufgeführt werden. Einen leichten Rückgang mußte dagegen die Tabakverarbeitung hinnehmen. 1847 waren 479 Beschäftigte gemeldet, während 1861 nur noch 358 Personen in der Tabakindustrie arbeiteten. Mit 22 Brauereien und 169 Beschäftigten blieb die Bierherstellung dagegen weitgehend stabil. Insgesamt arbeiteten 1861 für die im Großhandel tätigen Gewerbe und Fabriken 3.912 Personen.

Über ein Jahrzehnt später belegt eine Gewerbezählung des Reiches den Strukturwandel, der sich Mitte des 19. Jahrhunderts bereits angedeutet hatte. Während im Jahr 1861 erst 27 Dampfmaschinen in Nürnberg im Einsatz waren, hatte sich 1875 die neue Technik bereits durchgesetzt: 143 Maschinen arbeiteten mit 1.790 PS. Im gleichen Jahr waren in 9.617 Betrieben genau 29.261 Personen tätig. Führend dabei blieb nach wie vor die Metallverarbeitung mit 3.909 Beschäftigten. Aber auch im Bereich der Maschinen-, Werkzeug-, Instrumenten- und Apparateherstellung fanden schon 3.289 Personen Arbeit und Lohn. Bedeutend blieb weiterhin der Nahrungs- und Genußmittelbereich, denn in 19 Brauereien arbeiteten 373 Personen, und in 32 Tabakfabriken waren 422 Leute beschäftigt.

Maschinenbau

Den größten Aufschwung in der Nürnberger Wirtschaft konnte die Maschinenindustrie verzeichnen, die ihren Zuwachs vor allem dem Ausbau des Verkehrsnetzes verdankte. Insbesondere vom Bau des Kanals und des Eisenbahnnetzes gingen wichtige Impulse aus, denen Nürnberg ein Stück Technikgeschichte zu verdanken hat. Lange vor dem eigentlichen industriellen Aufbruch gründete 1825 der Mechanikus und „Mühlarzt" Johann Wilhelm Spaeth eine „Eisengießerei, Maschinen-, Kran- und Aufzugsfabrik, Brückenanstalt" am Dutzendteich. Er hatte dort mit seinem Bruder ein altes Hammer- und Mühlwerk erworben, für dessen Umbau er einen Staatspreis über 3.000 Gulden erhielt. In dem neuen Werk widmete sich Spaeth der Konstruktion und Herstellung von Hopfenpressen, Schleifmaschinen und Drahtzügen. Zu den Kunden zählten unter anderem der Kaufmann Zeltner, der eine Hopfenpresse erwarb, sowie die Augsburger Kattundruckerei Schöppler und Hartmann, für die Spaeth eine Walkmühle für 2.067 Gulden konstruierte. 1835 verschaffte sich Spaeth einen folgenreichen Einstieg ins Eisenbahngeschäft. Er lieferte nicht nur Drehscheiben und Waggons für den „Adler", sondern war auch mit Hilfe englischer Techniker maßgeblich an der Montage der aus England gelieferten Lokomotivteile beteiligt. Dies waren der Anfang und die Grundlage für die guten Geschäftsverbindungen zur bayerischen Staatseisenbahn und für Staatsaufträge in großem Umfang. Auch für den Bau des Kanals konstruierte und fertigte die Spaeth'sche Fabrik die unterschiedlichsten Ausrüstungs- und Bauteile, wie etwa Bagger, Schleusen, Stauwehre, Kräne oder Schlagbrücken. Damit verschaffte sie sich ein weltweites Renommee. Als Spaeth 1854 Opfer der Choleraepidemie wurde, übernahm sein Schwiegersohn Johannes Falk das Familienunternehmen. Er erweiterte die Produktionspalette um Spezialmaschinen für Weichen- und Brückenbau, Signalzentralisierungsanlagen und Ausrüstungsgegenstände für die elektrochemische Großindustrie. Zu den Abnehmern der Spaeth'schen Maschinen gehörten nicht nur Kunden aus

Bayern, sondern auch aus Tirol, der Schweiz, aus Italien und Luxemburg. Da die Fabrik dem Selbstverständnis nach als mittelständischer Familienbetrieb geführt wurde, war sie für fremdes Kapital nicht zugänglich. Dies hatte aber zur Folge, daß die Vergrößerungs- und Erweiterungsmöglichkeiten sehr begrenzt waren. Die Zahl der Beschäftigten war im wesentlichen von den Konjunkturschwankungen abhängig. Selten gab es mehr als 350 Arbeitsplätze. In den Krisenjahren 1854 und 1866 arbeiteten gar nur 140 Personen in der Fabrik, dagegen war offensichtlich die Auftragslage im Jahr 1860 außerordentlich gut, da etwa 400 Arbeiter in der Firma Spaeth tätig waren.

Aus der Vielzahl kleiner und größerer Meisterwerkstätten, die sich als Zulieferbetriebe für den sich rasch ausdehnenden Eisenbahnbau spezialisiert hatten, entwickelte sich die 1837 von Johann Friedrich Klett gegründete Reparaturwerkstatt zur führenden Maschinenfabrik Bayerns und sogar Deutschlands. Klett fing mit Reparaturarbeiten für die Ludwigsbahn an, fertigte aber bald mit Hilfe der englischen Techniker James Edward Earnshaw, Wharter Rye und John Hooker Maschinen und Gußwaren für Nürnberger Firmen ohne eigene Gießerei und schließlich für die kgl. Wagenbauanstalt in Nürnberg, deren Hauptlieferant er bald wurde. Als nach seinem Tod sein Schwiegersohn Theodor Cramer 1844 die Firma übernahm, hatte sie schon 135 Beschäftigte, und zehn Jahre später waren es bereits 2.224 Arbeiter. Dank guter Kontakte zu großen Bankhäusern wie der Österreichischen Kreditanstalt und der Darmstädter Bank expandierte das Unternehmen kontinuierlich. Die Produktionspalette wurde um Brücken, Dampfmaschinen und Eisenbahnwaggons erweitert. Durch Gründungsbeteiligungen an Eisenbahnprojekten in Bayern,

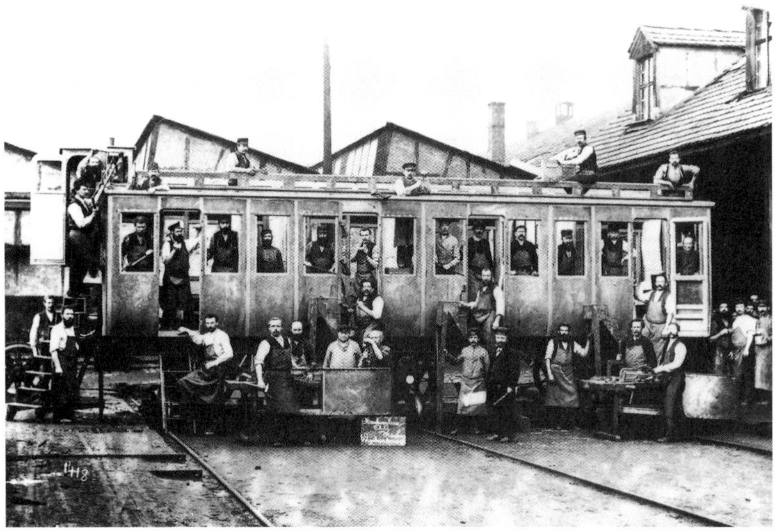

*Abb. 41:
Die Waggonfertigung war einer der zentralen Geschäftsbereiche der „Maschinenbau-Aktiengesellschaft" (später M.A.N.). Photographie 1890.*

*Abb. 42:
Blick in eine moderne Werkhalle. Photographie 1916.*

Österreich und Ungarn hatte sich Cramer-Klett langfristig eine sehr gute Auftragslage gesichert. Durch die Konstruktion und den Bau des Glaspalastes 1854 in München in nur 100 Arbeitstagen oder die Ausführung spektakulärer Brückenkonstruktionen, voran die Eisenbahnbrücken über die Isar bei Großhesselohe und über den Rhein bei Mainz, dokumentierte die Firma weltweit ihr Know-how und den hohen technischen Standard der Nürnberger Industrie. Im Geschäftsjahr 1872/73 war das Unternehmen am Zenit seines Erfolges angelangt. Mit über 3.300 Beschäftigten erreichte es am Standort Nürnberg einen Umsatz von 14.966 Millionen Mark allein in der Waggonherstellung. Die Gründerkrise nach 1873 führte aber auch bei Cramer-Klett zu drastischen Umsatzeinbußen und brachte das Unternehmen an den Rande des Ruins. Als Cramer-Klett 1884 starb, war seine Maschinenfabrik in technischer und baulicher Hinsicht völlig veraltet. Erst als 1892 Anton Rieppel, der Leiter des Zweigwerkes in Gustavsburg bei Mainz, einen tiefgreifenden Umstrukurierungsprozeß in die Wege leitete, erholte sich die Firma allmählich. Unter seiner Leitung wurden in Gibitzenhof ein neues Werkgelände erschlossen und der Betrieb verstärkt auf Massenfertigungen umgestellt. Dies führte zwar unausweichlich zu Entlassungen, doch machte diese Maßnahme das Unternehmen weiterhin konkurrenzfähig. Während 1880 nurmehr 890 Arbeiter bei Cramer-Klett beschäftigt worden waren, hatte sich 1896 die Zahl der Beschäftigten mit etwa 2.000 Arbeitern wieder stabilisiert. Als 1898 die Fusion mit der Maschinenfabrik Augsburg zur Maschinenfabrik Augsburg-Nürnberg A.G. (M.A.N.) vollzogen war, bot das Nürnberger Werk über 2.700 Menschen Arbeit. Der Einbruch im Eisenbahnwagenbau, der bislang den größten Teil der Produktion in Nürnberg ausgemacht hatte, erforderte auch eine Umstrukturierung im Fertigungsbereich und bei der Produktpalette. Forciert wurde nun auf die Herstellung von Dampfmaschinen, Eismaschinen, aber auch von Aufzügen und Gas- und Dieselmotoren umgestellt. Um 1900 hatte die M.A.N. mit einem Umsatz von etwa 21,3 Millionen Mark ihre alte Marktstellung wieder zurückgewonnen.

Unter dem Namen „Permanente Maschinen-Ausstellung Scharrer & Groß" gründeten 1866 die Ingenieure August Knöchel und Oscar Groß sowie der Kaufmann Georg Scharrer ein Schau- und Verkaufslager mit landwirtschaftlichen und gewerblichen Maschinen in der Königstraße. Neben dem Vertrieb von Maschinen richteten die Unternehmer bis 1874 im Bleiweißhof eine eigene Maschinenfabrik ein, die vor allem auf die Konstruktion von Dampfmotoren und landwirtschaftlichen Geräten wie etwa Dreschmaschinen spezialisiert war. Schon bald verdrängten Scharrer & Groß die bisher führenden englischen Fabrikate und errangen für ihre Produkte zahlreiche Auszeichnungen. So erhielten sie auf der 1. Landesgewerbe- und Industrieausstellung auf dem Maxfeld 1882 eine goldenen Medaille. 1883 wechselte die Firma durch den Verkauf an den Kaufmann Friedrich Grötsch den Besitzer. Dieser ließ die Produktionsflächen und Fertigungszweige erweitern und die Zahl der Beschäftigten auf 140 vergrößern, bei dichter Auftragslage sogar auf mehr. In der Maschinenbau-Abteilung wurden nun Dampfmaschinen unterschiedlicher Art gefertigt, aber auch Maschinen für elektrische Beleuchtungsanlagen und vor allem Kohlensäure-Kältemaschinen für Eisfabriken, Schlachthöfe, Brauereien und andere Unternehmen im Nahrungsmittelbereich. Zu dem Kundenkreis gehörten Druckereien, Brauereien, Mühlen und andere Maschinenbauwerkstätten in ganz Deutschland. Auch staatliche und städtische Betriebe ließen bei der Firma Scharrer & Groß fertigen, wie etwa die Generaldirektion der kgl. bayerischen Verkehrsanstalten, die kgl. Preuss. Artillerie-Werkstätte und die neuen Berliner Wasserwerke, was von dem hohen Stand und Rang der industriellen Produktion in Nürnberg zeugt.

Weitere bedeutende Werke der Nürnberger Maschinenindustrie waren die Maschinenfabrik und Eisengießerei J.G. Keck, die 1859 gegründet wurde, und die 1862 eröffnete Dampfkessel- und Brauereimaschinenfabrik Carl Martin. 1872 wurde die Mühlenbauanstalt und Maschinenfabrik Franz Stutz errichtet, 1892 die Firma Steinmeße, Stollberg & Beckh und 1883 die Maschinenfabrik Kempe-Werke. Einen guten Namen besaßen die Eisengießerei und Maschinenfabrik Caspar Berg und die Dampfkessel- und Maschinenfabrik F. Fleischmann. Auf die Herstellung von Werkzeug- und Werkzeugmaschinen hatten sich die Firmen Richard Braß (1868), Sattler & Berner (1873), Ottomar Cramer (1883) und Heinrich Mayer & Co. (1888) spezialisiert.

Aus dem traditionsreichen Nürnberger Rotgießerhandwerk entstanden zwei weitere bekannte Firmen, die mit ihren Spezialmaschinen in ganz Deutschland und darüber hinaus Kunden bedienten und versorgten. 1860 gründete der Rotgießer Johann Andreas Hilpert eine eigene Werkstatt am Unteren Bergauerplatz, in der er zunächst Ausrüstungsteile für die Gasbeleuchtung fertigte. Bald erweiterte er seine Produktion um die Herstellung von Wasserleitungs-, Brauerei- und Dampfkesselzubehör. Es zeugt vom guten Ruf und der Qualität seiner Arbeit, daß er 1868 mit der Anlage und dem Betrieb einer Gasbeleuchtung im Kurort Karlsbad beauftragt wurde. Nach dem Tod Hilperts 1873 übernahm der Kaufmann Richard Kuhlo die Geschäftsführung und verlegte 1883 die Fabrik in die Glockenhofstraße auf ein 3.400 Quadratmeter großes, technisch vorzüglich ausgestattetes Gelände. Die Nähe zum Centralbahnhof sicherte darüber hinaus einen bequemen Zugang zur Eisenbahn. 1889 wurde die Firma in die „Armaturen- und Maschinenfabrik Aktiengesellschaft" umgewandelt, und zugleich wurde in Pegnitz ein Zweigwerk mit 200 Arbeitern eröffnet. 1895 beschäftigte die Firma insgesamt 500 Arbeiter und erreichte einen Jahresumsatz von fast zwei Millionen Mark. Sowohl zahlreiche große Installationsgeschäfte, wie aber auch viele Gemeinden und Amtsverwaltungen in Deutschland, Österreich, der Schweiz, in Italien und Frankreich zählten zu den Kunden der Firma, vor allem für den Bau von Wasser- und Gasleitungen.

Ebenfalls in der Rotgießerei hatte die Feuerlöschmaschinen- und Metallgußwarenfabrik von Justus Christian Braun ihre Anfänge. 1845 hatte sich Braun in der Rosengasse niedergelassen, wo er sich bald auf die Fertigung von Teilen für die Gasleitung spezialisierte. Nach der Aufstellung einer Dampfmaschine nahm Braun den Fabrikbetrieb auf. Mit Phantasie, Erfindungsgeist und technischem Geschick konstruierte er eine Feuerspritze und stieß damit offensichtlich in eine Marktlücke. Seine handlichen und zweckmäßigen Feuerwehrgeräte konnten sich leicht und sogleich gegen die bisherigen schwerfälligen und für Defekte anfälligen Spritzen durchsetzen. 1873 verlegte er seine Fabrik nach Wöhrd an die Fabrikstraße auf ein etwa 13.000 Quadratmeter großes Grundstück und erhöhte die Zahl seiner Arbeiter auf 250. Bis 1894 hatte die Firma rund 5.000 Geräte hergestellt und problemlos abgesetzt. Zu den Abnehmern der Feuerlöschmaschinen und mechanischen Leitern gehörten Feuerwehren oder Gemeinden in ganz Deutschland, aber auch in Holland, Belgien, Luxemburg, Frankreich, Dänemark, Finnland, der Schweiz, in Österreich-Ungarn, Rußland und Italien. Sogar in Niederländisch-Indien und in mehreren Südseestaaten gab es zufriedene Kunden.

Ein vergleichsweise junges Unternehmen stellt die 1905 gegründete Maschinenfabrik Leistritz dar, ein Spezialunternehmen für Dampfturbinenschaufeln, Schraubenpumpen und Schalldämpfer. Der Firmengründer Paul Leistritz wurde 1873 in Schlesien geboren und erwarb unter anderem bei der AEG in Breslau, bei Siemens & Halske und den Siemens-Schuckert-Werken in Berlin sein technisches Wissen. Er bereiste zahlreiche Länder und war sogar mehrere Jahre in Rußland mit der Montage von Dampfturbinen beschäftigt. 1898 übernahm er eine Stelle als Werkmeister in Nürnberg bei Siemens-Schuckert, aber schon bald machte er sich mit einer Werkstatt in der Voltastraße selbständig und zog 1909 in einen eigenen Fabrikbau in die Markgrafenstraße um. Leistritz produzierte mit einer Belegschaft von etwa 70 Mann Turbinenfabrikate in ganz Deutschland und hatte darüber hinaus Geschäftsverbindungen nach England, Schweden, Frankreich und Ungarn.

Die Herstellung von Maschinen, Instrumenten und Apparaten war während der Phase der Hochindustrialisierung zu einem wichtigen Standbein der Nürnberger Wirtschaft geworden. Während in diesem Bereich im Jahre 1882 erst 3.406 Personen beschäftigt waren, hatte sich die Zahl der Arbeiter 1895 mit 7.951 mehr als verdoppelt, und 1907 erreichte der Maschinenbau mit 22.934 der insgesamt 99.102 in der Industrie in Nürnberg Beschäftigten seinen Höhepunkt.

Metallverarbeitende Gewerbe

Eine weitere Hauptgruppe der Nürnberger Wirtschaft war das metallverarbeitende Gewerbe, das auch in der Phase der Hochindustrialisierung nichts von seiner Bedeutung eingebüßt hatte. Im verarbeitenden Gewerbe waren 1882 4.746 Personen und im Jahr 1907 18.547 Personen tätig. Die vielfältige Metallwarenproduktion umfaßte sowohl Gebrauchs- als auch Ziergegenstände. Nicht nur im Maschinenbau, sondern auch in der Metallverarbeitung sicherte sich die Familie Cramer-Klett eine führende Position. 1850 nahm die Maschinenbau-Anstalt von Klett & Co. als eine der ersten Betriebe in Deutschland die Fabrikation von Drahtstiften auf, einem Produkt, das bislang eine Domäne französischer Firmen gewesen war. Im Zuge der Umstrukturierung der Firma in eine Aktiengesellschaft wurde die Nürnberger Drahtstiften-Fabrik in die Dürrenhofstraße verlegt, wo in der neuen Fabrikanlage, die sogar durch ein eigenes Schienengleis mit dem nahegelegenen Centralbahnhof verbunden war, 120 Drahtstift- und Nägelmaschinen standen. Aber nicht nur aus der Perspektive der Unternehmer war die neue Anlage nach neuestem Stand ausgestattet, auch für die etwa 200 Arbeiterinnen und Arbeiter boten die lichtreichen und großzügigen Fabrikräume vergleichsweise gute Arbeitsbedingungen.

Theodor von Cramer-Klett war auch am größten deutschen Schweißeisenwalzwerk beteiligt. Als 1875 der Württemberger Julius Tafel außerhalb des Stadtgebietes in St. Jobst eine Eisenfabrik gründete, die hochwertigen Schrott verarbeitete, trat der Kommanditgesellschaft Tafel & Co. neben anderen Cramer-Klett als stiller Teilhaber bei. Entscheidend für die Standortauswahl war für Julius Tafel zum einen die Nähe zur Maschinenfabrik Cramer-Kletts gewesen, von der er hochwertiges Abfalleisen beziehen konnte, und zum andern war der Absatz seiner Produkte, hauptsächlich Kleineisenteile und Schrauben, durch die vielen in Nürnberg ansässigen Firmen gesichert. Als überaus günstig für den Transport und Export seiner Waren erwies sich auch der nahegelegene Anschluß an die Ostbahn. Im Jahre 1900 wurde das Tafelwerk in eine Aktiengesellschaft umgewandelt.

Auf die Herstellung von Blechen und Preßwerken waren die Firmen Ernst Meck und Frühwald & Jäger spezialisiert. Schon 1851 richtete der Schlossermeister Ernst Meck in der Judengasse eine Werkstatt für Kassenschrankbau ein. Die Firma florierte, und bald mußten größere Räume in der Rothenburger Straße bezogen werden. Der Sohn des Firmengründers, Bernhard Meck, baute den Betrieb weiter aus, richtete ein Preß- und Stanzwerk ein und verlagerte den Schwerpunkt der Produktion schließlich auf die Herstellung gelochter und gepreßter Bleche. 1899 mußten wiederum größere Räume in der Holzschuher Straße bezogen werden.

Als erster Unternehmer in Nürnberg spezialisierte sich Georg Frühwald auf die Herstellung von Metallschaufenstern, Fassadenverkleidungen und sonstigen Feineisenkonstruktionen. Er hatte 1896 eine Schlosserei in der Lindengasse erworben und den Betrieb mit Maschinen sowie Eisen- und Preßwerken und -maschinen ausgestattet. Als Teilhaber traten sein Bruder Gottlieb sowie der Ingenieur Richard Jäger in die Firma ein. 1907 war das Fertigungsangebot auf Schwereisenkonstruktionen für Hochbauten ausgedehnt worden, und eine Erweiterung der Produktionsanlagen wurde notwendig. Bei der Auswahl des neuen Fabrikgrundstückes in der Höfener Straße nahe der Stadtgrenze spielte insbesondere die Nähe des Bahnanschlusses Nürnberg-Doos eine Rolle. Kunden aus ganz Deutschland zählten zu den Abnehmern der vielfältigen Produkte, aber auch nach Österreich, Ungarn, Rußland, Amerika und Südafrika wurde in großem Stile exportiert. Bis zum Ausbruch des Ersten Weltkrieges unter

Abb. 43:
Die Blechwarenfabrikation war ein traditioneller Gewerbezweig in Nürnberg. Im zweiten Stock dieses Gebäudes, Burgstraße 24, unterhielt der Fotograf dieser Aufnahme, Ferdinand Schmidt, sein Atelier. Photographie um 1880.

hielt die Firma Frühwald & Jäger sogar Filialen in Budapest und Wien.

Ein weiterer Schwerpunkt der metallverarbeitenden Industrie in Nürnberg lag im Bereich der Drahtwarenherstellung. Zu den traditionsreichen Firmen zählte die Draht- und Eisenwarenfabrik F.A. Morill. 1852 erwarb Friedrich August Morill die Konzession für eine Siebmacherei am Lauferschlagturm. Offensichtlich gelang es Morill rasch, sich zu etablieren, denn schon nach zwei Jahren war er an der Vergitterung des Klett'schen Glaspalastes in München beteiligt, und 1859 war die Verlegung der Werkstatt in größere Räume in der Breiten Gasse erforderlich. Die Draht- und Eisenverarbeitung wurde bald zum Hauptproduktionszweig, doch die Nachfahren Morills weiteten den Betrieb auch auf die Drahtweberei und Drahtgitterherstellung aus und verlegten 1909 die Fabrikanlagen in die Kobergerstraße.

Im Siebmacherhandwerk hatte ebenfalls die Drahtwarenfabrik Dinkelmeyer ihren Ursprung. 1856 gründete Gustav Dinkelmeyer in der Schustergasse eine Werkstatt zur Herstellung von Mühlensieben. Sein Sohn Heinrich Dinkelmeyer dehnte seit 1894 die Produktionspalette auf die Herstellung von Drahtgeweben und Drahtgittern aus, und bald reichten die Fabrikationsräume in der Schustergasse nicht mehr aus, so daß der Betrieb an den Weinmarkt übersiedelte.

Weitere Vertreter der Drahtwarenfabrikation in Nürnberg waren Ernst Kuhn, der sich 1822 als Drahtzieher selbständig machte, Johann Baltasar Stieber, der 1837 eine Firma gründete und Georg Adam Beckh, der 1840 seinen Betrieb von Schwabach nach Nürnberg verlegte. 1896 schlossen sich alle drei Firmen zur „Süddeutschen Metallindustrie Nürnberg-Schwabach" zusammen, um galvanisch versilberten Draht kostengünstig an einer Stelle zu produzieren. 1908 gründeten dann Beckh und Kuhn zusammen die „Vereinigte Leonische Fabrik G.m.b.H." Die Hauptexportländer für leonische Drahterzeugnisse aus dem Nürnberg-Fürther Wirtschaftsraum waren Britisch-Ostindien und die Türkei, aber auch die Vereinigten Staaten von Amerika zählten zum Absatzgebiet. Jedoch waren die Liefermengen wegen wechselnder Moden oder hoher Einfuhrzölle starken Schwankungen unterworfen. Auch die Konkurrenz aus Frankreich, dem Stammland der Leonischen Industrie, schmälerte oft den Umsatz der Nürnberger Firmen. So betrug die Exportziffer für leonischen Draht nach den USA im Jahr 1885 206.821 Dollar, aber schon im nächsten Jahr wurden nur noch für 74.146 Dollar Waren nach Amerika geliefert. Einen absoluten Tiefpunkt hatte der Export 1894 erreicht, als lediglich für 23.870 Dollar Waren in die USA gesandt wurden, doch 1900 schon hatte sich das Geschäft mit 108.338 Dollar wieder etwas erholt und blieb die folgenden Jahre vergleichsweise stabil.

Die Herstellung von Blattmetallen war in Nürnberg seit dem 14. Jahrhundert bekannt. Es genügten allerdings zwölf Werkstätten mit Meisterrecht, um über Jahrhunderte hinweg die Nachfrage nach den Luxusartikeln zu decken. Erst im 19. Jahrhundert erlebten die Gold- und Silberschlägereien, die Rauschgoldfabriken oder Blattmetallfabriken einen Aufschwung, als mit den guten wirtschaftlichen Verhältnissen auch die Luxus- und Lebensansprüche wuchsen. Georg Ernst Schätzler war einer der ersten Unternehmer, der die Feinblattgoldproduktion maschinengestützt aufnahm. 1851 eröffnete er in Nürnberg eine Goldschlägerei und erwarb sich mit seinen Arbeiten bald auch im Aus-

Abb. 44:
Mit einer ganzen Serie von Reklamemarken empfahl sich die Drahtstiftenfabrik „Klett & Co". Vignetten um 1900.

land großes Renommee. Er vergrößerte schließlich sein Geschäft und verlegte die Werkstätte an den Webersplatz. Mit seinem Sohn Johann Lorenz Schätzler rüstete er nach und nach den Betrieb mit Maschinen aus. Das Fabrikationsprogramm umfaßte Malergold, Preß- und Schnittgold für Buchbinder, Transferiergold zur Vergoldung von Gebäudeteilen oder von Statuen, aber auch Plombiergold für Zahnärzte. Am Ende des Jahrhunderts beschäftigte die Feinblattgold-Fabrik Schätzler 130 Personen und verarbeitete jährlich vier Zentner Gold. Mit dieser umfangreichen Geschäftstätigkeit zählte die Firma Schätzler in ihrer Branche zu einem der leistungsstärksten Betriebe in Europa.

Auch der Silber- und Aluminium-Schlägerei und Kupferfolien-Fabrik Johann Conrad Rhau gelang die Umstellung vom Handwerksbetrieb auf die maschinengestützte Großerzeugung. 1848 kaufte der Kaufmann Heinrich Rhau eine Silberschlägerei in Schniegling und baute sie zur Fabrik aus. Sein Sohn Georg dehnte das Warenangebot dann auf die Aluminiumschlägerei und die Herstellung von versilberten Kupferfolien aus. Die Fabrikate fanden nicht nur für dekorative Zwecke, wie etwa als Wandverzierung Verwendung, sondern bald auch im Bereich der Elektrotechnik. 1895 beschäftigte der Betrieb rund 20 Arbeiter.

Weitere Vertreter dieses bedeutenden Nürnberger Industriezweiges waren Fritz Körber, der 1879 eine Nickelblech- und Metallwarenfabrik gründete, und der Blattgoldfabrikant J.G. Eytzinger. Erhebliche Gewinne erzielten die Blattgold- und Blattmetallfabrikanten mit dem Export ihrer Waren ins Ausland. Der Exportwert der Waren der Nürnberger und Fürther Betriebe nach den USA betrug im Geschäftsjahr 1875/1876 genau 139.402 Dollar und stieg nahezu kontinuierlich bis 1890 auf 1.152.192 Dollar an. Hohe Einfuhrzölle zum Schutze der heimischen Blattgoldindustrie in Amerika führten allerdings immer wieder zu Rückschlägen im Export über den Atlantik.

Auf die Herstellung von Münzen und Medaillen hatte sich das Familienunternehmen Lauer spezialisiert. 1847 übernahm Ludwig Christoph Lauer eine Rechenpfennigschlagerei an der Kleinweidenmühle, die er bald zu einer der bedeutendsten Münzprägeanstalten Deutschlands ausbaute. Schon 1854 rüstete er seinen Betrieb durch den Einsatz von Prägemaschinen auf. Als die

Gustav Rockstroh

Geldprägung durch Einrichtung staatlicher Münzanstalten als Produktionszweig wegfiel, verlagerte die Familie Lauer die Fabrikation auf die Herstellung von Gedenkmünzen und Ehrenmedaillen. 1893 konnte sogar ein Filialbetrieb in der Hauptstadt Berlin eröffnet werden. Nicht nur die Monopolstellung in der Münz- und Medaillenprägung sicherte der Firma Aufträge in großem Maße, sondern insbesondere auch die fast inflationäre Verleihung von Medaillen für Verdienste oder als Ehrung während der Kaiserzeit. 1906 konnte der Kaufmann Gustav Rockstroh zunächst als Teilhaber, dann als alleiniger Besitzer einen florierenden Betrieb übernehmen.

Eine Monopolstellung in Deutschland hatte die erste Flaschenkapselfabrik von Ulrich Vetter in Schniegling. Vetter war mit der Fabrikation von Verschlußkapseln unter Verwendung von Blei- und Zinnfolie in eine Marktlücke gestoßen. Ein Zeitgenosse würdigte diese Erfindung entsprechend: „Den Kork luftdicht abschließend, schützen sie denselben vor der Feuchtigkeit und den Schimmelpilzen des Kellers und in Tropengegenden vor dem Fraß der Ameise; sie ersparen das handbeschmutzende Abklopfen des Flaschenlacks, von dem Reste auch oft ins Glas gelangen und einen edlen Trank verunsaubern." 1847 stellte Vetter in Doos bei Nürnberg seine selbstkonstruierte Kapselmaschine auf, geschützt durch ein königliches „Gewerbsprivilegium auf Anfertigung von Metallkapseln zum Verschluß aller Art von Geschirren und Gefäßen". 1858 verlegte er die Produktionsstätte nach Schniegling, wo er täglich bis zu 100.000 Kapseln herstellte. Die Fertigung wurde bald auf Dosen- und Büchsendeckel und ähnliche Gefäße ausgedehnt. Bereits in den 1860er Jahren fanden die Flaschenkapseln im Ausland, voran in England sehr guten Absatz, und bald wurde, um die hohen Einfuhrzölle nach Österreich zu umgehen, in Wien eine Kommanditgesellschaft gegründet. Dagegen ging aufgrund der hohen Einfuhrzölle auf Zinnfolie Nordamerika als Absatzgebiet nahezu verloren, doch arbeiteten am Ende des Jahrhunderts noch immer 200 Frauen und Männer in der Firma Vetter in Schniegling.

An die lange Tradition der Nürnberger Waffen- und Rüstungsindustrie knüpfte 1856 die Firma Kirchdörffer & Utendörffer an, die Zündhütchen für Schießgewehre herstellte. Als erster Betrieb in Deutschland produzierte die Firma 1868 Metall-Patronenhülsen, eine neuartige Munition für das Hinterladergewehr. Diesen Waffentyp hatte Ludwig Werder, ein leitender Techniker in der Maschinenfabrik Johann Friedrich Kletts, konstruiert. Bald beschäftigte H. Utendörffer, J.W. Kirchdörffer war ausgeschieden, etwa 60 Arbeiter. 1889 übernahm die Rheinische-Westfälische Sprengstoff AG den Betrieb und baute ihn beträchtlich aus, so daß schließlich 200 Arbeiterinnen und Arbeiter im Bereich der Metallpatronenhülsen-, Zündhütchen- und Geschoßherstellung tätig waren. Umfangreiche Bestellungen der Heeresverwaltung, ein ausgedehnter Absatz im Ausland und enge Kontakte zu anderen „Waffenschmieden", etwa in Suhl oder Lüttich, belegen die Leistungsfähigkeit des Betriebes, aber auch den Grad der Militarisierung und Waffenausrüstung im Kaiserreich.

Einen der größten Arbeitgeber im Bereich der Metallverarbeitung stellte die Nürnberger Metall- und Lackierwarenfabrik, vormals Gebrüder Bing, dar, die 1895 in eine Aktiengesellschaft umgewandelt wurde. Schon 1882 beschäftigte die Firma, die in der Marienvorstadt ihren Hauptsitz hatte, über 200 Personen. 1895 waren es, Zulieferer mit eingerechnet, mehr als 1.000. Allein 150 Mitarbeiter waren im kaufmännischen Bereich tätig, und zwölf Vertreter betreuten den Kundenkreis in ganz Europa. Die Vielseitigkeit und die hohe Qualität der Produkte, hauptsächlich Haus- und Küchengeräte sowie Spielwaren, sicherten der Firma nicht nur einen weltweiten Absatz, sondern auch zahlreiche Auszeichnungen bei Industrie- und Weltausstellungen.

Auch im Bereich der Feinmechanik nahm die Nürnberger Metallverarbeitung eine führende Stellung ein. Schon im 15. Jahrhundert galt die Reichsstadt als europäisches Zentrum zur Herstellung mathematischer und astronomischer Instrumente, und seit 1442 wurde in den Nürnberger Bürger- und Meisterbüchern der Beruf des Zirkelschmieds erwähnt. Während zunächst die Zirkel, Winkel und Lineale noch aus Holz gefertigt wurden, ging man bald dazu über, die Geräte auch aus Eisen und Messing herzustellen. Im 19. Jahrhundert konnte sich schließlich durch das Zusammenwirken des alten Zirkelschmiedhandwerks mit den technischen Fähigkeiten von Ingenieuren in mehreren Nürnberger Firmen eine moderne Reißzeugindustrie entwickeln. Am Ende des Jahrhunderts war Nürnberg mit etwa 30 Betrieben weltweit führend in diesem Bereich.

Eine hervorragende Rolle in der technischen Entwicklung der Reißzeuge spielte die Reißzeugfabrik von Georg Schönner in der Breiten Gasse. Schönner hatte 1851 einen kleinen Handwerksbetrieb eröffnet, den er bald um eine Sandformerei, eine Schleiferei und eine Poliererei erweiterte. Durch den Einsatz dieser neuen Techniken gelang ihm die Herstellung von Reißzeug in bisher nicht gekannter Qualität. Andere Betriebe kopierten Schönners Verfahren, und das Gewerbemuseum richtete sogar eine Lehrwerkstatt für Formerei und Gießerei ein, um das zukunftsträchtige Gewerbe zu fördern. 1877 übernahm Georg Schönner jun. die Fabrik seines Vaters mit 20 Arbeitern und stattete sie mit zahlreichen Spezialmaschinen aus. 1895 beschäftigte die Fabrik schon 300 Arbeiter, und das Produktionsvolumen umfaßte pro Jahr etwa 12.000 Zirkel und 2.000 bis 3.000 Dutzend Einsätze und Reißfedern. Auf dem europäischen Kontinent hatte Schönner damit die Führung übernommen.

In die Zeit des Wiederaufschwungs der Reißzeugindustrie fiel auch die Gründung der Werkstätte von Conrad Proebster im Jahr 1868. Er ergriff damit denselben Beruf wie sein Vater, der schon 1810 in Nürnberg als Zirkelmacher eine Werkstatt eröffnet hatte. 1893 begründete Johann Eichmüller in der Pillenreuther Straße einen Betrieb zur Fertigung von Stahlfederzirkeln und Nadelfußzirkeln. Während anfangs noch drei Gesellen und zwei Lehrlinge genügten, um die Nachfrage zu decken, setzte ab der Jahrhundertwende mit einem gesteigerten Auslandsexport ein merklicher Aufschwung ein. 1908 mußten die Produktionsstätten in die Brunhildstraße verlegt werden, wo inzwischen 80 Personen die wertvollen Instrumente fertigten. Auch der 1833 gegründete Betrieb Carl Eckert Sohn & Co. zählte bald zu den etablierten Reißzeugfirmen in Nürnberg. Anfangs auf die Produktion von billigen Messingzirkeln und Reißfedern für den Export spezialisiert, begann unter dem Sohn Georg Eckert die Herstellung von hochwertigen Neusilberfabrikaten. Um 1900 arbeiteten bis zu 100 Beschäftigte in der Firma.

Seit den 1860er Jahren war vor allem in den USA die Nachfrage nach Nürnberger Reißzeugen enorm gestiegen. Trotz eines überdurchschnittlich hohen Wert-

Abb. 45: Die Nürnberger Spielwarenherstellung hatte schon um 1900 ihre Kundschaft in aller Welt. Mit einem Hinweis auf Fremdsprachenkenntnisse wandte sich dieses Unternehmen an Interessenten aus dem Ausland (rechte Seite). Ansichtskarte um 1900.

zolles von 45 Prozent stieg die Exportziffer der Fürther und Nürnberger Reißzeugindustrie von 47.000 Dollar im Jahre 1898 auf 183.000 Dollar in den letzten Vorkriegsjahren.

Spielwarenindustrie

Der weltweite Bekanntheitsgrad der traditionsreichen Nürnberger Spielwarenindustrie steht in einem deutlichen Kontrast zur tatsächlichen wirtschaftlichen Bedeutung dieses Zweiges. Im Vergleich zur Metallindustrie, die 1907 in 1.947 Betrieben 41.481 Arbeiter beschäftigte, waren etwa zur selben Zeit nur 250 Groß- und Kleinbetriebe und etwa 8.000 Personen mit der Spielwarenherstellung befaßt. Auf dem Weltmarkt hingegen behauptete die Nürnberger Spielwarenproduktion ihre Führungsposition. Bereits um 1400 wurde in Nürnberg nachweislich mit der Herstellung von Ton- und Holzspielzeug begonnen. Im 18. Jahrhundert fanden Spielwaren aus Zinn, meist Figuren und Puppenküchenausstattungen, regen Anklang. Der eigentliche Aufschwung allerdings setzte erst im 19. Jahrhundert ein, als zum einen die maschinelle Massenproduktion Eingang in die Spielwarenherstellung fand, und zum andern sich die meisten Hersteller auf mechanische Metallspielwaren spezialisierten. Noch bis in die erste Hälfte des 19. Jahrhunderts produzierten meist Flaschner in kleinen Familienbetrieben in aufwendigen Arbeitsgängen Blechspielzeug. 1826 waren erst 26 Handwerker auf diesem Sektor tätig, 1835 nach der Gewerbe-Statistik von Johannes Scharrer jedoch schon 54, und die bayerische Gewerbezählung von 1861 nennt bereits 241 Betriebe mit 103 Beschäftigten. Vielfach halfen aber auch die Frauen und Kinder der Handwerker bei der Produktion mit, die nicht statistisch erfaßt wurden.

Der rasante Aufschwung der Nürnberger Metallspielwarenindustrie setzte um 1870 ein. An die Stelle des entwerfenden Handwerksmeisters trat auch hier der konstruierende Ingenieur. Neben Großbetrieben, die mit Spezialmaschinen kostbares und billiges Spielzeug in Serie produzierten, fanden auch Mittel- und Kleinbetriebe, dank der außerordentlich vielseitigen Produktionspalette der Nürnberger Spielwarenindustrie, eine wirtschaftliche Nische und ihr Auskommen.

Unter Einsatz von Stanzen und Pressen fertigte erstmalig die Firma von Johann Andreas Issmayer bewegliche plastische Figuren aus Blech. Issmayer war als Sohn eines Blechschwimmtierfabrikanten mit der Konstruktion und Fabrikation von Blechspielwaren vertraut und eröffnete 1861 selbst ein Blechspielwarengeschäft. Seine beweglichen Blechfiguren, die er nach Modellen seines Bruders Johann Konrad Issmayer herstellte, fanden als Neuheit reißenden Absatz, und schon bald mußten die Werkstätten vom Geiersberg an die Deutschherrnwiese verlegt werden. 120 bis 125 Beschäftigte fertigten dort unter Einsatz von Maschinen komplette Sets, so zum Beispiel Hühnerhöfe, Schäfereien, Viehweiden, Ställe, aber auch Feuerwehren und Löschausrüstungen. Einen weiteren Schwerpunkt im Angebot der Firma bildeten Spielzeugeisenbahnen. Die Herstellung und naturgetreue Imitation en miniature von Eisenbahnen, Lokomotiven, Dampfschiffen oder Modell-Dampfmaschinen drückt nicht nur die Technikfreude der Jahrhundertwende aus, sondern die detailgetreuen Nürnberger Spielwaren dienten sogar als gesuchte und beliebte Lern- und Erziehungsmittel.

Auch der Blechspielwarenfabrikant Johann Leonhard Heß hatte sich auf die Herstellung von Eisenbahnen, aber

auch von Kanonen spezialisiert. Mit 21 Jahren hatte sein Vater Mathias in der Tuchergasse 1821 eine Werkstätte gegründet, wo er zunächst noch außerordentlich vielseitig produzierte. Zu seinem Sortiment gehörten Burgen, Chaisen, Karussells, Springbrunnen und vieles mehr. 1867 übernahm Johann Leonhard Heß das Geschäft und erkannte die Notwendigkeit der Spezialisierung, wenn man rationell und gewinnnbringend produzieren wollte. Mit Miniatureisenbahnen und Blechkanonen traf er den Geschmack der kleinen und großen

Kunden. 1891 errichtete er in der Fabrikstraße im Osten Nürnbergs eine zeitgemäße Fabrikanlage mit Stanzerei, Spenglerei, Gießerei, Lackiererei und einer eigenen Packerei. Zu den Hauptexportländern der Firma Heß gehörten England und Nordamerika.

Selbst die bekannte Metallwarenfabrik der Gebrüder Ignaz und Adolf Bing produzierte Eisenbahnen sowie Signale, Brücken und anderes als Zubehör. Erst 1879 hatte die Firma die Produktion dieser Spielwaren aufgenommen, doch konnte sie sich aufgrund der hohen Qualität und detailgetreuen Ausführungen rasch durchsetzen. Den Vertrieb der Ware überließ die Firma Bing nicht nur den Handelsfirmen, sondern entsandte selbst Agenten zur Auslandskundschaft. Eigene Kataloge für die einzelnen Kollektionen in englischer und französischer Sprache wurden dabei zusätzlich zu den Warenmustern zur besseren Information eingesetzt.

Großen Anteil an der Weiterentwicklung mechanisch-optischer Spielwaren hatte auch der Sohn des Reißzeugfabrikanten Jean Schönner. Sein technisches Geschick erwarb er nicht nur in der Werkstätte seines Vaters Georg, sondern er absolvierte zusätzlich eine Lehre als Feinmechaniker bei Schuckert. 1875 machte Schönner sich selbständig und nahm mit vier Mitarbeitern die Herstellung von mechanisch-optischen Spielgeräten auf. Zu seinem Sortiment gehörten sogenannte Zauberlaternen, Modell-Dampfmaschinen sowie physikalische und elektromechanische Apparate. In nur einem Jahr verließen 57.554 Dampfmaschinen, 325.583 Zauberlaternen und 39.582 elektromechanische Apparate die Firma. Mit dieser Produktionsmenge und etwa 250 Arbeitern war das Unternehmen längst zum größten seiner Art in Deutschland aufgestiegen. Es unterhielt Vertretungen in Berlin, Hamburg, Mailand, Barcelona und Konstantinopel und belieferte darüber hinaus Österreich-Ungarn, die Schweiz, England und die USA.

Mit einer Spezialfabrikation ganz anderer Art eroberte sich die Firma von Max Dannhorn einen festen Platz in der facettenreichen Nürnberger Spielwarenindustrie. Seit 1876 stellte Dannhorn in Gostenhof Musikkreisel her, deren Technik und Aussehen er maßgeblich verbessert hatte. 1888 erweiterte Dannhorn seinen Betrieb und dehnte die Produktion ebenfalls auf die beliebten Zauberlaternen aus. Mit der Produktion von magnetischen Schwimmtieren begann 1887 der Aufstieg der Spielwarenfabrik Gebrüder Fleischmann. Zur Spezialität wurden um 1900 vor allem Metallschiffe mit Uhrwerkantrieb, aber auch die Herstellung von Modellschiffen bis zu einer Länge von 2,50 Metern.

Zu einem der Hauptexportländer der Nürnberger Spielwarenindustrie entwickelten sich seit 1870 die USA. Die demographische Entwicklung und das Wirtschaftswachstum führten zu einer deutlichen Steigerung der Kaufkraft, die auch den Kindern zugute kam. Daneben fehlte in den Vereinigten Staaten eine konkurrenzfähige Spielzeugindustrie. Auch blieben die Einfuhrzölle über viele Jahre hindurch vergleichsweise stabil. 1870/1871 belief sich die Ausfuhrziffer für Nürnberger Spielwaren auf über 473.000 Dollar. Zwar gingen die Zahlen in den Jahren der Gründerkrise vorübergehend zurück, erreichten allerdings schon 1890 mit 570.200 Dollar einen neuen Höchststand. Insbesondere nach 1900 wuchs das Ausfuhrvolumen stetig an und erzielte vor Ausbruch des Krieges mit fast 2.310.000 Dollar einen neuen, nie mehr erreichten Rekord.

Elektroindustrie – Anfänge moderner Kommunikationstechnik

Zu dem reichhaltigen Fertigungsprogramm der Nürnberger Wirtschaft zählten bald auch die Produkte der Elektrotechnik. Nürnberg entwickelte sich sogar zu einem der weltweit führenden Zentren dieses jungen Industriezweiges, den vor allem Unternehmer wie Friedrich Heller und Sigmund Schuckert begründeten und ihm zu weltweitem Ruhm verhalfen. Die elektrotechnische Industrie umfaßte mit der Schwachstrom- und der Starkstromtechnik zwei Bereiche, die sich sowohl in ihrer Technik als auch in ihrer Anwendung voneinander unterschieden. Die Schwachstromtechnik wurde insbesondere in der Entwicklung telegrafischer Apparate, der Feuer- und Feldtelegrafie und im Kontroll- und Signalwesen des Eisenbahnbetriebes eingesetzt. Der eigentliche Aufschwung der Schwachstromtechnik setzte aber erst mit der Verbreitung des Telefons als Massenartikel ein. 1849 war der erste telegrafische Verkehr in Bayern auf der Versuchsstrecke zwischen München und Salzburg in Betrieb genommen worden, ein Jahr später wurde München mit Augsburg – Nürnberg – Bamberg verbunden. Im selben Jahr war in Nürnberg das Telegrafenamt mit drei Beamten und zwei Telegrafenapparaten an zentraler Stelle, nämlich direkt neben der Frauenkirche eröffnet worden.

Maßgeblich beteiligt am Aufbau der modernen Nachrichten- und Kommunikationstechnik in Bayern war der Nürnberger Mechaniker und Fabrikant Friedrich Heller, der 1858 in der Vorderen Sterngasse eine mechanische Werkstatt gründete, in der er zunächst alleine physikalische und dynamische Apparate sowie elektrotherapeutische Geräte fertigte. Seine Phantasie, Technikfreude und Aufgeschlossenheit gegenüber Neuem zeigte sich auch außerhalb der unmittelbaren beruflichen Tätigkeit, denn Heller brachte als erster Nürnberger eine elektrische Klingel an seiner Haustüre an. Wenig später jedoch nahm er Zimmer- und Hausklingeln fest in sein Fertigungsprogramm auf. Sein Wissen und seine Innovationsbereitschaft vermittelte Heller auch seinem Lehrling, den er 1860 einstellte: Sigmund Schuckert. 1876 stellte der Amerikaner Alexander Graham Bell auf der Weltausstellung in Philadelphia eine verbesserte Form des Telefons vor, das der Gelnhausener Johann Philipp Reis erfunden hatte. Heller erwarb zwei Geräte, baute sie nach und nahm nun seinerseits weitere technische Verbesserungen vor. Schon 1877 ging er als erster Konstrukteur in Bayern damit an die Öffentlichkeit und stellte sein Produkt auch den Postbehörden vor. Offensichtlich genügten seine Geräte den Anforderungen, denn 1883 erhielt Heller von der bayerischen Postverwaltung den Auftrag für 400 Apparate für das Fernsprechamt. Heller war damit neben einer Münchner Firma Hauptlieferant für Telefonanlagen. Neben öffentlichen Aufträgen bearbeitete Hellers „Fabrik elektrotechnischer Apparate für Telephonie und Signalwesen“ aber auch Bestellungen privater Kunden. Im Jahr 1884 produzierte und verkaufte er insgesamt 10.000 Privattelefone und 1.700 Geräte an Post und Bahn. Das große Auftragsvolumen machte 1889 den Umzug nach Gleißhammer in eine neue Fabrik an der Peterstraße notwendig. Denn inzwischen beschäftigte die Firma 150 Arbeiter und 25 Angestellte. Zahlreiche Patentbeschreibungen und Veröffentlichungen über seine Produkte belegen die Bedeutung seines Wirkens und seiner technischen Innovationsgabe für die Fernmeldetechnik. Darüber hinaus zählte Heller als Gemeinde-

Abb. 46:
Zu ihrem 25jährigen Bestehen gab die Elektrizitäts-AG, vormals Schuckert & Co., eine eigene Ansichtskarte heraus. Ansichtskarte 1898.

bevollmächtigter 1875 bis 1889 auch zu den lokalen Eliten der Stadtverwaltung und der bürgerlichen Gesellschaft. Trotz guter Auftragslage geriet die Firma jedoch 1904 in Liquiditätsschwierigkeiten und wurde von der rheinischen Firma Felten & Guilleaume, Carlswerke A.G. übernommen, die auf diese Weise ihre Zweigniederlassung in Lichtenhof beträchtlich erweiterte.

Neben Firmen, die fertige Geräte produzierten, ließen sich auch zahlreiche Betriebe nieder, die sich auf Halbfabrikate und Zubehör für die Schwachstromtechnik spezialisierten. 1880 gründete Joseph Obermaier eine Telegrafendrahtfabrik in Lichtenhof, die führend in der Branche wurde. Auch sie ging 1895 in den Besitz von Felten & Guilleaume, Carlswerke A.G. über. Um 1900 arbeiteten in dem Werk etwa 150 Personen und bedienten die hohe Nachfrage nach elektrischen Leitungen, aber auch nach Telefon- und Telegrafenleitungen aus ganz Süddeutschland. 1912 firmierten die Firmen Hellers und Obermaiers unter dem Namen Süddeutsche Telefon-, Apparate-, Kabel- und Drahtwerke A.G., die 1930 den Namenszusatz TeKaDe erhielt.

Als weiterer Zulieferant für Beleuchtungs-, Telefon- und Maschinenteile konnte sich die Kabel- und Metallwerke Neumeyer A.G. behaupten. 1903 erst hatte Fritz Neumeyer den Betrieb in Gibitzenhof gegründet und beschäftigte bis Kriegsbeginn schon fast 600 Arbeiter. 1922 wurde die Firma in eine Aktiengesellschaft umgewandelt, und einzelne Fabrikationszweige wie zum Beispiel Zündapp wurden als Zweigbetriebe ausgeschieden. Selbst kleinere Betriebe spezialisierten sich auf die Schwachstromtechnik, wie die Telefonfabrik von Gottfried Ehemann & Co. Seit 1882 stellte Ehemann mit zwölf Mitarbeitern Apparate und elektrische Lehrmittel her und inserierte für „Complete Einrichtungen von Telephon-Anlagen". „Wirklich gute und staunend

Abb. 47: Selbstbewußt präsentieren sich Werkmeister und Ingenieure der zukunftsträchtigen Elektroindustrie vor dem Werkseingang der Firma Schuckert mit ihren Fabrikaten. Erinnerungstafel um 1906.

billige Telegraphen und Telephone" mit langjähriger Garantie empfahl die Firma Heckel & Bode, die in der Königstraße und in der Breiten Gasse auch Reparaturarbeiten annahm. Friedrich Palm hatte sich dagegen auf die Produktion von Schaufensterilluminationen spezialisiert, führte aber auch Blitzableiter, Telefone und Telegrafen im Sortiment.

Zeitlich später als die Schwachstromindustrie setzte die Entwicklung der Starkstromtechnik ein. Sie ist vor allem gekennzeichnet durch die Erfindung der dynamoelektrischen Maschine für die Erzeugung von starkem Strom. Durch die Herstellung von Bogenlampen konnten erste Erfahrungen mit elektrischen Leuchtkörpern gesammelt werden, und bald wurden Meßinstrumente und Schaltapparate wichtige Anwendungsgebiete. Neue Impulse erfuhr die Starkstromtechnik durch Edisons Erfindung der Glühlampe sowie durch den Einsatz der Elektrizität zur Kraftübertragung. Zeitgleich mit Werner von Siemens wandte sich der Nürnberger Sigmund Schuckert der Entwicklung und Konstruktion von elektrischen Apparaten zu. Schuckert hatte nach seiner Lehre als Feinmechaniker bei renommierten Unternehmen wie Siemens & Halske in Berlin oder der Telegrafenbauanstalt von T.A. Edison in Amerika reiche berufliche Erfahrungen sammeln können. 1873 ließ er sich in seiner Heimatstadt nieder und eröffnete eine Werkstatt zwischen der Kaiserstraße und der Pegnitz an der Schwabenmühle. Dort widmete er sich vorerst Reparaturen und der Herstellung von feinmechanischen Präzisionsinstrumenten für die Universität Erlangen. Schon bald begann er Dynamo-Maschinen für Starkstrom herzustellen und in Akquisitionsschreiben für sein Produkt zu werben. Die solide Qualität seiner Maschinen sowie ein günstiges Preis-Leistungs-Verhältnis machten Branchenkenner bald auf ihn aufmerksam. 1874 erkundigte sich sogar Werner von Siemens brieflich bei dem Physiker Friedrich Wilhelm Hubert von Beetz, Professor an der Technischen Hochschule in München, über den Konkurrenten: „In Nürnberg wohnt ein Mann, Namens S.Schuckert, welcher Zirkulare ausschickt, in welchen er sich zur Lieferung von dynamoelektrischen erbietet. Auffallend sind mir dabei die Leistungsfähigkeit und Kosten, die ich nicht recht zusammenreimen kann. Ich wollte Dich nun bitten, auf meine Rechnung eine solche Maschine (nicht zu klein) kommen zu lassen, sie zu probieren, zu untersuchen und sie mir dann zuzuschicken. Daß ich sie nicht nachbauen will, kannst Du Dir denken. Es wird aber so viel in der Sache renommiert, daß ich der Sache mal gründlich auf den Zahn fühlen möchte!"

Bogenlampe der Firma Schuckert & Co.

Schuckerts Verbesserung der dynamoelektrischen Maschinen fand auch von staatlicher Seite Anerkennung, als er 1876 eine silberne Medaille des Bayerischen Gewerbemuseums sowie 50.000 Mark Förderhilfe erhielt. Bahnbrechende Erfolge erzielte Schuckert zudem auf den Gebieten der elektrischen Kraftübertragung und der elektrischen Beleuchtung. In einem aufsehenerregenden Experiment zog Schuckert von seiner Werkstatt an der Schwabenmühle eine Stromleitung in die Adlerstraße und beleuchtete das Kriegerehrenmal am Köpfleinsberg. Am 30.11.1876 berichtete die Nürnberger Stadtzeitung über das Ereignis: „Gestern Abend hat der Mechaniker Schuckert mit dem elektrischen (Gramme-) Licht in der Kaiserstraße Beleuchtungsversuche angestellt, die hochinteressant und gelungen waren." Obwohl zu dieser Zeit die Elektrizität zu Beleuchtungszwecken noch als ungeeignet beurteilt wurde, widmete sich Schuckert intensiv der Konstruktion von Bogenlampen und der Anwendung von Starkstrom zur Beleuchtung. 1882 nahm er an der Internationalen Elektrizitätsausstellung im Glaspalast in München teil und stattete auch auf der 1. Bayerischen Landes-Gewerbeausstellung in Nürnberg den Ausstellungsort am Maxfeld sowie einige Zimmer mit 24 Stablampen aus. Als die Wienerin Agathe von Roennebeck die Nürnberger Ausstellung besuchte, notierte sie: „Wunder über Wunder. Die Stadt des Böheim und Hans Sachs hat elektrische Beleuchtung." Und in einem Bericht des polytechnischen Vereins München über die Ausstellung heißt es, daß die Lampen „während der ganzen Dauer der Ausstellung tadellos funktioniert haben und dass von unliebsamen Störungen absolut nichts bekannt wurde." Auch die erste elektrische Straßenbeleuchtung in Nürnberg an der Kaiserstraße und am Josephsplatz wurde mit Strom der Schuckert-Maschinen gespeist.

Das Jahr 1883 brachte wichtige Veränderungen für die Firma. Zum einen erkannte Schuckert im Gegensatz zu vielen seiner Fachkollegen die Bedeutung der Edison'schen Glühlampe und griff die Neuerung sofort auf, zum anderen nahm er die Konstruktion von Meßapparaten in sein Fertigungsprogramm auf. Erst 1884 hatte er mit 187 Beschäftigten den Übergang zum Fabrikbetrieb vollzogen, und im gleichen Jahr übernahm der Rheinländer Alexander Wacker die kaufmännische Leitung und trat wenig später als Teilhaber in die Firma ein. Schuckert & Co. erhielt nun Aufträge für Lampen und Scheinwerfer aus der ganzen Welt. Als China eine Großbestellung für Scheinwerfer für die Ausstattung der Kriegsflotte in Auftrag gab, besuchte sogar der Gesandte Li-Fong-Pao den Betrieb in Nürnberg und überzeugte sich vor Ort von der Qualität der Ware.

Neben der Herstellung von Beleuchtungskörpern und Elektromotoren beschritt Schuckert bald ein weiteres Feld, nämlich die Anlage elektrischer Zentralen. Elektrizitätswerke in Lübeck, Hamburg, Bremen, Barmen, Hannover und Düsseldorf machten Schuckert zum größten Ausstatter der Welt auf diesem Gebiet. Bis 1899 hatte das Unternehmen 1.200 solcher Werke errichtet – mehr als Siemens und AEG zusammen. Schon 1890 unterbreitete Schuckert & Co. auch der Nürnberger Stadtverwaltung einen Vorschlag für eine elektrische Zentrale für Lichterzeugung und Kraftübertragung für die ganze Stadt. Aber erst unter dem agilen Ersten Bürgermeister von Schuh konnten 1895 ein Vertrag abgeschlossen und das Werk ein Jahr später fertiggestellt werden. Zu diesem Zeitpunkt beschäftigte das Unternehmen Schuckert & Co., das seinen Sitz inzwischen in die Landgrabenstraße verlegt hatte, etwa 2.700 Mitarbeiter. Die Gießerei und die Lampenfabrikation blieben weiterhin in der Schloßäckerstraße.

Auch in der Organisation des Großbetriebes hatten Veränderungen stattgefunden. 1888 war die Firma in eine Kommanditengesellschaft umgewandelt worden, und 1893, ein Jahr nach Schuckerts Rückzug aus dem Geschäft, war aufgrund des immensen Kapitalbedarfes eine Aktiengesellschaft gebildet worden. Denn die Konstruktion von elektrischen Bahnen war als neues Arbeitsfeld hinzugekommen, was neues Kapital erforderlich machte. Das Tochterunternehmen Continentale Gesellschaft für elektrische Unternehmungen baute in Wien, Aachen, Augsburg, Palermo, Toulon, Turin und vielen anderen Städten Straßenbahnen. Die verschärfte Konkurrenz, die langen Amortisationsphasen der elektrischen Anlagen sowie zunehmende Überproduktion zwangen das Unternehmen 1903 zur Fusion mit der Starkstromabteilung Siemens & Halske unter dem Namen „Siemens-Schuckert-Werke".

Neben der Firma Schuckert konnten sich nur wenige andere Hersteller elektrischer Geräte in Nürnberg eine Existenz sichern. Eine gewisse wirtschaftliche Bedeutung erlangten die Gebrüder Soldan, die 1890 eine Firma für elektrische Maschinen und Apparate gründeten. 1897 wandelten sie den Betrieb in die Elektrizitätsgesellschaft Soldan & Co. um, mit Sitz in der Fürther Straße. Immerhin 70 Arbeiter und 19 Angestellte waren dort beschäftigt und produzierten für Kunden aus Deutschland, Österreich, der Schweiz, England, Belgien, Rußland und Rumänien, wobei jährlich bis zu 350.000 Mark umgesetzt wurden.

Bleistiftindustrie

„Zu den interessantesten und in ihren Folgen weittragendsten Erfindungen gehört unstreitig auch diejenige des Bleistiftes. Wir können uns heutzutage kaum eine Vorstellung machen, dass man Jahrtausende lang dieses Schreibmittel entbehrte. Wir wären auf fast allen Gebieten wissenschaftlicher, künstlerischer, industrieller und geschäftlicher Thätigkeit in nicht geringer Verlegenheit, wenn dasselbe plötzlich aus der Welt verschwände. Nicht bloss als bequemes Schreibmittel überhaupt ist der Bleistift mit unserer Kultur verbunden, er ist auch in vielen Fällen bedingend für unsere Wissenschaft und Kunst geworden. Die Ausdehnung und die allgemeine Einführung des Zeichenunterrichtes hängt mit ihm zusammen, und was Kunst, Gewerbe und Technik diesem Unterricht verdanken, beruht nicht zum geringsten Teil auf der Ausbildung des Bleistiftes." So skizzierte der Fabrikant Johann Faber

1898 die Bedeutung des Bleistiftes, der im 19. Jahrhundert zu einem Massenartikel geworden war. Den technischen und kaufmännischen Impuls durch den Einsatz neuer Materialien und Produktionsverfahren für den beispiellosen Aufstieg der Nürnberger Bleistiftindustrie gab Johann Fabers Vorfahre Lothar Faber allerdings um die Mitte des 19. Jahrhunderts. Denn obwohl der Bleistiftherstellung in der Pegnitzstadt eine jahrhundertealte Tradition vorausging – die erste amtliche Erwähnung eines „Bleiweißstiftmachers" datiert 1662 – galt für Nürnberger Waren lange Zeit das Prinzip „billig, aber schlecht". Die Bleistifte wurden nämlich in primitiver Handarbeit gefertigt: Aus Graphitblöcken schnitt man Stängelchen und leimte sie einzeln in genutete Fassungen. Zudem lag die Herstellung in den Händen zweier Berufssparten, der Bleiweißschneider und der Schreiner, die die Holzfassungen herstellten. Die englische und vor allem die französische Bleistiftherstellung entsprachen dagegen weit höheren Qualitätsanforderungen. Auch die entscheidenden Verbesserungen gingen nicht von Nürnberger Erfindern aus, sondern der Franzose Jaques Conté entdeckte 1795 den Ton als Bindemittel für Graphit. Von den Nürnberger Handwerksmeistern wurde dieses neue Verfahren lange Zeit nicht aufgegriffen, und ihre Produktionsmethoden blieben weiterhin rückständig. Es kam sogar vor, daß die Ware gänzlich unbrauchbar war, denn „klagten doch die Abnehmer darüber, daß ihnen oft nur Holzstäbe, die an beiden Enden mit Graphit betupft waren, als Bleistifte verkauft wurden, oder daß speziell die Nürnberger Fabrikate nur an den Spitzen guten Graphit enthielten, sonst aber schlechtes Material eingelegt war." Carl Faber analysierte 1873 die verheerende Wirkung auf die heimische Industrie: „Solche Pioniere, von der Nürnberger Fabrikation in das Ausland hinausgeschickt, mußten freilich den gänzlichen Verfall herbeiführen, und es ist schwer, das einmal verscherzte Vertrauen und die einmal verlorene Achtung wieder zu gewinnen. Die Niederlagen, die durch einzelne gewissenlose Unternehmungen herbeigeführt wurden, betrafen auch diejenigen, die gewissenhaft und fleißig fortarbeiteten. Der Ruf der ganzen Industrie wurde in Frage gestellt." Ein weiteres Problem, insbesondere vor der verkehrstechnischen Raumerschließung durch Kanal und Eisenbahn, war der Import der nötigen Rohstoffe. Graphit mußte aus Böhmen bezogen werden und Zedernholz als Fassung gar aus Übersee.

Es war Lothar Faber, der als erster in Deutschland die neuen Herstellungstechniken aufgriff. Hinzu kam der Einsatz von Wasserkraft und zahlreichen Spezialmaschinen. Fabers ungeheurer Erfolg förderte die gesamte Bleistiftindustrie, und die Nachfrage nach Nürnberger Erzeugnissen wuchs. 1898 gab es in Bayern 26 kleine und größere Bleistiftfabriken. In Nürnberg und Umgebung hatten davon alleine 23 ihren Sitz mit fast 10.000 Arbeitern und Arbeiterinnen. Daneben bot die Bleistiftindustrie zahlreichen Nebengeschäften und Zulieferern ein Einkommen, wie etwa Polierern, Nutenmachern, Bleistiftzeichnern, Kartonagenmachern usw. Nach der Umstellung auf maschinengestützte Fertigung beschäftigte die Bleistiftindustrie um 1906 nur noch 4.000 Arbeiter und Arbeiterinnen, doch in den Nebenzweigen waren noch einmal 6.000 Personen tätig. Jährlich wurden rund 400 Millionen Bleistifte produziert.

Die spätere Weltfirma Faber entwickelte sich aus bescheidenen Verhältnissen und spiegelte die schlechte wirtschaftliche Position der gesamten Nürnberger Bleistiftherstellung bis zur Mitte des

Abb. 48: Weltumspannend und traditionsbewußt stellten sich die Bleistiftfirmen A.W. Faber und Johann Faber dar. Vignetten um 1900.

19. Jahrhunderts wider. Als Gründungsdatum gilt das Jahr 1761, als Caspar Faber in Stein bei Nürnberg mit dem Bleistiftmachen begann. Sein Sohn Anton Wilhelm übernahm 1784 den Betrieb, baute ihn geringfügig aus und nannte das Geschäft fortan „Bleistiftfabrik" A.W. Faber. Dennoch muß die sogenannte Fabrik bescheidene Ausmaße gehabt haben, denn der Absatz der Produkte war gering und auf den lokalen Markt beschränkt. Es genügte ein Weidenkorb, um die Waren nach Fürth oder Nürnberg zum Verkauf zu tragen. Ein gerichtliches Inventar von 1786 wies als Barschaft der Familie lediglich 59 Gulden aus.

Als Lothar Faber 1839 die Leitung der kleinen Fabrik übernahm, befand sie sich am Rande des Verfalls. Trotz der deprimierenden wirtschaftlichen Situation wagte Faber einen Neuanfang und reorganisierte den Betrieb in kaufmännischer wie technischer Hinsicht. Zunächst führte er eine verbesserte Form des Conté'schen Verfahrens ein, stellte mehrere Arbeitsmaschinen auf und nahm seinen Bruder Johann als Teilhaber in das Geschäft. Schon 1849 konnte der jüngste Bruder Eberhard Faber in New York die erste Auslandsfiliale übernehmen. Darüber hinaus bereiste Lothar Faber mit einer Musterkollektion zahlreiche Länder. Nach und nach erschloß er sich neue Absatzmärkte und wichtige Handelsverbindungen. Es war ein besonderer Glücksfall für das Unternehmen, als 1856 ein großes Graphitlager von ausgezeichneter Güte in Sibirien gesichert und damit der Rohstoffbedarf über Jahrzehnte hinaus gedeckt werden konnte. Ein weiterer Meilenstein in der Geschichte der Bleistiftfabrikation war nach dem qualitätsvollen „Polygrades-Stift" Fabers Erfindung des Kopierstiftes. Damit konnte das Sortiment auf Zeichenbedarf, aber auch auf Tinten und Farben ausgedehnt werden. Als Lothar von Faber 1896 ohne männlichen Nachkommen starb, war sein Unternehmen mit über 1.000 Beschäftigten und einem Jahresumsatz von drei Millionen Mark in der Branche europaweit führend. Nachfolgerin wurde seine Enkeltochter Ottilie, die durch ihre Heirat mit Graf Alexander zu Castell den Firmennamen A.W. Faber-Castell begründete und zugleich die Markenbezeichnung „Faber-Castell" einführte.

Eine harte Konkurrenz erwuchs Lothar von Faber in seinem Bruder Johann, der 1878 die Firma A.W. Faber verließ und einen eigenen Betrieb mit zunächst 50 Arbeitern eröffnete. Durch den Einsatz moderner Graphit- und Holzverarbeitungsverfahren etablierte sich die Fabrik rasch. Schon bald nach der Gründung konnten Vertretungen in London, Paris und Mailand eröffnet werden, und Handlungsreisende besuchten Länder auf allen Kontinenten und warben für die Produkte. Allein für Deutschland waren drei Reisende und drei Vertreter zuständig, und ein Orientreisender deckte den Balkan und Kleinasien ab. Der französische Vertreter bereiste gleichzeitig auch die französischen Kolonien in Afrika, und in zweijährigem Rhythmus wurde das Kap der Guten Hoffnung aufgesucht, wie auch Japan und Nordamerika. 1894 wurde das Unternehmen, das seinen Sitz in der Schanzäckerstraße in Gostenhof hatte, in eine Aktiengesellschaft umgewandelt. Um 1900 arbeiteten über 1.000 Arbeiter an Spezialmaschinen und etwa 80 kaufmännische und technische Angestellte in der Fabrik. Rund 200 weitere Arbeiter und Arbeiterinnen waren außerhalb des Hauses für die Firma tätig. Die hervorragende Qualität der Stifte und ein reichhaltiges Sortiment sicherten trotz der inzwischen starken Konkurrenz den Absatz in alle Welt.

Georg Andreas Froescheis

Ähnlich wie die Fabrik der Familie Faber hatte auch die Lyra-Bleistiftfabrik von Johann Froescheis bescheidene Wurzeln. Schon 1806 gründete der Bleistiftmacher Johann Froescheis einen Betrieb in der Jakobstraße und belieferte Nürnberger und Fürther Kommissionshäuser. Sein Sohn Andreas vollzog die Umwandlung von der handwerklichen Fertigung hin zur maschinengestützten Massenproduktion. Darüber hinaus verlegte er die Werksanlage Ende der 1860er Jahre an die Großweidenmühle. Zur Professionalisierung des Geschäfts gehörte der Eintrag und Schutz der Markenbezeichnung „Lyra". Dies stellte einen wichtigen Schritt für die Vermarktung der Produkte dar, denn die Bezeichnung „Lyra" war in vielen Sprachen gut auszusprechen und leicht zu merken. Einen bedeutenden Einschnitt in der Firmengeschichte brachte das Jahr 1878. Die Fabrikanlage wurde gründlich modernisiert und technisch auf den neuesten Stand gebracht, und der Kaufmann Karl Grasser übernahm die Leitung des Unternehmens. Unter ihm fand der eigentliche Aufschwung der Firma statt. Er bereiste sogar selbst mögliche Exportländer, analysierte dortige Marktlücken und weitete so den Export in alle Kontinente aus. Als 1902 sein Sohn Johann die Firma übernahm, beschäftigte die Fabrik an die 500 Arbeiter, und 15 Reisende organisierten den Vertrieb alleine in Übersee. Die Jahresleistung der Fabrik betrug 53 Millionen Stifte sowie Federhalter und anderes Büromaterial.

„Knapp vor dem Stadtgraben steht am Maxtor an seiner nördlichen Seite ein altes, fast niedliches Häuschen, eingeengt zwischen den zwei abwärts strebenden Straßenzügen, der Maxfeldstraße und Rollnerstraße. Schon um 1855 war es vorhanden und die Zeit hat am äußerlichen Aussehen wenig geändert. Der Spaziergänger, der seinen traditionellen Sonntagsspaziergang um die Mauern der Stadt macht, wird es sich nicht anders denken können, selbst wenn er heute im Greisenalter steht und in seiner Jugend Felder und Bauernhöfe an Stelle der heutigen nördlichen Vorstadt gewesen sind. In diesem Häuschen und einigen weiteren kleinen Werkstätten wurden schon 1855 Bleistifte hergestellt." So beschrieb 1930 Christoph Löw, Autor für die „Illustrierte Neue Zeitung", die Keimzelle der „Schwan-Bleistift-Fabrik". 1855 erhielten die Kaufleute Georg Großberger und Hermann Kurz die Genehmigung zur Eröffnung einer „Bleistiftfabrik".

Zwar stellten sie in dem Betrieb eine Dampfmaschine auf und beschäftigten immerhin 25 bis 30 Arbeiter, doch 1865 verkauften sie ihr Werk an den damals 25jährigen Kaufmann Gustav Schwanhäußer. Unter Schwanhäußer nahm der Betrieb sowohl technisch wie kaufmännisch einen ungeahnten Aufschwung. Als Schutzmarke wählte Schwanhäußer in Anlehnung an seinen eigenen Namen das Fabrikzeichen „Schwan". Sogleich stattete er die Fabrik mit modernen Maschinen aus und führte als erster eine Bleistifthobelmaschine in Nürnberg ein. Mit Vertretungen in Paris, Mailand, Wien und Berlin sicherte er sich Kontakte zu ausländischen Märkten. Zur Spezialität der Firma wurde ein großes Sortiment von Farbstiften – 1875 wurde der farbig schreibende Kopierstift patentiert – und auch der Schul- und Kunstmalerbedarf wurde bald von der Firma Schwan versorgt. 1906 erregte die Firma mit einem Glanzstück der Werbung weltweit Aufsehen, als sie im Luitpoldhain bei der 3. Landes-, Industrie-, Kunst- und Gewerbeausstellung den mit 30 Metern bis dahin größten Bleistift der Welt, Marke „Aldebaran", aufstellte.

1834 zeigte der Bleistiftmacher Johann Sebastian Städtler im „Correspondent von und für Deutschland" an, daß „es ihm nach vielem Nachforschen gelungen sei, Röthelstifte hervorzubringen, welche hinsichtlich ihrer Güte alle früheren Sorten weit übertreffen, sich gleich den Bleistiften aufs feinste spitzen lassen und vortrefflich schreiben." Die Herstellung der Ölkreide, auf die Städtler hier aufmerksam machte, blieb fortan ein Spezialgebiet der Firma Städtler, die ebenfalls wesentlichen Anteil am Aufschwung der Nürnberger Bleistiftindustrie hatte.

Schon Ende des 18. Jahrhunderts lieferten Nürnberger Bleistiftmacher große Mengen Stifte über Exporteure in die Vereinigten Staaten, wo trotz der minderen Qualität und der starken englischen Konkurrenz die Nürnberger Fabrikate wegen der billigeren Preise willkommen waren. Doch erst Lothar von Faber erschloß die USA als stabilen Absatzmarkt unter Ausschaltung von Zwischenhändlern. Eine eigene Vertretung in New York sowie die zwar teueren, aber vorzüglichen Produkte überzeugten viele Kunden und öffneten auch anderen Nürnberger Unternehmern Amerika als Absatzgebiet. Bald wurde die französische und englische Konkurrenz überflügelt, und die Nürnberger Bleistiftfirmen beherrschten den Weltmarkt. Im Geschäftsjahr 1870/1871 exportierte die Nürnberger Bleistiftindustrie Waren im Wert von 127.142 Dollar nach Nordamerika. Obwohl Zollerhöhungen, Billigfabrikate und minderwertige Imitationen der bekannten Weltmarken den Absatz erschwerten, stiegen die Lieferungen in die USA kontinuierlich an und erreichten 1911 mit 312.309 Dollar einen Höhepunkt.

Der „Aldebaran"

Brauereien

„Nürnberger Exportbiere werden in berühmten Bierpalästen, die von Nürnberger Brauereien vielfach selbst erbaut worden sind, nicht nur in der Hauptstadt und anderen Städten des Deutschen Reiches, sondern auch in Paris und London und anderen europäischen Großstädten, ebenso in Amerika ausgeschänkt", rühmte Berthold Bing, Mitglied der Handelskammer, 1912 die große Popularität des fränkischen Biers im Ausland. Das Bierbrauen hatte in Nürnberg eine lange Tradition. Bereits im 13. Jahrhundert erließ der Rat Brauvorschriften, und seit dem 16. Jahrhundert reglementierten Bierordnungen diesen wichtigen Gewerbezweig. In der

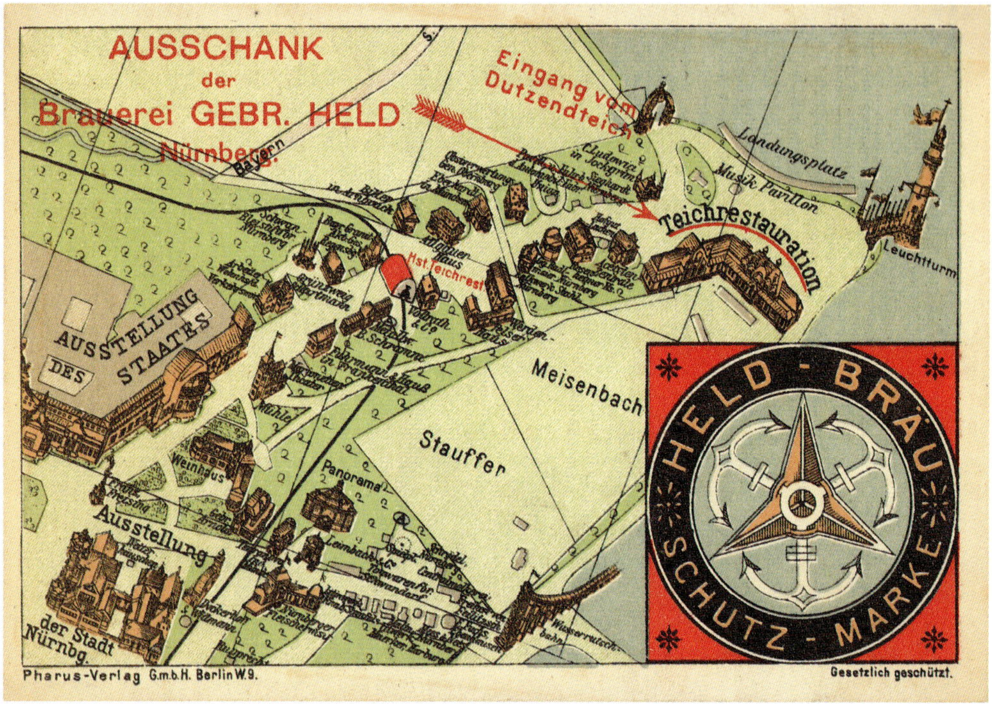

Abb. 49: Die Brauerei Gebrüder Held hatte auf der Landesausstellung 1906 einen eigenen Ausschank in der „Teichrestauration". Ansichtskarte 1906.

Regel wurde das Brauen als Nebenerwerb und nur für den lokalen Verbrauch betrieben. Um 1800 gab es in Nürnberg innerhalb der Altstadt 34 Brauereien, die in ehemaligen Bürgerhäusern untergebracht waren. Die geräumigen Keller vor allem auf der Sebalder Seite und ergiebige Brunnen mit sehr gutem Wasser boten beste Bedingungen für das Brauen. Allerdings waren die Brauverfahren etwa im Vergleich zu norddeutschen Brauereien längst veraltet und in ihrer Handhabung primitiv und umständlich. Erst mit der fortschreitenden Industrialisierung mit all ihren technischen Neuerungen und insbesondere durch einschneidende Gesetzesänderungen erreichte das Brauwesen erneut eine Hochkonjunktur und wurde zu einem wichtigen Wirtschaftsfaktor in der Pegnitzstadt. Denn der Wegfall des Bierregulativs 1865 und die Einführung der Gewerbefreiheit 1868 beseitigten die aus dem Mittelalter stammende, an das jeweilige Haus gebundene Realgerechtigkeit und die staatliche Bierpreisfestsetzung. Dies waren die wichtigen Voraussetzungen für den Aufbau industrieller Brauereien. Auch technische Errungenschaften, voran die revolutionäre Erfindung der Kältemaschine durch die Firma Linde, wirkten als Motor für den Brausektor. Gleichzeitig wuchs mit dem Anstieg der Bevölkerung die Nachfrage nach Bier im In- und Ausland. Der Exporthandel entstand, und systematisch wurden neue Absatzmärkte erschlossen. Im Jahre 1880 lag Nürnberg mit dem Versand von 173.090 Hektolitern Bier an der Spitze aller bayerischen Städte. München rangierte sogar nach Kulmbach und Erlangen erst an vierter Stelle. Exportiert wurde weltweit: nach Skandinavien, England, Frankreich, Rußland, Nord- und Südamerika, nach Afrika, Japan, Indien und sogar nach China. Die Pioniere im Exportgeschäft waren die Brauereien Tucher, Henninger und Reif.

Dieser weltweite Export wäre ohne die Eisenbahn nicht möglich gewesen. Schon 1835 hatte der „Adler" als erstes Frachtgut überhaupt zwei Fässer Lederer-Bier von Nürnberg nach Fürth transportiert, und die Eisenbahn blieb das wichtigste Transportmittel und bewältigte bald weitaus größere Distanzen. 1912 schrieb Bing sendungsbewußt: „Die bekannten Nürnberger Bierwagen laufen nicht nur auf den deutschen Eisenbahnen, sondern auch auf fremden Bahnen, um den Verehrern des Nürnberger Produkts in der ganzen Welt den willkommenen Labtrunk zu bringen."

Die Brauerei J.G. Reif war die erste, die mit dem Aufbau eines Exporthandels begann. 1842 kaufte Johann Georg Reif, Sohn eines Hopfenhändlers und Landwirts aus Happurg, die traditionsreiche Kurz'sche Brauerei in der Lorenzerstraße auf und bot als einer der ersten in Bayern sein Bier zunächst in Norddeutschland an. 1855 stellte Reif seinen Betrieb auf Dampfkraft um und richtete auch einen Eiskeller ein. Die Exportmarke „Siechen" wurde bald zum weltweiten Synonym für fränkische Braukunst. Der florierende Versandhandel erzwang bald die Verlegung der Braustätte in einen Neubau am Pulverweg, und 1870 konnte eine Erlanger Brauerei hinzugekauft werden. 1931 fusionierte die Brauerei Reif mit dem Brauhaus Nürnberg.

Im Exportgeschäft führend war lange Zeit die Brauerei Henninger. Sie wurde 1862 von dem Erlanger Brauersohn Heinrich Henninger in der Bayreuther Straße errichtet. Die gleichzeitige Ausstattung mit Dampfkraft muß erhebliches Aufsehen erregt haben, denn ein Zeitgenosse beschrieb die neue Anlage: „Ein Gebäudekomplex liegt vor uns, solid aus Sandstein aufgeführt, schon außen das rege industrielle Leben verrathend, das von ihm ausgeht, in ihm sich vollbringt." Die Investition in die moderne Einrichtung rentierte sich, denn bereits 1866 übernahm Henninger die Führungsrolle im Export: Er versandte 14.887 Hektoliter Bier, dicht gefolgt von der Brauerei Tucher mit 14.218 Hektolitern und der Brauerei Reif mit 12.634 Hektolitern. Zwei Jahre später aber hatte Henninger die Konkurrenz deutlich hinter sich gelassen:

Abb. 50:
Das Wappen der Patrizierfamilie Tucher wurde zum Firmensignet der Brauerei. Ansichtskarte um 1900.

Mit 26.211 Hektolitern lag er weit vor Tucher mit 18.375 Hektolitern und Reif mit 12.848 Hektolitern. Allerdings gingen in den folgenden Jahren die Exportziffern zurück. 1884 rangierte Tucher an erster Stelle.

Die Freiherrlich von Tucher'sche Brauerei konnte sich ebenfalls im Exportgeschäft behaupten. 1855 erwarb die Familie, bezahlt mit den Entschädigungen der „Bauernbefreiung" von 1848, das staatliche Weizenbräuhaus in der Waizenstraße und stellte die unrentable Produktion von Weizenbier auf Rotbier um. Mit der Einführung von Dampfbetrieb und Kühlmaschinen wurde die Brauerei nach und nach modernisiert. 1908 wurde die Anlage in die Lange Gasse verlegt, und das Exportgeschäft war so erfolgreich, daß andere große Brauereien in Nürnberg überflügelt und sogar aufgekauft werden konnten, wie 1880 die Lederer-Brauerei und 1906 Henninger.

Auch die Brauerei Zeltner gehörte zu den führenden Firmen in Nürnberg. 1836 erwarb Johann Georg Zeltner, ein Bruder des Hopfenhändlers Johannes Zeltner, die Koppendörfer'sche Brauerei in der Schlotfegergasse. Er war vom Zweiten Bürgermeister und Hopfenhändler Johannes Scharrer auf den zum Verkauf stehenden Betrieb aufmerksam gemacht worden. Der Tip, den die Gebrüder Zeltner von ihrem Branchenkollegen erhielten, sollte sich rentieren. Schon bald gehörte die Brauerei zu den größten in Nürnberg, nicht zuletzt wegen ihrer guten Kontakte zu den Nürnberger Hopfenhändlern. Als der Betrieb 1886 in die Ostendstraße verlegt wurde, beschäftigte er etwa 50 Arbeiter.

Die Brauerei Lederer führte 1850 als erste in Nürnberg die Dampfkraft ein. Dies veranlaßte nicht nur andere Brauereien, bald nachzufolgen, sondern auch Maschinenfabriken wie Spaeth oder Earnshaw übernahmen die neue Technik. 1819 hatte der Gastwirt Christian Lederer aus Wöhrd die kleine Brauerei gekauft, die ein Nachfolgebau des städtischen Herrenbrauhauses von 1471 war. Mit der Tradition verband Lederer die Anwendung moderner Technik und neuer Produktionsverfahren. Denn sein Sohn hatte sich längere Zeit in London aufgehalten, um dort die fortschrittlicheren Brautechniken zu studieren.

1885 erfolgte die Gründung des Brauhauses Nürnberg durch Zusammenschluß der Brauereien Bernreuther in der Färberstraße und der Brauerei Liebel in der Beckschlagergasse zu einer Aktiengesellschaft. Liebel hatte 1833 die Weißbierbrauerei Meixner übernommen, die bekannt war für gute Bierqualität. So wurde bei einer polizeilichen Biervisitation der Gerstensaft als „wohlschmeckendes Gesundheitsbier" ausgezeichnet. 1897 wurde noch die Brauerei Denk in der Jakobstraße an die Aktiengesellschaft angegliedert. Bis 1899 brauten etwa 100 Arbeiter in den alten Braustätten das Bier. Erst danach wurde ein zentrales Brauhaus in der Schillerstraße angelegt. Durch eine Reihe weiterer Übernahmen von Brauhäusern sicherte sich das Brauhaus Nürnberg einen führenden Platz.

Obwohl die großen Brauereien nach und nach viele kleine Betriebe aufsaugten, konnten sich bis zur Jahrhundertwende zahlreiche Braustätten halten und trugen zur Vielfalt des Nürnberger Bierangebots bei. Sie produzierten hauptsächlich für den lokalen Bedarf und waren oftmals an ein Wirtshaus angegliedert. So erstritt sich beispielsweise 1866 der Wirt vom „Gelben Löwen" in der Schildgasse, Kaspar Köhler, bei der Regierung in Ansbach das Recht zur Einrichtung einer Brauerei. Die städtische Baukommission hatte ihm die Genehmigung wegen der engen räumlichen Verhältnisse nämlich verweigert. 1872 verkaufte er an Johann Müller. 1905 ging die Brauerei in den Besitz der Gebrüder Held über, die sie bald stillegten. Denn auf die Dauer konnten die kleinen Brauereien dem Konkurrenzdruck der großen Unternehmen nicht standhalten, so daß es 1912 nur noch sechs Brauereien in Nürnberg gab. Die Vielfalt der Nürnberger Braulandschaft war zu Ende.

Hopfenhandel

Mit der Wandlung vom handwerklich betriebenen Braugewerbe zu rationell arbeitenden Großbrauereien nahm auch der Hopfenhandel mit neuen Organisationsformen einen ungeahnten Aufschwung. Der Hopfenhandel war in Bayern als landwirtschaftlicher Erwerbszweig bereits im 9. Jahrhundert bekannt. Spalt, Hersbruck und Altdorf waren seit dem Mittelalter wichtige Zentren für den Hopfenanbau um Nürnberg. Die Reichsstadt wurde zum geographischen Mittelpunkt der Hauptproduktionsgebiete in Süddeutschland. Deswegen und auch wegen der herausragenden Bedeutung als Verkehrsknotenpunkt wurde Nürnberg zum idealen Warenumschlagplatz für Hopfen. Bereits seit dem 15. Jahrhundert traten Aufkäufer aus entfernten Regionen auf. Im Jahr 1846 wurde versucht, durch die Einrichtung eines Hopfenmarktes in Nürnberg Angebot und Nachfrage staatlich zu regeln. Jedoch ging diese Institution bald ein, da sich die Brauer und die Händler der Bevormundung durch Boykott entzogen. 1846/47 wurden nur 4.700 Zentner Hopfen umgesetzt, und jedes Jahr waren es weniger. Erst 1860 begann sich allmählich ein „freier" Hopfenmarkt in Nürnberg zu entfalten. Der entscheidende Schritt dafür war die Aufhebung des Schwefel-

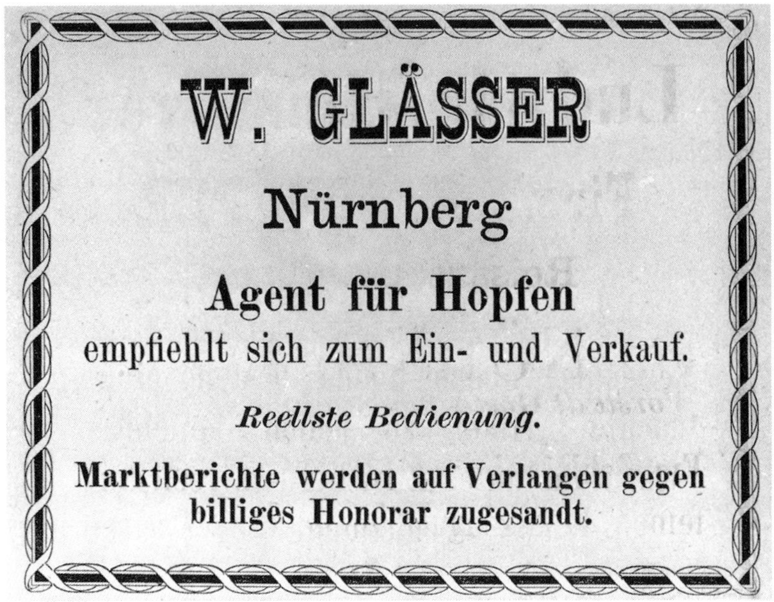

Abb. 51:
Eine Hopfenhandlung am Hefnersplatz. Photographie um 1889/90.

Abb. 52:
Der Vertrieb des „grünen Goldes" in alle Welt wurde über zahlreiche Einmannbetriebe abgewickelt. Anzeige im „Fränkischen Kurier" 1892.

Abb. 53:
Zwischen den Nürnberger Hopfenhändlern und dem böhmischen Hopfenzentrum Saaz bestanden enge Handelsbeziehungen. Ansichtskarte 1919.

verbotes für Mittelfranken. Schwefeln als Konservierungsmethode war 1830 aus Angst vor giftigen Rückständen im Bier verboten worden. Als sich jedoch mit dem Ausbau des Eisenbahnnetzes die Bestellungen aus dem In- und Ausland häuften, erwies sich das Schwefelverbot als kaum überwindbares Handelshindernis. Mit dem Hinweis auf die Bedeutung des überregionalen Hopfenhandels erstellte im Auftrag der Regierung eine Kommission, der unter anderen Justus von Liebig, Max von Pettenkofer und der Brauer Gabriel Sedlmayer angehörten, in zweijähriger Arbeit ein Gutachten, das den Nachweis erbrachte, daß Schwefeln unter bestimmten Bedingungen ungefährlich sei. Auf dieser Grundlage erfolgte 1858 die Aufhebung des Verbotes, und zwar zunächst nur für Mittelfranken. Diese Erlaubnis zur Präparierung des Hopfens zog zahlreiche Hopfenhändler in die fränkische Metropole, und sogleich eröffneten acht Hopfendarranstalten und 25 Handelsniederlassungen ihren Betrieb. Als 1862 das Verbot allgemein aufgehoben wurde, hatte sich Nürnberg längst als weltweit größter Hopfenmarkt etabliert. 1885 war die Zahl der Hopfendarren auf 160 und die der Niederlassungen auf 364 angestiegen. Im gleichen Jahr wurden 144.400 Ballen mit ungefähr 72.200 Zentnern umgesetzt. Das Rekordergebnis lag jedoch im Jahr 1889/90 bei 164.000 Ballen mit 82.000 Zentnern. Der Hopfen gehörte von nun an zum Stadtbild Nürnbergs. Mit der Mauthalle am Kornmarkt stand ein großer Lagerraum zur Verfügung, während die Büros hauptsächlich in der Karolinenstraße angesiedelt waren. Darüber hinaus erwuchsen aus dem Hopfenhandel viele unterschiedliche Arbeitsmöglichkeiten: Neben Büropersonal waren Vertreter und Einkäufer für die Kommissionsgeschäfte und Niederlassungen tätig, aber auch Magazin- und Darrenarbeiter, Fuhrleute oder Verpacker fanden ihren Lebensunterhalt. Allerdings darf die große Zahl der Hopfenhandlungen nicht darüber hinwegtäuschen, daß viele Büros bloß Einmannbetriebe waren. Nur etwa 30 Häuser beherrschten zu 95 Prozent den Handel mit dem „Grünen Gold".

Zwischen 1880 und 1895 erlebte der Hopfenhandel in Nürnberg seine Blütezeit, doch trotz des allmählichen Rückgangs blieb Nürnberg als Umschlagplatz für Hopfen weiterhin wichtig.

Der Hopfenmarkt in Nürnberg. Nach einer Originalskizze von F. Drescher. (S. 79)

Abb. 54:
Ansicht vom Hopfenmarkt. Holzstich nach Friedrich Drescher um 1880.

1912 gab es immerhin noch 250 Niederlassungen. „Außerdem verfügt der Hopfenhandel hier noch über viele Hunderte von großen Lagerhäusern, vorzüglich eingerichteten auch maschinellen Verpackungs- und Präparier-Anstalten, und an keinem Platz der Welt sind gerade für den Hopfenhandel so bedeutende Einrichtungen geschaffen worden als für Nürnberg", resümierte Berthold Bing. Darüber hinaus unterhielt der Nürnberger Hopfenhandel eine außerordentlich rege Auslandstätigkeit. Dazu zählten Reklameaktionen auf wichtigen Ausstellungen wie etwa den Weltausstellungen in Chigaco 1893 und St. Louis 1904. In St. Louis gewann beispielsweise die Firma M. Seidenberger den „Grand Prix" wegen eines neuen Hopfenkonservierungsverfahrens. Auch unternahmen Nürnberger Hopfenhändler rege Akquisitionsreisen zu Brauereien in der ganzen Welt. Die Gründung von Interessenvertretungen und von Publikationsorganen wie der „Allgemeinen bayerischen Hopfenzeitung" belegen die Ausnahmestellung Nürnbergs als Hopfenhandelszentrum. Dabei wurde der Handel mit Hopfen fast ausschließlich von jüdischen Händlern betrieben, und auch einige jüdische Privat-Bankhäuser, wie zum Beispiel die Hopfenhandelsbank von Josef Kohn, hatten maßgeblichen Anteil am Aufbau des florierenden Hopfenmarktes.

Zu den traditionsreichsten Hopfenhandlungen zählt bis heute der Familienbetrieb Barth. Bereits 1794 in Betzenstein im Nürnberger Landgebiet gegründet, lieferte die Handlung noch vor dem eigentlichen Boom in der Branche nach Sachsen, Thüringen, Württemberg und Baden. Ab 1840 baute die Familie erfolgreiche Niederlassungen in Nord- und Westdeutschland auf und bahnte sogar Geschäftsverbindungen nach Frankreich, Schweden, Norwegen, Belgien, England und Holland an. Erst 1860, nach der Aufhebung des Schwefelverbotes, wählte die Familie Nürnberg als Standort. Ausgezeichnete Verbindungen auch nach Übersee sowie ein neues Konservierungsverfahren verhalfen der Firma bald zu Weltruf.

1846 gründete Salomon Mayer-Dinkel eine Hopfenhandlung in Mannheim, erkannte aber Nürnbergs Rolle als Haupthandelsplatz für Hopfen und eröffnete 1882 eine Zweigniederlassung in der Bahnhofstraße. Nach dem Ersten Weltkrieg verlegte die Firma sogar ihren Hauptsitz nach Nürnberg, ebenso die Firma M. Seidenberger Söhne aus Baden, die vor allem nach den USA lieferte und wegen der hohen Qualität ihrer Ware zahlreiche Auszeichnungen errang.

Auch die Großhandlung von Bernhard Frohmann Sohn wurde 1902 nach Nürnberg in die Bahnhofstraße verlegt, die zuvor ihren Sitz in Erlangen hatte. Weitere hervorragende Hopfenhändler waren die Gebrüder Strunz in der Bankgasse, Conrad Schmidt, der seine Niederlassung an zentraler Stelle am Kornmarkt hatte, und Emil Rekendorfer in der Königstraße. Außerdem hatte die traditionsreiche Firma Eduard Scharrer & Co. aus Hersbruck ihren Sitz in Nürnberg. Als erfolgreicher Geschäftsmann und vor allem als großer Mäzen ragte der Hopfengroßhändler Wilhelm Gerngros aus der Vielzahl der am Hopfenhandelsplatz Nürnberg tätigen Kaufleute heraus.

Lebkuchenindustrie

„Was für den deutschen Osten und Norden die Thorner 'Platz' und Pfefferkuchen, das sind für den Süden, nein für alle Welt, die Nürnberger Lebkuchen: der Inbegriff aller süßesten Süßigkeit und die Freude aller großen und kleinen Kinder, besonders um die Weihnachtszeit." So beschrieb 1896 ein Zeitungsredakteur die Bedeutung der Lebkuchenindustrie, die das Image der Pegnitzstadt im In- und Ausland maßgeblich mitgeprägt hat. Bereits im Mittelalter gehörte die Lebkuchenzubereitung zu den Nürnberger Spezialitäten, und Lebkuchen waren, wie heute, als Geschenkartikel beliebt. So ließ Kaiser Friedrich III., als er 1487 am Reichstag teilnahm, an rund 4.000 Kinder Lebkuchen verteilen. Noch im 18. Jahrhundert führte diese spezielle Lebkuchensorte den Namen „Kaiserlein". Die wald- und bienenreiche Umgebung Nürnbergs begünstigte die Ausbreitung des Zeidlerhandwerks und bot ideale Voraussetzungen für die Lebküchnerei, denn Honig stellt die Hauptzutat für das Backwerk dar. Zudem waren in Nürnberg, einem Zentrum des Fernhandels, alle wichtigen Gewürze leicht erhältlich. Jahrhundertelang wurde die Lebkuchenherstellung handwerklich betrieben. Doch in der zweiten Hälfte des 19. Jahrhunderts erfolgte auch in dieser Branche die schrittweise Umstellung auf eine fabrikmäßige Produktion.

Die maschinengestützte Herstellung ist eng mit den Firmen Häberlein und Metzger verbunden, denen eine Vorreiterrolle zukam. „Vorzüglich arbeitende Mandelschäl- und Mandelbackmaschinen, Teigwalzen, Knet- und Mischma-

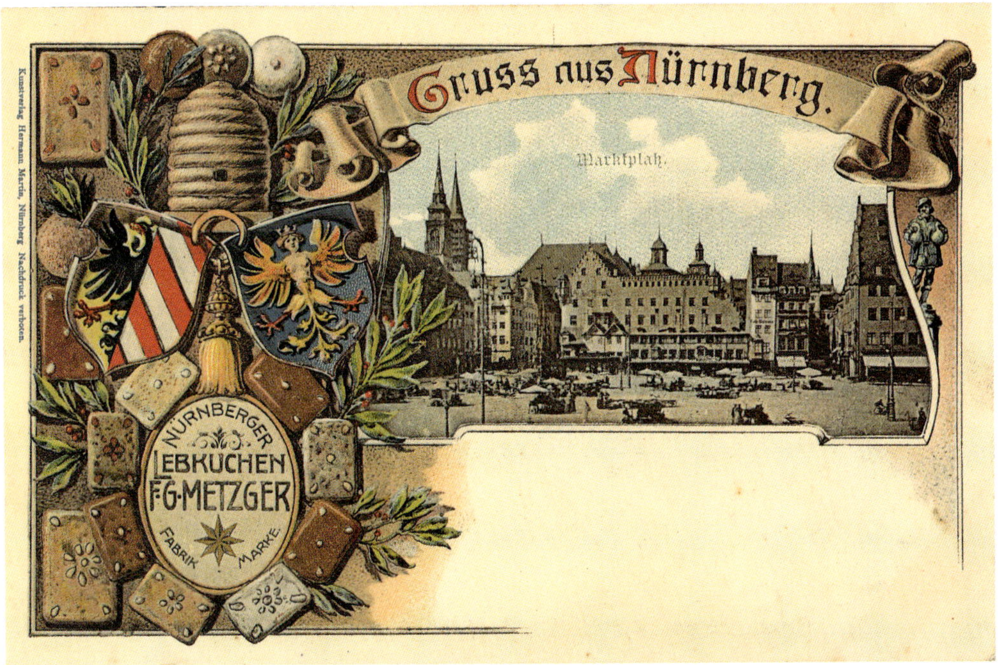

Abb. 55: Mit Stadtbild und Stadtwappen warb die Lebkuchenfabrik Metzger. Ansichtskarte um 1900.

schinen etc. von Motorkräften getrieben, besorgen die Massenfabrikation, während zum Backen große Unterzugs-Doppel-Dampfbacköfen in Verwendung kommen", hieß es 1896 in einer Bestandsaufnahme über den technischen Standard der Firma Häberlein. Der Betrieb war um 1800 von dem Lebküchnermeister Johann Kaspar Schores gegründet und als Familienbetrieb geführt worden. 1846 übernahm der Schwiegersohn von Martin Schores, Andreas Gustav Häberlein, die Leitung und bahnte die Entwicklung zum Großbetrieb an. Nach Einführung der Gewerbefreiheit konnte 1876 in der Flaschenhofstraße eine moderne Fabrikanlage erbaut werden, und bald beschäftigte der Familienbetrieb in der Saison 220 Arbeiter und Arbeiterinnen, und im kaufmännischen Bereich waren 18 Angestellte tätig. 1920 fusionierte Häberlein mit der Firma F.G. Metzger, K.B. Hoflebkuchen und Chocoladenfabrik. Dieser Handwerksbetrieb war 1816 von Friedrich Gottfried Metzger in Wöhrd gegründet worden und wurde 1837 zunächst in die Rathausgasse verlegt. Als erste Lebkuchenfirma in Nürnberg wurde sie 1872 in einer neuen Anlage an der Regensburger Straße mit Maschinen ausgerüstet. Darüber hinaus verfügte sie über ein eigenes Anschlußgleis zum Bahnhof, so daß der Export in alle Welt reibungslos abgewickelt werden konnte. Das Sortiment war sehr breit, die „Spezialität sind Lebkuchen bis zu Riesengrößen, geschmückt mit gegossenen Marzipanornaments-, Bildnissen und Szenen en relief", heißt es in einem Bericht von 1896. 1899 wurden durchschnittlich 180 Arbeiter und Arbeiterinnen, in der Saison sogar 240 beschäftigt.

Auch die Oblatenfabrik Schmidt in der Hinteren Beckschlagergasse gehörte zu den florierenden Betrieben der Genußmittelbranche. Johann Wilhelm Schmidt erhielt 1852 die Konzession zur Oblaten- und Nudelfabrikation, und bald wurden die Schneide- und Stanzwerk-

Abb. 56:
Die Großbäckerei der Firma Metzger befand sich an der Regensburger Straße. Photographie um 1900.

zeuge nach den individuellen Produktionsmethoden konstruiert und 1882 sogar die ersten Oblaten-Dampf-Backapparate aufgestellt. Mit der Ausstattung zum Fabrikbetrieb wuchs auch der Kundenkreis über die Grenzen Bayerns hinaus. Vertreter betreuten und warben im Ausland neue Kunden. Auch das Sortiment wurde laufend erweitert. Neben Backoblaten für Lebkuchen wurden auch Hostien und Oblatenkapseln für medizinische Zwecke hergestellt.

1887 gründete Ferdinand Wolff in der Friedrichstraße zunächst eine Zuckerwarenfabrik mit sechs Mitarbeitern. 1896 wurde der Betrieb in die Rollnerstraße verlegt, und die Belegschaft wuchs auf 15 Arbeiter und Arbeiterinnen an. Bald wurde auch die Produktion von Lebkuchen aufgenommen, wozu rund 100 Leute eingestellt werden mußten. Eine besondere Spezialität der Firma Wolff waren Likörartikel und Kokosnußfabrikate, die weit über die Stadt hinaus bekannt und beliebt waren.

Auch die Firma Richter & Co, eine Zweigniederlassung aus Thüringen, hatte mit den „Anker-Lebkuchen" ihren Platz unter den Nürnberger Lebkuchenfabriken. Insbesondere mit diätischen Fabrikaten sicherte sich die Firma einen festen Kundenstamm. Gleich drei Filialen am Josephsplatz, in der Bindergasse und in der Unteren Baustraße unterhielt die Firma und warb in Inseraten für „anerkannt hochfeine Qualität" und die „hochelegante Verpackung".

Aus handwerklichen Betrieben sind darüber hinaus auch die Firmen J.C. Eisenbeiß, Georg Göß und J.F. Kißkalt hervorgegangen, wohingegen die Nürnberger Lebkuchen-, Oblaten- und Waffel-Fabrik der Gebrüder Otto und Georg Seim in der Oberen Baustraße gleich als Fabrikbetrieb mit 100 Beschäftigten gegründet wurde. Wenig später konnte das Fabrikgelände der „Anker-Lebkuchenwerke" hinzuerworben werden.

Pinselindustrie

Weniger berühmt, wenngleich nicht minder bedeutend waren aber auch noch andere Branchen in der Pegnitzstadt. So zählten etwa die Pinselhersteller zu den Hauptexporteuren der Nürnberger Wirtschaft. Vor dem Ersten Weltkrieg beherrschten etwa 30 Nürnberger Pinselfabriken den Weltmarkt. Als größter Betrieb waren 1889 die „Vereinigten Pinsel-Fabriken Nürnberg" aus dem Zusammenschluß von 15 Firmen hervorgegangen. Die Aktiengesellschaft war bald weltweit führend. Feinste Zobelpinsel bis hin zum Handwerkszeug für Maler und Anstreicher, aber auch Pinsel für technische und medizinische Berufe umfaßte das reichhaltige Fertigungsprogramm. In fünf Fabrikanlagen in der Johannisstraße, in der Gartenstraße, in der Sulzbacher Straße, in der Langen Zeile und in der Praterstraße mit dem Sitz der Direktion wurde produziert.

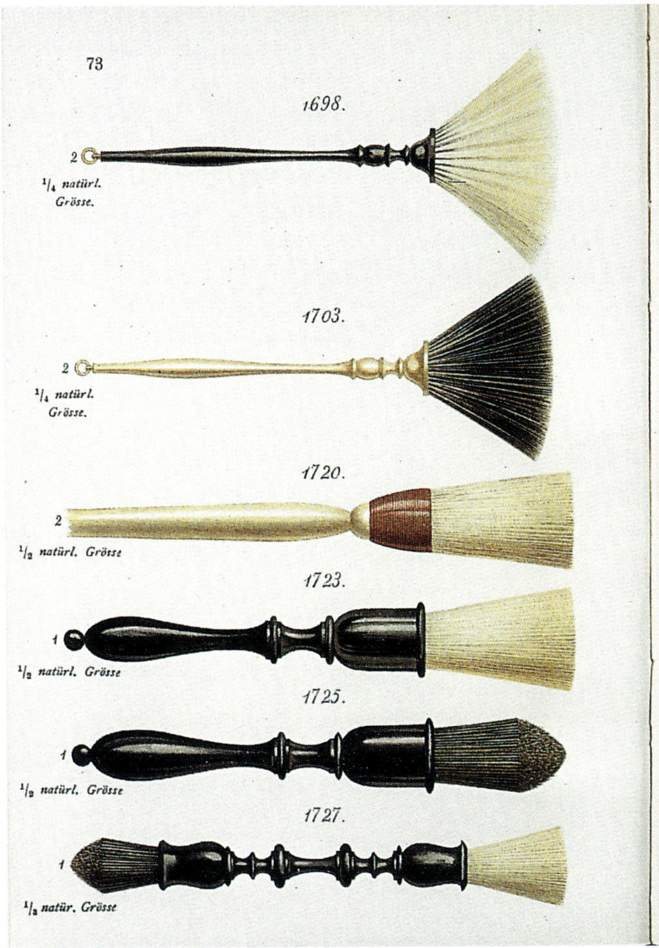

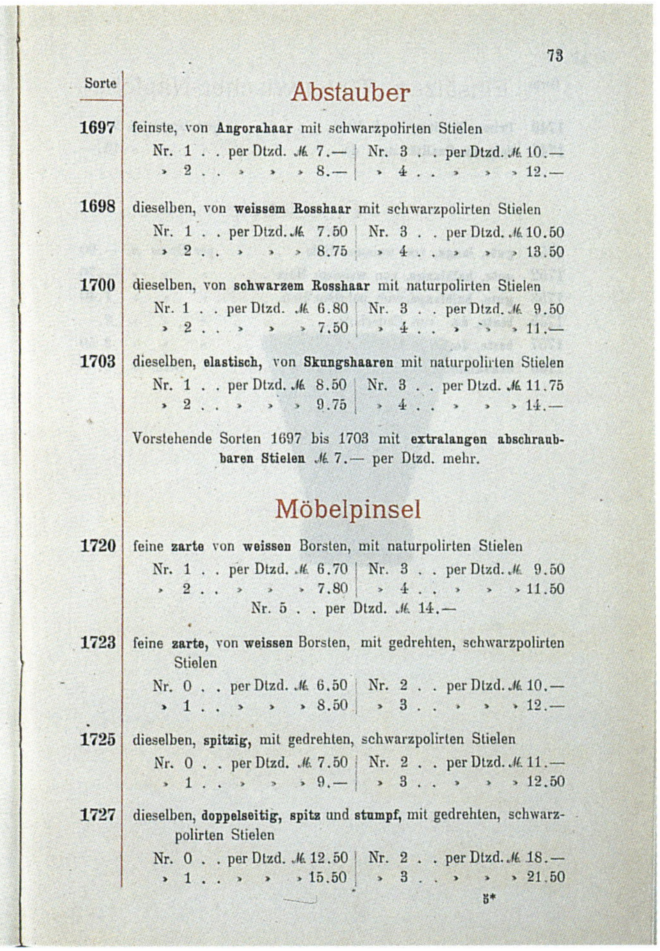

73

Sorte

Abstauber

1697 feinste, von **Angorahaar** mit schwarzpolirten Stielen
Nr. 1 . . per Dtzd. ℳ 7.— | Nr. 3 . . per Dtzd. ℳ 10.—
» 2 . . » » » 8.— | » 4 . . » » » 12.—

1698 dieselben, von **weissem Rosshaar** mit schwarzpolirten Stielen
Nr. 1 . . per Dtzd. ℳ 7.50 | Nr. 3 . . per Dtzd. ℳ 10.50
» 2 . . » » » 8.75 | » 4 . . » » » 13.50

1700 dieselben, von **schwarzem Rosshaar** mit naturpolirten Stielen
Nr. 1 . . per Dtzd. ℳ 6.80 | Nr. 3 . . per Dtzd. ℳ 9.50
» 2 . . » » » 7.50 | » 4 . . » » » 11.—

1703 dieselben, **elastisch,** von **Skungshaaren** mit naturpolirten Stielen
Nr. 1 . . per Dtzd. ℳ 8.50 | Nr. 3 . . per Dtzd. ℳ 11.75
» 2 . . » » » 9.75 | » 4 . . » » » 14.—

Vorstehende Sorten 1697 bis 1703 mit **extralangen abschraubbaren Stielen** ℳ 7.— per Dtzd. mehr.

Möbelpinsel

1720 feine **zarte** von **weissen** Borsten, mit naturpolirten Stielen
Nr. 1 . . per Dtzd. ℳ 6.70 | Nr. 3 . . per Dtzd. ℳ 9.50
» 2 . . » » » 7.80 | » 4 . . » » » 11.50
Nr. 5 . . per Dtzd. ℳ 14.—

1723 feine **zarte,** von **weissen** Borsten, mit gedrehten, schwarzpolirten Stielen
Nr. 0 . . per Dtzd. ℳ 6.50 | Nr. 2 . . per Dtzd. ℳ 10.—
» 1 . . » » » 8.50 | » 3 . . » » » 12.—

1725 dieselben, **spitzig,** mit gedrehten, schwarzpolirten Stielen
Nr. 0 . . per Dtzd. ℳ 7.50 | Nr. 2 . . per Dtzd. ℳ 11.—
» 1 . . » » » 9.— | » 3 . . » » » 12.50

1727 dieselben, **doppelseitig, spitz** und **stumpf,** mit gedrehten, schwarzpolirten Stielen
Nr. 0 . . per Dtzd. ℳ 12.50 | Nr. 2 . . per Dtzd. ℳ 18.—
» 1 . . » » » 15.50 | » 3 . . » » » 21.50

5*

Abb. 57:
In aufwendig gestalteten Katalogen konnten sich die Kunden der „Vereinigten Pinselfabriken" über das breite Sortiment informieren. Katalog 1897.

Daneben besaß das Unternehmen Zweigniederlassungen in Dinkelsbühl und Linz, London und New York. Insgesamt 1.200 Arbeiter, 85 Beamte und zahlreiche Auslandsreisende waren für das Großunternehmen tätig.

Außerdem konnten sich aber noch weitere Firmen in der Pinselfabrikation behaupten. So trug zum Beispiel die Fabrik der Gebrüder Heinrich und Georg Zierlein aus Rothenburg ob der Tauber, die 1890 in die Pegnitzstadt verlegt wurde, zum guten Ruf der Nürnberger Pinselherstellung bei. Die Firma Zierlein exportierte nicht nur europaweit, sondern auch in den Orient und nach Nord- und Südamerika. Darüber hinaus unterhielt sie Musterlager. Im gleichen Jahr wie die Gebrüder Zierlein nahm die Pinselfabrik von Johann Maison zunächst am Heuweg die Produktion auf. Ein reichhaltiges Sortiment sowie ein ausgedehntes Absatzgebiet im In- und Ausland führten zum raschen Aufschwung. 1904 konnten größere Anlagen an der Richard-Wagner-Straße in der Südstadt bezogen werden. Auf die Herstellung von Rasierpinseln hatte sich der Betrieb von Ferdinand Oberndorfer in der Veillodterstraße spezialisiert. 1903 gegründet, exportierte die Firma unter der Markenbezeichnung „Ocean" in die ganze Welt. Im Jahre 1890

*Abb. 58:
Vignette der Pinselfabrik „Mulzer und Schöffel" in der Mögeldorfer Straße 1898.*

nahm die Pinselfabrik Mulzer & Schöffel in Nürnberg den Betrieb zunächst in gemieteten Räumen auf. Aber schon 1897 wurden eigene Fabrikanlagen bezogen und in Wöhrd und Mögeldorf produziert. Schließlich konnte sogar ein Filialbetrieb in Spalt eröffnet werden. Die Absatzgebiete erstreckten sich auf Deutschland, Schweden, Dänemark, Skandinavien, England, Holland, Italien, Nord- und Südamerika.

Auch in der Pinselfabrikation setzte sich die maschinelle Produktionsweise durch. 1911 erkannte Hans Weber die Nachfrage nach Spezialmaschinen in der Pinselindustrie und gründete daher eine Metallwarenfabrik. Hier stellte er neben Spezialmaschinen auch Zwingen, Ringe und Kapseln als Zubehör her. Sowohl Nürnberger Firmen als auch Betriebe aus anderen deutschen Städten und dem Ausland zählten zu seinen Kunden. Als Zulieferer für die Pinselindustrie war auch die Firma von Georg Strauss in Gostenhof tätig.

Lederwarenindustrie

Straßennamen wie Ledergasse oder Weißgerbergasse weisen auf eine weitere Facette der Nürnberger Wirtschaft hin: die Lederindustrie. Nicht weniger als 30 Fabriken waren um 1900 in der Lederverarbeitung tätig. 1880 wurde die Firma Schreier & Naser gegründet, und bald arbeiteten 95 Personen in der Herstellung von Maschinenriemen-, Rind- und Roßschuhleder mit einem Jahresumsatz von einer Million Mark. Der Absatz erfolgte hauptsächlich nach England und Italien. Seit 1894 bestand die Nürnberger Lederriemen- und Holzriemenfabrik J.G. Raum mit 50 Arbeitern. Sie exportierte ihre Produkte in praktisch alle Länder Europas. 1893 legten der Filzschuhfabrikant Max Brust und der Fürther Lederwarenfabrikant B. Berneis ihre Betriebe zu den Vereinigten Fränkischen Schuhfabriken mit Sitz in Nürnberg zusammen. Die Fabrik beschäftigte insgesamt 36 Angestellte und 760 Arbeiter. Bis zur Jahrhundertwende war die Belegschaft schon auf 1.600 Arbeiter angestiegen, die täglich etwa 10.000 Paar Schuhe herstellten. Neben einer Filiale in Herzogenaurach konnte in Berlin eine weitere Zweigniederlassung eröffnet werden. Mit einem Jahresumsatz von vier Millionen Mark produzierte die Firma in erster Linie für den deutschen Markt. Auf Koffer- und Lederwaren wie zum Beispiel Geldbeutel oder Radfahrerrequisiten hatte sich die Firma von Georg Stützel spezialisiert. 33 feste Mitarbeiter und Heimarbeiter je nach Bedarf produzierten hauptsächlich für den heimischen Markt.

1898 nahm die Lederwarenfabrik Zeltner & Kissinger die Produktion von Reisenessecaires, Nähetuis, Federmäppchen und Kulturbeuteln auf. Der Betrieb wurde 1911 in die Spohrstraße ausgelagert. Einige Jahre vorher hatte der Portefeuillemacher Stefan Mayer eine Lederwarenfabrik in Erlangen gegründet. Seine Ausbildung hatte Mayer in den Zentren der Lederwarenverarbeitung Offenbach, Leipzig, Berlin und Wien erhalten. Doch schon bald verlegte er seinen Betrieb nach Nürnberg, das die entschieden bedeutenderen Absatzmöglichkeiten bot. 1898 eröffneten die Gebrüder Max und Ernst Kromwell die Lederwerke Kromwell. Schon der Vater hatte seit 1846 eine Lederwarenhandlung in Nürnberg geführt. Die Fabrikanlage war in Mögeldorf in einem Industriegebiet angesiedelt und darüber hinaus durch ein Gleis mit der Ostbahn direkt verbunden. Denn eines der wichtigsten Exportländer der Firma war Rußland. Neben Schuhen wurden Koffer und Möbel, später auch Automobilausstattungen hergestellt.

Chemische Industrie

Eine lange Tradition hat auch die chemische Industrie in Nürnberg. Zwar wurde die Ultramarinfabrik von Zeltner, ein Pionierbetrieb in der Chemiebranche, 1893 nach Leverkusen verlegt, doch die führende Stellung der Chemieindustrie blieb in der Pegnitzstadt unverändert erhalten. Der Schwerpunkt der Nürnberger Produktion lag auf der Fabrikation von Schwefelsäure, Teerölen, Asphaltprodukten, Lacken und Ölen, Pech, Nachtlichtern, Siegellack und Wichse, Leim und Gelatine, Seifen, Parfümerien und Farben. Rund 70 Betriebe waren im Chemiebereich angesiedelt und tätig, so zum Beispiel das Fabriklager flüssiger Kohlensäure Arnold & Co. oder die chemische Fabrik Doos-Nürnberg von Dr. Jakob Mayer, die sich auf die Herstellung von Wagenfetten spezialisiert hatte. Ebenfalls in Nürnberg-Doos waren die chemischen Werke Georg Böhner & Co., Seifenfabrik GmbH angesiedelt. 1827 in Fürth gegründet, war sie 1890 wegen der verkehrsgünstigen Lage nach Doos verlegt worden. Über den Eisenbahn- und Kanalanschluß erhielt die Firma große Mengen von Rohstoffen aus dem Ausland. 1863 nahm Fritz Engelhardt die Produktion von Ölen und Spirituslacken hauptsächlich für den Bedarf von Eisenbahnen und Schiffen auf, aber auch die Spielwarenindustrie war ein wichtiger Abnehmer. Der Jahresumsatz betrug zur Jahrhundertwende rund 250.000 Mark. Zu den Hauptexportländern gehörten Frankreich, Italien und die Schweiz, doch gingen Lieferungen auch in den Orient und auf die Philippinen. Seit 1885 bestand die Bayerische Fichtenpech-Siederei von August Benker in Nürnberg. Sie lieferte Brauerei- und Fichtenpech sowie geruchs- und geschmackfreie Harzöle, weshalb zu den wichtigsten Kunden Brauereien im In- und Ausland gehörten. Die Jahresproduktion betrug 12.600 Zentner. Schon 1840 war die Farbenfabrik Papst und Lambrecht in der Johannisstraße gegründet worden, die am Ende der Jahrhundertwende etwa 25 Angestellte und 80 Arbeiter beschäftigte.

Papier- und Druckindustrie

Die Papierindustrie konnte zwar seit der Einrichtung der Hadermühle durch Ulman Stromer im Jahre 1390 auf eine lange Tradition zurückblicken wie auch die Druckindustrie, doch hielten sie mit der rasanten Entwicklung der übrigen Industriebranchen nicht Schritt. Nur einige Firmen konnten gegen die Konkurrenz auswärtiger Unternehmen bestehen, wie etwa die Kunstanstalt für graphische Reproduktion von Ernst Nister, der 1877 von Hessen in die Pegnitzstadt gekommen war. 700 Arbeiter und Angestellte stellten Chromolithographien, Steindrucke, Radierungen, Kupfer- und Lichtdrucke sowie andere Kunstdrucke her. Für Kunden aus aller Welt wurden Plakate und Broschüren im Bereich der Werbung und Reklame gedruckt. Ein eigenes englisches Verlagshaus, eine modern ausgestattete Buchbinderei und eine Prägeanstalt sicherten der Firma stets eine gute Auftragslage. Auch die Kunstanstalt von Carl Mayer arbeitete mit großem Erfolg. Die Firma war 1828 in der Nebengasse gegründet worden und auf Stahl- und Kupferstiche spezialisiert. 1899 beschäftigte sie etwa 250 Arbeiter und lieferte ihre Produkte in viele Länder. Die Firma Huber, Jordan & Körner mit rund 200 Arbeitern hatte sich auf Abziehbilder und Luxuspapier spezialisiert und produzierte hauptsächlich für den nordamerikanischen und englischen Markt. Als die Firma C. Wolfrum in der Wolfsgasse 1889 den Betrieb aufnahm, hatte sie sich auf die Herstellung von Werbeplakaten festgelegt und warb mit der

*Abb. 59:
Die Ansichtskarte war eines der ersten Werbemedien der Sparkasse. Einer der vier „dicken Türme" war lange Zeit ihr Werbelogo. Ansichtskarte 1929.*

„Fabrikation feiner kunstgewerblicher merkantiler und Cromarbeiten". Weitere Vertreter in der Druckbranche waren die Buchdruckereien J.L. Stich, W. Tümmels, E. Spandel und die Hofbuchdruckerei G.P.J. Bieling-Dietz in der Karlstraße.

Kaufhäuser – eine neue Einkaufsform

In der zweiten Hälfte des 19. Jahrhunderts faßte auch in Nürnberg die neue Verkaufs- und Verteilungsform Fuß: das Warenhaus. In seiner Entstehungsphase unterschied sich das Warenhaus weniger durch das Sortiment vom Einzelhandel, als vielmehr durch seine neuen Verkaufsformen: zwangloser Zugang zum Verkaufsraum ohne moralische Kaufverpflichtung, ausgezeichnete Waren zu fixen Preisen, Umtauschmöglichkeit und vielfach niedrigere Preise waren Neuheiten, die sich schnell bei der Kundschaft durchsetzten. Erst später kristallisierten sich das breitgefächerte Sortiment und die Vielzahl unterschiedlicher Abteilungen als neues Charakteristikum der Kaufhäuser heraus. Während die moderne „Kaufhausbewegung" Mitte des 19. Jahrhunderts in Frankreich ihren Ursprung hatte, konnte sich die neue Idee in Deutschland erst einige Jahrzehnte später durchsetzen. 1886 gründeten Hermann und Julius Tietz das erste Kaufhaus in Nordbayern. Zunächst als Posamentengeschäft in der Königstraße geführt, wurde es nach und nach erweitert, und bald eröffneten die Brüder in der Breiten Gasse weitere Geschäftsräume. 1905 erwarb Ludwig Levy, dem bereits ein Handschuhgeschäft gehörte, das Unternehmen und ließ dafür ein repräsentatives Verkaufshaus, nach Plänen des Architekten Paul Bittorf, in der Ludwigstraße errichten. Der moderne Fassadenentwurf stammte von dem Nürnberger Prof. Otto Schulz. Auch die Innenausstattung war ausgesprochen elegant: „Im Lichthof streben weiße Marmorschäfte hinan zu den Etagen, hoch oben an der Decke hängt ein kostbarer Kronleuchter, der durch unzählige Glühbirnen eine herrliche Lichtfülle verbreitet – Der untere Teil der Marmorverkleidung besteht aus Portor-, der obere aus Pavanazzo-Marmor. Die Einrichtung ist teilweise aus poliertem, amerikanischem Nußbaumholz, teils aus Eichenholz hergestellt, am Portal hat für die Verkleidung Mahagoniholz

Verwendung gefunden." So lautete die Beschreibung in den „Monographien deutscher Städte" von 1927. Einen weiteren Anziehungspunkt für die Kunden boten die 53 Spezialabteilungen, von denen besonders die Lebensmittelabteilung gerne aufgesucht wurde. Neben dem großen Sortiment in jedem Bereich, der Vereinigung zahlreicher Abteilungen unter einem Dach, der bequemen Einkaufssituation und den vergleichsweise günstigen Preisen war noch ein weiterer Vorteil für den Erfolg des modernen Kaufhauses entscheidend: „Die vornehme Dame, der Bürger und die einfache Arbeiterfrau kaufen gleich gern dort."

1905 eröffnete, von der Presse und der Öffentlichkeit stark beachtet, mit dem Kaufhaus Strauss das zweite große Warenhaus in Nürnberg. Es war als GmbH gegründet worden und fand in der Karolinenstraße in den ehemaligen Räumen des renommierten Gasthauses „Zum Strauss" eine prominente Adresse. Weniger zentral gelegen und zudem von den Räumlichkeiten begrenzter war das Kaufhaus von Johann Hauck in der Peterstraße, das 1887 gegründet und nach und nach erweitert wurde. Neben dem Inhaber bedienten vier bis fünf Verkaufskräfte in den verschiedenen Abteilungen.

Banken und Sparkasse

„Nürnberg ist die Wiege der deutschen Banken". Als der Bezirksamts-Assessor Dr. Heinrich von Poschinger 1875 zu diesem Resultat kam, meinte er nicht etwa den 1612 gegründeten Banco Publico, vielmehr wies er darauf hin, daß die Reichsstadt bereits 1518 eine Erlaubnis zur Gründung einer Wechselbank von Kaiser Maximilian erwirkt hatte. Ob diese Konzession je genutzt wurde, ist jedoch nirgends belegt. Der Banco Publico wurde 1827, längst bedeutungslos geworden, auch formal aufgelöst. Denn das Institut war letztlich eine Giro-Verechnungsstelle geblieben, die dem zeitgemäßen Handels- und Geldverkehr nicht mehr entsprach. Verschiedene Reformversuche waren gescheitert, und Kunden blieben angesichts des darniederliegenden Handels aus.

Zum wirtschaftlichen Aufstieg der ehemaligen Reichsstadt im Industriezeitalter trug eine andere Bank bei, nämlich die Königlich Bayerische Bank in Nürnberg. Sie war aus der Königlichen Preußischen Bank mit Sitz in Ansbach hervorgegangen, die 1795 nach Fürth verlegt worden war. 1806 übernahm die Bayerische Regierung die Bank und schoß 80.000 Gulden ein. Mit dem Dekret vom 31.Dezember 1806 wurde Nürnberg zum Hauptsitz der Staatsbank bestimmt, die Geschäftsräume wurden im Heilsbronner Hof hinter der Lorenzkirche eingerichtet. Neben einer mehr äußerlichen Aufwertung der ehemaligen Reichsstadt als Sitz einer Bank spielte bei der Verlegung auch der Gedanke der Wirtschaftsförderung eine Rolle, denn der Zweck des Instituts war, wie es in dem Dekret hieß: „a) als Wechselbank durch die mit einer solchen verbundenen Geschäfte dem Commerz im Ganzen zu nützen; b) als Leybank einzelnen privatis Baarschaften vorzuleihen; und besonders in dieser Rücksicht die inländische Fabrikation bei Fabrikanten und einzelnen Professionisten zu befoerdern." Es dauerte einige Zeit, bis sich die Bank gefestigt hatte. Doch 1871 rühmte sie die Handels- und Gewerbekammer von Mittelfranken als großartiges Institut, „welches seit einer langen Reihe von Jahren dem Handel, der Industrie und den Gewerben mit möglichst großer Liberalität zur Seite stand." In der Tat finanzierte die Königlich Bayerische Bank maßgeblich den Nürnberger Hopfenhandel. Sie trat

Abb. 60:
Reger Geschäftsverkehr herrschte während der Öffnungszeiten in der Schalterhalle. Die Sparkasse war von 1901 bis 1916 im Rathaus in der Theresienstraße untergebracht. Photographie 1916.

auch bei den verschiedenen Bahnunternehmen wie beim Bau der Linien Hof-Eger, Bayreuth-Neumarkt, Kempten-Memmingen und Starnberg-Penzberg als Finanzier in Erscheinung. Sie brachte ebenfalls die Mittel für die Ostbahn nach Regensburg auf. 1907 hatte sie insgesamt 19 Zweigniederlassungen, an deren Spitze die Filiale in München stand.

Neben der Staatsbank war zunächst lediglich die 1835 gegründete Hypotheken- und Wechselbank tätig, die in Nürnberg bis 1871 durch das Haus Lödel & Merkel in der Karlstraße repräsentiert wurde. Seit der Gründung des Deutschen Reiches entstanden jedoch auch Kreditkassen und Privatbanken. Eine beträchtliche Zahl der Neugründungen ging aber schon während der „Gründerkrise" wieder ein. Auch war trotz der allgemeinen Gewerbefreiheit noch immer eine Konzession zur Eröffnung einer Bank nötig. So erteilte 1869 die Kgl. Regierung der Aktiengesellschaft „Vereinsbank" das Recht zur Ausgabe von Bodenkrediten und Kommunalanleihens-Obligationen. Sie war von den Nürnberger Bankiers Moritz Bloch, Paul Cnopf und Eduard Kalb sowie von den Fabrikbesitzern Lothar von Faber und Christian Schmidtmer beantragt worden. Zwei Jahre später konnte die Nürnberger Vereinsbank mit ihrem Sitz am Lorenzer Platz eröffnet werden. Die Gründer zeichneten 1 1/2 Millionen Taler als Grundkapital. Schon bald konnten im ganzen rechtsrheinischen Bayern Filialen eröffnet werden.

Mit dem Übergang vom Wechselgeschäft zum modernen Bankbetrieb und Kreditverkehr kam auch privaten Bankgeschäften als Geldgeber für die erstarkende Nürnberger Wirtschaft eine wichtige Rolle zu. 1871 gab es in der Pegnitzstadt nicht weniger als 26 Privatbankhäuser, darunter die jüdischen Bankhäuser J.E. Wertheimber in der Königstraße, Bloch & Comp. in der Karolinenstraße, Nathan & Comp. in der Breiten Gasse und das Bankhaus Anton Kohn am Lorenzer Platz. Das Privatbankhaus Kohn war das größte Bayerns und konnte auf eine längere Tradition zurückblicken. 1850 war mit Josef Kohn das erste jüdische Bankhaus nach Nürnberg gekommen, und es war vorzugsweise mit der Finanzierung des Hopfenhandels befaßt. Josef Kohn war gleichzeitig der erste Jude, der seit der Vertreibung der Juden 1498/99 aus der Reichsstadt wieder das Bürgerrecht in Nürnberg erwerben konnte.

Die Bank- und Münzgesetzgebung nach der Reichsgründung erleichterten den Geldverkehr ganz wesentlich. 1875 wurde eine Notenbankfiliale und ein Jahr später eine Reichsbankstelle eröffnet. 1895 übernahm die Dresdner Bank die Privatbank Wertheimber und faßte in Nürnberg Fuß. 1898 wurde die „Nürnberger Bank" gegründet, die aber schon 1908 durch die Bayerische Vereinsbank übernommen wurde. 1905 ließen sich mit der Deutschen Bank und 1910 mit der Darmstädter Bank weitere außerbayerische Banken in Nürnberg nieder. Filialen eröffneten darüber hinaus die Mitteldeutsche Kreditbank und die Pfälzische Bank. Daneben entstanden noch eine Reihe Genossenschaftsbanken mit Spezialgebieten, wie etwa die Gewerbebank oder die Viehmarktbank. Alle Banken aber waren maßgeblich an der Finanzierung von Fabrikunternehmen und Handel in Nürnberg beteiligt. Eine führende Stellung im Bankwesen erreichte Nürnberg jedoch nie. Auch blieb Nürnberg stets von auswärtigen Börsenplätzen abhängig, denn die 1869 gegründete Handelsbörse bestand nur wenige Jahre.

Abb. 61:
In der Äußeren Laufer Gasse bezog die Sparkasse 1916 ihr neues Domizil. Photographie um 1919.

Wollte die Städtische Sparkasse ihren Platz unter den Geldinstituten behaupten, mußte sie sich grundlegend reformieren. Geringe Zinsen, ein begrenzter Einlegerkreis und ein Einlagenhöchstbetrag von nur 400 Gulden schlossen insbesondere den aufstrebenden Mittelstand und viele Gewerbetreibende als potentielle Kunden aus. Hinzu kam, daß Spar- und Kreditvereine und Hypo-

Abb. 62: Sparkassendirektor Hans Blauhorn (links) und der Referent Stadtrat Dr. Johannes Merkel in der repräsentativen Schalterhalle der neuen Geschäftsstelle. Photographie um 1916.

thekenbanken ohne restriktive Reglements attraktivere Anlageangebote und Kredite offerierten. 1856 beantragte der magistratische Pfleger Ch. Heinrich Reuter erstmals eine Erweiterung der zu „Einlagen berechtigten Stände". Allerdings genehmigte die Regierung nur geringfügige Modifizierungen des Einlegerkreises. So wurden fortan auch „hiesige Polizeisoldaten", „Gendarmen, welche hier stationiert sind" und „Soldaten, welche hier in Garnison sind", zugelassen. Der wirtschaftlich wichtige Kundenkreis der mittelständischen Unternehmer, der Selbständigen und der Gewerbetreibenden blieb dagegen weiterhin ausgeschlossen. Folgerichtig erkannte Reuters Nachfolger als magistratischer Pfleger, Christian Harrer, dieses Defizit und forderte 1863 „wegen der mehrfachen Umgestaltung der einschlägigen Gesetze und vornehmlich gewerblichen Verhältnisse" aus der Sparkasse „eine von jedermann benützbare Anstalt" zu machen. Darüber hinaus regte Harrer die Erhöhung der Höchsteinlage an. Ein entsprechender Antrag des Magistrats an die Regierung in München wurde jedoch mit Hinweis auf die „entspringende Gefahr für die beteiligte Stadtgemeinde" abgelehnt. Das Normativ von 1843, welches die Spareinlagen reduzierte, um eine sichere Anlagepolitik zu gewährleisten, blieb weiterhin in Kraft. Auch ein Vorstoß, Frauen „infolge Berücksichtigung der zahlreichen hier gewerbetreibenden Ehefrauen" in den Einlegerkreis formal mit aufzunehmen, blieb ohne Erfolg. Trotz dieser Absagen handhabte die Sparkasse die Einlagenpolitik sehr freizügig, so daß 1872 die Regierung sich veranlaßt sah, die Einhaltung der Statuten anhand einer Einlegerliste zu kontrollieren. Unbeeindruckt von dieser obrigkeitsstaatlichen Gängelung wies der Magistrat seinerseits

Abb. 63: Ein Blick hinter die Kulissen. Photographie um 1916.

auf den veralteten Stand der Statuten hin. Endlich gab die Regierung nach. 1874 erließ sie neue „Grundbestimmungen über die Sparkassen der Gemeinden und Distrikte" und hob alle sozialen Beschränkungen auf. 1876 traten zugleich mit der Einführung der Reichswährung die aktualisierten Statuten in Kraft, die die Sparkasse „jeder hier oder in der nächsten Umgebung domizilierenden Person" zugänglich machten. Weiterhin wurde die Mindesteinlage auf 800 Mark heraufgesetzt, und mit Zinsen durften sogar 1.000 Mark Guthaben erreicht werden. Die Voraussetzungen zur Reformierung der Sparkasse waren somit geschaffen worden. Das Institut für „Dienstboten und andere unbemittelte Personen" konnte sich zur Sparkasse des Mittelstandes entwickeln.

Mit der Erweiterung des Einlegerkreises und dem Anwachsen der Bevölkerung stiegen die Spareinlagen bis 1893 auf 6.352.000 Mark an. Waren 1895 von rund 162.000 Einwohnern 33.000 Sparkassenkunden, so hatte sich die Zahl der Sparer 1905 bereits verdoppelt. Mit der raschen Ausweitung des Kundenkreises verbesserte sich auch der Service. Die Geschäftszeiten wurden ausgedehnt. Ab 1894 war sogar an Samstagen geöffnet. Darüber hinaus hielt eine Reihe technischer Neuerungen Einzug, so etwa die elektrische Beleuchtung und die erste elektrische Rechenmaschine. 1908 erhielt die Sparkasse einen eigenen Telefonanschluß. Während 1905 noch acht Angestellte die Arbeit bewältigten, zählte das Institut am Ende des Ersten Weltkriegs schon 96 Mitarbeiter. Neben den neuen Betriebstechniken bewährten sich auch im Geschäftsbereich verschiedene Änderungen. So wurden auf Anregung des Pflegers Adam Ramspeck 1897 erstmals lose Kontenblätter geführt, und schon vorher waren Statuten zur „Pfennig-Sparkasse", einer Sparform, die selbst Kleinstbeträge verzinste, erlassen worden. Ende 1893 war der Einlegerkreis nochmals um „juristische Personen und Stiftungen wie einzelne Personen und Vereinigungen derselben, Gesellschaften und Vereine" erweitert worden, wodurch eine nicht unbeträchtliche Zahl neuer potenter Kunden gewonnen werden konnte. Außerdem war der Höchstbetrag nochmals auf 1.500 Mark angehoben worden. 1912 wurden als neue Geschäftszweige zum einen der bargeldlose Scheck- und Giroverkehr eingeführt, zum anderen kam die Schulsparkasse hinzu. Die Schulkinder sollten nicht nur früh zum Sparen angehalten, sondern auch als künftige Sparkassenkunden gewonnen werden.

1901 zog die Hauptstelle der Sparkasse aus dem ehemaligen Fick- und Bachischen Haus in der Theresienstraße, in dem sie seit 1879 untergebracht war, in den Erweiterungsbau des Rathauses von August von Essenwein um. Erst 1916 erhielt sie in der Äußeren Laufer Gasse 25 ein eigenes Sparkassengebäude. Als erste Zweigstelle nahm 1913 die Filiale am Aufseßplatz ihre Geschäfte auf.

Theodor von Cramer-Klett

Vielfach wird Theodor von Cramer-Klett als der Gründer der M.A.N. bezeichnet und gewürdigt, was jedoch nicht stimmt, denn die Maschinenfabrik-Augsburg-Nürnberg wurde erst nach seinem Tod begründet. Doch gehört der Großindustrielle ohne Zweifel zu den herausragenden Unternehmerpersönlichkeiten Nürnbergs im Industriezeitalter.

Am 27. September 1817 als Sohn des Großkaufmanns Albert Johann Cramer in Nürnberg geboren, trat der junge Theodor nach dem Besuch des Gymnasiums als kaufmännischer Lehrling in das väterliche Kolonial- und Textilwarengeschäft ein. Der Vater aber verspekulierte sich, als er am Schmausenbuck einen Ausflugspark anlegte: Die Bevölkerung nahm ihn nicht an. Nach dem finanziellen Zusammenbruch zog die Familie nach Wien, wo Theodor die Handelsakademie besuchte und anschließend in Prag eine Banklehre antrat. Er blieb jedoch nicht lange in Böhmen, sondern zog zum Studium nach München und hörte Philosophie bei Friedrich Wilhelm von Schelling und Chemie bei Justus von Liebig. Nach einigen Semestern wechselte er nach Genf und unternahm für ein Bankhaus Geschäftsreisen in Frankreich und Italien. In der Schweiz kam er auch mit einigen Frühsozialisten und mit emigrierten Oppositionellen des deutschen Vormärz in Berührung. 1844 ließ er sich in seiner Heimatstadt nieder, wo er den Verlag und die Redaktion der Zeitung „Nürnberger Kurier" übernahm, der unter seiner Leitung für den Zollverein, den wirtschaftlichen Fortschritt, für die Pressefreiheit und den Nationalstaat eintrat.

Abb. 64: Theodor Freiherr von Cramer-Klett (1817–1884). Ölgemälde von Franz von Lenbach.

Das Jahr 1847 führte Theodor Cramer in einen neuen Wirkungskreis: Er heiratete Emilie Klett, die einzige Tochter des Eisengießers und Fabrikanten Johann Friedrich Klett, und übernahm nach Schweizer Sitte auch den Namen seiner Frau. Als Theodor Cramer-Klett führte er nun die „Maschinenfabrik Klett & Co" in Wöhrd, und er konzentrierte sich dabei ganz auf den industriellen Aufbruch. So erkannte er die hohe Bedeutung des Eisenbahnwesens und nahm *sogleich den Eisenbahnwaggonbau in das Firmenprogramm auf. Auf dem Höhepunkt des Eisenbahnbaus, im Jahr 1872, fertigte sein Werk mit 3.300 Arbeitskräften nicht weniger als 3.544 Eisenbahn-Güterwagen und 488 Eisenbahn-Personenwagen.*

Bald änderte er auch das bisherige Firmenkonzept: Er verkaufte nicht nur Maschinen oder Waggons, sondern er übernahm auch die Koordination zwischen den verschiedenen Trägern und Zulieferern großer Projekte, wie etwa beim Bau von Eisenbahnstrecken oder bei großen Brückenbauten. Später organisierte er auch noch die Finanzierung der Großprojekte. Ganz offensichtlich war Theodor Cramer-Klett ein sehr guter Menschenkenner, denn er verstand es, fähige, kreative und innovationsfreudige Mitarbeiter für sich zu gewinnen, die immer wieder mit technischen Neuerungen und Verbesserungen auf sich aufmerksam machten. So avancierte der Schlossergeselle Johann Ludwig Werder zum Konstrukteur der „Großen Klettschen Bayreuther Maschine" für die dortige Baumwollspinnerei. Bald stieg er zum Direktor und sogar zum Teilhaber der Maschinenfabrik auf. Als Firmenpatriarch der zweiten Generation betätigte sich Cramer-Klett in seinem Werk auch sozial. 1855 gründete er eine Unterstützungskasse für seine Arbeiter, ließ Arbeiterwohnungen und eine Fabrikschule für die Arbeiterkinder errichten.

Durch die neuartige Unternehmensstruktur als „Dienstleiter" war die Firma Cramer-Klett in der Lage, große Aufträge in kurzer Zeit auszuführen und zu erledigen. So wurde in 28 Tagen die Münchner Schrannenhalle aufgestellt, und in nur 100 Tagen wurde 1854 für die Münchner Gewerbeausstellung ein allseits bewunderter Glaspalast errichtet. König Max II. honorierte diese außergewöhnliche technische und organisatorische Leistung Cramer-Kletts mit der Verleihung des Kronenordens und dem persönlichen Adel. 1867 erhielt die Firma von König Ludwig II. den Auftrag, über dem Westflügel der Müchner Residenz einen Wintergarten aufzurichten. Die vielbestaunte Eisen-Glas-Konstruktion wurde nach dem Tod des exzentrischen Königs jedoch abgebrochen, in Nürnberg allerdings als neue Werkhalle der M.A.N. wieder benutzt.

Den meisten Gewinn aber erzielte Theodor von Cramer-Klett mit seinen Brükkenbauten wie etwa der über 1.000 Meter langen Rheinbrücke bei Gustavsburg. Im Königreich Bayern errichtete er fast alle Bahn- und Straßenbrücken aus Eisen. Hierfür gründete er 1873 in München die „Süddeutsche Brückenbau-Aktiengesellschaft". Die Umwandlung der „Maschinenbaugesellschaft Nürnberg" in eine Aktiengesellschaft im gleichen Jahr sicherte den Fortbestand des Unternehmens.

Mit wachsender Zahl der Großprojekte verstärkte Cramer-Klett seine Zusammenarbeit mit Banken und Kreditgebern, um sein Konzept der Teil- oder Vollfinanzierung der Großaufträge erfüllen zu können. Besonders eng arbeitete er mit der „Bank für Handel und Industrie" in Darmstadt zusammen, und für die Finanzierung des Baus der bayerischen Ostbahn 1856 bis 1862 konnte er ein Bankenkonsortium zusammenbringen. Schließlich war er 1871 maßgeblich an der Gründung der „Süddeutschen Bodenkreditbank" und an der Konstituierung der „Münchner Rückversicherungsgesellschaft" beteiligt.

Als einer der wichtigsten Unternehmer und Finanz-Manager in Bayern mußte er selbstverständlich zur ständigen Kon-

taktpflege mit Regierung und Ministerialbürokratie nach München wechseln, wo er das Palais Schönborn als Wohnsitz erwarb. Hier suchte und fand er den engen Kontakt mit Künstlern und Wissenschaftlern. Dabei wurde er nach dem Tode von Emilie Klett von seiner zweiten Frau Elisabeth Kurze sehr unterstützt. Die umfassend gebildete Frau half ihrem Mann auch in seinem reichen Mäzenatentum. So unterstützte er das Künstlerhaus in München, und in seiner Vaterstadt erhielten die Albrecht-Dürer-Haus-Stiftung und das Gewerbemuseum namhafte Summen.

Seine herausragenden technischen und organisatorischen Leistungen sowie sein großherziges Mäzenatentum wurden mit der Erhebung in den erblichen Freiherrnstand und schließlich 1878 zum erblichen Reichsrat der Bayerischen Krone gewürdigt. Die Universität München verlieh ihm den Ehrendoktor. Am 5. April 1884 verstarb er auf seinem Gut Hohenaschau im Chiemgau, wo er in den letzten Jahren in Muße seine Neigungen und Liebhabereien gepflegt hatte. Beerdigt wurde er in seiner Vaterstadt auf dem Johannisfriedhof.

Abb. 65: Lothar von Faber (1817–1896). Ölgemälde von Carl Jäger.

Lothar von Faber

Lothar Faber wurde am 12. Juni 1817 als ältester Sohn des Bleistiftmachers Georg Leonhard Faber in Stein geboren, wo die Familie seit 1758 ansässig war. Durch seine Einheirat in die Schreinersfamilie Bußo war Caspar Faber zur Bleistiftherstellung gekommen, denn die Bleistiftfertigung wurde von den Schreinern miterledigt. Sein Sohn Anton Wilhelm machte sich 1761 selbständig und gab dem Unternehmen seinen Namen. Er brachte es zu einem gewissen Wohlstand, den sein Sohn Georg Leonhard noch mehrte. Doch es blieb Lothar Faber überlassen, die Bleistiftfirma zu Weltruhm zu führen.

Nach dem Besuch der Lateinschule in Nürnberg trat Lothar Faber als Kaufmannslehrling in das Handels- und Bankhaus J. C. Cnopf ein, um sich auf die Führung des väterlichen Unternehmens vorzubereiten. Im Selbststudium brachte er sich Englisch, Französisch und Italienisch bei. Mit gerade 19 Jah-

ren wechselte er zur Weiterbildung für drei Jahre nach Paris und dann noch für fast ein Jahr nach London. Beide Auslandsaufenthalte waren für den jungen Kaufmann von ausschlaggebender Bedeutung. Denn zum einen erkannte er in Paris die Rückständigkeit der Nürnberger Waren, zum anderen aber erlernte er das Conté'sche Verfahren zur Minenherstellung, bei dem durch die Beimischung von Ton Graphit gespart werden konnte.

Als 1839 der Vater überraschend verstarb, mußte Lothar im folgenden Jahr den Betrieb übernehmen, den die Familie wegen seiner veralteten Technik schon aufgeben wollte. Bei der Übernahme zählte die Manufaktur 20 Mitarbeiter und erwirtschaftete rund 12.000 Gulden. Der junge Kaufmann, der auch ein hohes technisches Verständnis besaß, führte sogleich mehrere technische Neuerungen ein und stellte die Produktion um, wobei ihm seine in Frankreich und England gemachten Erfahrungen und Beobachtungen zugute kamen. So ließ er erstmals den sechseckigen Markenbleistift mit unterschiedlichen Längen und Härtegraden fertigen, der zwar teurer war als die gewöhnliche Nürnberger Durchschnittsware, aber den höheren Preis durch die garantierte bessere Qualität aufwog.

Vor allem aber überließ er nicht mehr dem Nürnberger Handel seine Produkte, sondern er begab sich selbst mit seiner Musterkollektion auf lange Reisen, um neue Absatzmärkte in Deutschland, Österreich, Rußland, Italien, der Schweiz, Belgien, Holland, Frankreich und sogar in England, dem Land der weltweit führenden Bleistiftherstellung, zu erschließen und zu erobern. Seine ausgedehnten Geschäftsreisen waren ein voller Erfolg. Fabrikation und Umsätze wuchsen. Um 1850 stellten 200 Beschäftigte in Stein rund 36.000 Gros Stifte her, die in Europa, in Indien und in Amerika abgesetzt wurden. Der große, zukunftsträchtige Markt in Amerika wurde seit 1849 von einer Niederlassung der Firma „A. W. Faber" betreut, die Lothars Bruder Eberhard leitete. Bald wurden auch in Paris und in London Filialen errichtet, von denen aus die Kolonien für die Faber'schen Produkte erschlossen wurden. Auf den Weltausstellungen in London 1851, in New York 1853, in München 1854 und in Paris 1855 wurden die Bleistifte aus Stein wegen ihrer hervorragenden Qualität und ihrer vorzüglichen optischen Aufmachung stets prämiert und erlangten damit einen weltweiten Bekanntheitsgrad.

Der endgültige Durchbruch aber kam mit dem Jahr 1856. Der Geologe Johann Peter Albert aus Moskau fand im Batuogolgebirge bei Irkutsk in Sibirien ein umfangreiches Graphitlager, das von Lothar Faber erworben werden konnte. Mit dem „schwarzen Gold" aus Sibirien verfügte er über den feinsten und besten Graphit und konnte damit die englische Konkurrenz an Qualität und bald auch an Quantität überflügeln. 1866/67 produzierten seine Fabriken mit 500 Beschäftigten 1,32 Millionen Dutzend Bleistifte, was fast soviel war wie seine Nürnberger Konkurrenten zusammen fertigten. Sein Jahresumsatz betrug 300.000 Gulden und stieg bis 1872/73 auf mehr als eine Million Gulden. Auch wurde der Maschinenpark in den Hallen in Stein ständig ausgeweitet und vergrößert. Schließlich arbeiteten zwei Dampfmaschinen zu je 20 PS, zehn Pressen, zwei Wasserräder zu je zwölf PS, 92 Mühlen und mehr als 20 andere Hilfsmaschinen. Als Lothar Faber mit den Stiften „Polygrades" die Märkte eroberte und schließlich 1874 den Kopierstift erfand, hatte er endgültig die Konkurrenz übertroffen und war mit 1.100 Mitarbeitern zum weltweit führenden

*Abb. 66:
Ein hoher Grad an Arbeitsteiligkeit und der Einsatz von Spezialmaschinen zeichnete die industrielle Fertigung in der Faber'schen Bleistiftfabrik aus. Holzstich nach einer Zeichnung von Theodor Volz, undatiert.*

Unternehmen in dieser Branche geworden. Zu den Niederlassungen in New York, London, Paris und Berlin fügte er weitere Agenturen in Petersburg, Wien und Hamburg hinzu. Dabei umfaßte sein Sortiment nun nicht nur Bleistifte unterschiedlicher Art und Härte, sondern auch Farb- und Patentstifte, Tinten, Büroartikel und Farben für Ölmalerei und Aquarelle. In Geroldsgrün im Frankenwald baute Lothar Faber 1861 ein Zweigwerk auf, in dem sogar Schiefertafeln, Griffel und Zeichenbedarfswaren hergestellt wurden. Als Fälscherfirmen versuchten, seine erfolgreichen Produkte nachzuahmen, erwirkte er beim Reichstag in Berlin 1875 ein Markenschutzgesetz und wurde damit zum Wegbereiter eines einheitlichen Warenschutzes.

Lothar von Faber war nicht nur einer der erfolgreichsten und angesehensten Unternehmer seiner Zeit, sondern er war auch ausgesprochen sozial eingestellt. Aus seinem Verständnis einer patriarchalischen Unternehmensführung richtete er schon 1844 eine Betriebskrankenkasse ein und schuf einen Fonds für Arbeiter, die länger als 25 Jahre bei ihm gearbeitet hatten. Er ließ eine Kleinkinderbewahranstalt, eine Fabrikbibliothek, Arbeiterbäder und eine fabrikeigene Fortbildungsschule einrichten.

Maßgeblich war er am Bau der Schule und der Kirche in Stein beteiligt, für seine Arbeiter ließ er auf eigene Kosten 20 Arbeiterwohnhäuser erbauen, und für 50 Häuser schoß er das Kapital vor. 208 Arbeiterfamilien konnten so eine menschenwürdige Unterkunft finden. In Nürnberg hatte er mit einer Spende über 50.000 Gulden entscheidenden Anteil an der Gründung der Gewerbeanstalt mit dem Gewerbemuseum im Jahr 1869. Schließlich erreichten die Stiftungen, die er und seine Frau schufen, vier Millionen Gulden.

Im öffentlichen und politischen Leben wirkte er als Reichsrat in der Ersten bayerischen Kammer, wo er sich vor allem für die Einführung der Gewerbefreiheit einsetzte und auch sonst große Verdienste erwarb. In Nürnberg schuf er zusammen mit anderen aus der bisherigen königlichen Bank die „Vereinsbank Nürnberg" mit Bodenkreditanstalt, deren Aufsichtsratsvorsitz er übernahm. Seiner Initiative ist es auch hauptsächlich zu verdanken, daß 1874 die „Nürnberger Lebensversicherungsgesellschaft" gegründet wurde, mit der er weiten Teilen der Bevölkerung helfen und Nürnberg als Versicherungsplatz aufbauen wollte.

An Anerkennung für seine herausragenden Leistungen hat es Lothar Faber nie gefehlt. Schon seine Heirat mit Ottilie Richter, der Tochter eines Appellationsgerichtsrats, zeigte seinen sozialen Aufstieg aus Handwerkerkreisen an. Anläßlich des Firmenjubiläums verlieh ihm 1861 die Stadt Nürnberg für sein erfolg- und segensreiches Wirken die Ehrenbürgerwürde. 1863 erhielt er von König Max II. den Zivildienstorden der Bayerischen Krone mit persönlichem Adel. 1865 ernannte König Ludwig II. Lothar von Faber zum lebenslangen Mitglied im bayerischen Reichsrat, und 1867 wurde ihm der Orden der französischen Ehrenlegion verliehen. 1881 erhob ihn schließlich König Ludwig II. in den Freiherrnstand. Als äußeres Zeichen seines Erfolges ließ Lothar von Faber in der Nähe zu seiner Fabrik 1877 ein Schloß im Stil der italienischen Romanik und Renaissance und in dem ausgedehnten Park 1886 eine Prunkvilla im Stile der Neurenaissance erbauen.

Neben den vielen Erfolgen und Ehrungen blieb das Leben Fabers nicht frei von Schicksalsschlägen. Hierzu zählt das Ausscheiden seines Bruders Johann aus der Firma und dessen Gründung eines Konkurrenzunternehmens. Erst 1932 schlossen sich die beiden Firmen wieder zusammen. Auch Eberhard Faber in New York überwarf sich mit seinem ältesten Bruder. Noch schwerer aber hat Lothar von Faber der Tod seines Sohnes Wilhelm und seiner beiden Enkelsöhne getroffen. Nach dem Tode Lothars von Faber am 26. Juli 1896 in Stein ging die Firma in die Hände seiner Enkelin Sophie Ottilie über, die den Grafen Alexander zu Castell-Rüdenhausen heiratete. Den Namen „Faber-Castell" trägt die Firma bis zum heutigen Tag.

Sigmund Schuckert

„Schuckert war eher klein als groß von Wuchs, kräftig und gedrungen. Er trug das dunkelblonde Haar kurz geschnitten und einen mittellangen Vollbart, an den Wangen rasiert. Eine breite Stirn, blaugraue, etwas tiefliegende Augen, eine stark gebogene Nase gaben dem Gesicht einen charaktervollen und energischen, dabei aber freundlich-wohlwollenden, heiteren Ausdruck." Mit diesen Worten beschrieb 1923 der Ingenieur und langjährige Mitarbeiter bei Schuckert Rudolf Cohen den Firmengründer.

Als Sohn einer alteingesessenen Nürnberger Handwerkerfamilie kam Johann Sigmund Schuckert am 18. Oktober 1846 in der Johannesgasse 20 zur Welt. Nach dem Besuch der Volksschule ergriff er nicht den Beruf seines Vaters, eines Büttnermeisters, sondern begann 1859 bei Nürnbergs erstem Elektrofabrikanten Friedrich Heller eine Lehre. Zu seiner Ausbildung als Feinmechaniker gehörte auch der Sonntagsunterricht in Maschinenzeichnen. Am Ende seiner Lehrzeit 1864 bescheinigte ihm Heller, daß er mit „akkurater und sehr sauberer Arbeit die besten Noten sich erworben und Allerwärts warm empfohlen werden kann." Seine Wanderjahre führten den jungen Schuckert nach München, Stuttgart, Hannover, Hamburg und Berlin, wo er in der Telegrafenbauanstalt Siemens & Halske Arbeit fand. 1866 kehrte er zu Fuß nach Nürnberg zurück, da wegen des preußisch-österreichischen Krieges die Bahnen mit Militär besetzt waren. Hier fand er als Werkmeister in der Telefonbauanstalt von Albert Krage eine Stelle als erster Gehilfe. Nebenbei eignete er sich im Selbststudium elektrotechnische Kenntnisse an und bereitete sich auf eine Reise in die USA vor, die er schließlich 1869 antrat. In verschiedenen technischen industriellen Werken in Baltimore und Philadelphia sammelte er neues Wissen und reiche Erfahrungen. Sogar in der bekannten Telegrafenbauanstalt von Thomas Alva Edison war Schuckert für einige Zeit tätig. Als Bürger der Vereinigten Staaten kehrte Schuckert 1873 nach Europa zurück, um unter anderem die Wiener Weltausstellung zu besuchen. Wegen einer Erkrankung seiner Mutter und auf Drängen von Freunden und Verwandten sah er schließlich von einer Rückkehr in die Vereinigten Staaten ab und ließ sich in Nürnberg nieder. An der Schwabenmühle mietete er von der Stadt eine kleine Werkstatt an, in der er zunächst Dynamos nach dem Siemens'schen Prinzip konstruierte. Doch schon bald leistete er auf dem Gebiet der elektrischen Beleuchtung und Kraftübertragung Pionierarbeit. Seine Werkstatt wurde zur Keimzelle einer weltweit führenden Elektroindustrie und Sigmund Schuckert selbst zum typischen Repräsentanten des Industriezeitalters.

Abb. 67: Sigmund Schuckert (1846–1895). Photographie um 1890.

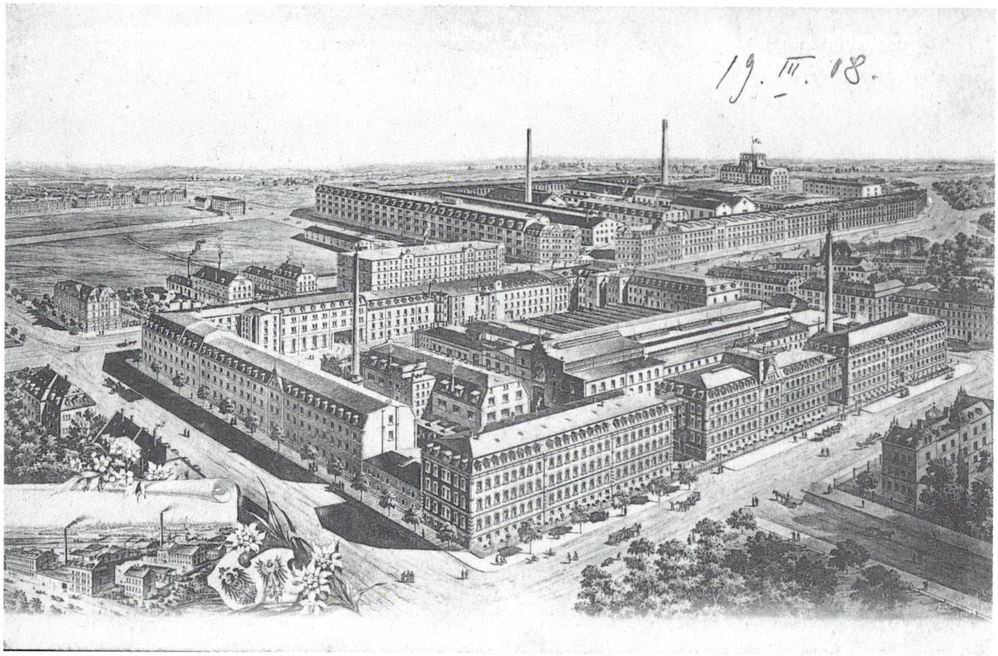

Abb. 68:
Die Schuckertwerke in Steinbühl, Landgrabenstraße. Links unten eine Ansicht der alten Anlage in der Schloßäckerstraße. Ansichtskarte 1908.

Eine wichtige Zäsur in der Firmengeschichte stellte 1877 der Beginn der Zusammenarbeit mit dem Leipziger Kaufmann und späteren Firmenteilhaber Alexander Wacker dar, der den Absatz der Schuckert'schen Fabrikate übernahm. Schnell wuchs die Nachfrage im In- und Ausland. 1878 belieferte Schukkert sogar das Schloß Linderhof mit elektrischen Bogenlampen für die Parkbeleuchtung. Im gleichen Jahr zog die Firma auf ein größeres Areal in der Schloßäckerstraße nach Steinbühl um. Schon zwei Jahre später konnte ein noch größeres Fabrikgelände an der Landgrabenstraße eingeweiht werden. Auch die Produktionspalette wurde entscheidend erweitert. Neben elektrischen Geräten wie Beleuchtungskörpern entwickelte die Firma seit den achtziger Jahren elektrische Straßenbahnen und Kraftwerke. Um den Betrieb für diese neuen Projekte mit dem notwendigen Kapital ausstatten zu können, änderten Schuckert und Wacker 1889 die Rechtsform des Unternehmens und wandelten es in eine Kommanditgesellschaft um. Das Gesamtkapital betrug nun acht Millionen Mark. 1893 firmierte der Betrieb unter dem Namen „Elektrizitäts-Aktiengesellschaft, vorm. Schuckert & Co., Nürnberg". Wegen eines Nervenleidens hatte sich Schuckert schon 1892 aus dem Berufsleben zurück gezogen und starb, kaum 50jährig und geistig verwirrt, drei Jahre später in Wiesbaden.

Seinen Erfolg verdankte Schuckert nicht nur seiner außergewöhnlichen technischen Begabung, sondern auch seiner persönlichen Integrität. Als 1888 ein Streik unter den damals 500 Arbeitern das ansonsten gute Verhältnis zwischen der Belegschaft und ihm erschütterte, soll Schuckert eine Arbeiterabordnung irritiert gefragt haben: „Jetzt weiß ich selbst nicht: sind Sie der Schuckert oder ich?" Die Zwistigkeiten wurden bald beigelegt, denn Schuckert legte großen

Wert auf den persönlichen Kontakt zu seinen Mitarbeitern. So wählte und bildete er nicht nur seine Oberingenieure und Bürovorstände selbst aus, er fühlte sich auch als „der Vatter" seiner Angestellten und Arbeiter und für sie verantwortlich. Aus dieser anfangs sehr persönlich-patriarchalischen Fürsorge entstanden bald eine Betriebskrankenkasse sowie eine Wohnungsbaugesellschaft. Auch Schuckerts Frau Marie Sophie, die er 1885 heiratete, engagierte sich neben ihren Repräsentationspflichten als Unternehmersgattin für bedürftige Betriebsangehörige. Trotz seines großen Erfolges als Unternehmer und des damit verbundenen hohen sozialen Ansehens – 1885 war ihm der Titel „Kommerzienrat" verliehen worden – blieb Schuckert stets bescheiden und einfach. Rudolf Cohen erinnerte sich: „Alles Repräsentieren, alles Vortäuschen war ihm in der Seele zuwider; wollte er Kunden nach Abschluß eines Geschäfts bewirten, so führte er sie am liebsten nicht zu Champagner und Austern, sondern zum 'Zwanziger' in eine kleine Bierstube mit wenigen Tischen in der Nähe des Bahnhofs zu Bier und Schlachtschüssel."

Abb. 69:
Ignaz Bing (1840–1918).
Photographie um 1910.

Familie Bing

Die Familie Bing, die wahrscheinlich aus Bingen über Frankfurt nach Franken gekommen war, war in Nürnberg mit zwei herausragenden Zweigen vertreten, die jedoch wirtschaftlich völlig getrennte Wege gingen. Zum einen waren es die Begründer der „Nürnberger Metallwarenfabrik Gebrüder Bing", Ignaz und Adolf Bing, und zum anderen war es der Hopfengroßhändler Berthold Bing, der ein enger Freund Rudolf Diesels war, des Erfinders des Diesel-Motors.

Ignaz Bing, der bedeutendere der beiden Brüder und Firmengründer, war ein ausgesprochener Selfmademan. Am 29. Januar 1840 als zweiter Sohn des jüdischen Färbermeisters Salomon Bing in Memmelsdorf im Itzgrund geboren, verlor er bereits mit sieben Jahren seine Mutter. Der Vater siedelte, nachdem er sich wieder verheiratet hatte, 1853 nach Gunzenhausen um, wo er sich in dem wesentlich einträglicheren Hopfenhandel betätigte. Mit 14 Jahren kam Ignaz in Ansbach in ein kaufmännisches

Lehrinstitut, in dem er auch praktische Erfahrungen erwarb, da der Anstalt ein kleines Handelsgeschäft angegliedert war. Bereits nach einem Jahr verließ er das Handelslehrinstitut und trat als Volontär bei der Bank J. E. Wertheimber ein. Weitere Erfahrungen sammelte er in Fürth bei der Firma Berneis, „Mercerie", und danach in ähnlichen Geschäften in Aschaffenburg, Wallerstein und schließlich nochmals in Fürth. So lernte er als Käufer und Verkäufer alle Formen und Möglichkeiten des Kleinhandels in Stadt und Land kennen, vor allem auch das Arbeiten mit Heimarbeitern und Hausierern.

Mit 24 Jahren schied Ignaz Bing aus dem Geschäft seines Vaters in Gunzenhausen aus und gründete mit seinem Bruder Adolf ein Engrosgeschäft für Garn-, Band- und Kurzwaren. Bald wies das Engrosgeschäft die beiden Brüder nach Nürnberg, dem größten Handelsplatz im Königreich Bayern. 1865 mieteten sie einen kleinen Laden in der Karolinenstraße und nahmen zu dem bisherigen Angebot auch noch Metall- und Galanteriewaren in ihr Verkaufsangebot auf. Einen deutlichen Aufschwung erlebte ihr Geschäft 1866 durch die in Nürnberg einquartierten preußischen und mecklenburgischen Soldaten, die sich mit Galanteriewaren, Zigarrenspitzen, Pfeifen und anderen Kleinwaren eindeckten.

Bereits drei Jahre später mußten die Gebrüder Bing einen größeren Laden anmieten. Gleichzeitig spezialisierten sie das Sortiment auf Metallwaren. Das nötige Kapital kam durch die Heirat des jüngeren Bruders Adolf in die Firma. Einen neuerlichen Aufschwung erlebte die Firma nach dem Krieg 1870/71. Die allgemeine Wirtschaftskrise nach 1873 fingen die Gebrüder Bing sehr geschickt dadurch auf, daß sie sich auf den Verkauf der neuen Gewichte und Maße spezialisierten, die im Deutschen Kaiserreich eingeführt wurden und nun vor allem in Süddeutschland sehr gefragt waren. Bei der Fertigung der neuen Metermaße und Gewichte stützten sich die Gebrüder Bing auf die entwickelte Nürnberger Heimindustrie. Der außergewöhnliche Geschäftssinn von Ignaz Bing zeigte sich auch darin, daß er den Vertrieb von billigen Petroleumlampen übernahm, die als Massenartikel wiederum von den Nürnberger Heimwerkern hergestellt wurden.

Öffentliche Anerkennung fand die Firma Bing auf der großen Landesausstellung für Gewerbe und Industrie 1882, an deren Vorbereitung Ignaz Bing als Mitglied des Verwaltungsrates des Gewerbemuseums unmittelbar beteiligt war. Die Firma Bing erhielt für ihre Produkte die Goldene Staatsmedaille verliehen. Denn inzwischen war die ursprüngliche Großhandelsfirma dazu übergegangen, ihre Handelsware selbst herzustellen, nachdem die Nürnberger Heimindustrien den Bedarf nicht mehr decken konnten. Deshalb errichteten die Gebrüder Bing die Firma „Nürnberger Metallwarenfabrik Gebrüder Bing", eine kleine Blechwarenfabrik, die sich mit der Herstellung von Küchengeräten, Blechspielwaren und anderen Blech- und Lackierwaren befaßte. Entscheidend für den unternehmerischen Schritt in die eigene Fabrikation war Ignaz Bing, während sein Bruder Adolf dieses Risiko scheute und als Teilhaber fast völlig in den Hintergrund trat. Ignaz Bing baute nun die erste Bing'sche Fabrik in der Scheurlstraße und übernahm die Leitung des Unternehmens.

Bald entstanden weitere Werke in der Blumenstraße und in Gleißhammer. In Grünhain in Sachsen wurde eine Fabrik für Emaillespielwaren errichtet. Dabei blieben aber, neben der eigenen Fabrikation, die Verbindungen zu den Nürn-

berg-Fürther Spielwarenherstellern weiterhin bestehen, deren Produkte mitvertrieben wurden. Der Kundenkreis hatte sich inzwischen über den süddeutschen Raum ausgeweitet. Von Hamburg, Bremen, Berlin und Lübeck aus wurden die Kollektionen durch die besonders geschulten „Bingkaufleute" bereits ins Ausland exportiert. Die farbigen Kataloge in englischer, französischer und italienischer Sprache der Firma Bing priesen nun neben Gebrauchsgegenständen aus Blech, Spielwaren und Eisenkurzwaren auch Artikel aus Holz an. Diese Massengüter für den Alltag fanden vor allem Absatz in Mittel- und Südamerika, in den englischen Kolonien und in Südafrika. Auf der Weltausstellung in Chicago 1892 wurden die umfangreichen Kollektionen der Firma Bing vorgezeigt, und auf der Weltausstellung in Paris 1900 erregte die Firma mit einer Elitekollektion größtes Aufsehen. Mit nur wenigen Ausstellungsgegenständen aus der optischen, mechanischen, physikalischen und Blechspielwarenproduktion nahm die Firma in der Spielwarenherstellung nun den ersten Platz ein. Das Unternehmen hatte Weltruf, und das alte Sprichwort „Nürnberger Tand geht durch alle Land" wurde durch Ignaz Bing neubelebt. In den letzten Vorkriegsjahren erweiterte Ignaz Bing das Angebot und nahm auch Badeöfen und Badeartikel neben Spielwaren und Haus- und Küchengeräten in die Fabrikation mit auf. In vielen Großstädten ließ er Musterzimmer einrichten, in denen die Gesamtsortimente des Unternehmens zur Schau gestellt wurden. Der Erste Weltkrieg unterbrach die Entwicklung, die überseeischen Absatzgebiete gingen verloren, und die Filialen im Ausland wurden beschlagnahmt. Doch geschickt stellte sich die Firma Bing auf die Kriegsproduktion um. Sie lieferte nun Helme, Feldflaschen, Militärkochgeschirre und Tornister, aber auch Wurfgranaten und Zünder. Infolge der steigenden Nachfrage waren beträchtliche Betriebsvergrößerungen notwendig, und die Zahl der Arbeiter stieg von fast 4.000 auf rund 6.000.

Vorausschauend begann Ignaz Bing, sich in den letzten beiden Kriegsjahren wieder auf Friedensproduktion einzurichten. So erwarb er eine Puppenfabrik und gründete eine Handelsgesellschaft, die erzgebirgische Spielwaren auf- und weiterverkaufte. Auch der Vertrieb von Küchenwaren und Haushaltsgegenständen wurde neu organisiert. Großen Aufschwung erlebte nach dem Krieg die Produktion von emaillierten Küchen-

Abb. 70:
Um die Jahrhundertwende galt die Firma der Gebrüder Bing als die weltweit führende Spielwarenfabrik. Im Ersten Weltkrieg mußte ein Teil der Produktion auf Rüstungsbedarf umgestellt werden. Anzeige im Handels- und Gewerbeadreßbuch Nürnberg-Fürth 1891.

waren und von Blech- und Lackierwaren in Grünhain und in Nürnberg die Produktion von Eisschränken, von Büroartikeln, von Luxusartikeln und Bijouteriewaren sowie von Holzwaren für Küche und Haus. Durch den Erwerb neuer Firmen und ihre Anschlüsse als Tochtergesellschaften entwickelte sich die Aktiengesellschaft zu einem nur schwer überschaubaren Konzern, in dem 1923 fast 16.000 Menschen Beschäftigung fanden.

Das erfolgreiche geschäftliche Wirken von Ignaz Bing fand auch die entsprechende öffentliche Anerkennung. 1891, beim 25jährigen Geschäftsjubiläum, wurde er Kommerzienrat und erhielt die Silberne Bürgermedaille der Stadt Nürnberg verliehen. Zu seinem 70. Geburtstag im Jahr 1910 wurde er mit dem Titel eines Geheimen Kommerzienrats ausgezeichnet. Neben seinem hohen Einsatz für die Firma fand er noch Zeit für öffentliche Aufgaben und persönliche Neigungen. So war er in der Deutschen Anthropologischen Gesellschaft tätig. Im Verein Merkur hielt er Vorträge über die kaufmännische Lehrlingsausbildung. Politisch hielt er sich mehr zurück, doch war er eingeschriebenes Mitglied der Nationalliberalen Partei und als deren Vertreter Mitglied des Magistrats. Erholung suchte und fand er in der Natur in der Fränkischen Schweiz. Als leidenschaftlicher Naturforscher entdeckte und erschloß er die nach ihm benannte „Binghöhle" bei Streitberg. Streitberg dankte ihm mit der Ernennung zum Ehrenbürger. Nach langer Krankheit verstarb Ignaz Bing am 25. März 1918 im Alter von 78 Jahren. Unter großer Anteilnahme der Belegschaft der Bingwerke, der Vertreter der Stadt und der Industrie- und Handelswelt wurde er zu Grabe getragen.

Ein entfernter Vetter von Ignaz Bing war der Hopfengroßhändler Berthold Bing (1847–1915). Der Urgroßvater von Berthold Bing war Raw Abraham Bing (1752–1841), Oberrabbiner für das Großherzogtum Würzburg. 1814 zog er nach Würzburg, wo aus seiner Schule zahlreiche hervorragende Vertreter der modernen jüdischen Orthodoxie hervorgingen. Seine beiden Söhne heirateten nach Scheinfeld. Beer Abraham Bing betätigte sich als Schriftsteller, während seine Frau einen Spezerei- und Manufakturwarenladen führte. Er verstarb früh und hinterließ drei Söhne, von denen der jüngste, Bernhard Bing, sich dem Hopfenhandel zuwandte.

Der Hopfenhandel war fast ausschließlich in jüdischen Händen und konzentrierte sich vor allem auf Nürnberg, das zum Stapelplatz des deutschen und böhmischen Hopfens und zur Schaltstelle des Exports nach Übersee wurde. Deshalb übersiedelte auch die Familie des Hopfenhändlers Bing Anfang der 60er Jahre von Scheinfeld nach Nürnberg. Der junge Berthold Bing hatte seine Lehrjahre in Straßburg und Paris verbracht, wo er die französische Sprache und Lebensart perfekt lernte und lebenslang beibehielt. Da das Hopfengeschäft ein Saisongeschäft war, ließ es in den freien Monaten den jüdischen Großhändlern genügend Zeit für öffentliche Aufgaben und private Neigungen. So gehörte Berthold Bing als Vertreter des aufstrebenden jüdischen Bürgertums und des linken Liberalismus dem Gemeindeparlament und seit 1892 der Mittelfränkischen Handelskammer in Nürnberg an. Er war ein eifriges Mitglied in der Freimaurer- und in der Odd-Fellow-Loge. Weiterhin gehörte er dem bayerischen Eisenbahnrat an, einem beratenden Gremium, das großen Einfluß auf die Auswahl und Projektierung neuer Strecken hatte. Als liberaler Jude nahm er jedoch am jüdischen Gemein-

deleben in Nürnberg nicht teil, wenn er auch nicht formell aus der Gemeinde austrat.

Als Mitglied der Handelskammer galt Berthold Bings besonderes Interesse neben der Eisenbahn dem Kanalverein. Auf dem Kanal sollte Öl auf Tankschiffen aus Rußland in das nordbayerische Industriezentrum gebracht werden, wo man nach einem effektiveren Einsatz für die überholte Dampfmaschine suchte. Man wußte von den Experimenten Rudolf Diesels in Augsburg, die jedoch nicht mehr finanziert werden konnten. In dieser schwierigen Situation stellte 1897 Berthold Bing eine Verbindung zwischen dem Erfinder und Adolphus Busch in St. Louis her, dem wohl größten Bierbrauer Amerikas, der zu Bings Geschäftspartnern und Freunden gehörte. Busch war bereit, eine Million Mark in die Entwicklung des Diesel-Motors zu investieren, wobei Berthold Bing eine entscheidende Rolle beim Zustandekommen der Verträge zwischen Diesel und Busch spielte. Bing war auch als Vermittler nach Petersburg tätig, wo Emanuel Nobel die Patente Diesels erwarb, und er war auch am Zustandekommen der Lizenzverträge nach England und Schweden beteiligt. 1898 wurde in München die „Allgemeine Gesellschaft für Diesel-Motoren" gegründet, zu deren Gründungsmitgliedern und Hauptaktionären Berthold Bing gehörte.

Berthold Bing starb 1915 in Nürnberg. Er hatte sich noch in den letzten Monaten seines Lebens, trotz schwerer Krankheit, um die Organisation der Lebensmittelversorgung der Nürnberger Bevölkerung im ersten Kriegsjahr große Verdienste erworben, die dies jedoch bald vergessen hatte. Sein Sohn Rudolf (1876–1963), als Anwalt aufs engste mit dem politischen und wirtschaftlichen Leben Nürnbergs verflochten, vertrat nach 1933 in Nürnberg die zionistischen Interessen und mußte nach der „Reichskristallnacht" nach Palästina auswandern. Seine Schwester Anne, verheiratete Löwengart, hatte sich schon in den zwanziger Jahren der zionistischen Bewegung angeschlossen und war 1933 nach Haifa ausgewandert.

Leben der Arbeiter

Mit der Erweiterung des Stadtgebietes wuchs auch die Bevölkerungszahl sprunghaft an und erreichte 1880 die Einwohnerzahl von fast 100.000. Insbesondere durch den Zuzug von immer mehr Arbeiterfamilien erhöhte sich ständig die Wohndichte. So lebten 1875 innerhalb der Stadtmauer auf einem Hektar 342, in den Vororten immerhin 96 Menschen. Bei der Erhebung des Statistischen Amtes für das Jahr 1910 hatten sich die Verhältnisse nur geringfügig verbessert. Immer noch lebten in der Altstadt durchschnittlich fast 307 Menschen auf einem Hektar. 1895 waren 69 Prozent aller Erwerbstätigen in Nürnberg Fabrikarbeiter, 1907 waren es sogar 73 Prozent. Doch neben die Sorge um den Erhalt und die Sicherung eines Arbeitsplatzes in der Industrie trat stets und unvermindert die Suche nach einer Unterkunft. Noch 1893 war die Altstadt voll von „vielen elenden Hütten in den engen, lichtlosen Gassen." Insbesondere die mangelnde Hygiene, verursacht durch die Überbelegung der Wohnungen, wurde zu einem drängenden gesundheitspolitischen Problem. Die schlechtesten Wohnverhältnisse befanden sich in den ältesten Stadtteilen der Altstadt, in Wöhrd und in Glockenhof. „Die Ableitung der Küchenwasser geschieht in 258 Fällen nicht durch einen Ausguss. Hier wird die Strasse oder der

Abb. 72: Wohnungsbau als Aufgabe der Kommune: Nur zögerlich nahm sich die Stadt dieser Herausforderung an. Ansichtskarte 1912.

Hof zuerst die Abwasser auffangen, bevor dieselben dem Kanal zugeführt werden. Natürlich bleiben die festen, leicht in Fäulnis übergehenden Substanzen liegen und verbreiten jene üblen Gerüche, die man besonders zur Sommerzeit in den mit den kleinen Wohnungen reich gesegneten älteren Stadtteilen wahrnimmt. Die Benutzung der Aborte ist in den kleinen Wohnungen auch eine reichlichere als in den grösseren. In einzelnen Fällen haben mehrere Häuser einen gemeinsamen Abort. Daß im Jakober Viertel eine ganze Anzahl alter Häuser ohne Abort ist, ist ja altbekannt". Dies mußte der sozial engagierte Mathematik- und Physiklehrer Hans Hess über die Wohnungsverhältnisse 1893 feststellen.

Neben den sanitären Mißständen war auch der bauliche Zustand vieler Arbeiterwohnhäuser desolat. Hess berichtet weiter: „Die Treppen sind meist steil, zum grossen Theil findet man schwer passierbare Wendeltreppen. Kellerwohnungen findet man nur sehr wenige, ausser in den westlichen Vorstädten, in welchen die Gewinnsucht gewissenloser Hauswirthe einen Theil ihrer Keller in entsetzliche Höhlen umgewandelt hat. Die Polizei kämpft, so weit es die allgemeine bayerische Bauverordnung erlaubt, mit aller Energie dagegen. Schlimmer als die Kellerwohnungen sind noch die Dachwohnungen, gegen die polizeilich – ausser in feuerpolizeilicher Beziehung – wenig zu machen ist. Besonders in den engeren Quartieren ist ein grosser Theil der Bodenräume in enge, schwer ventilirende Wohnungen, welche meist nur auf wirklichen Hühnersteigen zu erreichen sind, umgewandelt. Der Comfort ist im Allgemeinen sehr mässig. Die alten Häuser der inneren Stadt, die früher meist einer Familie und dem Geschäft gedient haben, müssen jetzt Massen von Miethern beherbergen, die die Ausbreitung nicht gestatten, welche die Gesundheitspflege und die Bequemlichkeit erheischt. Besser wird es in den Vorstädten, in welchen meist neue Häuser stehen, zum Theil im Pavillonsystem gebaut und comfortabler eingerichtet. Den Einrichtungen der alten Häuser zu Miethkasernen ist ein grosser Theil der Höfe zum Opfer gefallen. Unser Baumaterial ist porös – Sandstein – nimmt in Folge dessen viel und leicht Wasser auf und wird dadurch besonders von Innen heraus feucht gehalten."

Etwas Abhilfe bei der Wohnungsmisere schufen die Großunternehmer. So befanden sich in den Arbeiterhäusern, die Cramer-Klett neben seinem Werk errichten ließ, „in jedem Stockwerke zwei Wohnungen, jede Wohnung bestehend aus zwei Zimmern, einer Kammer, einem Aborte, dann Keller- und Bodenantheil und Mitbenutzungsrecht einer Waschküche". Auch die Fabrik A.W. Faber in Stein reagierte auf den Notstand und errichtete auf eigene Kosten insgesamt 50 Häuser, in denen 208 Arbeiterfamilien wohnen konnten.

Abb. 73:
Wie dieses Haus in der Campestraße, charakterisieren bis heute Gründerzeithäuser die eleganten Wohnviertel nördlich der Burg. Ansichtskarte 1913.

Eine Folgeerscheinung der Wohnungsknappheit war der Mietwucher. 1872 stellte der Architekt Andreas Paul fest: „Abgesehen von der Mangelhaftigkeit mancher bisher dem Arbeiter gebotenen Wohnungen in Souterrain's, in dumpfen finsteren Höfen und auf Dachböden, deren Beschreibung der Feder eines französischen Romanschriftstellers wohl manchen willkommenen Stoff bieten möchte, ist es dem Arbeiter gegenwärtig sehr schwer geworden, auch nur eine mangelhafte Wohnung für sich und die Seinigen zu erhalten, viel schwerer jedoch, die bis zu erschreckender Höhe gesteigerten Miethzinse zu erschwingen." Quadratmeterpreise von fünf bis elf Mark waren keine Seltenheit. Bei einem durchschnittlichen Jahreseinkommen eines ungelernten Arbeiters von rund 1.020 Mark und eines Facharbeiters von 1.230 Mark mußten oftmals noch Untermieter oder sogenannte Aftermieter oder Schlafgänger aufgenommen werden. 1898 schrieb der Architekt Emil Hecht in seinem leidenschaftlichen Plädoyer für den Bau von städtischen Arbeiterwohnungen: „Bis vor wenigen Jahren war eine Wohnung im Vorderhause mit drei Räumen und Küche um 180 bis 240 Mark zu haben, jetzt ist der Preis schon bis 450 Mark für die besseren dieser Art gestiegen. Dies ist nun ein Preis, den ein gewöhnlicher Arbeiter nicht bezahlen kann. Trotzdem sind solche Wohnungen stets gesucht und meist bei Vollendung des Neubaues schon vermiethet. Dies hat nun seine Ursache mit darin, daß für eine Bevölkerungsklasse ein Wohnungsbedürfnis besteht, welches von der Bauspekulation nicht direkt befriedigt werden kann, diese Bevölkerungsklasse besteht in den ledigen Arbeitern und Arbeiterinnen, die keiner Familie angehören. Diese suchen Wohnungen bei Familien verheiratheter Arbeiter oder kleiner Geschäftsleute, und *so entsteht ausser der sehr starken Bevölkerung der Grundstücke noch eine weitere, welche stellenweise zu einer in sozialer und sittlicher Beziehung schädlichen und gefährlichen Überbevölkerung führt. Die Aftermiethe, welche dem Hauptmiether zur Bestreitung seines Miethzinses unentbehrlich ist, bildet den Hauptkrebsschaden unserer Arbeiterwohnungsfrage, sie läßt sich aber nicht durch ein Verbot beseitigen, denn die Ledigen wollen auch wohnen."*

Neben dem „Schläferunwesen" prangerte der Nürnberger Arzt Dr. Alexander Frankenburger noch einen weiteren Mißstand an, der durch überhöhte Mietpreise und die Wohnungsnot hervorgerufen wurde, nämlich das sogenannte „Trockenwohnen" von neuerbauten Wohnungen. 1899 beklagte der engagierte Arzt, daß „eine große Zahl von Angehörigen der arbeitenden Klasse als Trockenwohner in den jeweils neugebauten Stadtteilen von Quartier zu Quartier zieht, oder aber in ebenfalls schlechten Wohnungen der Vororte, weit von der Arbeitsstätte entfernt sich ansiedelt, oder schließlich zeitweise in ganz unzulässigen Keller- oder Bodenräumen Unterkunft findet". Mit den horrenden Mietpreisen hielten die Löhne der Arbeiter niemals Schritt.

Arbeit in der Fabrik

„Ihre Täthigkeit besteht mit Ausnahme weniger Manipulationen lediglich in der Bedienung von Maschinen, welche letztere die Hauptarbeit verrichten. Daher kommt es, daß nahezu jeder, der seine gesunden Glieder hat, im Betrieb Verwendung finden kann, daß also stets ein starkes Angebot von Arbeitskräften vorhanden ist." So beschrieb Eduard Schwanhäußer 1895 die Konkurrenzsituation speziell in der Bleistiftindustrie. Etwa 40 Prozent aller Beschäftigten in der Branche waren Frauen, aber auch Kinder unter 14 Jahren arbeiteten in der Fabrik mit. Der Arbeitstag begann um sechs Uhr früh und endete um sechs Uhr abends. Lediglich eine eineinhalbstündige Pause unterbrach den Arbeitsablauf. Durch die straffe Organisation der Arbeiterschaft konnten im Laufe der Jahre einige Verbesserungen erzielt werden. So betrug 1899 die Wochenarbeitszeit nur noch in einigen Fällen mehr als 60 Stunden, und fast die Hälfte der Fabriken hatte die Arbeitszeit auf 58, 57 und 56 Stunden reduziert, die gesamte lithographische Industrie sogar auf 54 Stunden. Mit Ausnahme von notwendigen Wartungsarbeiten an Maschinen war Sonntagsarbeit nicht gestattet. Neben dem langen Arbeitstag erschwerten zahlreiche Mißstände die Arbeit in den Fabriken. So erzeugten etwa in der Bleistiftindustrie die vielen Schleif- und Hobelmaschinen reichlich lungenschädlichen Holzstaub, und auch in anderen Industriezweigen waren die Arbeiter der Gefahr chronischer Lungenerkrankungen ausgesetzt, wie zum Beispiel in der Ultramarin- und Specksteinfabrikation, der Holzspielwarenfabrikation oder in Papierfärbereien. Bei der Arbeit in den Farben- und Lackfabriken dagegen drohten schwere Vergiftungen, und durch Maschinen, wie die Zirkuliersägen, zogen sich viele Arbeiter schlimme Verletzungen zu, denn die Arbeitsschutzbestimmungen wurden nur wenig beachtet. Bei einer Fabrikinspektion 1898 wurde festgestellt, daß drei Kreissägen der Spiegelglasfabrik Oesterreicher in Sündersbühl keine Schutzvorrichtung hatten. Auch mußte eine ganze Reihe arbeitsrechtlicher Verstöße moniert werden. So erhob die Glasschleiferei Hönicken & Vincens Geldstrafen bis zu drei Mark bei fehlerhafter Arbeit, obgleich die beschäftigten Frauen nicht einmal drei Mark am Tag verdienten, und die Putzwollfabrik E. Blödel & Co. ließ die Ar-

beiterinnen auch an Samstagen bis 18 Uhr arbeiten. Die Celluloidwarenfabrik Gebrüder Wolff beschäftigte sogar zwei Kinder unter 14 Jahren von sieben Uhr bis 19 Uhr für Akkordarbeiten. Außerdem betrieben die Gebrüder Wolff einen Bierausschank in der Kantine mit einer überhöhten Gewinnspanne, so daß sie sich zusätzlich an ihren eigenen Arbeitern bereicherten.

In sämtlichen 563 Fabriken Nürnbergs waren 1899 genau 1.664 Jungen und Mädchen im Alter zwischen 13 und 16 Jahren beschäftigt. Da die Beschäftigung Jugendlicher erst ab dem 14. Lebensjahr erlaubt war, wurde die Polizeiaufsicht über eventuelle Kinderarbeit sehr streng gehandhabt. Die häufigen Betriebsvisitationen im Abstand von wenigen Wochen lassen jedoch auf vielfache Übertretungen des Verbots für Kinderarbeit schließen.

Mit 9.458 Beschäftigten stellten die volljährigen Frauen 1899 32 Prozent der gesamten Fabrikarbeiterschaft. Sie trugen so maßgeblich zum Lebensunterhalt ihrer Familien bei. Oft waren sie der Doppelbelastung von Haushalt und Berufstätigkeit nicht gewachsen, weshalb ihnen der Bleistiftfabrikant Eduard Schwanhäußer mit die Schuld an den sozialen Problemen vieler Arbeiterfamilien gab: „Mangelnder Ordnungs- und Sauberkeitssinn, überhaupt die ungenügende Befähigung der Arbeiterfrauen für ihren Beruf tragen hauptsächlich dazu bei, dem von der Arbeit zurückkehrenden Mann den Aufenthalt in der eigenen Wohnung zu verleiden und ihn öfter, als seine Verhältnisse es ihm gestatten, ins Wirtshaus zu führen. Besonders die Unsitte ist bei den Bleistiftarbeitern ziemlich verbreitet, von dem am Samstag Abend ausgezahlten Lohn einen großen Teil am Sonntag zu verjubeln und dann lieber die Woche dafür zu darben. Eine große Anzahl von Festlichkeiten aller Art, besonders von sogenannten 'Kirchweihen', die häufig mit der Einweihung einer Kirche in gar keinem Zusammenhang stehen, bietet ihnen reichlich Gelegenheit, die während der Woche allenfalls gefaßten guten Vorsätze wieder umzustoßen."

Arbeiterverdienst

Bis weit über die Mitte des 19. Jahrhunderts bestimmte das Phänomen des Pauperismus, der Massenarmut, die soziale Lage vieler Arbeiter und ihrer Familien. Der massenhafte Zuzug vom Land in die Stadt bei gleichzeitig stagnierendem Arbeitskräftebedarf, aber auch Teuerungen und Hungersnöte, hervorgerufen durch Mißernten, führten viele Arbeiter- und Handwerkerfamilien in tiefe Armut. Der Lebensstandard der Unterschichten verbesserte sich erst mit dem wirtschaftlichen Aufschwung, als Arbeitsplätze durch die Industrialisierung in großer Zahl entstanden und auch die Reallöhne langsam anstiegen. Erste soziale Maßnahmen, wie die Einrichtungen der „Firmen-Patriarchen" und die staatliche Versicherungsgesetzgebung seit den 80er Jahren, schützten nun zumindest einen Teil der Arbeiterschaft vor der Verelendung. Dennoch kämpften viele Familien um den Erhalt oder die Verbesserung ihres Lebensstandards.

1892 gab der Stadtmagistrat in einer öffentlichen Sitzung den ortsüblichen Lohn für „gewöhnliche Tagearbeiter" bekannt. Danach verdiente ein Arbeiter 2,20 Mark, eine Arbeiterin 1,40 Mark, ein jugendlicher Arbeiter 1,30 Mark und eine minderjährige Arbeiterin nur 90 Pfennige. 1906 betrug das Jahresgehalt eines städtischen Arbeiters zwischen 960 und 1.140 Mark. Gearbeitet wurde an sechs Tagen in der Woche jeweils 9 1/2 Stunden. Urlaub konnte für drei Tage im Jahr gewährt werden. 1908 lag der Mindestlohn für städtische Arbeiter bei 3,20 Mark, der Höchstsatz bei 4,80 Mark. Die wenigen städtischen Arbeiterinnen, wie etwa Abortfrauen oder Straßenbahnwäscherinnen, konnten im Höchstfall 3,30 Mark verdienen. 1914 wurde der Mindestlohn für Frauen in städtischen Diensten auf 3,70 Mark angehoben. Die Stadt Nürnberg blieb damit nur 20 Pfennige unter dem Betrag, den die Reichshauptstadt Berlin zahlte. Je nach Dienstjahren bezuschußte die Stadt die Altersversorgung ihrer Arbeiter mit bis zu 100 Mark.

Etwas besser wurde die Arbeit in der Regel in der Privatindustrie vergütet, allerdings unterlagen die Gehälter in der freien Wirtschaft starken Konjunkturschwankungen, und die Arbeitsplätze selbst waren in wirtschaftlichen Krisenzeiten sehr gefährdet. Im Jahr 1898 gehörte in der Spaeth'schen Maschinenfabrik ein Ingenieur mit einem Jahresgehalt von 4.200 Mark sicherlich zu den Spitzenverdienern, ein Werkmeister verdiente immerhin noch zwischen 1.640 und 2.304 Mark und ein Techniker 1.172 Mark. Die meisten Arbeiter aber wurden bei einem elfstündigen Arbeitstag mit einem Jahresgehalt von nur 780 Mark entlohnt. Je nach Qualifikation bezahlte die Firma Cramer-Klett 1898 den Arbeitern Jahreslöhne zwischen 1.100 Mark und 1.630 Mark, bei einer Arbeitszeit von 60 Stunden die Woche. Auch die Firma Schukkert blieb in diesem Rahmen der Entlohnung. Wesentlich schlechter wurde allerdings Frauenarbeit honoriert. Während 1910 ein ungelernter Arbeiter etwa 1.140 Mark im Jahr verdiente, erhielt eine Arbeiterin lediglich 690 Mark.

Traditionell gehörten Angehörige des Druckgewerbes zu den Besserverdienenden. So konnte in der Phase des wirtschaftlichen Aufschwunges um 1900 ein Schriftsetzer ein Jahreseinkommen von 2.236 Mark erreichen, während zur selben Zeit ein Lackierer nur 1.250 Mark und ein Brauer 1.153 Mark im Jahr verdiente.

In der Regel reichte der geringe Verdienst des Familienvaters nicht aus, um den Lebensunterhalt einer vielköpfigen Familie zu bestreiten. Das jährliche Gesamteinkommen einer Tagelöhnerfamilie betrug um 1900 durchschnittlich 914 Mark. Gerade diese Familien mit geringem Einkommen waren auf zusätzliche Einnahmen angewiesen, wie etwa durch die Aufnahme von Aftermietern, die Versorgung von Kostkindern oder auch eine Zweitbeschäftigung nach Feierabend. Trinkgelder, Geschenke oder Zuwendungen von der Armenunterstützungskasse besserten nach Möglichkeit das Haushaltsbudget auf. Bei außerordentlichen finanziellen Engpässen kam es auch zu Veräußerungen von Haushaltsgegenständen.

Ein Großteil der Einnahmen mußte für die Miete und mehr als die Hälfte der Gesamteinnahmen für Nahrungsmittel ausgegeben werden. Doch für eine ausgewogene Kost reichte das Lebensmittelbudget meist nicht aus. Während noch Mitte des 19. Jahrhunderts Brot und Kartoffeln die preiswerten und gehaltvollen Hauptnahrungsmittel bildeten, stiegen vor dem Hintergrund des unverkennbaren wirtschaftlichen Aufschwungs die Ausgaben für Fleisch und Gemüse deutlich an. Allerdings wurden vor allem billige Fleischsorten gekauft, wie Innereien, Ochsenfuß, Schweinsrüssel oder Ochsenschlund. Der Ochsenmaulsalat, eine Nürnberger Spezialität, ist bis heute eine Erinnerung an den Speisezettel armer Arbeiterfamilien. Auch das billige Sauerkraut als wichtige Gemüsebeilage hat bis heute Tradition. Die Ausgaben für Genußnahrungsmit-

Regeln und Vorschriften

für die

Arbeiter in der Eisengießerei und Maschinen-Fabrik

von

Klett & Comp.

§. 1.

Alle Arbeiter verpflichten sich bei ihrer Aufnahme zum Gehorsam gegen die Fabrikherren, zur genauen Beobachtung der ertheilten Vorschriften und zur sorgfältigen und fleißigen Ausführung der ertheilten Arbeiten, sowie auch von jeder vorkommenden Veruntreuung unverzüglich Anzeige zu machen ist.

§. 2.

Die festgesetzten Arbeitsstunden sind: von 6 bis 12 Uhr Vormittags und von 1 bis 6½ Uhr Nachmittags. Von 8 bis 8½ Uhr früh wird eine halbe Stunde zum Frühstück freigegeben, zu welchem Endzweck sämmtliche Arbeiter die Werkstätten zu verlassen haben. Wer außer dieser Zeit Bier oder geistige Getränke sich verschafft, verfällt in eine Strafe von ½ Tag Abzug. — Den Giesern ist gestattet, wenn dieselben über die Zeit mit Giesen beschäftigt sind, und die Fabrik nicht verlassen dürfen, von 6½ bis 7 Uhr durch einen dazu bestimmten Handlanger sich bis 1 Maaß Bier holen zu lassen.

§. 3.

Wenn die Arbeit besonders pressant ist, so müssen die erforderlichen Arbeiter gegen Vergütung über die bestimmte Zeit arbeiten und in diesem Falle ist es ihnen erlaubt, ihr Nachtessen von 6½ bis 7 Uhr zu nehmen. — Sollte sich's ereignen, daß die ganze Nacht durch gearbeitet wird, so hat der Arbeiter beim Nachtessen seine erforderlichen Lebensmittel mitzubringen.

§. 4.

Sämmtliche Arbeiter müssen sich pünktlich zur bestimmten Arbeitszeit in der Fabrik einfinden; 10 Minuten nach Glockenschlag 6 Uhr Morgens wird die Thüre geschlossen und kein Arbeiter mehr eingelassen; wer öfters als 2 mal fehlt, wird mit Abzug nach §. 5. gestraft.

§. 5.

Wer ¼, ½ oder 1 Tag fehlt, verliert nicht nur den verhältnißmäßigen Lohn, sondern wird auch noch um ebensoviel gestraft; besondere Ausgänge sind nur dann gestattet, wenn gültige Beweise für deren Nothwendigkeit beigebracht werden. — Täuschungen haben augenblickliche Entlassung zur Folge.

§. 6.

Wer blauen Montag hält, wird der Polizei angezeigt, so wie die bestehenden Gesetze es verlangen.

§. 7.

Zum Ein- und Ausgang ist das bekannte große Thor bestimmt, wer über die Mauer, durchs Fenster oder über den Zaun des Nachbars steigt, wird sogleich entlassen.

§. 8.

Jedem Arbeiter werden die nöthigen Werkzeuge übergeben, und zwar unter Verschluß, wofür derselbe verantwortlich ist; so daß derselbe auf eigne Kosten ersetzen muß, was davon abgehen sollte; wer eines Andern Kasten öffnet, um Werkzeuge zu benützen, wird mit 1 Tag Abzug gestraft.

§. 9.

Die in Arbeit gegebenen Gegenstände sind genau nach Angabe zu fertigen; wer aus Nachlässigkeit Stücke bricht, oder auf eine sonstige Art unbrauchbar macht, hat selbe zu ersetzen, was sich auch auf beschädigten Werkzeug erstreckt.

§. 10.

Jeder Arbeiter, welcher Reibahlen, Schraubenbohrer oder andern Werkzeug nöthig hat, muß sich deswegen an den Hausmeister wenden, welcher die Stückzahl, sowie den Arbeiter, der sie empfängt, notirt, jeden Abend müssen diese Werkzeuge gereinigt und in vollkommener Ordnung dem Hausmeister zurückgegeben werden, bei Strafe von ½ Tag Abzug.

§. 11.

Jeder Arbeiter, welcher Schmiedearbeit gebraucht, als Keile, Schrauben, Durchschläge ꝛc. muß sich, nachdem die Modelle gemacht sind, an das Aufsichtspersonal, den Hausmeister oder auch Buchhalter wenden, um einen Zettel zu empfangen, worauf bemerkt ist, wofür diese Gegenstände bestimmt sind, unter Angabe des Namens. — Dieser Zettel muß mit der fertigen Arbeit dem Hausmeister zurück gegeben werden.

§. 12.

Die Schmiede oder andern Arbeiter der Fabrik dürfen keinen Werkzeug ohne Auftrag der Fabrikherren anfertigen; wer gegen diese Vorschrift handelt, wird sogleich entlassen.

§. 13.

Alle jene Arbeiter, welche während der Arbeitszeit herumlaufen, mit einander plaudern oder schwätzen, und Nichts thuend bei einander stehen und somit ihre Arbeit versäumen, verfallen in eine Strafe von ¼ Tag Abzug; Streitigkeiten, Raufereien und unanständiges Betragen ist mit ½ Tag Abzug belegt, unbeschadet des Einschreitens der Polizeibehörde auf Anruf des einen oder des andern Theils.

§. 14.

Jeder Arbeiter, der aus der Fabrik in Arbeit geschickt wird, muß von dem Bauherrn oder dessen verantwortlichen Vertreter einen Nachweis beibringen, wie viel Tage derselbe jede Woche bei ihm gearbeitet hat; wenn dieses unterlassen bleibt, so wird der ganze Lohn eingehalten, bis die Vorschrift erfüllt ist; bei solchen Veranlassungen muß dem Hausmeister angegeben werden, was für Werkzeug mit aus der Fabrik genommen wird, und der Arbeiter bleibt verantwortlich alles richtig mit zurückzubringen, wenn die Arbeit vollendet ist; alles Fehlende muß durch denselben ersetzt werden, wenn nicht erwiesen ist, daß die Stücke zurückgelassen worden sind.

§. 15.

Das Tabakrauchen innerhalb der Fabrik ist bei 1 Tag Abzug verboten.

§. 16.

Wenn ein Arbeiter austreten will, so hat er 8 Tage vorher zu kündigen, zu welchem Ende 1 Wochenlohn einbehalten wird, ebenso wird auch ihm von Seite der Fabrikherren gekündigt, wenn er entlassen werden soll. — Widerspenstiges, unredliches Betragen, sowie auch wiederholte Uebertretung aller in vorhergehenden Paragraphen gegebenen Vorschriften machen eine Ausnahme, in solchen Fällen können die Arbeiter augenblicklich entlassen werden, und zwar wird alsdann die Ursache jedesmal der Polizei angezeigt.

§. 17.

Alle eingehenden Strafen sind zu einem wohlthätigen Zweck für die Arbeiter bestimmt.

§. 18.

Alle 14 Tage werden die Löhne bezahlt und dabei jedesmal dem Geldempfänger 6 Kreuzer als Krankenhaus-Beitrag in Abzug gebracht.

§. 19.

Streitigkeiten, welche über vorstehende Punkte zwischen den Fabrikherren und den Fabrikarbeitern entstehen, werden durch die Polizeibehörde entschieden werden.

Vorstehende Regeln und Vorschriften für die Arbeiter in der Klett'schen Eisengießerei und Maschinenfabrik werden von Polizeiwegen genehmigt, jedoch vorbehaltlich derjenigen Abänderungen, welche die Einführung eines allgemeinen Pflegverbandes der Handwerksgesellen und Fabrikarbeiter, bei Eröffnung des neuen Krankenhauses bezüglich des §. 18. nothwendig machen wird.

Nürnberg, den 14. Oktober 1844.

Der Magistrat.

(L. S.)

Wegen Beurlaubung des I. Bürgermeisters

Turkowitz.

Müller.

Abb. 74: Fabrikordnungen reglementierten minutiös den Arbeitstag im Betrieb. Verstöße wurden mit Lohnabzügen oder sogar fristloser Entlassung bestraft. Fabrikordnung der Firma Klett & Co. 1844.

tel waren in der durchschnittlichen Arbeiterfamilie vergleichsweise niedrig. Bier wurde vor allem bei der Arbeit als „flüssiges Brot" und Mahlzeitersatz konsumiert, und auch Schnupf- und Rauchtabak wurden weniger als Suchtmittel eingestuft, sondern als „Mittel, den Hunger zu verscheuchen." Die Qualität und die Quantität der Versorgung mit Lebensmitteln hingen ab von den jeweiligen Lohnschwankungen. Der Kauf kleiner Mengen oder das „Anschreiben lassen" waren genauso üblich wie das „Borgen". Oftmals blieb in den Arbeiterfamilien für weitere existentiell notwendige Anschaffungen kaum Geld übrig. Brennmaterialien wie etwa Kohle waren für die meisten Arbeiterfamilien unerschwinglich. Nach seinen Heizgewohnheiten gefragt, antwortete 1900 ein Arbeiter: „Bezüglich der Brennmaterialien kann ich Ihnen mittheilen, daß ich nicht in der Lage bin, mir solche zu kaufen. Infolge der noch sehr primitiven Feuerungsanlagen kann ich überhaupt nicht mit Kohlen heizen. Das Holz schafft meine Frau, wie es in Mögeldorf noch Sitte ist, mittels Schubkarren vom Wald nach Hause."

Mit 15 bis 26,50 Mark waren die jährlichen Ausgaben für Kleidung in den Arbeiterfamilien ebenfalls sehr gering. Hinzu kamen allerdings noch Ausgaben für Näh- und Flickutensilien. Durchschnittlich nur 1,4 Prozent der jährlichen Gesamtausgaben wurden für Bildung, Kultur und Vereine aufgewen-

An die Arbeiterschaft Nürnbergs!

Heute Montag, den 1. Mai, Abends 8 Uhr,
finden
Zwei große Volks-Versammlungen
für Männer und Frauen statt:
1. im „Bürgersaal", Steinbühl;
2. im „Beckengarten", vor dem Maxthor.

Tages-Ordnung in beiden Versammlungen:
Die internationale Arbeiterschutzgesetzgebung und die Bedeutung des 1. Mai für das arbeitende Volk.

Arbeiter und Arbeiterinnen! Betheiligt Euch in Massen an diesen Versammlungen, um zu dokumentiren, daß es hohe Zeit ist, auf dem Wege der Gesetzgebung eine Verkürzung der Arbeitszeit und einen wirklichen Arbeiterschutz herbeizuführen.

In beiden Versammlungen ist das Maifestblatt zu haben.

Sonntag, den 7. Mai, Nachmittags, auf dem Schusterskeller
Aeußere Bayreutherstraße
Großes Volks-Fest
Vokal- und Instrumental-Concert
von dem aus den Angehörigen zahlreicher Gesangvereine combinirten Arbeiter-Sängerchor u. den drei Musikkapellen „Hilf", „Krug" u. „Kredel-Schwarz."
Abends bei Beleuchtung:
Turnerische Aufführungen (Pyramiden etc.)

Das Comité für die Mai-Feier:
J. Angler. J. Böcklein. Fr. Dorn. G. Eitzinger. G. Löwenstein. J. Müller. M. Müller. C. Oertel. S. Pelz. K. Precht. G. Scheiderer. J. Scherm. J. Schmidt.

Karten (à 20 Pfg.) zum Volksfest werden abgegeben:
in der Expedition der „Fränk. Tagespost",
bei Herrn S. Pelz, Kleiderlager, Plobenhofstr. 7,
„ Carl Rößler, Kleiderlager, Neueg. 38,
„ G. Eitzinger, Maxthorgraben 1,
„ Carl Preuß, Ecke d. inn. C.-Klettstr.,
„ Wilh. Hauschild, Wöhrd, Hauptstr. 18,
„ Härtel, „Drei Grazien", Fenitzerplatz,
„ Dollhopf, „Drei Mohren", Jamnitzerstr.,
bei Herrn Neubauer, Gastwirth, Austraße 66,
„ Schmoll, zum Bürgersaal, Schonerstr.,
bei Frau Eleon. Wörlein, Schweiggerstr. 29.
bei Herrn M. Grimm, Schnitt- u. Papierwaaren-Handlung, Rohledererstr. 6, St. Johs.
„ Albert, Glaishammer I.
„ Bauer, St. Leonhard.
„ M. Müller, Seeleinsbühl 60.

Druck von Wörlein & Comp., Nürnberg.

Abb. 75:
Zur traditionellen Maifeier machte die Arbeiterschaft mobil. Zentrale Forderungen waren die Verkürzung der Arbeitszeit sowie die Einführung einer Arbeiterschutzgesetzgebung. Flugblatt 1893.

det. Insbesondere die Mitgliedschaften bei sozialen Vereinen, bei Krankenversicherungen, Gewerkschaften oder der SPD waren für viele Arbeiterfamilien wichtige Elemente ihrer sozialen Identität, aber auch notwendige Hilfen der Existenzsicherung. Niedrig entlohnte Arbeiter oder Saisonarbeiter konnten oftmals sogar das Geld hierfür nicht mehr erübrigen.

Arbeitervereine

Mit dem wirtschaftlichen Aufschwung und der wachsenden Zahl an Fabriken stieg auch der Bedarf an Arbeitskräften rasch an. 1895 verdienten 69 Prozent aller Erwerbstätigen in Nürnberg ihr Brot durch Fabrikarbeit, und 1907 waren es schon 73 Prozent. Weltanschaulich identifizierte sich der Großteil dieser zahlreichen Arbeiter mit den Zielen der Sozialdemokraten, deren überragende Integrationsfigur in Nürnberg der Reichstagsabgeordnete Karl Grillenberger war. Nürnberg bildete mit der Nachbarstadt Fürth die „rote Hochburg" im Reich.

Bereits 1861 hatte sich ein Nürnberger Arbeiterverein mit liberaler Ausrichtung unter der Führung von Andreas Reuß konstituiert. Reuß war Redakteur beim „Fränkischen Kurier", einer bürgerlich-liberalen Zeitung. Der Arbeiterverein griff zwar soziale Forderungen wie Altersversorgung, Gewerbefreiheit oder Recht auf Ortsansässigkeit auf, doch vermied er eine Konfrontation mit den bürgerlichen Unternehmern. 1866 spalteten sich deshalb rund 100 radikalere Mitglieder ab und gründeten den Arbeiterbildungsverein. Zwei Jahre später erfolgte die endgültige Trennung des liberalen und des sozialistischen Flügels in der Nürnberger Arbeiterschaft. Als 1869 die Sozialdemokratische Arbeiterpartei gegründet wurde, schloß sich der Nürnberger Arbeiterbildungsverein sogleich an, während der liberale Flügel der Nürnberger Arbeiterbewegung unterging.
Zahlreiche sozialdemokratisch ausgerichtete Organisationen übernahmen die Interessenvertretung der Arbeiterschaft. Eindeutig politischen Charakter hatte der „Wahlverein zur Erzielung volksthümlicher Wahlen für Reichstag, Landtag, Gemeinde etc. für den Reichs-

tagswahlkreis Nürnberg". Er wurde 1884 im Café Merk gegründet und trug der Tatsache Rechnung, daß in Nürnberg die Arbeiter praktisch vom kommunalen Wahlrecht ausgeschlossen waren, da sie nicht das Bürgerrecht besaßen. Notwendigerweise folgte 1896 im Kampf um die politische Mündigkeit der Arbeiterklasse die Gründung des „Vereins zur Erwerbung des Staatsangehörigkeits-, Heimats- und Bürgerrechts". Aber erst 1908 konnte die SPD in das Rathaus einziehen, nachdem das kommunale Wahlrecht in Bayern geändert worden war.

Neben den vielfältigen politischen Aktivitäten der Arbeiterbewegung entfalteten zahlreiche Arbeitervereine eine rege kulturelle Tätigkeit und verstanden sich als wesentlicher Bestandteil einer eigenständigen Arbeiterkultur. Bewußt setzte das „rote Nürnberg" der bürgerlich-konservativen Welt eine eigene Arbeiterkulturbewegung entgegen. Vor allem nach der Aufhebung der Sozialistengesetze und der Entlassung Bismarcks 1890 entwickelte sich sehr rasch ein reges und vielfältiges Vereinsleben. 1891 wurde im Café Merk der „Arbeiter-Gesangsverein 'Union' Nürnberg" gegründet. Neben einer guten Stimme war die Mitgliedschaft in einer Nürnberger Gewerkschaft das entscheidende Aufnahmekriterium. Ein Jahr später wurde die „Union" im „Allgemeinen Bayerischen Arbeiter-Sängerbund" Mitglied, und 1893 schlossen sich Arbeiter zum Nürnberger „Bayerischen Arbeiter-Sängerbund" zusammen. Die Sänger beschränkten ihre Auftritte auf Veranstaltungen der Arbeiterbewegung.

Ein weiterer Schwerpunkt sozialdemokratischer Vereinskultur waren die Turnvereine. Nicht nur Körpertraining, sondern auch der Wunsch nach Geselligkeit veranlaßte 1892 einige Arbeiter zur Gründung des „Turnerbundes Bavaria Nürnberg". 1892 fusionierte der Verein mit dem 1889 ins Leben gerufenen „Turner-Bund Steinbühl" zum „Arbeiterturnverein Steinbühl". An das Modell der Arbeiterbildungsvereine versuchte 1893 der „Arbeiter-Turnverein Nürnberg" anzuknüpfen. Neben turnerischen Übungen standen auch wissenschaftliche Vorträge zur Weiterbildung

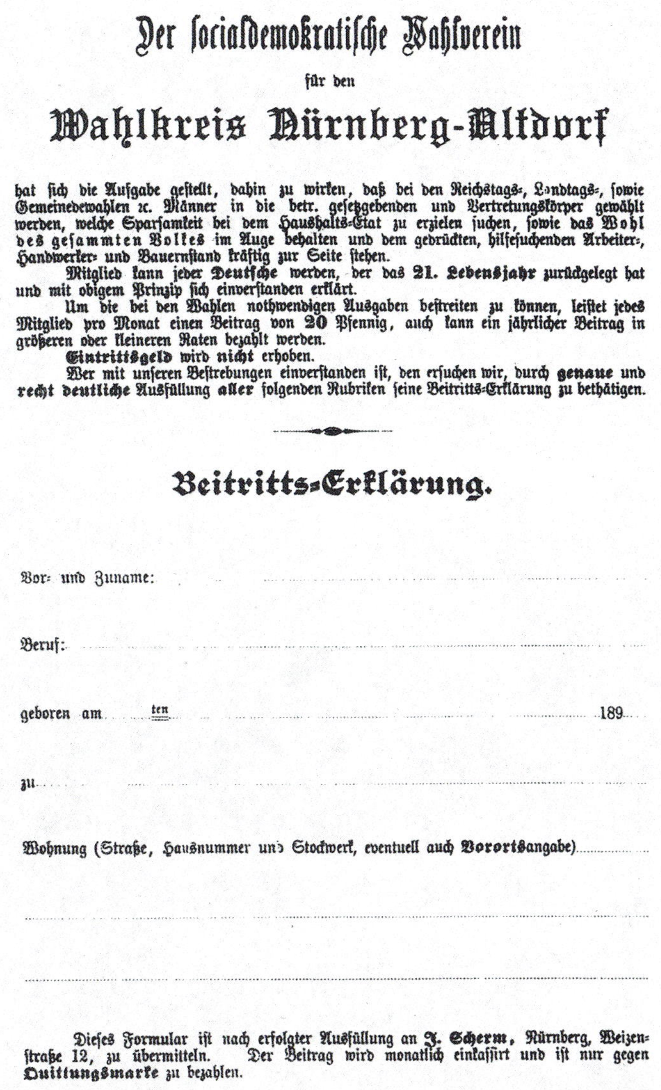

Der socialdemokratische Wahlverein

für den

Wahlkreis Nürnberg-Altdorf

hat sich die Aufgabe gestellt, dahin zu wirken, daß bei den Reichstags-, Landtags-, sowie Gemeindewahlen 2c. Männer in die betr. gesetzgebenden und Vertretungskörper gewählt werden, welche Sparsamkeit bei dem Haushalts-Etat zu erzielen suchen, sowie das Wohl des gesammten Volkes im Auge behalten und dem gedrückten, hilfesuchenden Arbeiter-, Handwerker- und Bauernstand kräftig zur Seite stehen.

Mitglied kann jeder **Deutsche** werden, der das **21. Lebensjahr** zurückgelegt hat und mit obigem Prinzip sich einverstanden erklärt.

Um die bei den Wahlen nothwendigen Ausgaben bestreiten zu können, leistet jedes Mitglied pro Monat einen Beitrag von **20** Pfennig, auch kann ein jährlicher Beitrag in größeren oder kleineren Raten bezahlt werden.

Eintrittsgeld wird **nicht** erhoben.

Wer mit unseren Bestrebungen einverstanden ist, den ersuchen wir, durch **genaue** und **recht deutliche** Ausfüllung **aller** folgenden Rubriken seine Beitritts-Erklärung zu bethätigen.

Beitritts-Erklärung.

Vor- und Zuname: ....

Beruf: ....

geboren am .... ten .... 189...

zu ....

Wohnung (Straße, Hausnummer und Stockwerk, eventuell auch **Vorortsangabe**) ....

....

....

Dieses Formular ist nach erfolgter Ausfüllung an **J. Scherm**, Nürnberg, Weizenstraße 12, zu übermitteln. Der Beitrag wird monatlich einkassirt und ist nur gegen **Quittungsmarke** zu bezahlen.

Abb. 76:
Der Wahlverein unterstützte bei Reichstags,- Landtags- und Gemeindewahlen sozialdemokratische Kandidaten. Flugblatt 1891.

auf dem Programm. Als ausgesprochener Geselligkeitsverein, fern jeder politischen Betätigung, trat dagegen 1892 der „Verein-Säu-Teufel" in Steinbühl ins Leben. Zwei Jahre später erhielt er jedoch den Namen „Arbeiterbildungsverein Steinbühl". Arbeiterbildungsvereine gab es darüber hinaus in den Arbeitervierteln St. Peter, St. Leonhard und Gleißhammer, deren Zweck die „Wohlfahrt seiner Mitglieder" war. Auch im Stadtteil Gostenhof organisierte sich ein Arbeiterbildungsverein, der in Arbeiterbildungsverein „Vorwärts" umbenannt wurde. Bereits 1882 war in dem ehemaligen Vorort der „Allgemeine Arbeiter-Fortbildungs- und Unterstützungs-Verein Gostenhof" gegründet worden, der später den Namen „Arbeiterbildungsverein Nürnberg" erhielt. Zu den eingeladenen Referenten zählten die Arbeiterführer Karl Oertel und Walter Roßkopf, aber auch Klara Zetkin, die 1892 über die „gegenwärtige Stellung der Frau in der Gesellschaft" referierte. Im gleichen Jahr gründete die Papierarbeiterin Louise Fischer den einzigen Frauenbildungsverein. Als „Frauen- und Mädchen-Bildungsverein für Nürnberg und Umgebung" vertrat die Organisation die wirtschaftlichen, geistigen und gesellschaftlichen Interessen und Belange ihrer Mitglieder, wozu nicht zuletzt zahlreiche Geselligkeitsveranstaltungen organisiert wurden.

Handwerk

Trotz des politischen Niedergangs und der wirtschaftlichen Stagnation zu Beginn des 19. Jahrhunderts verfügte die alte Reichsstadt nach wie vor über ein außerordentlich produktionsstarkes und differenziertes Handwerk. Kleine Handwerksbetriebe, die in der Regel höchstens einen Gesellen und einen Lehrling beschäftigten, stellten Kurzwaren und Artikel her, die auf der ganzen Welt gebraucht wurden: Arzneien, Textilwaren wie Borten und Tressen, Brillen, Bürsten, Pinsel, Bücher, Land- und Spielkarten, Stiche, Farben, Metallwaren wie zum Beispiel Drähte, Nägel, Nadeln, Waffen, Schellen, Glocken, Leuchter, Mörser, Faßhähne, Gewichte, Eisenbleche, aber auch Drechsler- und Elfenbeinwaren wie zum Beispiel Billardkugeln, Fingerhüte, Spiegel, Schmuckstücke, Leder- und Galanteriewaren, Blattgold, Flitter und Rauschgold, Musikinstrumente, Papier und Pergament oder chemische Produkte wie Pulver und Salpeter. Auch typische Nahrungs- und Genußmittel wie Lebkuchen und Tabak wurden in Nürnberger Betrieben hergestellt oder veredelt. Die traditionell hohe Arbeitsteiligkeit ermöglichte sowohl ein großes Warensortiment wie auch hohe Stückzahlen und niedrige Preise. Über ein sogenanntes Verlegersystem gelangten Nürnberger Exportartikel bis nach Amerika, in den östlichen Mittelmeerraum und nach Ost- und Westindien. Auch als nach der Aufhebung der Kontinentalsperre eine erstarkte Konkurrenz aus dem Ausland mit billigen Produkten in den Wettbewerb eingriff, wußte sich das vielfältige Nürnberger Handwerk zu behaupten. Zwar konnten etliche Betriebe, insbesondere in der Textilbranche, dem wirtschaftlichen Druck nicht mehr standhalten, doch um die Mitte des 19. Jahrhunderts zählte das Nürnberger Handwerk

*Abb. 77:
Den Besuch des Prinzregenten Ludwig 1913 nahm die Handwerkskammer von Mittelfranken zum Anlaß, die lange Tradition des Nürnberger Handwerks darzustellen. Ansichtskarte 1913.*

noch immer rund 130 Einzelberufe, in denen etwa 3.000 konzessionierte Meister tätig waren. Die Zahl der Meisterbetriebe stieg bis 1865 sogar auf 4.003 an, und als Gehilfen wurden 4.628 Personen gezählt. 1873 verzeichneten die Meisterbetriebe einen leichten Rückgang auf 3.844 Werkstätten, aber dafür war die Zahl der Gehilfen auf 5.549 angewachsen. Die Handwerksarbeit blieb zunächst trotz der einsetzenden Industrialisierung und Technisierung der dominierende Faktor im Nürnberger Gewerbeleben und beschäftigte noch bis in die zweite Hälfte des 19. Jahrhunderts mehr Menschen als die allmählich aufkommende Fabrikindustrie.

Dennoch fielen bald zahlreiche Sparten dem Strukturwandel zum Opfer. Wegen der starken Konkurrenz der Fabriken waren schließlich traditionelle Handwerke wie Nadel- und Nagelmacher, Ahlenschmiede, Schachtelmacher, Hornarbeiter oder Kammacher, aber auch Drechsler sowie Rot- und Glockengießer ohne Chance. Handwerke und Dienstleistungsgewerbe, die für den Maschineneinsatz nur bedingt geeignet waren, wie etwa Bäckereien, Fleischereien, Friseurgeschäfte, aber auch das Baugewerbe und einige Bereiche der Metall- und Holzverarbeitung konnten sich dagegen halten und konsolidieren. Eine weitere Nische für viele Handwerksbetriebe war die Spezialisierung auf Reparaturen und Wartungsarbeiten. So konnten sich beispielsweise die Schuhmacher behaupten, und neue Handwerksberufe wie der des Installateurs und des Kraftfahrzeugmechanikers entstanden.

Auch die maschinengestützte Produktion sicherte das Überleben vieler Branchen, wie 1898 die Gemeinnützige Monatszeitschrift feststellte: „Wir wissen alle, welch' schweren Kampf heutzutage das Kleingewerbe um seine Existenz kämpft. Der kleine Meister muß seine Kraft auf's Aeußerste anspannen und seine Zeit auf's Genaueste ausnützen,

Abb. 78:
1897 wurde der Neubau des bayerischen Gewerbemuseums eröffnet. Es setzte wichtige Impulse zur Förderung von Handel und Industrie und organisierte vor allem die Landesausstellungen 1882 und 1896. Ansichtskarte 1897.

um das zu erwerben, was er zur Erhaltung seiner Familie und Bezahlung der Steuern, Kassenbeiträge etc. gebraucht. Woher soll er die Zeit nehmen, um der Lehrer seines Lehrlings zu sein? Dazu kommt die immer weitergehende Einführung von Maschinen in dem Gewerbebetrieb und die damit innig zusammenhängende Beschränkung auf Spezialitäten. Die Freunde des Gewerbestandes haben ja stets – und mit vollem Rechte – dem Handwerker gerathen, sich die Maschine, die dem Großkapital ein so bedeutendes Uebergewicht zu sichern schien, ebenfalls dienstbar zu machen; die intelligenteren und kapitalkräftigeren Meister sind – und gewiß nicht zu ihrem Schaden – diesem Rate gefolgt und so hat denn die Maschine ihren siegreichen Einzug in die Werkstatt des Meisters gehalten." Ende des 19. Jahrhunderts installierten in Nürnberg die ersten Handwerker Gasmotoren. 1895 gab es 316 und 1908 bereits 618 Geräte in der Stadt.

Eine neue Epoche in der maschinengestützten Produktion brach dann mit der Eröffnung des Elektrizitätswerkes an. 1899 waren in Nürnberg schon 258 Werkstätten mit Elektromotoren ausgerüstet, und im Jahr 1913 arbeiteten 2.783 Motoren. Vor allem in der Lebensmittelherstellung erleichterten die neuen Maschinen die Arbeit, aber auch Polierer, Schreiner, Schleifer oder Drechsler setzten nun Elektro-Maschinen ein. Handwerker wurden dadurch sogar in die Lage versetzt, auch Massenartikel zu produzieren. Sie wurden oftmals Zulieferer für große Fabriken und überbrückten durch diese Aufträge die Zeiten mit weniger Individualaufträgen.

Auch im Bereich der Geschäftsverwaltung modernisierten die Handwerker ihre Betriebe. Während noch Ende des 19. Jahrhunderts Geschäftsabschlüsse allein per Handschlag besiegelt wurden, noch keine klaren Liefer- und Zah-

lungsbedingungen galten und nur selten Geschäftsbücher geführt wurden, stellte seit der Jahrhundertwende die kaufmännische Buchführung eine wichtige Etappe in der Professionalisierung der Geschäftsführung dar.

Im Jahr 1900 trat erstmals die Handwerkskammer für Mittelfranken in Nürnberg zusammen. Fortan regelte die Interessenvertretung das Lehrlingswesen, sie überwachte die Ausbildungsvorschriften, bildete Gesellenprüfungsausschüsse und sicherte so im harten Konkurrenzkampf untereinander und gegen die Fabriken das hohe Niveau des fränkischen Handwerkerstandes. Die Standesvertretung nahm zudem Einfluß auf die Gesetzgebung zum Wohle des Handwerks.

Auch das 1869 gegründete Bayerische Gewerbemuseum in Nürnberg förderte gezielt Handwerker und Gewerbetreibende. Dauerausstellungen für Handel und Industrie, eine Muster- und Vorbildersammlung, ein eigenes chemisches Labor sowie eine mechanisch-technische Abteilung und eine umfangreiche Bibliothek mit Lesesaal waren wichtige Anlaufstellen für interessierte Handwerker, die sich über neue Tech-

Abb. 79: Bodenständig stellten sich die Vertreter jahrhundertelanger Handwerkstradition dar, wie hier in einer Kunstschlosserei. Photographie 1890.

niken und Innovationen informieren wollten. Darüber hinaus vermittelten Vortragsreihen oder praktische Übungen neue Kenntnisse. In den Lehrwerkstätten konnten in sogenannten Meisterkursen selbst Handwerksmeister ihre Fähigkeiten noch erweitern. Allerdings waren es in der Mehrzahl Gesellen, die das Weiterbildungsangebot nutzten, denn viele Meister befürchteten eine geschäftsschädigende Wirkung, wenn sie noch einmal die Schulbank drücken würden. Eine eigene Beratungsstelle stand weiterhin bei Patentanmeldungen mit Rat und Tat zur Seite, informierte bei technischen Problemen, bei Fragen der Unternehmensführung und förderte so die Innovationsbereitschaft der Handwerker.

Um 1900 kennzeichneten die großen Fabriken das Wirtschaftsleben der führenden Industrie- und Handelsmetropole Nürnberg. Zwar hatte das Handwerk, gemessen an seiner früheren Rolle, an Bedeutung eingebüßt, doch vielen Branchen war es gelungen, sich dem Strukturwandel anzupassen und sich einen Platz im Nürnberger Wirtschaftsleben zu sichern. Die Produktion für den lokalen Markt, Reparaturen oder Zulieferungen für Fabriken boten den Handwerkern wichtige Alternativen zur exportorientierten Produktion.

Landesausstellungen

„Ausstellungen haben den Zweck, die Entwicklung und den Stand der wirtschaftlichen Tätigkeit zu zeigen, zu einem gesunden Wetteifer anzuspornen, durch Austausch der gegenseitigen Erfahrungen zu belehren, dadurch die Leistungsfähigkeit zu erhöhen, neue Geschäftsverbindungen und Absatzwege zu vermitteln, sowie das wirtschaftliche Leben im Allgemeinen zu heben und zu fördern." Mit diesen Worten skizzierte 1906 Georg von Schuh, Erster Bürgermeister der Stadt Nürnberg und Initiator der großen Jubiläumsausstellung von 1906, die Bedeutung dieses Unternehmens. Seit dem späten 18. Jahrhundert gaben nationale und internationale Leistungsschauen einen Überblick über das wirtschaftliche Wachstum und den Stand des technischen Fortschritts. Zu den Höhepunkten zählten die Weltausstellungen in London 1851, in Paris 1855, 1867 und 1878 und in Wien 1873. Aber auch die Landesausstellungen in den bayerischen Industriezentren München, Augsburg und Nürnberg gaben eindrucksvolle Beispiele vom hohen Niveau des süddeutschen Gewerbes und Handels. Mit großem Erfolg beteiligten sich stets Vertreter der Nürnberger Industrie an den Ausstellungen. 1854 erregte etwa der Fabrikant Johann Friedrich Klett auf der Allgemeinen deutschen Industrieausstellung in München mit seinem Glaspalast größtes Aufsehen.

Vor dem Hintergrund des ersten Industrialisierungsschubes markierte die „Bayerische Landesindustrie-, Gewerbe- und Kunstausstellung in Nürnberg" 1882 eine Zäsur im Ausstellungswesen des 19. Jahrhunderts. Während bisher auf solchen Veranstaltungen nur bestimmte Erzeugnisse aus einzelnen Regionen gezeigt wurden oder fachliche Schwerpunkte die Vielfalt der Exponate begrenzten, präsentierte die Nürnberger Schau auf dem Maxfeld erstmals einen möglichst vollständigen Querschnitt durch alle bayerischen Produkte und Erzeugnisse. Rund 2.800 Aussteller gaben Einblick in ihre Produktion, und viele technische Neuheiten konnten bestaunt werden. So installierte Sigmund Schuckert eine elektrische Beleuchtung auf dem Veranstaltungsgelände, und

Abb. 80:
Die Erschließung der Nordstadt erfolgte im Zuge der beiden Landesausstellungen 1882 und 1896: Die Straßenbahnverbindung Maxfeld - Bahnhof sowie die Gestaltung des Stadtparks werteten den Stadtteil auf. Ansichtskarte 1896.

vor allem fand die Eisenbahn die ihr entsprechende Würdigung. Das Massentransportmittel hatte auch den außerordentlich hohen Besucherstrom ermöglicht, denn trotz der vielen Regentage während des Ausstellungszeitraums von Mai bis Oktober waren rund zwei Millionen Menschen aus ganz Deutschland nach Nürnberg gekommen. Die Landesausstellung hob nicht nur die Bedeutung Nürnbergs als Industriestandort und Großhandelszentrum heraus, sondern korrigierte das Bild Bayerns als rückständiges Agrarland. „Bayern ist kein Agrikulturstaat mehr, es hat sich mit Energie und Erfolg in einen Industriestaat umgewandelt", resümierte Paul Dehn nach seinem Besuch der Ausstellung.

14 Jahre später fand in Nürnberg die zweite Landesausstellung auf dem Maxfeld mit großem Aufwand statt. Zwar beteiligten sich mit 2.407 Ausstellern etwas weniger Firmen, dennoch hatte das Unternehmen nichts an Anziehungskraft eingebüßt: 2,35 Millionen Besucher kamen nach Nürnberg. Ein Schwerpunkt der Veranstaltung war die Präsentation der Errungenschaften im Bereich der elektrischen Kraftübertragung und der Beleuchtung. Darüber hinaus wurden technische Fortschritte in anderen Branchen wie der Kunstgießerei, der Prägetechnik oder der Werkzeugherstellung gezeigt. Auch die neuen Industriezweige, voran die Fahrradindustrie, riefen großes Interesse hervor. Trotz eines finanziellen Defizits hatte die Stadt Nürnberg durch die Ausstellung an Ansehen gewonnen, aber auch viele Nürnberger Firmen hatten davon profitiert. Neue Geschäftsverbindungen waren geknüpft worden, über 9.000 Abschlüsse im Gesamtwert von zwei Millionen Mark wurden getätigt, und weitere 9.000 Bestellungen im Wert von 1,5 Million Mark waren eingegangen.

Mit großen Bedenken und flankiert von massiver öffentlicher Kritik fand die dritte Landesausstellung 1906 als Ju-

Bayerische Jubiläums-Landes-Ausstellung Nürnberg 1906.
Louis Glaser, Leipzig 1906.
Nachbild. verboten. Ges. v. 11.Juni 1870.
HAUPTINDUSTRIE-GEBÄUDE.
Offizielle Postkarte No. 14.

Bayerische Jubiläums-Landes-Ausstellung
NÜRNBERG 1906.
Maschinenhalle.

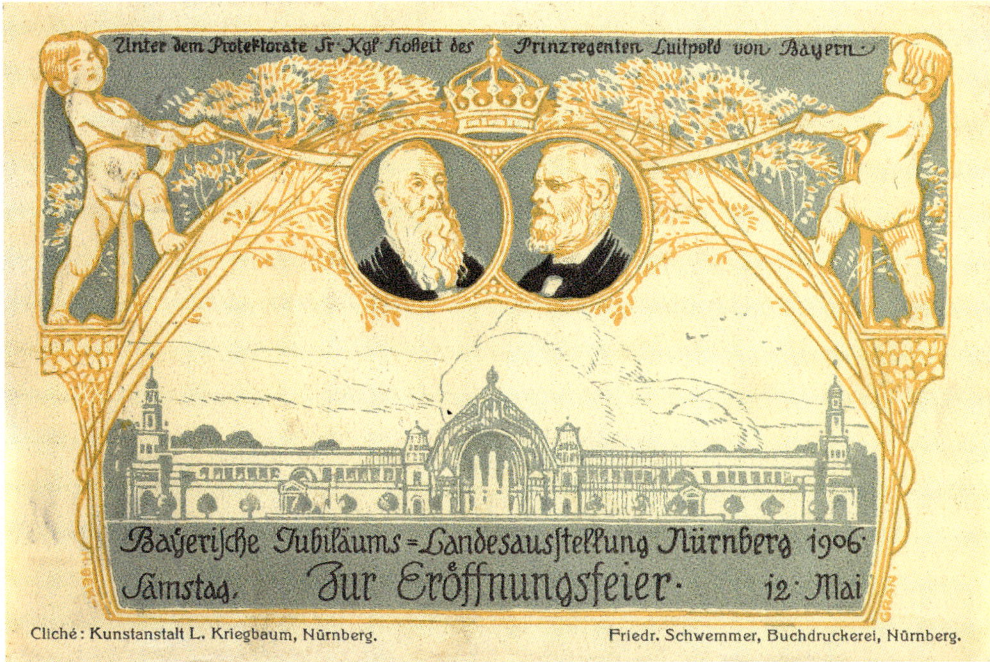

Abb. 81:
Vom Kehrichtplatz zum Luitpoldhain: Das für die Jubiläumsausstellung 1906 neu erschlossene Terrain im Süden der Stadt erhielt den Namen seines Schirmherren, Prinzregent Luitpold. Ansichtskarten 1906.

biläumsausstellung in Nürnberg statt. Schon allein den Anlaß des Jubiläums, die 100jährige Zugehörigkeit Nürnbergs zu Bayern, empfanden viele überzeugte Franken als Schmach: „Eine Jubiläums-Ausstellung soll es sein! In der Stadt, in der Palm seine flammende Schrift 'Deutschland in seiner tiefsten Erniedrigung' 1806 erscheinen ließ, weil ein Wittelsbacher Fürst für unpatriotisches Verhalten, das er dem Feinde des deutschen Vaterlandes, dem Tyrannen Napoleon I., gegenüber bekundete, allergnädigst vom Kurfürsten zum König erhoben worden ist. Wir wollen hierbei ununtersucht lassen, ob es überhaupt ein Segen gewesen ist, daß große Teile Frankens und die freie Reichsstadt Nürnberg an das rückständige Altbayern angegliedert wurden", wetterte 1902 ein Artikel im „Nürnberger Anzeiger". Hinzu kamen eine gewisse „Ausstellungsmüdigkeit" sowie wirtschaftliche Bedenken wegen einer momentanen konjunkturellen Stagnation. Mit taktischem Geschick und Unnachgiebigkeit setzte Georg von Schuh sein Projekt jedoch durch. Tatsächlich kamen mehr als 2,5 Millionen Besucher zur Ausstellung im Luitpoldhain, die außer den Landeserzeugnissen auch eine breite Palette von Vergnügungen und Attraktionen bot. Zu den markantesten Präsentationen zählte ein Riesenbleistift der Firma Schwanhäußer. Mit vier Metern Umfang und einer Höhe von 30 Metern wurde die Installation bald zum Wahrzeichen der Landesausstellung. Für zehn Pfennig konnte man mit einer elektrischen Rundbahn durch das Gelände fahren, aber auch Kahnfahrten auf dem Dutzendteich, eine Wasserrutschbahn und ein Wasserkarussell boten Zerstreuung und Unterhaltung. Erstmals trat der bayerische Staat in großem Stil als Aussteller auf. In Abteilungen der Baubehörde, der Flurbereinigungskommission, des Statistischen Büros, des Wasserversorgungsbüros oder des Eisenbahnwesens wurden Unternehmungen und Maßnahmen des Staates vorgestellt, die die industrielle und gewerbliche Entwicklung Bayerns förderten. Auch die Stadtverwaltung Nürnberg präsentierte sich in mehreren Pavillons, um den Besuchern Gelegenheit zu geben, „sich von der gesunden Organisation und sicheren Handhabung der städtischen Verwaltung zu überzeugen". Abteilungen zum Wohnungswesen, zur Verwaltung, zum Gesundheits- und Wohlfahrtswesen, zum Verkehrswesen, zum Schulwesen und zur Volksbildung gaben Rechenschaft über die Arbeit und die Leistungen einer modernen Stadtverwaltung. Trotz eines finanziellen Verlustes, der durch Bürgschaften gedeckt werden mußte, wurde auch die dritte „Bayerische Landes-, Industrie-, Gewerbe- und Kunstausstellung" ein großer Erfolg und brachte der Stadt Nürnberg Ansehen auch über die Grenzen Bayerns hinaus.

Alle Ausstellungen förderten aber nicht nur Handel und Gewerbe sowie den Fremdenverkehr, sondern leisteten auch einen wichtigen Beitrag zur Stadtentwicklung. 1882 wurde als Ausstellungsgelände das Maxfeld im Norden Nürnbergs erschlossen und verkehrstechnisch mit einer Pferdebahn an die Altstadt angebunden. Ein weiterer Modernisierungsschub erfolgte, als anläßlich der nächsten Landesausstellung 1896 die Bahn elektrifiziert wurde. 1906 wurde mit dem Luitpoldhain ein ehemaliger Kehrichtabladeplatz im Südosten der Stadt zum Ausstellungsgelände umgewidmet. Mit dem Ausbau des großzügigen Areals wurde gleichzeitig die bislang städteplanerisch vernachlässigte Südstadt verkehrstechnisch erschlossen und aufgewertet. Beide Ausstellungsgelände werden bis heute als Erholungsparks und grüne Lungen inmitten der Stadt genutzt.

Denkmale und Feste

„Feste feiert man in unseren Tagen gar viele, und auch an Denkmälern leidet unser Zeitalter keine Not“, hieß es 1905 in einem Zeitungsartikel anläßlich der Enthüllung des Kaiser-Wilhelm-Denkmals am Egidienberg über die blühende Festkultur im Kaiserreich. Feierlichkeiten anläßlich von Jubiläen, Denkmalsenthüllungen oder Gebäudeeinweihungen, aber auch nationale Ausstellungen und Vereinstreffen wurden als Mittel der Selbstdarstellung und Repräsentation genutzt. Weiterhin fand die wachsende überregionale Bedeutung Nürnbergs Ausdruck in unzähligen Festlichkeiten, in denen sowohl die Leistungsfähigkeit der modernen Industriestadt als auch die historische Rolle der ehemaligen Reichsstadt vor einer breiten Öffentlichkeit demonstriert wurden. Ein Spezialetat für „Feste und Ehrungen“ war deshalb ein fester Posten im städtischen Haushalt, aus dem Festbeflaggungen und Ausschmückungen von Gebäuden, etwa zu Kaisergeburtstagen, bestritten wurden. 1893 standen immerhin 3.300 Mark für „Feste und Ehrungen“ zur Verfügung. Damit betonte die Stadtverwaltung aber auch symbolreich die Loyalität der ehemaligen Reichsstadt zum bayerischen Königshaus. 1901 konnte Prinz Rupprecht von Bayern das Reiterdenkmal des Prinzregenten Luitpold vor dem Hauptbahnhof enthüllen. Die Initiative für das Standbild hatte der Erste Bürgermeister Georg von Schuh ergriffen, der es verstand, vermögende Nürnberger Bürger als Spender zu gewinnen. Bei der Enthüllungsfeier wurde aber nicht nur das Haus Wittelsbach besonders geehrt, sondern die zahlreichen prominenten Gäste und vor allem die aufwendige Inszenierung brachten auch der Stadt hohes Prestige und großes Ansehen ein.

Abb. 82:
Als „Fürstentage zu Nürnberg“ inszenierte die Stadt die Enthüllung des Kaiser-Wilhelm-Denkmals am Egidienplatz. Zu den prominenten Gästen zählten Kaiser Wilhelm II. und Prinzregent Luitpold von Bayern. Ansichtskarte 1905.

Auch das Haus Hohenzollern wurde angemessen geehrt. So fand das erste Kaiser-Wilhelm-Denkmal auf bayerischem Boden seinen Platz in Nürnberg. Am 14. November 1905 wurde die Denkmalsenthüllung am Egidienberg als sogenannter „Fürstentag“ mit aller Prachtentfaltung begangen. Prinzregent Luitpold reiste mit Prinz Ludwig, weiteren Familienmitgliedern und sämtlichen bayerischen Staatsministern aus München an, und Kaiser Wilhelm II., der in Begleitung der Kaiserin, des Kronprin-

Abb. 83:
1838 wurde das Albrecht-Dürer-Denkmal aufgestellt. Jakob Daniel Burgschmiet erwarb sich mit der Ausführung des Gusses höchste Anerkennung. Ansichtskarte um 1900.

zen und des Reichskanzlers von Bülow eingetroffen war, nahm selbst die Enthüllung vor. In seiner Festrede betonte Georg von Schuh die traditionelle Bindung zwischen dem Hause Hohenzollern und der ehemaligen Reichsstadt, „deren Bewohnerschaft die Treue zu Kaiser und Reich allezeit in harmonischen Einklang mit den Pflichten gegen das engere Vaterland zu bringen wußte und die, semper talis, bei ihrer angeerbten Gesinnung unentwegt beharren wird."

Aber auch der eigenen reichsstädtischen Geschichte gedachte man in Nürnberg. 1840 war für den großen Künstler Albrecht Dürer ein Denkmal errichtet worden, und 1874 und 1890 folgten Denkmäler für Hans Sachs und Martin Behaim. Sie waren zugleich Besinnung auf die historische Bedeutung Nürnbergs und Ausdruck modernen Bürgerstolzes. Vereinzelt äußerten sich aber auch kritische Stimmen zur neuen Symbolik. „In Deutschland herrscht seit einigen Jahrzehnten eine neue psychische Krankheit: die Denkmalswut. Mit besonderer Heftigkeit tritt dieses Leiden auf, seitdem in der reichsdeutschen Politik das Dekorative, das Theatralische mehr und mehr zur Geltung gelangt ist und weite Volkskreise sich hierdurch haben bestechen lassen. So vergeht seit geraumer Zeit keine Woche, daß nicht irgendwo in deutschen Landen ein Denkmal enthüllt wird. Auch unser liebes Nürnberg macht hiervon keine Ausnahme." Mit diesem harschen Urteil im Jahr 1905 stand der „Nürnberger Anzeiger" nicht allein.

Neben den vielen stadteigenen Festen wurde Nürnberg auch zum beliebten Austragungsort und Schauplatz für nationale Feiern. Großfeste dieser Art waren das 1. Deutsche Sängerfest 1861 sowie das 12. Deutsche Bundesschießen von 1897, zu dem sich 3.350 aktive Schützen in Nürnberg trafen. Der Wettbewerb wurde in einer 325 Meter langen Schießhalle auf dem Ludwigsfeld ausgetragen, und ein historischer Festzug schloß die Veranstaltung ab. Den Charakter einer Massenveranstaltung nahm 1903 das 10. Deutsche Turnfest an, zu dem rund 10.000 Aktive aus rund 1.500 Vereinen nach Nürnberg kamen. Da die Unterkünfte in den Hotels und Gaststätten für die insgesamt 30.000 Besucher und Festzugsteilnehmer nicht ausreichten, appellierte schließlich die Stadtverwaltung an die Nürnberger

*Abb. 84:
Aufgrund der Betten-not beim Sängerfest 1912 mußten offensichtlich auch unorthodoxe Übernachtungsmöglichkeiten gesucht werden. Ansichtskarte 1912.*

Bürger, den Gästen private Betten zur Verfügung zu stellen. Drangvolle Enge herrschte in der ehemaligen Reichsstadt auch beim 8. Deutschen Sängerbundfest im Jahre 1912. Aus dem ganzen Reich und sogar aus dem Ausland reisten fast 40.000 Menschen nach Nürnberg. Im Verlaufe der Veranstaltung stand nicht nur der Wettstreit der verschiedenen Chöre im Mittelpunkt, sondern auch die Zurschaustellung der nationalen Eintracht. Das mittelalterliche Nürnberg bot auch hier wiederum die geeignete Kulisse für den historischen Festzug. Die Nürnberger Stadtverwaltung nahm die organisatorischen Aufgaben für diese Massenveranstaltungen gerne in Kauf, erhoffte sie sich doch auch Einnahmen durch die vielen Besucher. Noch wichtiger als der Gewinn für die Nürnberger Wirtschaft aber waren der nationale Prestigegewinn sowie die bewußte Anknüpfung an die Bedeutung und Rolle Nürnbergs als Tagungs- und Versammlungsort in der reichsstädtischen Vergangenheit.

Zweiradindustrie

Die ersten Zweiräder kamen um 1880 aus England und waren von „derart massiger Form, daß der Fahrer oft auch nicht mehr wog als sein Stahlroß. Der Preis eines solchen Rades stand dem Gewicht nicht viel nach, und nur die 'upper ten thousand' und wirkliche Sportsleute konnten sich den Luxus eines solchen Vehikels leisten." Rund ein Viertel Jahrhundert später hieß es in einem Werbeartikel zu Bayerns Industrie: „Das Fahrrad ist heute das populärste Verkehrsmittel geworden; durch seine Billigkeit ist es dem kleinen Manne und speziell dem Arbeiter zugänglich. Tausende von Leuten, die ihren Erwerb in der Stadt suchen, beleben abends die

Abb. 85:
Die ersten Fahrradfahrer beschritten nicht nur technisches Neuland, sondern waren zugleich Pioniere des Individualverkehrs. Photographie um 1898.

Verkehrsstraßen nach den Vororten, um dorten ihr billigeres und gesünderes Heim aufzusuchen." An der Entwicklung des Fahrrads vom Luxusgut zum erschwinglichen Gebrauchsgegenstand hatte die Nürnberger Zweiradindustrie ganz wesentlichen Anteil, denn binnen weniger Jahre war die Pegnitzstadt zur Hochburg der Radproduktion und auch des Radsportes aufgestiegen. Zu den Pionieren der Fahrradindustrie in Deutschland gehörten Max Frankenburg und Max Ottenstein, die Gründer der Victoria-Werke AG. Ottenstein war als begeisterter Radsportler selbst Mitglied im Nürnberger „Velozipedclub", der bereits 1881 gegründet worden war. 1885 nahm er mit seinem Vereinskollegen Frankenburg die Fabrikation von Zweirädern auf. Während sie anfangs noch nach englischen Vorbildern produzierten, boten sie nach wenigen Jahren schon eigene Entwicklungen und Konstruktionen an, wobei die Firma den Käufern als Dreingabe noch eine Tüte Knallerbsen zur Abschreckung der rabiaten Straßenhunde übergab. Nur ein Jahr später eröffnete Carl Marschütz eine Fahrradwerkstatt, aus der bald die Hercules-Werke AG hervorgingen.

Um 1900 hatte sich das Radfahren als Sportart durchgesetzt. Die Entwicklung vom Hoch- zum Niederrad war soweit abgeschlossen, daß auch ältere Leute das neuartige Fortbewegungsmittel nutzen konnten. Immer mehr Ärzte empfahlen zudem ihren beleibten Patienten den Radsport zum Abspecken. Diese neuen Möglichkeiten griff die Firma Hercules mit der Idee einer Fahrradschule sowie einer Radbahn für den Winter auf. Bald entstand hinter dem Opernhaus der größte Saalbau der Stadt, das „Herkules-Velodrom". Der Fachwerkbau im Nürnberger Stil wurde aber auch für andere Veranstaltungen genutzt und vermietet. So fanden im Velodrom Bälle und rauschende Feste statt, aber auch während der Kriegsjahre 1914 bis 1918 die Massenspeisungen der Hungernden.

Sowohl die Victoria-Werke als auch die Firma Hercules begannen 1901 mit der Entwicklung von Motorrädern. Die Triumphwerke brachten schon 1903 Motorräder heraus, die zu den ältesten deutschen Fabrikaten zählten. Aber auch die Mars-Werke AG in Doos, die

Abb. 86:
In Doos hatte die Firma „The Premier Cycle" eine Zweigniederlassung und war um die Jahrhundertwende der größte unter den Nürnberger Herstellern. Als prominenter Werbeträger fungierte der Prinz von Wales mit seiner Familie. Ansichtskarte 1898.

Abb. 87:
Zahlreiche Vereine verhalfen dem Fahrrad langsam zu Popularität, so daß es sich schließlich als Gebrauchsgegenstand durchsetzte. Ansichtskarte 1898.

Abb. 88: Mondäner Freizeitspaß: Mit einer eleganten Veloziped-Fahrerin warb die Firma Triumph. Vignette um 1900.

1898 gegründet worden war, stellte schon bald neben Fahrrädern „Motorzweiräder" her. Etwas später entstanden aus einem Rüstungsbetrieb von Fritz Neumeyer die Zündapp-Werke. Unter dem Slogan „Das Motorrad für Jedermann" lief 1921 die erste „Z 22" vom Förderband, eine bald unter Kennern berühmte getriebelose Maschine mit Zweitaktmotor und Riemenantrieb.

Für die Nürnberger Zweiradhersteller stellte die Motorradproduktion vor dem Ersten Weltkrieg oft nur einen Nebenerwerb dar. 1910 besaßen in Nürnberg von rund 330.000 Einwohnern gerade 184 ein Kraftrad. Zwar übte die Idee, sich ohne eigene Kraft fortbewegen zu können, eine große Faszination aus, doch blieb ein Motorrad wegen der schlechten Straßen und der hohen technischen Anfälligkeit noch lange ein Luxus. Deshalb stellten wegen Unrentabilität nahezu alle Zweiradfabriken die serienmäßige Produktion von Motorrädern wieder ein. Erst in den 20er Jahren sollte eine neue Motorisierungswelle die Branche wieder beleben. Bis dahin aber beherrschten die Fahrräder den Individualverkehr.

Den Aufstieg der Zweiradindustrie verdankte Nürnberg nicht nur der Leistung und dem Ideenreichtum mutiger Unternehmer und Ingenieure, sondern auch den zahlreichen Vereinen, die den Radsport populär machten und seit den 1880er Jahren wie Pilze aus dem Boden schossen. Nach dem „Velozipedclub" von 1881 wurden 1883 der „Bicycle-Club Nürnberg", 1885 der „Radfahrer-Verein" und 1886 schließlich als Verband die „Allgemeine Radfahrer-Union" gegründet. Bis 1900 gab es nicht weniger als 52 Radfahrer-Vereine in Nürnberg, die oftmals der sozialen oder beruflichen Zugehörigkeit Rechnung trugen, so zum Beispiel der „Radlerclub bayerischer Verkehrsbeamter", der „Verein radfahrender Ingenieure" oder der „Arbeiter Radfahrer-Club Vorwärts".

Bei so viel Tradition und Popularität konnte es nicht ausbleiben, daß Nürnberg auch Veranstaltungsort überregionaler Treffen von Fahrrad-Freunden wurde. So fand 1904 der 19. Kongreß der „Allgemeinen Radfahrer-Union" statt und zwei Jahre später das Radfahrer-Bundesfest. Internationales Flair erhielt die Nürnberger Radfahrerszene schließlich 1904 mit der Eröffnung der Rennbahn am Reichelsdorfer Keller, wobei 12.000 Zuschauer am 21. August das erste Rennen auf der 400-Meter-Zementbahn verfolgten. Spannende Steherrennen wurden fortan zur Spezialität der Reichelsdorfer Rennbahn, und zahlreiche deutsche Meisterschaften oder internationale Wettkämpfe machten Nürnberg zu einem festen Begriff in der Welt der Radsports.

Krankenfürsorge

Am 5. September 1897 wurde im Bau 17 des heutigen Nordklinikums die Einweihung des neuen Städtischen Krankenhauses gefeiert: „Die Errichtung dieses auf der Höhe der Zeit stehenden Krankenhauses hat der Stadt zwar große Opfer auferlegt; auch verursacht seine Unterhaltung fortdauernd große Ausgaben. Allein allgemein wird anerkannt, daß dasselbe eine Musteranstalt ist, welche seit ihrer Eröffnung von Abordnungen aus allen Ländern der Welt, insbesondere von Fachgelehrten, Ärzten, Architekten und Verwaltungsbeamten, zum Zwecke des Studiums besucht und bewundert wird," resümierte Oberbürgermeister Georg von Schuh bei neunjährigem Bestehen der Einrichtung. Bereits 1806 hatte ein Bericht des Medizinalrates Dr. Friedrich Wilhelm von Hoven den Anstoß zu ersten Plänen für ein Städtisches Krankenhaus gegeben. Hoven war von der bayerischen Regierung mit der Überprüfung der Krankenanstalten der ehemaligen Reichsstadt beauftragt worden. Zugleich sollte er Reformvorschläge für die Krankenfürsorge erarbeiten. Das Ergebnis seines Berichtes war niederschmetternd. Mit Ausnahme des Heilig-Geist-Spitals als Versorgungsanstalt für alte und gebrechliche Leute empfahl er die Schließung aller übrigen Einrichtungen: des Krankenhauses für akute Fälle, des Schauerhauses für chronisch Kranke und des Sebastianspitals für Patienten mit ansteckenden Krankheiten. An ihrer Stelle empfahl er die Errichtung eines allgemeinen Krankenhauses. Im Jahr 1845 wurde der Vorschlag schließlich umgesetzt, und das erste allgemeine Krankenhaus konnte 1847 mit 250 Betten in der Nähe des Bahnhofes eröffnet werden. Ständige Überbelegung, vor allem im Cholerajahr 1853/54, und unqualifiziertes Pflegepersonal führten zu zahlreichen Mißständen. Auch die vielen Anbauten und Erweiterungen konnten die Raumnot nicht ausreichend oder zufriedenstellend beheben. 1892 klagte der Krankenhausdirektor Medizinalrat Dr. Gottlieb Merkel: „Der Platz aber, auf welchem das alte Krankenhaus steht, ist soweit überbaut, daß höchstens noch ein Pavillon für 60-70 Kranke errichtet werden kann. Und damit ist alsdann der Raum so ausgenützt, daß kaum mehr ein kleines Fleckchen Garten übrig bleibt für die Kranken und Rekonvaleszenten. Hätten wir nicht das Reservelazarett und das Genesungshaus gehabt, so hätten wir in den letzten Wintern unsere Kranken nicht unterbringen können. Außerdem haben die Ökonomiegebäude in ihrem Wachstum nicht Schritt halten können mit der Vergrößerung der Krankenräume und reichen nirgends mehr für die wirklichen Bedürfnisse aus. Eine der größten Unzuträglichkeiten aber ist der Mangel eines genügenden Operationsraumes für die chirurgische Abteilung. Es finden sich davon drei an den verschiedenen Stellen der Anstalt verteilt, welche, zu klein, nur mit Mühe und ganz mangelhaft den primitivsten Forderungen angepaßt sind. Das Schlimmste aber ist die Nähe des Bahnhofes, der nur durch eine chaussierte Straße vom Krankenhaus getrennt ist! Da der größte Teil aller ein- und ausfahrenden Züge dorten vorbeifährt und rangiert wird, so hört der Lärm Tag und Nacht keine Stunde auf und wenn die benachbarte Ultramarinfabrik keinen Rauch aus ihren Kaminen sendet, so besorgen dies die Maschinen der Staatsbahn."

Seit 1891 entlastete das Genesungshaus an der Rohlederergasse das Krankenhaus, wenn auch nur geringfügig. Patienten, die sich auf dem Wege der Besserung befanden, wurden dorthin verlegt. Daneben bestand das Sebastian-

Abb. 89:
1845 wurde das erste allgemeine Städtische Krankenhaus an der Stelle des heutigen Opernhauses eröffnet. Lärm und Geruchsbelästigung durch die benachbarte Ultramarinfabrik stellten bald eine Zumutung für Patienten und Personal dar. Photographie vor 1909.

Abb. 90:
Der im Pavillonsystem geplante Neubau des Städtischen Klinkums wurde 1897 nach Plänen des Architekten Heinrich Wallraff an der Flurstraße eröffnet. Plan 1896.

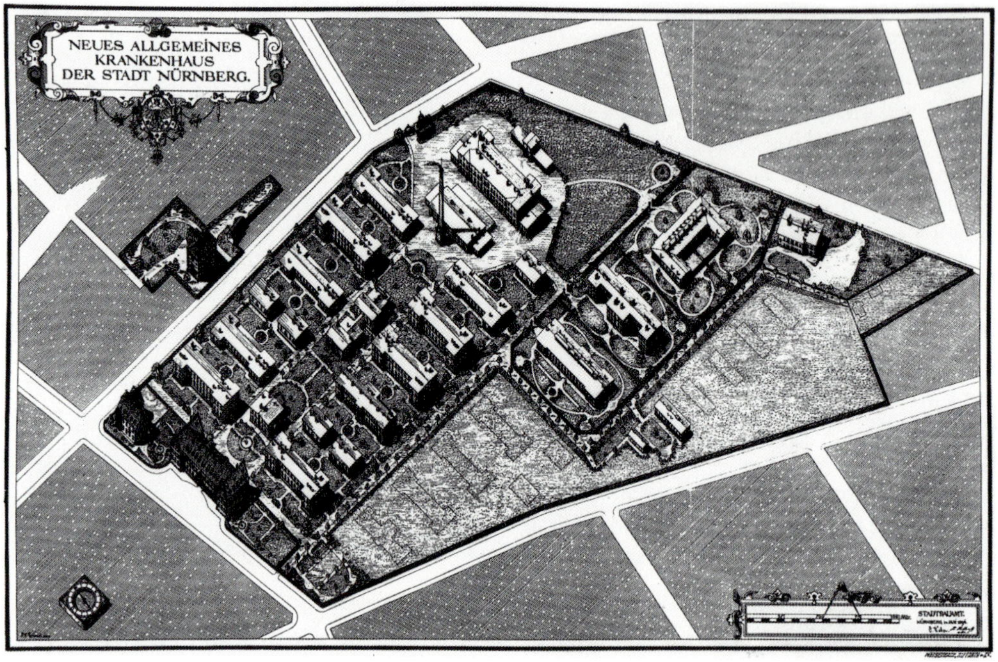

spital, das schon 1806 hätte geschlossen werden sollen, noch immer und gewährte mittellosen Nürnbergern, unheilbar Kranken, Gebrechlichen und Arbeitsunfähigen einen – wenn auch dürftigen – Aufenthalt. Seit 1874 ergänzte ein Garnisonslazarett an der Bärenschanzstraße die Krankenversorgung, und nur Jahre später wurde eine Poliklinik gegründet, mit dem Ziel, „die traurige Lage des in allen Industriestädten der Jetztzeit besonders hervortretenden Massenpauperismus nach Möglichkeit zu verbessern und speziell dürftigen Kranken, die nicht der Armenpflege angehören, unentgeltlich ärztliche Hilfe, Arzneien, Verbandsstoffe und nach Maßgabe der vorhandenen Mittel auch Stärkungsmittel zu gewähren." Allerdings reichten die verschiedenen sozialen Einrichtungen in der Stadt, die zum Teil noch aus dem Mittelalter stammten, weder räumlich noch funktional und schon gar nicht medizintechnisch für die Bedürfnisse der Industriemetropole Nürnberg aus.

Der eigentliche Durchbruch in der modernen Gesundheitsvorsorge und Krankenversorgung fand schließlich gegen Ende des 19. Jahrhunderts statt. Denn zum einen verlangte das ständige Bevölkerungswachstum von der Stadtverwaltung neue Leistungen in dem Bereich der Gesundheitspflege und Hygiene. Die Wasserver- und Entsorgung, die Kommunalisierung der Grubenentleerung und der Müllabfuhr waren Maßnahmen, die auf eine deutliche Verbesserung der sanitären Verhältnisse abzielten und diese auch schrittweise erreichten. Zum andern wurden in Nürnberg Fortschritte in der Medizin und Errungenschaften in der Krankenpflege in vielen Bereichen auch politisch umgesetzt, wie vor allem 1894 bis 1897 durch den Bau des neuen Krankenhauses mit seinen großen Operations- und Behandlungsräumen und den lichten Krankenzimmern für insgesamt 700 Betten. Besonders fortschrittlich erwies sich der Bau 21 für „Geisteskranke". Nur ausgebildetes Pflegepersonal kam

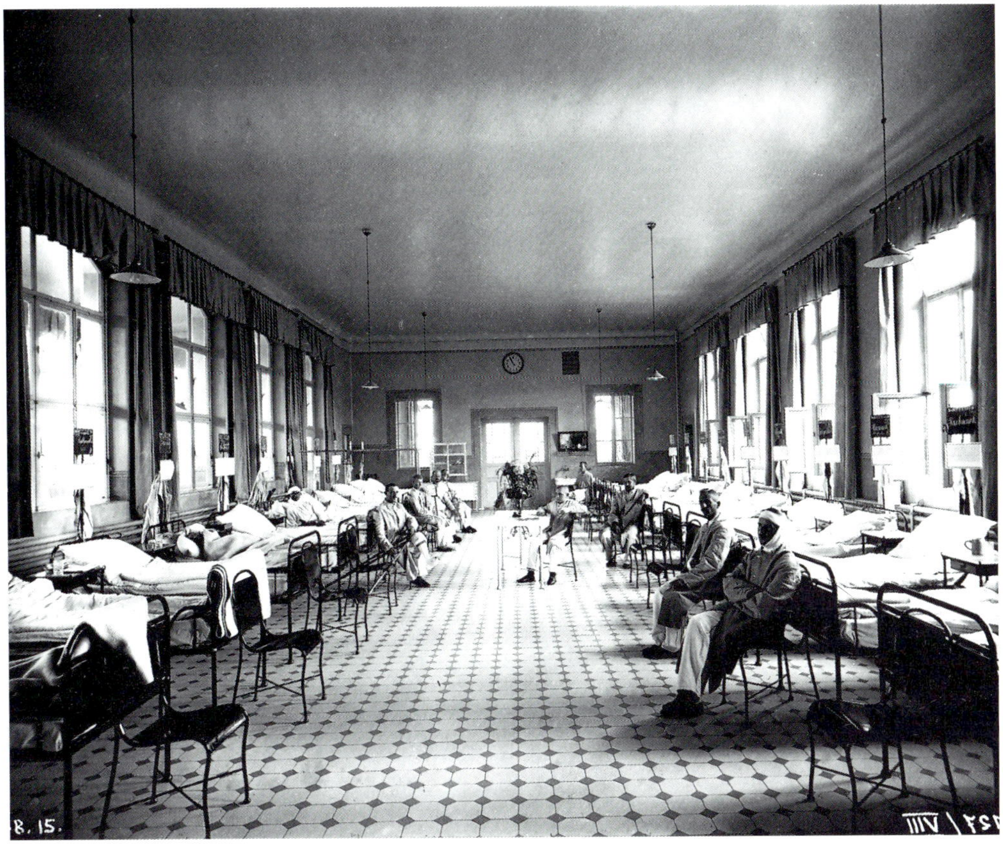

Abb. 91: Lichtdurchflutete, großzügig bemessene Krankensäle entsprachen dem neuesten hygienischen Standard. Photographie 1915.

zum Einsatz, was sich schon Jahre zuvor als Grundsatz durchgesetzt hatte. 1875 waren die ersten Diakonissen aus Neuendettelsau als Krankenschwestern in den alten Krankenhausbau eingezogen, und seit 1890 wurden Pfleger der evangelischen Diakonieanstalt Nürnberg zur Krankenversorgung eingestellt. Auch Niederbronner Schwestern übernahmen im Städtischen Krankenhaus die Pflege.

Neben dem modernen Städtischen Krankenhaus ergänzte eine ganze Reihe von Spezialkliniken die Krankenversorgung in der Pegnitzstadt. Auf eine Initiative des rührigen Bürgermeisters Georg von Schuh ging die Gründung der Heilstätte für Lungenkranke in Engelthal zurück, die 1900 eröffnet wurde und später in die Verwaltung der Stadt überging. Die Heilstätte war nahezu ausschließlich durch Spenden finanziert worden. Neben vielen einfachen Nürnbergern gehörten vor allem Honoratioren wie der Hopfengroßhändler Wilhelm Gerngros zu den großzügigen Geldgebern. Zweck der Einrichtung war es, insbesondere „minderbemittelten und zwar zunächst männlichen Lungenkranken die Möglichkeit der Anstaltspflege zu gewähren." Ebenfalls durch eine private Bürgerinitiative wurde 1876 das Kinderspital an der Hallerwiese gegründet, wo unter der Leitung von Dr. Julius Cnopf jährlich etwa 280 Kinder behandelt wurden.

1813 schon hatte die Maximilian-Augen-Heilanstalt für arme Augenkranke ihre Tätigkeit aufgenommen. „Ihr Entstehen verdankte dieselbe einer Anzahl

Abb. 92:
Mit Hilfe von Spenden wohlhabender Nürnberger wurde 1901 die Lungenheilstätte in Engelthal für minderbemittelte Kranke eröffnet. Ansichtskarte 1910.

Abb. 93:
Die medizinische Betreuung von Kindern bildete einen wichtigen Aufgabenbereich in der öffentlichen Gesundheitspflege. Vor allem in der sogenannten „Krüppelfürsorge" wurde die orthopädische Heilgymnastik eingesetzt. Photographie 1905.

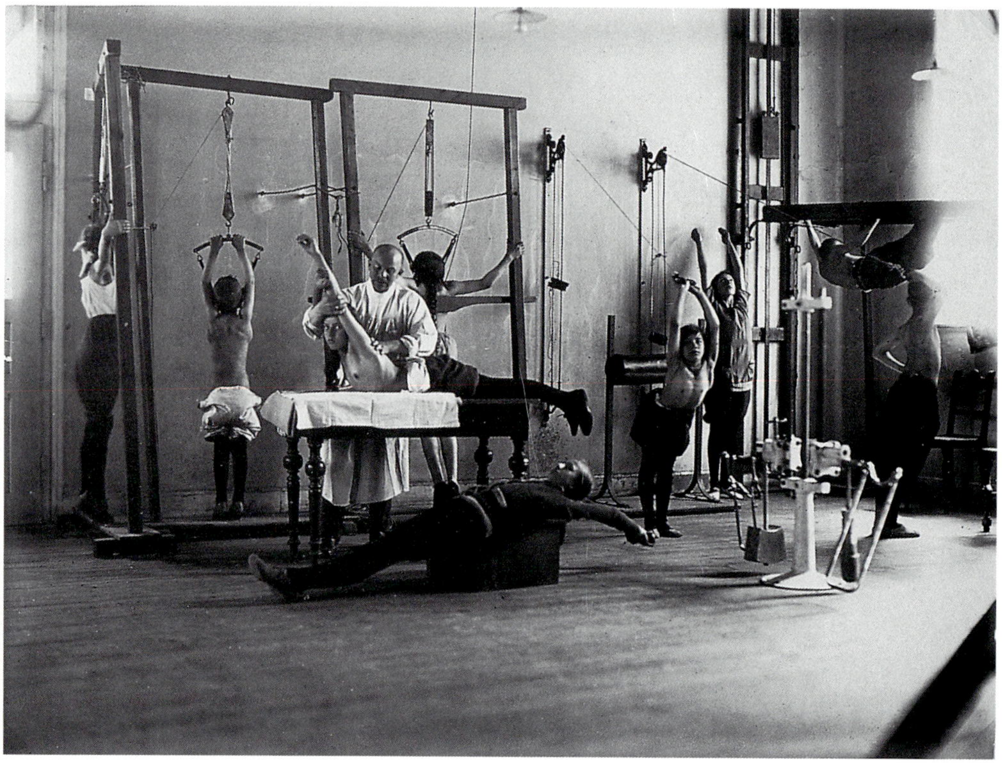

angesehener hiesiger Bürger, welche allwöchentlich in zwanglosen geselligen Zusammenkünften unter sich eine Geldbüchse zirkulieren ließen, deren Ertrag den ersten Stockfond für die Anstalt bildete," hielt der Augenarzt Dr. Theodor Dietz 1892 fest. Erster praktizierender Arzt der Augenklinik war Dr. Michael Kapfer, der zugleich der erste seßhafte Augenarzt in Nürnberg war. Während in der Maximilian-Augen-Heilanstalt hauptsächlich mittellose Patienten kostenlos behandelt wurden, boten zahlreiche Privatkliniken wohlhabenden Kranken ihre Dienste an.

Neben dem hygienischen und medizinischen Fortschritt haben in Nürnberg vor allem das Zusammenwirken der verantwortungsbewußten und leistungsorientierten Stadtverwaltung mit dem sozialen und finanziellen Engagement verantwortungsbewußter Bürger und ihrer hohen Opferbereitschaft gegen Ende des 19. Jahrhunderts zu einem vorbildlichen und zeitgemäßen Ausbau der Krankenversorgung und der Krankenfürsorge geführt. Der Grundstein für den Aufbau eines modernen städtischen Gesundheitswesens war damit gelegt.

Die Armenpflege

Im Jahr 1896 unterstützte die städtische Armenpflege 1868 Personen mit ihren Familien. Das entsprach 1,15 Prozent der Einwohnerschaft Nürnbergs. Ein Jahr später lag der Anteil mit 2.015 Familien bereits bei 1,25 Prozent, und 1902 wurden mit 3.602 Personen rund 1,38 Prozent ständig mit Geld sowie Natural- und Sachzuwendungen versorgt. Durch Arbeitslosigkeit, Krankheit, Invalidität oder den Verlust der Eltern gerieten viele Menschen in Not. Hier Abhilfe zu schaffen, lag in der Verantwortung der Gemeinden. Dabei wurde die Armenpflege als kommunale Aufgabe nach der Verordnung von 1816 noch als „sittliche und polizeiliche Vormundschaft" aufgefaßt, weshalb neben der Gewährung materieller Unterstützung auch der Lebenswandel der betroffenen Familien einer peniblen Kontrolle unterstand. Nur allmählich wandelten sich die Maßnahmen der sozialen Disziplinierung in eine vorbeugende und individualisierende Fürsorge. In diesem Sinne gab 1899 der engagierte Rechtsrat Wilhelm Fleischmann der städtischen Armenpflege eine neue Bedeutung: „die Gemeinde, welche dem Armen Brot gibt, für seine Pflege sorgt, wenn er erkrankt ist, handelt in jedem dieser Fälle als berufene Hüterin des Lebens und der Gesundheit ihrer Angehörigen." Gleichzeitig lobte er die Zielsetzung des Gesetzes über die öffentliche Armen- und Krankenpflege vom 29. April 1869, dessen Aufgabe unter anderem der Schutz und die Sicherung des Lebens und der Gesundheit jedes Einzelnen war. Nach diesem Gesetz lag die Fürsorge der Bedürftigen in der Verantwortung des städtischen Armenpflegschaftsrates. Das etwa 50köpfige Gremium in Nürnberg bestand aus beiden Bürgermeistern, Mitgliedern aus den beiden städtischen Kollegien, den Pfarrvorständen der christlichen Gemeinden sowie der israelitischen Kultusgemeinde, dem Bezirksarzt der Stadt und rund 25 Bezirksarmenräten. In der Regel betreute und versorgte ein Armenrat 78 bis 100 bedürftige Familien. In den wöchentlichen Sprechstunden gewährte er Geldunterstützungen, etwa für Nahrungsmittel, Krankenhaus- oder Beerdigungskosten und Mietzuschüsse, aber auch Sachmittel wie Brennholz, Betten und Wäsche. So wurden im Jahr 1897 mehr als 137.000 Kilogramm Brot ausgegeben, und in der Suppenanstalt am Trödelmarkt sowie in

Abb. 94: Schützlinge und Heimleitung im Hof des alten Waisenhauses in der Findelgasse. Es entsprach längst nicht mehr dem hygienischen Standard und wurde daher 1900 an die Reutersbrunner Straße verlegt. Photographie vor 1900.

Wöhrd und Gostenhof wurden regelmäßig Speisen ausgeteilt. Ein eigenes Magazin gab neben normaler Kleidung besonders auch die Ausstattungen an Konfirmanden und zur ersten Kommunion ab.

Nicht alle Bedürftigen aber nahmen die öffentlichen Unterstützungen in Anspruch. Viele „verschämte Arme" hatten Hemmungen, ihre Notlage offen zuzugeben. Selbst von plötzlicher Arbeitslosigkeit betroffene Familien versuchten oftmals, die Armenpflege zu umgehen. „Sie ist demütigend und entwürdigend für den Empfänger und macht ihn teilweise rechtlos. Ebenfalls entwürdigend ist die Inanspruchnahme privater Wohltätigkeit. Diese hat außerdem den Mangel der Zersplitterung, Systemlosigkeit und Zufälligkeit und verzettelt ihre Mittel oft an Unwürdige", mußte der Armenpflegschaftsrat eingestehen. Die Stadt versuchte mit mehreren Maßnahmen, der Arbeitslosigkeit zu begegnen, insbesondere durch „Notstandsarbeiten". Allerdings erwiesen sich die künstlich geschaffenen Arbeitsplätze bald als unwirtschaftlich und oft sogar als unsinnig. So ließ man etwa „Bäume pflanzen und dann wieder ausreißen".

Arbeitslose ohne Obdach fanden vorübergehend in der Armenbeschäftigungsanstalt im Katharinenkloster und ab 1899 an der Großweidenmühle eine Unterkunft. Unter Aufsicht eines Werkmeisters wurden sie mit Saisonarbeiten wie Hopfenzupfen beschäftigt und erhielten dafür Unterbringung und Verpflegung.

Die besondere Sorge im Bereich der vorbeugenden Armenpflege aber galt armen Kindern. Besorgt schilderte Rechtsrat Fleischmann die Probleme der Kinderfürsorge: „Oft scheitert der Ver-

Abb. 95:
Das Sebastianspital an der Großweidenmühle versorgte arme und kranke Menschen. Die Verpflegung umfaßte täglich bis zu einem halben Pfund Fleisch und einem halben Liter Bier. Photographie um 1910.

such des Eingreifens an der Hartnäckigkeit der Eltern, welche nie zugeben wollen, daß ihre Kinder schlecht erzogen oder gar vernachläßigt werden. In dieser Beziehung bildet die Erziehung durch Fremde immer nur ein Surrogat, welches der richtigen Elternfürsorge selten oder nie gleichkommt." Letztlich empfahl Fleischmann dann doch „die Erziehung in Anstalten, deren strenge Einrichtungen eine gewisse Sicherheit dafür bieten, daß der Sinn für Ordnung, Pflicht und Sitte geweckt wird." Die „Erziehungsanstalt Veilhof" trug diesem Erziehungsziel besondere Rechnung. Nachdem die Anstalt 1903 reformiert worden war, versahen nicht mehr Schneider oder Schuster die Erziehung, wie bisher, sondern Diakone. Aufgenommen wurden in „Veilhof" verwaiste, verlassene, schwer erziehbare, gefährdete und verwahrloste Kinder. Dazu zählten bald 91 Buben und Mädchen.

Für Vollwaisen gab es das Findel- und Waisenhaus, seit 1900 in der Reutersbrunnerstraße. Bis weit in das 19. Jahrhundert hinein herrschten im Waisenhaus nachweislich große hygienische Mißstände. Vor allem boten die Erziehung und Ausbildung den Zöglingen und Insassen kaum Zukunftschancen. So beschäftigte man die Mädchen nur in der Landwirtschaft zum Milchaustragen oder zu häuslichen Hilfsdiensten, und die Buben wurden nur zum Wassertragen, Straßenkehren oder Federnzupfen herangezogen. Erst gegen Mitte des 19. Jahrhunderts besserten sich die Verhältnisse im Waisenhaus. Der Besuch einer regulären und eventuell sogar einer weiterführenden Schule sollte nun, ebenso wie die Anlage von Sparbüchern, den Waisenkindern den Start ins Leben und in die Selbständigkeit erleichtern. Mit der Einstellung von Diakonissen leitete endlich auch geschultes Personal die Erziehung der Waisen-

kinder, was sich sofort positiv bemerkbar machte.

Zu den weiteren Einrichtungen der sogenannten „geschlossenen Armenpflege" zählte das Sebastianspital für arbeitsunfähige mittellose Nürnberger und Nürnbergerinnen, die in der Regel auf Lebensdauer dort untergebracht waren. Ende 1905 lebten 346 Personen im „Wastl", und rund 310 Plätze standen im Heilig-Geist-Spital für alleinstehende Arme zur Verfügung. Zu den Armenhäusern der Stadt gehörten mit rund 120 Plätzen auch noch der Weinstadel, das ehemalige Irrenhaus an der Spittlertormauer, bezeichnenderweise „Prison" genannt, mit fast 50 Plätzen, die einstige Militärbäckerei in der Peter-Vischer-Straße mit etwa 35 Plätzen, die ehemalige Polizeikaserne am Katharinenkloster mit rund 25 Plätzen und das ehemalige Schulhaus Kappadocia für 17 Insassen. Außerdem boten mehrere Wärmestuben, die erste wurde 1891 eingerichtet, vor allem im Winter vielen Armen ohne Heizmöglichkeiten wenigstens ein bißchen Komfort.

Die Einnahmen der Armenkasse rekrutierten sich aus Gemeindevermögen, aus zahlreichen Wohltätigkeitsstiftungen, staatlichen Zuschüssen, Schenkungen, Gebühren für Hochzeiten und andere Feste und natürlich aus einem beträchtlichen städtischen Zuschuß. Im Jahr 1898 beliefen sich die Gesamtausgaben für die vielfältigen sozialen Leistungen in Nürnberg auf 547.888,85 Mark, acht Jahre vorher waren erst 425.476,22 Mark erforderlich geworden. Trotz der steigenden Ausgaben blieben die Fürsorgebestrebungen der Stadtverwaltung nur Flickwerk. Durch die obrigkeitsstaatliche Bevormundung fühlten sich viele Almosenempfänger nicht nur sozial benachteiligt, sondern zudem noch stigmatisiert und entwürdigt. Erst nach dem Ersten Weltkrieg, in der „Ära Luppe", begann der Aufbau eines modernen öffentlichen Wohlfahrtswesens. Der Obdach- und Arbeitslosigkeit wurden mit sozialem Wohnungsbau und umfangreichen Arbeitsbeschaffungsmaßnahmen begegnet, und zeitgemäße Resozialisierungsprogramme halfen sozial entwurzelten Familien, wieder in geregelte Lebensverhältnisse zurückkehren zu können.

Germanisches Nationalmuseum

„Von dem idealen, selbstlosen und von warmer Vaterlandsliebe und Begeisterung für die Vergangenheit des deutschen Volkes erfüllten Freiherrn Hans von Aufseß 1852 gegründet, von seinen Nachfolgern, insbesondere dem energischen und vor keinem Opfer zurückscheuenden Essenwein und in den letzten Jahrzehnten von dem rührigen und feinsinnigen Direktor Gustav von Bezold ausgebaut und einer immer höheren Vollständigkeit und Vollendung entgegengeführt, ist es eine gewaltige Schatzkammer, die die mannigfaltigen kostbaren Denkmale der deutschen Vergangenheit auf dem Gebiete der Geschichte, Kunst, Literatur und der Kultur überhaupt in sich aufgenommen hat, eine Lehrerin und Erzieherin, die dem deutschen Volke, dessen Eigentum es ist, wie in einem Spiegel Art und Wesen, sein Auf- und Absteigen, seine ganze Entwicklung vorführt. So tritt uns hier Kultur und Geistesleben des deutschen Volkes in seiner Wohnart, in seinen Erzeugnissen und Bedürfnissen, in seiner Tracht und seinem Schmuck, in seinen Hausgeräten und Waffen, in seiner profanen und kirchlichen Kunst, in Architektur, Malerei, Bildhauer- und

Abb. 96:
Glanzvoll beging die Stadt die Feier zum 50jährigen Bestehen des Germanischen Nationalmuseums. Von der Anwesenheit von Kaiser Wilhelm II. und Prinzregent Luitpold von Bayern berichtet der Autor der Karte voller Stolz. Ansichtskarte 1902.

Kleinkunst in ihrer wunderbaren Mannigfaltigkeit und zu einem wohlgeordneten Ganzen vereinigt entgegen." Mit diesem hohen Lob informierte 1921 ein Nürnberger Stadtführer die Besucher über eine der bedeutendsten Sehenswürdigkeiten in der Pegnitzstadt – das Germanische Nationalmuseum. Nicht staatlicher Initiative verdankt Nürnberg dieses herausragende Museum, sondern dem Engagement des fränkischen Adeligen Hans Freiherr von Aufseß. In einem nationalen Museum sollte nach seinen Vorstellungen das reiche Erbe deutscher Kulturgeschichte aus Kunst, Literatur, Musik, Brauchtum und Volkskunde gesammelt, geordnet und dem Volke präsentiert werden.

Hans von Aufseß wurde 1801 in Oberaufseß geboren. Er entstammte einem Geschlecht von Edelfreien, das seit 1008 im Wiesenttal und dem Aufseßtal beheimatet ist. Als Lehensritter der Bamberger Fürstbischöfe und der Nürnberger Burggrafen zählten sie zum deutschen Uradel. Die Kinder- und Jugendzeit des Hans von Aufseß war gekennzeichnet von den politischen Wirren der Napoleonischen Kriege und von der Auflösung des Alten Reiches. Unmittelbar erlebte er diese Umbruchsphase, als mehrmals französische Truppen auf Schloß Oberaufseß einquartiert waren. Die Jahre 1817 bis 1821 verbrachte Hans von Aufseß als Jurastudent in Erlangen, wo er sich als aktiver Burschenschafter lebhaft für die Idee der nationalen Einheit engagierte. Der Tod seines Vaters zwang ihn zur Rückkehr nach Aufseß, wo er sogleich, neben der Verwaltung der hochverschuldeten Güter, mit dem Sichten und Ordnen des Familienarchivs begann. Bald sammelte er in der Umgebung Kunstgegenstände, die durch die Säkularisation herrenlos geworden waren und die vielerorts aus Unkenntnis zweckentfremdet oder gar mutwillig zerstört wurden. So landeten alte Urkunden und Bücher in Papiermühlen oder wurden als Brennmaterial und

Hans Freiherr von Aufseß

zum Straßenbau verwendet. Bald spürte Aufseß systematisch solchen Antiquitäten nach, und vor allem auf dem Nürnberger Trödelmarkt entdeckte und kaufte er alte Bücher, altes Tafelsilber und sogar gotischen Goldschmuck. Nach 30 Jahren Sammlertätigkeit enthielt seine Kunst- und Raritätenkammer rund 1.500 Originalurkunden, 690 Pergamentkodizes, 864 alte Karten, über 12.000 Geschichtsbücher und vieles andere mehr. Die Bedeutung seiner Sammlung blieb interessierten Kreisen nicht verborgen. 1830 trat schließlich König Ludwig I. an Hans von Aufseß heran und forderte ihn in einer Kabinettsordre auf, seine Schätze nach dem Vorbild des Böhmischen Nationalmuseums in Prag „in einem öffentlichen Lokal zur gemeinsamen Beschauung und Belehrung" aufzustellen. Als Ausstellungsort schlug Ludwig I. Bamberg vor, doch Aufseß entschied sich für Nürnberg und zog mit seiner Sammlung in das Scheurl'sche Haus in der Burgstraße. Nürnberg, als ein Ausgangsort der deutschen Romantik und zur „deutschesten aller Städte" hochstilisiert, schien Aufseß ein würdiger und angemessener historischer Rahmen für seine Sammlung. Zugleich veröffentlichte er die erste Nummer des „Anzeigers", des Publikationsorgans des Museums. Jedoch war der Weg bis zur Gründung eines nationalen Museums noch von zahlreichen Fehlschlägen gekennzeichnet. 1833 gründete zwar eine Versammlung von Altertumsfreunden im Bayerischen Hof in Nürnberg eine „Gesellschaft für Erhaltung der Denkmäler älterer deutscher Geschichte, Literatur und Kunst", deren Ziel die Sammlung von Dokumenten und Zeugnissen vaterländischer Vergangenheit und deren Präsentation war, doch in Fachkreisen stieß die Idee eines nationalen Museums nur auf Hohn und Unverständnis. So geißelte Wilhelm Grimm das Projekt als „alberne Idee eines Sonderlings", und der gefürchtete Ansbacher Regierungsdirektor Ritter von Lang verspottete das geplante Museum als „babylonischen Thurmbau". Enttäuscht zog sich von Aufseß auf seine Güter zurück.

Erst 20 Jahre später konnte er sich mit seiner Idee endlich durchsetzen. Anläßlich des Kongresses der „Deutschen Geschichts- und Altertumsforscher" in Dresden 1852 warb Aufseß erneut für seine Pläne, und die Versammlung, deren Schirmherrschaft der hochgebildete Prinz Johann von Sachsen übernommen hatte, konnte überraschenderweise für das Unternehmen gewonnen werden. Als ehrgeizige Ziele wurden zum einen die Erstellung eines Generalrepertoriums für deutsche Geschichte festgelegt – Aufseß selbst hatte bereits damit begonnen – und zum andern der Aufbau eines allgemeinen Museums mit Archiv, Bibliothek, Kunst- und Altertumssammlung und schließlich die Präsentation der Gegenstände sowie die Veröffentlichung von begleitenden Schriftenreihen. Die Finanzierung des aufwendigen Unternehmens sollte durch Aktien, Jahresbeiträge und Stiftungen, aber auch durch Geldzuwendungen der Regierungen erfolgen. Tatsächlich verpflichtete sich 1855 der Kaiser von Österreich zu einem Jahresbeitrag von 1000 Gulden, und seinem Beispiel folgten der Preußenkönig Friedrich Wilhelm und Prinz Johann von Sachsen sowie mehrere geistliche Würdenträger. Als Grundstock überließ Aufseß dem Museum seine eigene Sammlung von Gemälden, Skulpturen, Urkunden und graphischen Blättern, und das Nürnberger Patriziat schloß sich mit Schenkungen an. Wegen der übernationalen Auffassung der Museumsidee bildeten sich bald Pflegschaften in Wien, Moskau, St. Petersburg, Rom und Siebenbürgen. Weitere Hinweise auf das hohe Ansehen, das die Neugründung bald in Euro-

pa besaß, gibt die lange Reihe prominenter Wissenschaftler und Gelehrter im Verwaltungsrat und im Gelehrtenausschuß: Alexander von Humboldt, Jakob Grimm, Leopold von Ranke und auch bedeutende Wissenschaftler aus den Niederlanden und Polen beweisen den übernationalen Rang des Museums in Nürnberg.

1853 wurde die Sammlung im Tiergärtnertorturm und im Peter'schen Haus am Paniersplatz eröffnet, doch sollten diese Quartiere nur vorläufig sein. Die Gefahr einer Verlegung der Sammlung wegen chronischen Platzmangels nach Coburg oder Wittenberg konnte 1857 endgültig abgewendet werden, als das Museum in den Besitz des ehemaligen Kartäuserklosters gelangte. König Ludwig I. von Bayern hatte sich für den Verbleib des Museums in Nürnberg mit allem Nachdruck eingesetzt und die Kaufsumme von 5.000 Gulden für die ehemaligen Klostergebäude dem Museum gestiftet.

1862 legte Hans von Aufseß das Amt des Direktors nieder, das er immer unentgeltlich bekleidet hatte. Querelen in der Verwaltung, zu denen die impulsive Natur des Freiherrn wohl auch beigetragen hatte, sowie die hohe Verschuldung seines Besitzes in der Fränkischen Schweiz hatten ihn zu diesem Schritt veranlaßt. Doch trotz seines formalen Rücktritts bestimmte er bis zu seinem Tode die Geschicke des Museums. Hans von Aufseß starb 1872 an einem Herzschlag, möglicherweise die Folge von Gewalttätigkeiten. Denn auf der Rückreise von der Straßburger Universitätsstiftungsfeier war er überfallen und körperlich schwer mißhandelt worden, weil der oder die Täter ihn für einen Franzosen hielten.

Nach mehreren Interimslösungen trat 1866 August von Essenwein das Amt als 1. Direktor im Museum an. Als Stadtbaurat in Graz und Professor für Hochbau hatte er sich u.a. durch zahlreiche kunstgeschichtliche Veröffentlichungen empfohlen. Als Essenwein sein Amt übernahm, fand er das Museum in desolatem Zustand vor. Neben personellen Querelen drückte vor allem eine Schuldenlast von 167.661 Gulden. Die finanzielle Sanierung des Museums bleibt bis heute ein Hauptverdienst Essenweins, der auch mit Recht als „zweiter Gründer" in die Museumsgeschichte eingegangen ist.

Abb. 97:
Erst mit der Fertigstellung des Galeriebaus nach dem Ersten Weltkrieg konnten die reichen Museumsbestände übersichtlich präsentiert und die Kartäuserkirche „entrümpelt" werden. Ansichtskarte 1882.

Als erste Sparmaßnahmen erzwang Essenwein die Einstellung des aufwendigen Projekts eines Generalrepertoriums der deutschen Geschichte und die Entlassung zahlreicher Mitarbeiter. Fortan stand das Sammeln im Mittelpunkt der Aufgaben des Museums. Essenwein selbst zeigte dabei größtes Engagement und unternahm weite Reisen, wie zum Beispiel zu Sultan Abd-ul-Asis nach Konstantinopel, um eine wertvolle Waffensammlung zu erwerben. Außerdem verdankt ihm das Museum zahlreiche Anbauten, die er alle selbst entwarf und deren Finanzierung er aus Reichsmitteln sicherte. Darüber hinaus war Essenwein für zahlreiche Kirchenrestaurierungen verantwortlich, wie etwa bei der Frauenkirche, und er führte auch den nach ihm benannten Rathauserweiterungsbau aus. 1892 erlag Essenwein einem Schlaganfall. Geehrt mit dem Adelstitel und vielen anderen Auszeichnungen, wurde er auf dem Johannisfriedhof als Nürnbergs Ehrenbürger auf Kosten der Stadt beigesetzt.

Sein Nachfolger, der Architekt Gustav von Bezold, führte das Museum in seinem Sinne weiter. Unter ihm wurde 1902 das 50jährige Jubiläum des „Germanischen" begangen, an dessen aufwendigen Feierlichkeiten neben einer breiten Öffentlichkeit sogar das Kaiserpaar, Prinzregent Luitpold von Bayern und zahlreiche weitere Fürsten teilnahmen. Gleichwohl zog Gustav von Bezold wenig später eine kritische Bilanz: „Das Germanische Museum trägt die Spuren seiner allmählichen Entstehung deutlich zur Schau, je nach Bedarf und Möglichkeit ist da und dort an die alte Kartause angebaut worden. Das hat ein sehr malerisches Ganzes ergeben, aber auch ein sehr unübersichtliches, und das klare System der Einteilung der Sammlungen kommt in deren räumlicher Anordnung nicht mehr zur Erscheinung, im Gegenteil sind Überfüllung und Unordnung eingerissen, welche vielleicht für die Museumsleitung peinlich sind. Sollen die Kunstsammlungen zur vollen Geltung kommen, so bedürfen sie nicht nur der Ergänzung, sondern auch der Entlastung. Sowohl die Skulpturensammlung, als die Gemäldegalerie enthalten viel Mittelgutes, was den Besucher verwirrt und ermüdet, ohne ihn zu erfreuen."

Verein für Geschichte der Stadt Nürnberg

In einem engen Zusammenhang mit der romantischen Wiederentdeckung der Kunst und der Kultur des Mittelalters standen die Gründungen von Museums- und Geschichtsvereinen, die zugleich auch ein Instrument bürgerlicher Emanzipationsbestrebungen waren. Als sich 1878 endlich 114 Bürger zum Nürnberger Geschichtsverein zusammenschlossen, mit dem Zweck, „Geschichtsquellen aller Art" zu erhalten und auszuschöpfen, „um das allgemeine Verständnis durch gemeinsame Tätigkeit an der Stadtgeschichte zu wecken und Lücken zu schließen", ging dieser Gründung eine lange Vorgeschichte voraus. Bereits 1833 hatte Freiherr Hans von Aufseß die „Gesellschaft zur Untersuchung, Erhaltung und Bekanntmachung der Denkmäler älterer deutscher Geschichte, Literatur und Kunst" initiiert. Trotz prominenter und einflußreicher Mitglieder wie etwa Bürgermeister Binder, fand die Gesellschaft im Nürnberger Bildungsbürgertum und in den Kreisen von Geschichtsinteressierten nicht den erhofften Rückhalt, denn das Konzept des Freiherrn war zu umfassend und zu wenig lokalspezifisch ausgerichtet. Im Jahr 1852 setzte er es dennoch, allerdings in anderer Weise um, als er seine Idee mit der Gründung des Germanischen Nationalmuseums verwirklichte. Auch ein als „Gegenmodell“ erdachter Verein speziell für Nürnberger Geschichte, Literatur und Kunst vom späteren Leiter des Nürnberger Staatsarchivs Moritz Maximilian Mayer hatte nicht lange Bestand, da es seinem Initiator an Integrationsvermögen mangelte. Den ausschlaggebenden Anstoß zur Gründung eines Vereins für die Erforschung der Stadtgeschichte gab schließlich die drohende Schleifung der Stadtmauer. Bis 1866 hatte Nürnbergs Festungseigenschaft einen umfassenden Abbruch der mittelalterlichen Mauern verhindert. Auch danach ging die Einlegung eher zögerlich voran, da für jeden Abbruch eine besondere staatliche Genehmigung erforderlich war. 1877 jedoch trat die Stadtverwaltung mit Plänen an die Öffentlichkeit, welche eine Stadterweiterung in großem Stile vorsahen. Nach dem Vorbild von Prag und Wien sollte auch Nürnberg endgültig entfestigt werden, und Grünanlagen, Boulevards, Rondells und breite Ausfahrtsstraßen sollten der Stadt ein großzügiges Flair verleihen. Zur Verwirklichung der städtebaulichen Entwürfe war die Wöhrder Torbastei bereits abgerissen worden. Im „Gesamtverein der deutschen Geschichts- und Altertumsvereine“, der anläßlich des 25jährigen Bestehens des Germanischen Nationalmuseums eine Generalversammlung in Nürnberg abhielt, brach ein Sturm der Entrüstung über den drohenden Verlust der Befestigungen los, handelte es sich hierbei doch um ein Kulturgut ersten Ranges. Als Gegenstrategie beschloß die Generalversammlung die Gründung eines Vereins, der das historische Interesse der Stadt Nürnberg vertreten sollte. Zu den Gründern gehörten der Vorstand des Staatsarchivs Dr. Franz Heinrich, Archivsekretär Ernst Mummenhoff, Georg Freiherr von Imhoff, der Rechtsanwalt Georg Freiherr von Kreß zu Kressenstein und der Direktor des Germanischen Nationalmuseums August Essenwein, dem als staatlichem Konservator der Nürnberger Kunstdenkmäler ohnehin eine Wächterrolle zukam. Eine weitere ausdrückliche Zielsetzung stellte die lokalgeschichtliche Ausrichtung des Vereins dar. In der Einladungskarte zur Gründungsversammlung, die in der Restauration „Wartburg“ am Weinmarkt stattfand, heißt es ebenso lokalpatriotisch wie romantisch: „Kaum eine Stadt im deutschen Reiche kann mit größerem Stolze auf ihre Vergangenheit zurückblicken als die Stadt Nürnberg, kaum eine mit mehr Recht sich rühmen zu allem Schönen und Großen, was deutsche Art und deutsches Wesen im Laufe der Jahrhunderte hervorgebracht, den besten Teil beigetragen zu haben. Geraume Zeit hindurch war sie unbestritten die erste der deutschen Städte, der beneidete Liebling der Kaiser, die gefürchtete Nebenbuhlerin der Fürsten, der kräftigste Hort des Bürgerthums.“ Die Mitgliedschaft rekrutierte sich schon im ersten Vereinsjahr aus dem Nürnberger Besitz-

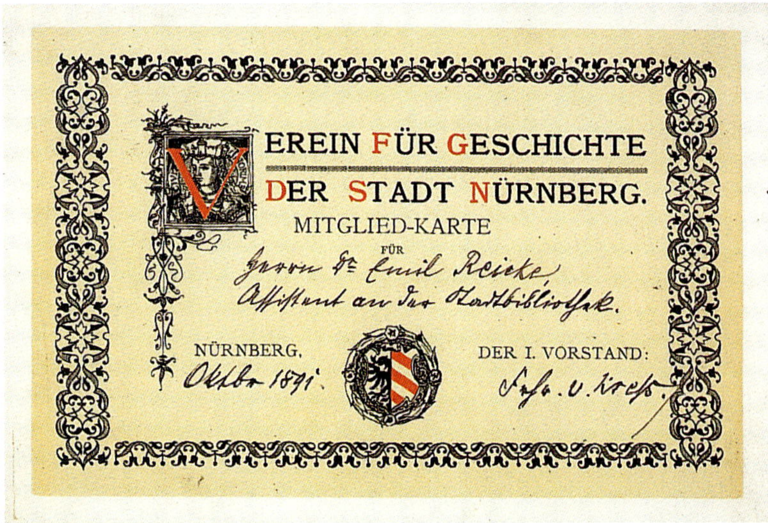

Abb. 98: Mitgliedskarte des Geschichtsvereins für Emil Reicke, 1891 Assistent der Stadtbibliothek, von 1921 bis 1930 Direktor des Stadtarchivs Nürnberg.

Nor.
602

Verein für Geschichte der Stadt Nürnberg.

Feier des 25jähr. Bestehens.

Festmahl

im großen Saale der Museumsgesellschaft
am
Freitag, den 2. Oktober 1903
Abends 6 Uhr.

Speisenfolge.

Klare Ochsenschweif=Suppe.

Steinbutte mit holländ. Tunke,
Kartoffeln.

Roastbeef auf Königsart,
Kalte Beilagen.

Junge Hahnen nach Toulouser Art.

Rehrücken, Salat und Dunstobst.

Gemischtes Eis, Waffeln.

Käse und Butter.

Abb. 99:
Mit einem opulenten Festmahl feierte der Verein 1903 sein 25jähriges Bestehen.

und Bildungsbürgertum. Prominente wie etwa der Erste Bürgermeister Otto Freiherr von Stromer gehörten dem engeren Ausschuß an. Daneben bestimmten Großkaufleute, Bankiers, Fabrikbesitzer, Juristen, Professoren, Archivare, Beamten, Militärs und Angehörige des alten Nürnberger Patriziats die Sozialstruktur der Vereins. Die gesellschaftliche Zusammensetzung hat sich seit der Gründung längst verändert. Seit dem zweiten Jahrzehnt des 20. Jahrhunderts können auch Frauen Mitglieder werden, und es setzte auch ein deutlicher Verjüngungsprozeß ein. Die Grundsätze der Vereinsarbeiten gelten jedoch noch heute: 1879 erschien der erste Band der „Mitteilungen", das Publikationsorgan des Vereins. Weitere Schriftenreihen folgten. In regelmäßigen Versammlungen werden Vorträge zur Geschichte Nürnbergs angeboten, und eine umfangreiche Vereinsbibliothek und ein Vereinsarchiv sammeln wichtiges Schriftgut. All diese Bildungsangebote stehen auch Nichtmitgliedern offen. So ist der Nürnberger Geschichtsverein nicht in der Isolation eines exklusiven Honoratiorenzirkels verblieben, sondern hat sich zu einer geglückten Kombination von wissenschaftlicher Gesellschaft und Volksbildungsverein entwickelt.

Der Erste Weltkrieg

Kriegsausbruch

Der Mord an dem österreichischen Thronfolger Franz Ferdinand in Sarajewo und der drohende Ausbruch eines Weltkrieges im Sommer 1914 lösten in Nürnberg, wie überall, unterschiedliche Reaktionen aus. Nicht nur Euphorie, sondern auch Besorgnis kennzeichnete die Stimmung in weiten Teilen der Bevölkerung. So veranstaltete die SPD noch am 29. Juli eine Protestversammlung im „Herkules-Velodrom", an der über tausend Arbeiter und Arbeiterinnen teilnahmen. Die Landtagsabgeordneten Dr. Max Süßheim und Joseph Simon warnten in ihren engagierten Reden eindringlich vor dem drohenden Massenmord auf dem Schlachtfeld und dem zu erwartenden Elend in der Heimat. Sie forderten die „Abschaffung des Krieges". Der Großteil der Arbeiter empfand, was Karl Bröger formulierte: „Vaterland? Ich wußte bis zur Stunde nur, daß ich arm sei, mein Vaterland ein elendes Loch im stinkenden Hinterhaus." Als jedoch das Deutsche Reich nach der russischen Teilmobilmachung am 1. August dem Zarenreich den Krieg erklärte, schlug auch die Stimmung in der Arbeiterschaft in begeisterten Patriotismus um. Das Feindbild von der „sibirischen Unkultur" und vom „Knuten- und Mordregiment des russischen Zarismus" als Gegner von Kultur und Zivilisation trat in den Vordergrund.

Der „Fränkische Kurier" leistete als Presseorgan des Bürgertums ebenfalls seinen Beitrag, um unter den Einwohnern eine echte vaterländische Stimmung zu erzeugen. Mit einer Flut von „Extrablättern" erweckte die Zeitung den Anschein von einhelliger und uneingeschränkter Kriegsbegeisterung. Nach dem Abbruch der diplomatischen Beziehungen Österreichs zu Serbien zogen große Menschenmengen durch die

Abb.100: Reger Betrieb herrschte in den Straßen Nürnbergs bei Ausbruch des Ersten Weltkrieges. Photographie August 1914.

Stadt, an der Spitze die in Nürnberg ansässigen Österreicher. Das ständig wiederholte Absingen des Deutschlandliedes sowie der „Wacht am Rhein" gehörte zu den patriotischen Ritualen. Neben der Zurschaustellung und öffentlichen Demonstration deutschnationaler Gesinnung kam es aber auch zu Alkoholexzessen und zu ausländerfeindlichen Übergriffen, da sich wegen der Eröffnung der Bayreuther Wagner-Festspiele besonders viele Touristen in Nürnberg aufhielten. Eine regelrechte Jagd auf vermeintlich russische Spione setzte ein, worauf Gäste aus England, Spanien, Irland und den USA fluchtartig die Stadt verließen.

Unter dem Eindruck der vorherrschenden vaterländischen Einstellung und der allgemeinen Kriegshysterie meldeten sich viele wehrfähige Stadtbedienstete als Kriegsfreiwillige in den Kasernen, so daß bald Lücken in der Verwaltung entstanden. Auch zogen Hunderte von jungen Paaren ins Rathaus zur Kriegstrauung. In der Überstürzung und Eile konnten viele der Heiratswilligen keine vollständigen Papiere vorweisen, weshalb in zahlreichen Fällen der Oberbürgermeister selbst die Zeremonie vornehmen mußte, da er „den gewissenhaften Standesbeamten diese Übertretung der Gesetze nicht zumuten konnte." Die Trauakte waren dabei „immer stille ernste Feierlichkeiten", wie sich Oberbürgermeister Otto Geßler später erinnerte, denn die Euphorie wich mehr und mehr einer bedrückten Stimmung über den bevorstehenden Krieg.

„Der Kriegsausbruch traf die Nürnberger Stadtverwaltung völlig unvorbereitet. Nicht die einfachsten Vorkehrungen waren getroffen, noch Weisungen von oben", mußte rückblickend und voll Verbitterung Otto Geßler festellen, der bei Kriegsbeginn erst ein halbes Jahr die Stadt regiert hatte. Doch leistete der linksliberale Oberbürgermeister, unterstützt von der SPD, insbesondere auf dem Gebiet der Kriegsfürsorge bis zu seiner Berufung zum Reichsminister für Wiederaufbau 1919 vorzügliche Arbeit.

Obwohl mit Verhängung des Kriegszustandes die vollziehende Gewalt auf den Militärbefehlshaber überging – in Nürnberg General Albert Freiherr von Könitz –, änderte sich damit für die Zivilbehörden nichts am Handlungsspielraum. Könitz ließ der Stadtverwaltung freie Hand, und er gab vor, in Verwaltungsangelegenheiten nicht kompentent zu sein. Der Oberbürgermeister mußte die Kriegsverwaltung aufbauen.

Abb. 101:
Otto Geßler (1875–1955), Oberbürgermeister in Nürnberg von 1914 bis 1919. Danach startete er eine politische Karriere auf Reichsebene: Bis 1928 war Geßler dreizehnmal Reichswehrminister. Ölgemälde von Ludwig Kühn.

Mangelverwaltung

Die wirtschaftlichen Folgen des Kriegs waren für Nürnberg besonders schwer, denn die Großbetriebe, aber auch viele kleinere Fabriken produzierten hauptsächlich für den Export. Mit Kriegsbeginn wurden sogleich eine Vielzahl von Aufträgen storniert und Geschäftsverbindungen abgebrochen. Auch gingen durch Ausfuhrverbote, die von der Reichsregierung verhängt wurden, viele Absatzmärkte verloren. Aber nicht nur der Handel mit „feindlichen" Ländern wurde eingestellt, sondern es wurden auch die Beziehungen und Verbindungen zu neutralen oder verbündeten Staaten erschwert. Dazu geriet der Vertrieb von Luxusgütern wegen der verringerten Kaufkraft ins Stocken. Dies betraf vor allem die Spielwarenindustrie, die allein ohne das Weihnachtsgeschäft empfindliche Einbußen hinnehmen mußte. Rohstoffe und Halbfertigprodukte, von denen vor allem die metallverarbeitenden Betriebe abhängig waren, konnten nicht mehr in ausreichender Menge bezogen und importiert werden. Zudem fiel die Eisenbahn als wichtigstes Massenbeförderungsmittel aus, da nach und nach der Güterverkehr wegen der vielen Truppen- und Militärtransporte eingeschränkt wurde. Immer mehr Fabriken und Kleinbetriebe, die keine Artikel für die Rüstung und den Krieg in ihrem Produktionsprogrammm führten, mußten schließen. Allein die Bleistiftbranche entließ 650 Beschäftigte und führte zudem Kurzarbeit ein. Die M.A.N. stellte sogar 2.400 Arbeiter aus und reduzierte für die Verbliebenen die Arbeitszeiten beträchtlich. Kleinere Betriebe und Werkstätten mußten ihre Tore ganz schließen.

Ein Bericht des Statistischen Amtes von 1914 illustriert den Ernst der wirtschaftlichen Lage in Nürnberg: „Da durch den gegenwärtigen Krieg diejenigen Industriegebiete besonders hart betroffen werden, die ihren Absatz zum großen Teil im Ausland finden, so bedeuteten die Kriegswirren gerade für die Nürnberger Industrie, die in der Hauptsache Exportindustrie ist, einen schweren Eingriff in das Erwerbsleben. Die hier so bedeutenden Spielwaren-, Bleistift-, Pinsel- und Bürstenindustrien, die graphischen Gewerbe, die Metall-, Maschinen- und Luxusindustrien waren in der ersten Zeit nach Ausbruch des Krieges zum großen Teil oder ganz lahmgelegt. Auch die Papierindustrie, insbesondere die Kartonagenbetriebe, die Papierwaren- und Metallpapierfabriken, lagen vorwiegend still; desgleichen die Horn- und Zelluloidwarenindustrie. Dazu kam die schlechte Geschäftslage im Baugewerbe und die damit im Zusammenhang stehenden ungünstigen wirtschaftlichen Verhältnisse des Kleinhandwerks der Schreiner, Schlosser, Glaser, Tapezierer, Maler usw. Soweit nicht Kriegslieferungen für Heeres- und Marineverwaltung, staatliche und kommunale Bautätigkeit in Betracht kamen, waren diese Gewerbszweige schwer geschädigt." Viele Kleinunternehmer oder Handwerker schlossen auch ihre Betriebe, weil ihre Gesellen oder Facharbeiter zum Heeresdienst eingezogen worden waren. Dies alles hatte zur Folge, daß die Zahl der Arbeitslosen und Arbeitssuchenden wuchs. Im September 1914 war Nürnberg die Stadt mit der höchsten Arbeitslosenquote im Reich. Mit 40 Prozent übertraf die Stadt an der Pegnitz bei weitem die Landeshauptstadt München, die nur 23 Prozent Erwerbslose registrieren mußte. Planlose Einberufungen sowie der wachsende Anteil von Kriegerfrauen auf dem Arbeitsmarkt hatten zur negativen Entwicklung noch beigetragen. Vielen Unternehmern schien darüber hinaus in der Illusion eines Blitzkrieges und raschen Sieges die schnelle Umstellung auf Heeresbedarf überflüssig.

Mit zahlreichen Maßnahmen versuchte die städtische Verwaltung, der Massenarbeitslosigkeit von bisher unbekanntem Ausmaß Herr zu werden. So konnten durch die Herabsetzung der Arbeitszeit in städtischen Betrieben auf nur 20 Wochenstunden zusätzliche Kräfte eingestellt werden. Weiterhin wurde eine städtische Kriegsarbeitsstätte für entlassene Frauen am Egidienplatz eingerichtet, in der bereits im Oktober 1914 rund 5.500 Frauen Heeresbedarfsartikel wie Hemden, Unterhosen, Strümpfe, Zwiebacksäcke und Zeltbahnen herstellten. Auch in Heimarbeit wurden Teilfabrikate von bisher erwerbslosen Frauen angefertigt. Den Einkauf der notwendigen Stoffe, Garne und Wolle organisierte die Stadt, wobei Nürnberger Firmen und kleinere Geschäftsleute berücksichtigt wurden. 1915 zählte die Nürnberger Kriegsarbeitsstätte mit etwa 9.000 Beschäftigten zu den größten in Deutschland.

Neben diesen Arbeitsbeschaffungsmaßnahmen bemühte sich Oberbürgermeister Geßler aber auch, den Fortbestand der Nürnberger Industriezweige zu sichern und zu gewährleisten. Er hatte schon früh erkannt, daß dies nur auf dem Weg der Umstellung auf Rüstungsproduktion möglich war. Noch 1914 reiste er deshalb nach Berlin und bemühte sich erfolgreich um größere Heeresaufträge für Nürnberger Firmen.

Schnelle Kredithilfen sollten zudem kleineren Betrieben aus Nürnberg und Fürth die Umstellung auf die notwendige Kriegsproduktion finanzieren. Noch im ersten Kriegsjahr wurde die Kriegskreditbank als Aktiengesellschaft Nürnberg-Fürth mit Sitz in Nürnberg gegründet, deren Hauptinitiator Oberbürgermeister Geßler war. Als Zweck der Aktiengesellschaft nannte die Satzung „die Linderung des durch den im Jahre 1914 ausgebrochenen Krieg in Handel und Industrie herbeigeführten wirtschaftlichen Notstands". Und weiter hieß es: „Insbesondere soll das Kreditbedürfnis der Angehörigen des kleinen und mittleren Handels und Gewerbes befriedigt werden." Sobald der Krieg und „der durch ihn verursachte Notstand" beendet wäre, sollte die Bank liquidiert werden. Die Neugründung verfehlte ihren Zweck nicht, denn noch Ende des Jahres 1914 konnten die ersten Kredite gewährt werden und viele Betriebe wieder die Produktion aufnehmen, allerdings jetzt umgestellt auf Waren für den Krieg.

Neben der Sorge um die Wirtschaft bestand ein weiterer Schwerpunkt des städtischen Krisenmanagements in der Fürsorge für die Angehörigen der Soldaten. Aus der Nürnberger Arbeiterschaft waren rund 20.000 Männer eingezogen worden, die ihre Familien vielfach ohne finanzielle Mittel oder Reserven zurücklassen mußten. Das noch geltende Fürsorgegesetz aus dem Jahr 1876 erwies sich als völlig unzureichend. Auch die überarbeitete Fassung von 1914 war den Anforderungen und vielfältigen Problemen nicht gewachsen. Das Soldatengesetz gewährte beispielsweise einer jeden Ehefrau in der Heimat 30 Pfennige täglich, aber schon vor dem Krieg bekam man dafür lediglich 100 Gramm Margarine und ein Pfund Schwarzbrot. Seit Kriegsausbruch aber waren die Lebenshaltungskosten um 30 Prozent und mehr angestiegen, so daß für 30 Pfennige gerade noch etwas Brot gekauft werden konnte. Um den sozialen Frieden zu bewahren und Hungeraufstände zu verhindern, mußten die Gemeinden die Lösung der sozialen Probleme übernehmen. Der städtische Armenrat und die privaten Wohltätigkeitsverbände, die bisher die Verantwortung für die Bedürftigen in der Stadt übernommen hatten, konnten das neue Massenphänomen aber nicht mehr bewältigen. Denn nahezu zwei Drittel der Einwohner in Nürnberg litten wegen Arbeitslosigkeit oder der Einberufung des Ernährers materielle Not. Es war wiederum Oberbürgermeister Geßler, der die sozialen Probleme erkannte und sofort reagierte. Auf seine Initiative hin wurde noch im August 1914 ein städtisches Kriegsfürsorgeamt „zur Bekämpfung und Linderung der der bedürftigen Einwohnerschaft drohenden oder infolge des Krieges über sie hereingebrochenen Not" eingerichtet, dessen Leitung er selbst übernahm. Die Fürsorge erstreckte sich auf Hilfsmaßnahmen für Familien und Einzelpersonen, die durch den Krieg in akute Not geraten waren. Neben finanzieller Unterstützung aus der Stadtkasse umfaßten die Fürsorgemaßnahmen vor allem ein Kleidersammellager im alten Stadttheater am Lorenzer Platz, das sich so sehr bewährte, daß wegen des großen Arbeitsaufkommens bald bezahlte Hilfskräfte eingestellt werden mußten. Auch ein Schneider, etliche Berufsschneiderinnen und junge entlassene Fabrikarbeiterinnen wurden zum Ausbessern oder Flicken der gespendeten Kleidung für die Verarmten beschäftigt.

Ein weiterer wichtiger Aufgabenschwerpunkt für die Kriegsfürsorge war die Nahrungsmittelbeschaffung. Außerordentliche Weitsicht bewies der Stadtrat schon vor Ausbruch des Krieges, als ein von Oberbürgermeister Geßler eingesetzter Lebensmittelausschuß eine Million Mark für den Einkauf haltbarer Lebensmittel bereitstellte, um im Kriegsfall die Versorgung zu gewährleisten und drastische Preiserhöhungen zu verhindern. In der Maschinenhalle am Luitpoldhain wurde ein größerer Vorrat an Mehl, Getreide, Kraut, Kartoffeln, Kolonialwaren, Kondensmilch, Fetten, Käse und Wurst angelegt.

Auch richtete die Stadtverwaltung sogleich Kriegsvolksküchen ein, insbesondere für Angehörige der im Feld stehenden Soldaten. Die nötigen Räume dafür boten Schulen und städtische Gebäude, wie etwa die Festhalle am Luitpoldhain, die Maxfeldrestauration oder das Sebastianspital. Schon am 6. August 1914, als gerade die ersten Truppen Nürnberg verlassen hatten, konnten sechs Küchen die ersten warmen Mahlzeiten ausgeben. Der Speisezettel war allerdings eintönig und sah täglich dick eingekochtes Gemüse mit einem Stück Schwarzbrot vor, doch kamen an vier Tagen in der Woche auch etwas Fleisch, Kuttelware oder Wurst dazu.

Einen anderen Wirkungsbereich der Kriegsfürsorge stellte die Krankenbetreuung dar. Kostenlose Kranken- und Entbindungshilfe bei freier Arztwahl gehörten ebenso dazu wie die Übernahme der Krankenhaus- oder Hauspflegekosten. Dies schloß auch die Abgabe von Medikamenten mit ein.

Die Nürnberger Kriegsfürsorge, die durch das Engagement von Oberbürgermeister Geßler rasch und unbürokratisch eingerichtet worden war und auf vielen Gebieten wirkte, bedeutete mehr als nur materielle Hilfe. Sie zeigte der Nürnberger Bevölkerung, daß die Stadtverwaltung den Schwierigkeiten des Kriegszustandes gewachsen war und aktiv gegen die Folgen des Krieges ankämpfte. So wirkte etwa die anfangs ausreichende Versorgung mit Nahrungsmitteln sehr beruhigend, und, so erinnerte sich Geßler, „die Ausgerückten durften mit dem Bewußtsein scheiden, daß ihren Angehörigen für alle Fälle ein warmes Mittagessen gesichert sei." Der Weitsicht und Umsicht der städtischen Verwaltung verdankte Nürnberg in den ersten Kriegsmonaten eine vergleichsweise gute Versorgung.

Ernährungskrise und „Zwangswirtschaft"

Der Weitblick und die gute Organisation der Nürnberger Stadtverwaltung standen allerdings in krassem Gegensatz zur Untätigkeit auf Reichs- und Landesebene. Die verhängnisvolle Annahme eines schnellen Sieges verleitete die Militärführung dazu, auf jegliche „wirtschaftliche Mobilmachung" zu verzichten. Schon im Januar 1915 wurde deshalb der Lebensmittelmangel deutlich. „Auf einmal merkt man jetzt, daß das Brot weniger wird, weil man oft schon keinen Kipf mehr zu kaufen bekommt. Die Menschen haben viel zu wenig gespart und die Bäcker und die Müller sind sehr schlau und behalten ihre Mehlvorräte in ihren Kammern zurück, damit sie später wieder mehr dafür verlangen können." So schrieb ein Nürnberger Junge in sein Tagebuch. Unter der wachsenden Verwendung von Ersatzstoffen wie Sägemehl oder Kastanien litt auch die Brotqualität erheblich. „Das Brot, das man jetzt bekommt, ist immer sehr schlecht, manche Menschen können das überhaupt gar nicht vertragen," hielt das Kriegstagebuch weiter fest.

Wegen der Verknappung der Mehlvorräte ließ der Stadtrat im Februar 1915 eine Bestandsaufnahme in allen Privathaushalten in der Stadt vornehmen und Mengen über 50 Pfund gegen eine Vergütung zugunsten des Kommunalverbandes beschlagnahmen. Einen Monat später wurden Brotmarken eingeführt. Darüber hinaus versuchte der Stadtrat mit Backempfehlungen dem unangemessenen Verbrauch von Mehl vorzubeugen. So schrieb eine Verordnung vor, daß Kuchen mit einem gewissen Anteil an Ersatzmehlen und anderen „mehlartigen" Stoffen gebacken werden sollten. Zu den „mehlartigen" Stoffen zählte die Stadtverwaltung Kartoffeln, Bohnenmehl, Erbsenmehl oder Gerstenschrot. Ausdrücklich ausgenommen von dieser Vorschrift blieben dagegen Makronen und Lebkuchen. Vor allem den Lebkuchen kam in Nürnberg eine besondere Bedeutung zu, denn sie „wurden von der Bevölkerung stets als Zuschuß zur Brotration betrachtet und es entstanden vor den Lebkuchenläden die gleichen Prozessionen, wie vor den anderen Läden." Allerdings war die Vielfalt im Sortiment stark eingeschränkt, und bald wurde nur noch ein Einheitslebkuchen gebacken. Schließlich hörte die Lebkuchenproduktion gegen Ende des Krieges völlig auf, und die letzten Vorräte wurden für Krankenhäuser und Lazarette beschlagnahmt.

Erst 1915 versuchte die Reichsregierung ihre Versäumnisse zu korrigieren, indem sie durch dirigistische Eingriffe ins öffentliche Leben eine gleichmäßige und preiswerte Ernährung der Bevölkerung anstrebte. Grundnahrungsmittel wie Brot oder Milch wurden mit Lebensmittelmarken und Höchstpreisen belegt. Ein Jahr später wurden die Preiskontrollen und Rationierungen auch auf andere Lebensmittel ausgedehnt. Die Festlegung von Verbrauchermengen und von Abgabestellen sollte eine gerechte Verteilung der Nahrungsmittel in der Heimat ermöglichen

Abb.102:
1916 brach der Lebensmittelmarkt endgültig zusammen, so daß die städtischen Versorgungsämter den Mangel eher verwalten als ihn beheben konnten. Anzeige aus dem „Fränkischen Kurier" 1916.

Abb.103:
Krieg auch in der Küche. Die sparsame Nahrungszubereitung stellte die Frauen oft vor große Probleme. Anzeige aus dem „Fränkischen Kurier" 1917.

und gewährleisten. Die „Zwangswirtschaft" – so wurde die Regelung des Verbrauchs nach dem Krieg bezeichnet – kam allerdings zu spät.

Die erste schwere Ernährungskrise trat im Jahr 1916 auf. Eine schlechte Getreideernte hatte zur Herabsetzung der Brot- und Mehlrationen geführt. Kartoffeln und Gemüse gelangten nur in geringen Mengen in die Stadt, und Fleisch kam kaum mehr auf den Tisch. Fast alle Grundnahrungsmittel mußten durch Rüben ersetzt werden, aus denen Kriegsmus oder Steckrübenwurst hergestellt wurde. Außerdem gaben Kochbücher mit Titeln wie „Die fett- und fleischlose Kriegskost" Ratschläge zur Verarbeitung der wenigen und ungewohnten Zutaten.

Dazu kamen empfindliche Preissteigerungen. Von 1909 bis 1916 stiegen die Preise für Schwarzbrot um 25 Prozent, von Kartoffeln um 115,5 Prozent, von Ochsenfleisch um 193,8 Prozent, von Stadtwurst um 229,1 Prozent, von Eiern um 100 Prozent und von Margarine um 201,4 Prozent. Vor allem die Arbeiterbevölkerung litt unter der Lebensmittelknappheit, da sie nicht genug Geld besaß, um auf dem Schwarzmarkt zusätzliche Eßwaren zu kaufen.

Nach Ernährungskrawallen in München im Frühsommer 1916 gärte es auch in Nürnberg, wo die Arbeiterschaft sich bislang diszipliniert und ruhig verhalten hatte. Am 6. Juli 1916 sammelten sich rund 200 Frauen auf der Insel Schütt und zogen protestierend vor Oberbürgermeister Geßlers Wohnung. Als der linksradikale Reichstagsabgeordnete Joseph Simon die aufgeheizte Stimmung ausnutzen wollte und zu hetzen begann, wuchs die Menge rasch auf rund 2.000 Menschen an. Auch einige Dutzend Soldaten beteiligten sich an dem Krawall, in dessen Verlauf die herbeigeeilte Polizei mit Pferdemist und Pflastersteinen beworfen wurde.

Zu weiteren Ernährungsunruhen kam es nach dem „Kohlrübenwinter" im März 1917. Soldaten auf Heimaturlaub und Arbeiterfrauen marschierten vom Maxplatz zum Rathaus, wo sie Brot und Kartoffeln forderten. Es kam jedoch zu keinen weiteren oder gar gefährlichen Ausschreitungen. Der Stadtmagistrat ließ zunächst bekannt geben, daß sich jeder den gesetzlichen Tagesrationen unterwerfen müsse. Oberbürgermeister Geßler, ein Spezialist für unbürokratische Lösungen, ließ aber, gegen das Votum der Regierung, die Brotrationen verdoppeln, denn ihm war die Situation der Arbeiter und Kriegerfrauen durchaus bewußt, wie er in einem Rückblick zu erkennen gab: „Schlimm war, daß in der wirtschaftlichen Situation der Arbeiterschaft sich immer stärkere Unterschiede herausbildeten. In demselben Stockwerk wohnte eine Familie, deren Ernährer in der Kriegswirtschaft gut verdiente, wozu gelegentlich noch Angehörige kamen, neben ihnen hauste eine Frau, deren Mann im Felde stand und die mit drei oder vier kleinen Kindern von der kärglichen Unterstützung der Kriegsfürsorge abhängig war. Dazu kam, daß viele Jugendliche beiderlei Geschlechts zwischen 14 und 17 Jahren bereits verdienten und in ihren Fabrikkantinen auch noch eine bessere Ernährung als die Fürsorgeempfänger hatten." Otto Geßlers Verständnis für die notleidende Bevölkerung war mehr als nur ein Lippenbekenntnis. Er selbst nahm sich, zusammen mit seiner Frau, von den Sparmaßnahmen und Entbehrungen des Kriegsalltags nicht aus. So bezog er täglich sein Mittagessen aus einer der Kriegsvolksküchen, obwohl deren Qualität wegen des vorherrschenden Mangels von Tag zu Tag schlechter wurde.

Abb.104:
Das „Herkules-Velodrom", welches 1898 von dem Fahrradfabrikanten Carl Marschütz errichtet worden war (1944 zerstört), diente während des Ersten Weltkriegs als Ort für Massenspeisungen. Photographie 1917.

Wege zur Selbsthilfe

Hatte man in den ersten Kriegsjahren die landwirtschaftliche Nutzung öffentlicher Anlagen noch wegen zu geringer Ernteerwartungen abgelehnt, so begann man 1917 im Stadtpark erstmals Gemüse anzubauen. Auch Privatleute rüsteten ihre Vorgärten um. Alle nur denkbaren Möglichkeiten zur Selbstversorgung wurden ergriffen. So führte die Stadt Sammlungen von Obstkernen für die Ölgewinnung durch, die Naturhistorische Gesellschaft eröffnete eine Pilzberatungsstelle, und Erntetermine für Preiselbeeren, Schwarzbeeren und andere Waldfrüchte wurden in den Zeitungen bekanntgegeben.

Darüber hinaus erschlossen sich die Nürnberger notgedrungenerweise noch andere Wege zu einer besseren Versorgung. Ein umfangreicher Schwarzhandel entfaltete sich. Oftmals mußte das letzte Hab und Gut gegen Lebensmittel eingetauscht werden. Vor allem aber unternahmen die Städter verstärkt Hamsterfahrten mit der Eisenbahn aufs Land. Auf den Bahnhöfen herrschte Hochbetrieb: „Die vielen, vielen Hamsterer sind schon am Samstag von Nürnberg aus, oft mehr als hundertfünfzig Kilometer weit in die Oberpfalz und bis Niederbayern gefahren, um Nahrungsmittel, besonders Eier, ankaufen zu können. Überall herum standen Körbe, Schachteln und Rucksäcke", hielt der Junge in seinem Kriegstagebuch fest. Und weiter erzählte er: „Am Samstag Mittag fuhren wir bis Sulzbach und gingen dann bis Altdorf. Mama konnte uns nur zehn Stück gesottene Kartoffeln, die sie selbst zu leihen nehmen mußte, mitgeben. Alles andere mußten wir uns hamstern. Im Orte Traunfeld kamen wir mit Bauernbuben gleich in einen Streit, weil sie uns Hungerbettler nannten. Bald kam es zum Raufen, wir waren drei und die anderen waren fünf, Klaus hat kuraschiert mit der Milchkanne hingehaut und hat nicht nachgelassen, bis die Bauernfimfer sich verflüchtigten. Als wir am Montag abend heimkamen und als wir unsere mitgebrachte Hamsterware auf den Tisch legten, nahm die Begeisterung gar kein Ende mehr. Wir hatten gehamstert: ein Pfund Mehl, einen Liter Milch, neun Eier und ein wenig Schmalz."

Zur Lebensmittelknappheit kam auch noch der allgemeine Mangel an Rohstoffen und Gütern des Alltags, der enorme Einbußen in der Lebensqualität hervorrief. So waren Ende 1915 fast alle Haushaltswaren aus Messing, Kupfer und anderen Metallen enteignet worden. Mörser, Schüsseln, Pfannen oder Badewannen mußten jetzt den immensen Metallbedarf der Rüstungsindustrie decken. Noch empfindlicher traf die Kohlennot die Menschen. Im Februar 1917 waren 35.000 Familien in Nürnberg ohne Hausbrand. Viele deckten sich in den nahegelegenen Wäldern mit Heizmaterial ein und sammelten Stekken und „Butzelküh". Der Knabe notierte: „Gestern war ich mit Papa in Altenfurth. Auf dem Heimwege außerhalb der Stadt begegnete uns ein ganz großer Trupp Holzweiber, welche auf Schubkarren und kleinen Wägelchen Holz heimfahren wollten, und von der schweren Arbeit keuchten und schwitzten. Plötzlich trat aus der Bretterhütte heraus ein Förster, und der verlangte, daß die Weiber sofort das gehamsterte Holz an der Bretterhütte abladen sollten. Nun entstand ein großer Streit. Die Weiber schimpften und schrien: 'Du Krüppel, du gehörst in den Schützengraben; unsere Männer müssen den Kopf hinhalten und du trägst deinen dummen Kohlrabi in den Wirtshäusern herum'. Darauf sagte der Förster: 'Ihr Vogelscheuchen, ihr Bißgurn, ihr mistigen, ihr seid froh, daß eure Männer fort sind, damit ihr die schöne Unterstützung einstecken und rumlumpen könnt, wie ihr wollt.` Nun wäre es bald zu einer Rauferei gekommen, wenn der Förster nicht nachgegeben und die Weiber mit ihrem Holz hätte weiterfahren lassen."

Rüstungsindustrie

Gegen Ende des Krieges waren in Nürnberg 309 Betriebe in der Rüstungsproduktion. Noch im ersten Kriegsjahr hatten mit Hilfe der Kriegskreditbank A.G. vor allem kleine Firmen ihre Fertigung rasch umgestellt. Da sie von Absatzmärkten und Rohstofflieferungen abgeschnitten waren, war dies in der Regel der einzige Weg des wirtschaftlichen Überlebens. Wo einstmals Fahrräder und Spielwaren produziert wurden, verließen jetzt Granatteile, Kartuschen und Gewehre die Werkstätten. Textil- und Schuhfabriken lieferten Militärstiefel und Uniformen. Die zahlreichen Chemie- und Farbbetriebe bekamen Aufträge für Sprengkörper aller Art. Einige Betriebe sicherten ihr Bestehen mit Dienstleistungen für das Heer, wie etwa die Großwäscherei und che-

Abb.105: Der Erste Weltkrieg wurde zu einer Materialschlacht von bisher nie gekanntem Ausmaß. Altmetallsammlung zur Waffenproduktion. Photographie 1917.

mische Reinigung von August Scholl in der Breiten Gasse. Nachdem alle Rohmaterialien beschlagnahmt und die wehrfähigen Arbeiter eingezogen waren, verhinderte Scholl eine weitere Demontage seines Betriebes, indem er kostenlos Wäsche für Lazarette und Lazarettzüge reinigte und desinfizierte.

Zudem forderte Mitte 1916 das sogenannte Hindenburgprogramm eine deutliche Steigerung der Rüstungsproduktion und eine Mobilisierung aller vorhandenen personellen und materiellen Ressourcen. Um die dringend notwendigen Arbeitskräfte zu beschaffen, trat am 6. Dezember 1916 das „Gesetz über den vaterländischen Hilfsdienst" in Kraft. Es sah eine Dienstverpflichtung aller wehruntauglichen Männer zwischen 17 und 60 Jahren vor. 1918 betrug die Zahl der in der Rüstung in Nürnberg tätigen Arbeiter genau 27.414, und von den 65.000 berufstätigen Frauen arbeiteten 28.500 in der Rüstungsindustrie. Sie stellten somit etwa zwei Drittel der gesamten Arbeiterschaft. Obwohl die Arbeitszeit in den Rüstungsbetrieben generell 60 Stunden in der Woche betrug, waren die Beschäftigten in der Kriegswirtschaft oft besser gestellt als ihre Kollegen in zivilen Branchen. Mit 50 bis 70 Mark Wochenlohn für Männer und immerhin bis zu 30 Mark für Frauen verdienten sie verhältnismäßig gut.

Der größte Rüstungsbetrieb in Nürnberg war die M.A.N. Seit 1915 wurden Waggons, Lastwagen, Proviantwagen, Feldbahnen und Beobachtungswagen gefertigt, und mit fast 10.000 Arbeiterinnen und Arbeitern wurden fast doppelt so viele Menschen wie vor dem Krieg beschäftigt. Auch die Firma Bing gehörte mit 7.000 Leuten zu den großen Rüstungsfirmen. In Tag- und Nachtschichten wurden Helme, Wurfgranaten, Feldflaschen, Zünder, Revolvermagazine, Militärkochgeschirr und Tornister hergestellt. Wegen der guten Auftragslage mußte der Rüstungsbetrieb sogar noch ausgebaut werden. Hatte vor dem Krieg die Aktiengesellschaft mit Spiel- und Haushaltswaren im Jahr 700.000 Mark verdient, so erzielte sie 1917 einen Reingewinn von 4 Millionen Mark.

Auch die Siemens-Schuckert-Werke mit 5.500 Beschäftigten und die Fritz-Neumeyer A.G. mit 3.200 Beschäftigten gehörten zu den wichtigen Heereslieferanten und Kriegsprofiteuren. Siemens-Schuckert baute Scheinwerfer und U-Boot-Starkstromeinrichtungen sowie Jagdeinsitzer mit Umlaufmotoren. Eine schnelle Umstellung gelang auch der Vereinigten Pinselfabriken A.G. Paul Leistritz mußte nach Materialbeschlagnahmungen die Turbinenschaufel-Fabrikation aufgeben, woraufhin er seine Preß- und Stanzmaschinen für die Munitionsherstellung einrichtete. Bereits vor dem Ersten Weltkrieg hatte die Fabrik von Rudolf Chillingworth die deutschen Staatswerkstätten für Artillerie und Marine mit Munitionskörpern und anderem Waffenzubehör beliefert und nahm nun auch Torpedogeschoßmäntel in das Fertigungsprogramm mit auf. Die Spaeth'sche Maschinenfabrik wurde im Ersten Weltkrieg ebenfalls ausschließlich für Kriegs- und Bahnbedarf beansprucht. Es kam sogar zu kriegswichtigen Neugründungen. Fritz Neumeyer, Besitzer einer Metallfabrik in Gibitzenhof, gründete zusammen mit der Firma Krupp die Zünder- und Apparatebaufabrik (Zündapp), deren Alleinbesitzer er nach dem Krieg wurde. Doch nicht alle Nürnberger Firmen schafften es, an die lukrativen Heereslieferungen oder Militäraufträge zu gelangen. So lehnte die Heeresverwaltung etwa das Angebot der Eisenwerk-A.G., vormals Julius Tafel, ab, Granaten herzustellen. Dies hatte zur Folge, daß wegen Personalmangels die Produktion deutlich reduziert werden mußte.

Eugenie Merkel

Frauen an der „Heimatfront"

Bereits in den ersten Kriegsmonaten wurde in Nürnberg ein Drittel der gewerkschaftlich organisierten Arbeiter eingezogen. Ihre Arbeitskraft mußte teilweise von Jugendlichen, später auch von Kriegsgefangenen ersetzt werden. Vor allem aber wurden Frauen im erwerbsfähigen Alter nach und nach in die unterschiedlichsten Arbeitsbereiche eingeführt. Vor dem Krieg ermittelte die Gewerbeaufsicht einen Beschäftigtenanteil der Frauen in Nürnberg von nur 23 Prozent, während des Krieges aber stieg ihr Anteil auf gut die Hälfte aller erwerbsfähigen Frauen an. Die Gründe für den Eintritt in das Berufsleben waren unterschiedlich. Anfangs spielte bei vielen Frauen auch eine national-patriotische Gesinnung und Begeisterung durchaus eine Rolle. Unmittelbar nach Kriegsbeginn beschränkte sich die Berufstätigkeit der Frauen ohnehin zunächst meist auf die Kriegsfürsorge. Vor allem Frauen aus dem gehobenen Bürgertum folgten dem Aufruf der Bayerischen Königin Marie Therese, die als Schirmherrin des

Roten Kreuzes für Mithilfe warb. So wirkte sofort der Verein „Frauenwohl" in diesem Sinn, der 1901 von Helene von Forster und Bertha Kipfmüller gegründet worden war, den beiden wichtigsten Persönlichkeiten der bürgerlichen Frauenbewegung in Nürnberg. Der ursprüngliche Auftrag des Vereins lag zwar in einem umfangreichen Bildungs- und Ausbildungsangebot für Frauen und Mädchen, doch während des Ersten Weltkrieges stellte er sich ganz in den Dienst der Kriegshilfe und Kriegsfürsorge. Helene von Forster engagierte sich sogleich im Vereinslazarett des Roten Kreuzes. Darüber hinaus unterhielt der Verein eine „Kriegsküche". Die vom „Frauenwohl" geführten Schulen wurden dem Kriegsamt zur Verfügung gestellt, und im Verein fanden Sammlungen für Witwen und Waisen statt. Ein weiterer Schwerpunkt der Vereinsarbeit lag in dem Unterhalt eines Säuglingsheimes. Zudem wurde in Nähkursen die Aufbereitung und Herstellung von Lazarettwäsche und Verbandsmaterial organisiert.

Seit Kriegsausbruch unterhielt das Rote Kreuz auch eine eigene Erfrischungsstelle am Hauptbahnhof. Zu den Mitinitiatorinnen zählte Eugenie Merkel, die Ehefrau des hochangesehenen Bezirksarztes Dr. Sigmund Merkel. Auch die Damen, die freiwillig und ehrenamtlich am Hauptbahnhof ihren Dienst versahen, kamen aus dem gehobenen Bürgertum. Die Erfrischungsstelle verpflegte Lazarettzüge, verteilte Mahlzeiten und Zigarren, stellte Übernachtungs- und Ruheräume bereit. Neben den vielen durchreisenden deutschen Soldaten wurden aber auch viele Gefangene betreut. Die Aufsicht über die zahlreichen im sozialen Bereich tätigen Frauenvereinigungen übernahm der schon im Juli 1914 gegründete „Nationale Frauendienst".

Abb.106: Helene von Forster (1859–1923) war eine engagierte Kämpferin und Integrationsfigur der bürgerlichen Frauenbewegung in Nürnberg. Photographie, undatiert.

Während vor allem Frauen aus bürgerlichen Schichten sozial und ehrenamtlich tätig wurden, waren es wirtschaftliche Sorgen, die viele Frauen aus Arbeiterfamilien zur Berufstätigkeit zwangen. Denn allein mit der gesetzlichen Unterstützung konnten „Kriegerfrauen" ihren Lebensunterhalt und den ihrer Familie unmöglich bestreiten, und auf Ersparnisse konnten sie nur selten zurückgreifen. Selbst Frauen, deren Männer

Straßenbahn-schaffnerin 1915

nicht eingezogen worden waren, mußten wegen der rapide ansteigenden Lebenshaltungskosten nun zum Einkommen der Familie beitragen. Nach und nach wurden so Frauen in den bisherigen „Männerberufen" eingesetzt, sei es als Straßenbahnschaffnerinnen oder -fahrerinnen, als Postbotinnen, Schalterbeamtinnen oder Weichenstellerinnen. Und sie bewährten sich mit großem Erfolg. So konnte der Stadtmagistrat bald festhalten: „Jetzt sind die Führerstellen vielfach mit weiblichen Personal besetzt, und es ist eine erfreuliche Erscheinung, feststellen zu können, daß die Zahl der Straßenbahnzusammenstöße in der letzten Zeit nach Einstellung der Führerinnen auf ein außerordentlich niedriges Maß zurückgeschraubt worden ist. Wir möchten diese erfreuliche Erscheinung in erster Reihe mit auf den Eifer und die Dienstfreudigkeit, die Gewissenhaftigkeit und Umsicht, ja auf die Geistesgegenwart des weiblichen Führerpersonals zurückführen."

Der Großteil der arbeitenden Frauen verdiente allerdings in der Fabrik den Lebensunterhalt. Selbst Frauen aus Dienstbotenberufen und vom Land traten als Arbeiterinnen in die Industrie ein. Doch der Fraueneinsatz, vor allem in der Rüstungsindustrie, verlief anfangs planlos und uneffektiv. Schlechte Arbeitsbedingungen und fehlende soziale Fürsorge zwangen viele Frauen nach kurzer Zeit zum Aufhören. Zudem mußten neben einer 57-Stunden-Woche noch der Haushalt sowie Kinder und Angehörige versorgt werden. Erst nach und nach reagierte der Staat auf die Mißstände und besonderen Schwierigkeiten bei der Frauenarbeit. Ein „Nationaler Ausschuß für Frauenarbeit im Kriege" übernahm nun die Betreuung der Rüstungsarbeiterinnen. Auch wurde dem bayerischen Kriegsministerium ein „Referat für Frauenarbeit" angegliedert, und eigene Frauenreferate wurden in München, Würzburg und Nürnberg eingerichtet. Sie bemühten sich um besondere soziale Maßnahmen, um den Frauen in der Rüstung das Leben zu erleichtern. Es wurden Kinderkrippenplätze zur Verfügung gestellt, Erholungsaufenthalte für berufstätige Frauen organisiert und für eine hinreichende ärztliche Betreung gesorgt. Große Rüstungsunternehmen wie Bing, Siemens-Schuckert und die M.A.N. stellten sogar eigene Betriebsfürsorgerinnen ein. Während vor dem Krieg auf Reichsebene insgesamt nur 20 Fabrikpflegerinnen sich um die Belange der Arbeiterinnen kümmerten, waren nun in den drei genannten Betrieben in Nürnberg allein 17 Fürsorgerinnen eingesetzt.

In den Rüstungsfabriken mußten die Frauen die Männer ersetzen, wobei sie vielfach auch körperliche Schwerarbeit leisteten. In der Firma Bing etwa waren sie in der Schweißerei beschäftigt, bedienten schwere Friktionspressen für Teile für den Geschoßbau, bearbeiteten Zündkörper und montierten Trommelmagazine für Armeepistolen. In der Regel wurden sie als ungelernte Kräfte eingesetzt und bezahlt, doch wurden bald auch Lehrkurse für die Arbeiterinnen angeboten. So schulte die M.A.N. mehrere Wochen Frauen in der Fertigung von Flugzeugmotoren.

Demobilmachung

Nach der Demobilmachung galt es, Millionen von Kriegsheimkehrern wieder in die Gesellschaft und das Arbeitsleben einzugliedern. Im November 1918 gab das Kriegsministerium „Richtlinien zur Überleitung der kriegswirtschaftlichen Frauenarbeit in die Friedenswirtschaft" heraus. Alle Frauen, die vor dem Krieg nicht berufstätig gewesen waren oder

Abb.107: Frauen mußten nun all jene Lücken füllen, welche die Soldaten in der Kriegswirtschaft hinterlassen hatten. Anzeige aus dem „Fränkischen Kurier“ 1917.

auf dem Lande gearbeitet hatten, sollten aus den Fabriken und Betrieben entlassen werden. Die Umsetzung und Realisierung der wirtschaftlichen Demobilmachung dauerte in Nürnberg mehrere Jahre. Im Februar 1920 verpflichtete der Demobilmachungsausschuß in Nürnberg die Arbeitgeber in Industrie und Handel innerhalb des Stadtbereiches ausdrücklich und nachdrücklich, „alle bei Kriegsausbruch von männlichen Arbeitern und Angestellten innegehabten Arbeitsstellen, in welchen gegenwärtig weibliche Arbeitskräfte beschäftigt werden, wieder mit Männern zu besetzen.“ Die Frauen nahmen dies nahezu ohne Widerstand hin. Zum einen erhielten sie weder von der SPD noch von den Gewerkschaften Unterstützung, zum andern bedeutete es für viele Frauen auch ein Ende der kräftezehrenden Doppelbelastung von schwerer Fabrikarbeit und Haushalt. Denn in allen Betrieben herrschten überaus harte Arbeitsbedingungen. In Zwölf-Stunden-Schichten war die Arbeitskraft der Frauen ausgebeutet worden. Fehlende Arbeits- und Schutzkleidung oder das Hantieren mit chemischen Säuren hatten zu zahlreichen Unfällen und Vergiftungsfällen geführt. Zudem litten die meisten Frauen an Unterernährung. Aber selbst aus qualifizierten Berufen wie bei der Post oder Bahn, wo sich die Frauen bestens bewährt hatten, mußten sie weichen und den rückkehrenden Männern Platz machen.

Allein die Arbeitersekretärin Helene Grünberg opponierte heftig gegen die Verdrängung der Frauen aus der Arbeitswelt. Die gelernte Schneiderin war zur führenden Vertreterin der proletarischen Frauenbewegung aufgestiegen, nachdem sie 1905 als erste Arbeitersekretärin in Deutschland nach Nürnberg gekommen war. Ihr war es zu verdanken, daß in der Arbeiterstadt an der Pegnitz der Protest gegen die frauenfeindliche Demobilisierung deutlicher ausfiel als andernorts: „Man sucht jetzt die Frauen aus dem Erwerbsleben hinauszudrängen, nachdem in den letzten Jahren ihre Zahl außerordentlich zugenommen hat. Dazu wird die Verordnung des Demobilmachungsamtes vom 12. Februar 1919 benutzt, nach welcher die wirtschaftlich besser gestellten Frauen entlassen werden sollen, als welche besonders die verheirateten Fabrikarbeiterinnen gelten. Dadurch werden in reinen Industriestädten Tausende und aber Tausende verheirateter Frauen einfach entlassen. Wir haben damit zu rechnen, daß dadurch das Wirtschaftsleben der einzelnen Familien außerordentlich geschädigt wird," begründete Grünberg 1920 auf dem SPD-Parteitag ihren Antrag gegen die wirtschaftliche Demobilmachung. Erfolg hatte sie keinen.

Wenn auch die Gleichstellung von Mann und Frau im Erwerbsleben nicht durchgesetzt werden konnte, so hatte der Erste Weltkrieg zumindest den Beweis der Gleichwertigkeit der Frauenarbeit erbracht. Die Weimarer Verfassung von 1919 verankerte erstmals in der deutschen Geschichte das aktive und passive Wahlrecht der Frau im Gesetzestext. Trotz der neuen politischen Mündigkeit und der wirtschaftlichen Rolle, die die Frauen während des Krieges eingenommen hatten, blieb ihr gesellschaftlicher Auftrag und Rang jedoch wieder weitgehend auf die Funktion als Hausfrau und Mutter festgelegt und beschränkt.

Januarstreik

Durch die lange Dauer des Ersten Weltkrieges war die Stimmung in der Bevölkerung auf dem Nullpunkt angelangt. Am 28. und 29. Januar 1918 eskalierte die Situation, wie in vielen Städten, auch in Nürnberg. Auslösende Faktoren für die Unruhen waren die verschärfte Lebensmittelknappheit und die sprunghaft steigenden Preise. Auch der Wunsch nach einem raschen Frieden und einer demokratischen Umgestaltung der politischen Verhältnisse und der Verfassung fanden Eingang in den Protest.

Abb. 108: Streikende Arbeiter auf dem Weg zum Egidienplatz. Photographie 1918.

In Nürnberg ging der Streikaktion eine Massenveranstaltung der USPD-Ortsgruppe (Unabhängige Sozialdemokratische Partei) im „Herkules-Velodrom" voraus, auf der der Reichstagsabgeordnete Georg Ledebour vor 2.500 Menschen über das Thema „Völkerfriede" sprach. An diese bislang größte Versammlung während des Krieges schloß sich eine heftige Diskussion an, die in einem Tumult endete, bei dem der spätere zweite Bürgermeister Martin Treu sogar verletzt wurde. Agitatorisch vorbereitet wurde der Streik von der USPD, die sich 1917 als linker Flügel von der SPD abgespalten hatte. Als erste legten 4.000 von insgesamt 6.800 Beschäftigten der Firma Bing die Arbeit nieder. Georg Lowig, ein Vorstandsmitglied der USPD, hatte zum Streik aufgerufen, und er fungierte darüber hinaus als Streikposten. Trotz der allgemeinen Streikbereitschaft wurden viele Arbeiterinnen und Arbeiter von ihren Kollegen auch zur Teilnahme genötigt. So berichtet eine Denkschrift des Ortsvorstandes des Christlichen Metallarbeiterverbandes, daß „vor dem Fabrikeingang ein als Soldat scheinbar verkleideter Mann (stand), der die Arbeiterinnen vor dem Eingang anhielt mit den Worten: – Wer den Frieden will, bleibt heraus, wer länger Krieg will, geht hinein. – Diejenigen Arbeiter, die der Aufforderung zum Streik Folge leisteten, waren nicht selten der Vergewaltigung und dem Anspucken durch die Streikhetzer schutzlos preisgegeben." In Marschkolonnen rückten am 28. Januar rund 5.000 Streikende aus den Fabriken der M.A.N., von Siemens-Schuckert und aus anderen Betrieben zum Egidienplatz vor. Ihre Grundforderungen nach Brot und Frieden hatten sie auf Schilder geschrieben. Es waren aber weit mehr Arbeiter in den Ausstand getreten, insgesamt rund 26.000, von denen viele einfach nach Hause gingen. Zu einer zweiten Veranstaltung am Nachmittag trafen sich rund 7.000 Demonstranten, von denen viele die Spätschicht nicht mehr angetreten hatten. Deutlich zeigte sich, daß die USPD, die zum Streik aufgerufen hatte, überfordert war, ihn politisch zu nutzen. Nach dem planlosen Verlauf der Aktionen übernahm nun die SPD die Streikleitung. Gemeinsam mit USPD und Gewerkschaften wurde unter Federführung von Adolf Braun ein Flugblatt mit den zentralen

Forderungen der Streikenden verfaßt. An der Spitze standen die sofortige Einleitung von Friedensverhandlungen sowie eine Verbesserung der Lebensmittelversorgung. Als politische Ziele wurden die Abschaffung des preußischen Wahlrechts und eine bayerische Verfassungsrevision verlangt, aber auch die Einführung des Achtstundentages sollte gesetzlich verankert werden. Am nächsten Tag wurden die Flugblätter verteilt. An der Demonstration, die am Egidienplatz und am Theresienplatz stattfand, nahmen diesmal 20.000 Menschen teil. Die SPD-Mitglieder Adolf Braun, Max Süßheim und Ernst Schneppenhorst und die USPD-Vertreter Johann Baier und Georg Lowig verliehen in kurzen Ansprachen den politischen Forderungen der Streikenden nochmals Ausdruck. Dann wurde der Streik beendet und den Arbeitern und Arbeiterinnen für die „glänzend und eindrucksvoll verlaufene Demonstration" gedankt.

Der Streik in Nürnberg zählt zu den größten politischen Massenversammlungen während des Krieges in Deutschland. In der Pegnitzstadt konnten mit 42.000 Beschäftigten aus 120 Betrieben rund 80 Prozent der Arbeiterschaft mobilisiert werden. Besonders streikbereit zeigten sich dabei Frauen, die auch die Hauptlast des Krieges in der Heimat zu tragen hatten, sowie die Belegschaft der großen Rüstungsbetriebe. Trotz der hohen Teilnehmerzahlen am Streik verliefen die Demonstrationen ruhig. Auch die Behörden zeigten Verständnis und Toleranz, indem sie über die nicht genehmigten Veranstaltungen hinwegsahen und die Verfahren gegen verhaftete Agitatoren bald wieder einstellten. Auf den Kriegsverlauf oder auf die soziale und politische Situation hatte der Streik keine Auswirkungen. Der Produktionsausfall war zu gering, um die Rüstungsproduktion spürbar zu reduzieren und so den Frieden zu erzwingen. Auch konnte keine der politischen Forderungen durchgesetzt werden.

Revolution 1918/19

Die Revolution lief in Nürnberg vergleichsweise ruhig und unblutig ab. Auch blieb die Pegnitzstadt von den Wirren einer Räterepublik verschont. Aber gerade im „roten" Nürnberg wurde der Wunsch nach Frieden, nach Demokratie und einem neuen politischen System sehr früh formuliert. Schon am 10. Oktober 1918 verlangte die „Fränkische Tagespost" als erste deutsche Zeitung die Abdankung des Kaisers. Diese Forderung wurde am 3. November 1918 von der MSPD (Mehrheits-Sozialdemokratische Partei Deutschlands) bei einer Massenversammlung auf der Insel Schütt mit Nachdruck wiederholt. Nach dem Umsturz und der Ausrufung der Republik in München am 8. November erfaßte auch Nürnberg die Revolution.

„Im Laufe des Vormittags machte sich allmählich auf den Straßen eine lebhaftere Bewegung geltend. Um Volksredner bildeten sich kleine Gruppen. Bald tauchten auch Matrosen auf, deren Uniform rasch ein Symbol der Revolution wurde. Manche von ihnen waren gar nicht echt, sie hatten sich die Uniform gemietet oder gekauft, um sich die nötige revolutionäre Autorität zu verschaffen. Einzelne Gruppen mieteten sich zur Durchsetzung ihrer Forderungen so kostümierte Leute. Mir wurde berichtet, daß z.B. Rechtsanwaltsgehilfen bei ihren Chefs in der Begleitung von solchen Matrosen erschienen, um ihre Gehaltsforderungen zu 'begründen'", erinnerte sich der noch amtierende Oberbürgermeister Geßler. Soldaten rissen sich gegenseitig und *den Offizieren die Achselstücke ab, um dem neuen Selbstverständnis als Volksheer Ausdruck zu verleihen. Auch die schwarz-weiß-roten Reichskokarden als kaiserliche Symbole wurden von den Mützen entfernt und rote Fahnen entrollt. Im Redaktionsbüro der „Fränkischen Tagespost" formierte sich ein Arbeiter- und Soldatenrat, dessen erste, symbolträchtige Amtshandlung die Entgegennahme der alten kaiserlichen Fahnen aus dem Rathaus war. Der Stadtrat bekannte sich umgehend zur neuen republikanischen Ordnung und erklärte sich zur Zusammenarbeit mit dem provisorischen Arbeiter- und Soldatenrat bereit. Geßler, der zwar nie ein glühender Verfechter des neuen Systems, so doch ein pragmatischer Vernunftrepublikaner war, erreichte in Absprachen mit den Räten, daß die Stadtverwaltung weitgehend unangetastet und damit arbeitsfähig blieb. Lediglich der wegen seines schroffen Verhaltens äußerst unpopuläre Polizeireferent Theodor Friedrich Stoer wurde in den Ruhestand versetzt. Die vollziehende Gewalt in der Stadt gab der Chef des Generalkommandos ohne Widerstand an den Reserveleutnant Dr. Hermann Georg Ewinger und an den Nürnberger Landtagsabgeordneten Ernst Schneppenhorst ab.*

Ganz Nürnberg war am 9. November auf den Beinen, als Demonstrationen stattfanden und die Parteiführer Adolf Braun und Max Süßheim von der MSPD auf einer Großkundgebung im Luitpoldhain das Wort ergriffen. Wichtige Schaltstellen wie Post, Telegraphenamt und Hauptbahnhof waren bereits in der Hand der Revolutionäre. Die Garnison hatte den Eid auf die neue Regierung abgelegt. Im revolutionären Taumel befreite eine aufgebrachte Menschenmenge am Plärrer aus einem Straßenbahnwagen einige Gefangene, die von ihrer Arbeit bei den Siemens-Schuckert-Werken zurück ins Gefängnis gebracht wurden. Auch aus dem Zellengefängnis an der Fürther Straße wurde erfolgreich die Entlassung von politischen Häftlingen gefordert.

Abb.109: Während der Demonstrationszüge griffen Revolutionäre auch zur Waffe. Menschen flüchteten schutzsuchend in den Stadtgraben und hinter Litfaßsäulen. Photographie 1918.

Am 12. November 1918 formierte sich dann in einer konstituierenden Versammlung der Arbeiter- und Soldatenrat aus 20 Soldaten und je 25 Mitgliedern der USPD und der MSPD. Dabei waren die gemäßigten Kräfte eindeutig in der Mehrheit. Die Wahlen am 19. Januar 1919 zur verfassungsgebenden Nationalversammlung, aus der in Nürnberg die MSPD mit über 51 Prozent als Siegerin hervorging, bestätigte diese Tendenz. Deshalb blieb auch die Ausrufung der Münchner Räterepublik durch die Spartakisten in Nürnberg ohne Folgen. Die Nürnberger Revolutionäre strebten in erster Linie eine Umgestaltung der Verhältnisse unter Aufrechterhaltung der öffentlichen Ordnung an. Nach ihren Vorstellungen sollte die Demokratisierung des überkommenen und abgelehnten Obrigkeitsstaates in geordneten Bahnen verlaufen. Sobald eine Verfassung verabschiedet werden würde, wollten sich die Räte selbst auflösen. Bereits fachlich eingearbeitete Räte aber sollten in die Verwaltung eingegliedert werden, um an der Demokratisierung der Beamtenschaft mitwirken zu können. Auch der Nürnberger Stadtrat stellte die Übernahme von Räten in den kommunalen Dienst in Aussicht.

Die Revolution beseitigte das obrigkeitsstaatliche System des Kaiserreiches und brachte mit der Weimarer Republik die erste demokratische Verfassung, die auf deutschem Boden Geltung erlangte. Für Bayern bedeutete dies den Wandel vom Königreich zum Freistaat. Die Wittelsbacher, die über 700 Jahre in Bayern regiert hatten, mußten abdanken. Nürnberg erlebte diese einschneidenden Ereignisse, im Gegensatz zu vielen anderen deutschen Städten, dank der Vernunft und Kooperationsbereitschaft von alten und neuen Kräften vergleichsweise ruhig. Dazu trug auch das allgemein besonnene Verhalten der Einwohner bei, das Otto Geßler ausdrücklich würdigte: „Als ich eines Tages über den mit Menschen dicht angefüllten Marktplatz ging, wurde ich erkannt und als man sagte: Der Oberbürgermeister! wurde mir überall Platz gemacht, ohne daß ich im geringsten behelligt worden wäre. Ich möchte dies nur als Beweis anführen, wie tadellos sich die Nürnberger Bevölkerung in dieser aufgeregten Zeit verhalten hat, im Gegensatz zu anderen bayerischen Städten".

Die Weimarer Republik – „Ära Luppe"

Bittere Nachkriegsjahre

Wirtschaftsnot

„Zu der inneren Not jedes einzelnen gesellten sich schwere politische Schläge, Eisners Ermordung, die Ausrufung der Räterepublik in München und Augsburg, beunruhigende Nachrichten aus Sachsen, dem Rheinlande und aus der Reichshauptstadt steigerten die Gemüter in eine verzweifelte Stimmung. Es lag eine drückende schlagwetterdrohende Luft über den Straßen Nürnbergs. Und doch: die alte Reichsstadt hielt den schweren Druck aus. Der verderbliche Funke, der in München und in anderen Großstädten übersprang und unabsehbaren Schaden nicht nur an Gut und Blut, sondern für Jahre hinaus am Wiederaufbau Deutschlands überhaupt anrichtete, zündete in Nürnberg nicht. Der nüchternen Besonnenheit der mittelfränkischen Bevölkerung und vornehmlich der Arbeiterschaft war es zu danken, daß Nürnberg ein Stützpunkt des staatlichen Gedankens blieb." So skizzierte Ministerialrat Dr. Löhner die politischen Umstände und Verhältnisse, unter denen am 1. März 1920 Dr. Hermann Luppe, einer der renommiertesten deutschen Kommunalpolitiker und Mitbegründer der Deutschen Demokratischen Partei (DDP), Geßler im Amt als Oberbürgermeister von Nürnberg folgte. Dr. Otto Geßler hatte mit Umsicht und Weitblick die Geschicke der Stadt in den schweren Jahren des Ersten Weltkriegs gelenkt und geleitet. Auch danach bewahrte sein besonnenes Handeln Nürnberg vor den Unruhen und radikalen Veränderungen einer Räterepublik. Für die wirtschaftliche und technische Weiterentwicklung der Stadt blieben ihm jedoch weder die Zeit noch die Möglichkeiten, denn 1919 wurde er als Reichsminister für Wiederaufbau nach Berlin berufen.

Hermann Luppe trat ein schweres Erbe an. Nur allmählich wurde, vor allem auf Betreiben von Industrie und Handel, die „Kriegszwangswirtschaft" mit ihren Folgen abgebaut. Immer noch galten Lebensmittelmarken und Höchstpreisfestsetzungen. Zudem hatte sich die Ernährungslage nur unzureichend gebessert. Hunger war längst zum Massenphänomen geworden, von dem auch materiell Bessergestellte nicht mehr verschont blieben. Fett und Eier fehlten fast völlig, Milch gab es nur begrenzt. In der Freibank wurde sogar krankes und verseuchtes Fleisch von den Kunden angenommen. Skorbut und andere Mangelerscheinungen machten viele Menschen anfällig für Krankheiten. Darüber hinaus schleppten Zuwanderer und Heimkehrer Ruhr und Fleckfieber ein. 1918 kostete eine Grippeepidemie 668 von Unterernährung geschwächten Menschen das Leben. Um eine weitere Ausbreitung der Krankheit einzudämmen, ordnete die Stadtverwaltung sogar die Schließung der Schulen an. Auch die Lungentuberkulose forderte zahlreiche Opfer. Allein 1918 starben 714 Menschen an Tbc. Zu den Hauptleidtragenden gehörten die Kinder. Überdurchschnittlich viele Säuglinge starben kurz nach der Entbindung, und bei einem Drittel aller Schulkinder hemmten Unterernährung und Krankheit ihre körperliche und geistige Entwicklung. Dieser verheerenden Situation waren das städtische Gesundheitswesen und die ärztliche Versorgung nicht mehr gewachsen.

Es fehlte aber auch an Bekleidung und Schuhen sowie an anderen notwendigen Gegenständen des täglichen Lebens. Sammlungen und Beschlagnahmungen, die immer wieder durchgeführt wurden, konnten den allgemeinen Mangel nur wenig lindern. Die Massenarmut sprengte längst die Leistungsfähigkeit der bisherigen Armenpflege und der privaten Wohltätigkeit. Zudem war das überkommene Stiftungsvermögen der Stadt während des Krieges durch die Geldentwertung beträchtlich geschrumpft.

Wohnungsnot

Am empfindlichsten machte sich die Wohnungsnot bemerkbar. Am 14. November 1918 appellierte der Stadtmagistrat an die Bevölkerung: „Die Wohnungsnot in Nürnberg ist außerordentlich groß. Die im Gange befindliche Demobilmachung, vor allem der plötzliche Zustrom großer Massen von Heeresangehörigen von der Front, sowie die Zuwanderung großer Massen deutscher Flüchtlinge aus dem Auslande wird die Wohnungsnot in das Ungemessene steigern. Wir richten daher an diejenigen unserer Mitbürger, welche freiwillig Räume für einzelne Personen oder für die ganze Familie abgeben können, die dringende Bitte, diese Räume ungesäumt dem städtischen Wohnungsnachweis mitzuteilen."

Bereits während des Krieges hatte sich das Wohnungsdefizit angedeutet. Denn durch den Zuzug von Rüstungsarbeiterinnen stieg einerseits der Wohnungsbedarf drastisch an, andererseits kamen öffentliche und private Baumaßnahmen nahezu zum Erliegen. Im Jahr 1917 wurden gerade 31 neue Wohnungen errichtet. Nach dem Krieg fehlten 20.000 Wohneinheiten, und 500prozentige Mietsteigerungen waren die Folge. Die Situation drohte zu eskalieren, als sich im Zuge der Demobilmachung Flüchtlinge aus Österreich und dem Rheinland in der Pegnitzstadt niederließen und Kriegsheimkehrer nun

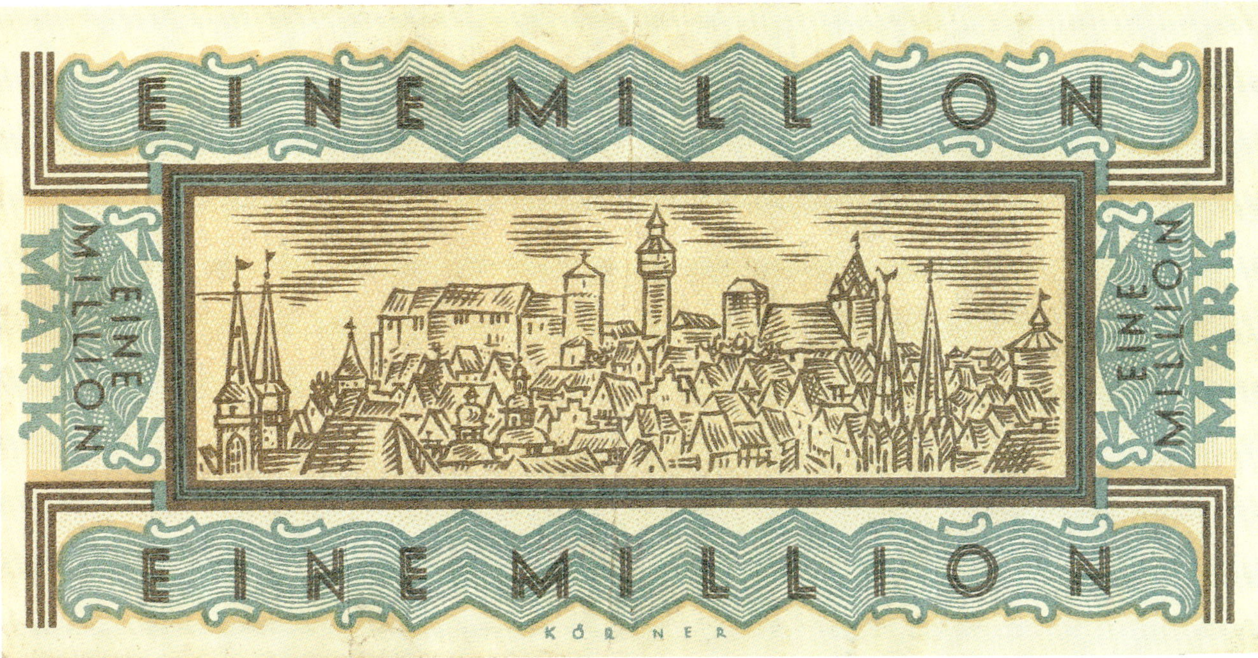

Abb. 110: Gutscheine der Stadt und von Firmen sowie Notgeld dokumentieren die beginnende Inflation nach Kriegsende, die 1923 ihren Höhepunkt erreichte.

ihren eigenen Hausstand gründen wollten. Mit zahlreichen Notmaßnahmen versuchte die Stadtverwaltung Abhilfe zu schaffen, doch alle Bemühungen blieben nur Flickwerk. So wurden etwa Schulhäuser wie das Wölckernschulhaus zu Notunterkünften umfunktioniert. In Massenquartieren wie Turnhallen und Wirtschaftssälen wurden vor allem ledige Frauen oder Männer untergebracht. Großzügige Handhabung und Erleichterungen der baupolizeilichen Vorschriften sollten darüber hinaus Privatleute dazu bewegen, ihre Dachböden oder Schuppen zu bewohnbaren Räumen auszubauen. Unbenutzte Büro- und Lagerräume wurden ebenfalls für Wohnungen in Anspruch genommen. Die Stadt selbst errichtete zahlreiche Notwohnungen aus Holz am Nordostbahnhof, an der Fürther Straße, an der Maiacher Straße und an der Tellstraße. Allerdings verzögerte sich die Fertigstellung immer wieder, da Baumaterial knapp war und unpünktlich geliefert wurde.

Inflation und Währungsreform

Nach Kriegsende nahm die Inflation rapide zu. Die Preise erreichten nahezu unvorstellbare Höhen. 1921 kostete in Nürnberg ein Pfund Schwarzbrot 1,90 Mark, ein Jahr später mußten bereits 30 Mark dafür bezahlt werden. Der Preis für einen Liter Milch stieg im gleichen Zeitraum von drei auf 120 Mark. Ein Pfund frisches Schweinefleisch kostete 1921 noch 16 Mark, im Jahr darauf 620 Mark. Aber nicht nur bei Lebensmitteln gab es eine Preisexplosion, sondern auch bei Artikeln des täglichen Lebens und Bedarfs. Kostete eine Kernseife 1921 noch 15 Mark, stieg ihr Preis 1922 auf 800 Mark an, und Zündhölzer stiegen von drei Mark auf 126 Mark. Der Preis für einen Konfektionsherrenanzug schnellte von 950 auf 75.000 Mark hoch, und für einen maßgeschneiderten Anzug mußten schließlich 150.000 Mark bezahlt werden. Auch Dienstleistungen waren teuer. Ein Fahrschein für die Straßenbahn kostete 20 Mark. Im Monat Dezember des Jahres 1922 beliefen sich in Nürnberg die Lebenshaltungskosten für eine alleinstehende Person täglich auf 1.727,23 Mark, und 1923 reichte der Tageslohn eines Arbeiters gerade noch für einen Laib Brot. Sehr anschaulich illustrierte der „Vorwärts" 1922 in einem Vergleich die Geldentwertung: „Erhielt man vor der Inflation für rund 900 Mark ein gutes Klavier, so bekam man 1922 nur ein Paar Kinderschuhe dafür. Konnte man sich vorher für 500 Mark eine Wohnung bescheiden einrichten, reichte das Geld jetzt gerade zum Erwerb von wollenen Frauenstrümpfen. War für 200 Mark vorher eine vierwöchige Reise möglich, konnte man mit dem Geld jetzt nur noch eine Übernachtung zahlen. Und erhielt man für 50 Mark einmal ein seidenes Damenkleid, reichte die Summe nun für ein Taschentuch".

Spart Brot! - Spart Mehl!
Karte Nr. 19. 24. 9.—7. 10. 22.
Der Aufdruck auf den einzelnen Marken ist genau zu beachten.
Gut aufbewahren, da für verlorene oder sonst abhanden gekommene Karten Ersatz nicht geleistet wird.
Stadtrat:
Dr. Luppe. Dr. Eickemeyer.

Lebensmittelmarke 1922

Bereits während des Krieges war der Grundstein für das Mißverhältnis von Geldumlauf und Güterangebot gelegt worden. Geldneuschöpfungen mit Hilfe von Schatzanweisungen sowie Rückzahlungen der Kriegsanleihen durch zusätzliches Papiergeld erhöhten die Geldmenge um das Fünffache, während die Vermehrung materieller Werte oder Güter ausblieb. Den Wertverlust der Mark verschleierten zunächst die amtlichen Höchstpreisfestsetzungen durch die Kriegszwangswirtschaft. Auf dem Schwarzmarkt allerdings deutete sich die Preisexplosion bereits an. Im Herbst 1918 konnten die gestiegenen Preise schon nicht mehr mit der Geldmenge, die im Umlauf war, gedeckt werden. Die Stadt Nürnberg entschloß sich im Oktober 1918 daher, zusammmen mit der Nachbarstadt Fürth, Papiernotgeld im Werte von 20 Millionen Mark in Umlauf zu bringen, mit einem Geltungsbereich für ganz Mittelfranken.

Kriegsfolgen wie die hohen Reparationszahlungen in Waren und Gold, die Versorgung der Kriegsinvaliden und Hinterbliebenen und die Bezahlung der Kriegsschäden usw. verschärften zusätzlich das Mißverhältnis zwischen Staatseinnahmen und -ausgaben, das nun die Notenpresse „finanzierte". 1923 waren in Deutschland 133 Druckereien alleine mit dem Druck von Papiergeld beschäftigt. In Nürnberg mußten im April 1923 Meldungen über die Einziehung des Notgeldes mehrmals widerrufen werden, und im August und September gab der Stadtrat sogar noch Fünf- und Zehnmillionenscheine aus. Die Zahlungsmittelknappheit führte dabei zu absurden Situationen, wie die Stadtchronik festhielt: „Viele Fabriken haben gestern auch eine Gruppe ihres Personals zu Lohn- und Gehaltszahlungen zusammengenommen, ihnen zum Beispiel einen Fünfzigmillionenschein in die Hand gedrückt und es der Gruppe selbst überlassen, damit fertig zu werden und ihn gewechselt zu bekommen, ein Unternehmen, dessen Schwierigkeiten gar nicht überschätzt werden können."

Im November 1923 war der Höhepunkt der Inflation erreicht. Ein Dollar entsprach inzwischen 4.200.000.000.000 Mark. Damit war das deutsche Währungssystem endgültig zusammengebrochen. Mit der Einführung der Rentenmark gelang allmählich die Sanierung des Geldkreislaufes. Eine Million Inflationsmark entsprachen nun einer Rentenmark, und Schritt für Schritt wurden die unterschiedlichen Zahlungsmittel aus dem Verkehr gezogen. 1924 erfolgte dann die Umwandlung in Reichsmark.

Während die Industrie und der Staat Inflation und Währungsreform vergleichsweise gut überstanden, ja sich im Inland sogar deutlich entschulden konnten, traf es die Sparer um so härter. Viele Menschen verloren ihre Altersversorgung, und Bevölkerungsschichten, die bislang in soliden materiellen Verhältnissen gelebt hatten, sanken durch den Verlust ihrer Ersparnisse und Vermögen ab und wurden zutiefst verunsichert.

Auch die Stadt Nürnberg mußte durch die Entwertung des umfangreichen Stiftungsvermögens einen herben finanziellen Schaden hinnehmen. Die Inflation reduzierte das kommunale Vermögen auf ein Drittel des Vorkriegsstandes. Noch drastischere Einbußen konnten verhindert werden, weil ein Großteil in Immobilien angelegt war.

Nürnberg-Fürther Strassenbahn.

Fahrpreise

ab 29. November 1923.

1. Strassenbahn.

Einheitspreis **150** Milliarden Mark
vom Betriebsbeginn bis 12³⁰ Uhr nachts.

Im Sonderwagenverkehr nach 12³⁰ Uhr nachts **100** % Zuschlag.

2. Strassenbahn und Kraftwagen.

Einheitspreis **200** Milliarden Mark.

Preise für Dauerkarten siehe Anschlag bei den Verkaufsstellen.

Es wird dringend gebeten, das Fahrgeld abgezählt bereit zu halten.

Anzeige 1923

Leistungen der Stadtverwaltung

Wohlfahrts- und Gesundheitswesen

Beim Ausbau des Fürsorge- und Gesundheitswesens in Nürnberg während der „Ära Luppe" wurden nach dem Ersten Welktkrieg völlig neue Wege beschritten, die beispielhaft auch für andere Städte werden sollten. Die zukunftsweisende Umwandlung der Wohlfahrtspflege zum modernen Fürsorgewesen deutete das städtische Wohlfahrtsamt 1921 noch mit verhaltenem Optimismus an: „Als der Stadtrat am 1. Oktober 1919 das städtische Wohlfahrtsamt ins Leben rief, geschah dies in der Überzeugung, daß den schweren Schäden, welche der Krieg mit sich gebracht hat, durch eine vermehrte und vertiefte soziale Fürsorge begegnet werden müsse. Es bestand von Anfang an kein Zweifel darüber, daß bei der herrschenden Finanznot nur wenige neue Einrichtungen geschaffen werden konnten." Leiter des neugeschaffenen Referates wurde Dr. Hermann Heimerich, der mit Oberbürgermeister Luppe die Armenfürsorge alten Stils zur modernen städtischen Sozialfürsorge umwandelte. Kennzeichen dieser Umstrukturierung der kommunalen Wohlfahrtspflege war, daß an die Stelle der armenrechtlichen Hilfe für einzelne eine öffentliche allgemeine Sozialfürsorge trat. Organisatorische Maßnahmen wie die Neueinteilung der Pflegebezirke, die Schaffung einer zentralen Auskunfts- und Beratungsstelle und die Einführung einer Familienfürsorge gingen einher mit einer besseren Schulung des Personals. Berufsmäßige und geschulte Fürsorgerinnen wurden im Bereich der Familienfürsorge eingesetzt und Fortbildungslehrgänge für Mitarbeiter eingeführt. Zur Koordinierung der Arbeit berief Heimerich regelmäßig Konferenzen der Mitarbeiter ein.

Eine völlig neue Qualität erhielt die Armenfürsorge auch durch die Humanisierung und Entstigmatisierung der Armen. So traten sogenannte Einheitsbegräbnisse an die Stelle der entwürdigenden Armenbegräbnisse, und die freie Arztwahl ersetzte den bisher vorgeschriebenen Gang zum Armenarzt. Zur „gehobenen Fürsorge" gehörten aber auch Ausgleichszahlungen aus öffentlichen Mitteln, um unschuldig Verarmten wenigstens das Existenzminimum zu sichern.

Auch in der Jugend- und Kinderfürsorge leistete Heimerich Pionierarbeit. 1920 wurde in Nürnberg die erste Kinderhilfe in Bayern gegründet, die mit Kinderspeisungen und Erholungsaufenthalten auf dem Lande besonders dem Wohl der Kinder der unteren Schichten diente. Vor allem während der Inflationsjahre kam den Kinderspeisungen ein hoher Stellenwert zu. Den ersten Anstoß für Kinderspeisungen gab die amerikanische Kinderhilfsmission der Quäker, die ihre Unterstützung dem Stadtrat anbot. Umgehend konstituierte sich ein „Ortsausschuß für amerikanische Kinderspeisungen", und bald übernahm die Stadtverwaltung die Leitung der Organisation für ganz Bayern. Regelmäßige Untersuchungen durch Schulärzte und genaue Buchführung hielten die Ergebnisse der Kinderspeisungen fest. Finanzielle Hilfen leistete die Stadt auch bei der Verschickung der Kinder zur Erholung. Für diesen Zweck kaufte die Stadt 1922 das Gut Mittelbürg im Pegnitzgrund sowie weitere Erholungsstätten auf dem Lande. Im Rahmen der Kinderfürsorge richtete das Wohlfahrtsamt auch mehrere Mütterberatungsstellen, Säuglingsheime und Kindergärten in der Stadt ein.

1920 beschritt die Stadt Nürnberg wiederum Neuland, als sie das erste Gesundheitsamt Bayerns ins Leben rief. Der Posten des medizinischen Leiters wurde dabei mit dem staatlichen Amtsarzt besetzt, was ein bestmögliches Zusammenwirken zwischen staatlichen und städtischen Behörden garantierte. Das Aufgabenfeld der neuen Institution erstreckte sich auf Bereiche der allgemeinen Hygiene, wie die Überwachung der Bäder, der Nahrungs- und Genußmittelkontrollen, des Seuchen-, Desinfektions- und Impfwesens, aber auch auf die Betreuung von Alkoholikern, Geisteskranken und Körperbehinderten sowie auf die Belange der Heil- und Pflegeanstalten. Einen vorbildlichen Stellenwert nahm auch die vorbeugende Krankenfürsorge ein. So führte etwa der schulärztliche Dienst regelmäßig Reihenuntersuchungen der Kinder durch. 1929 waren vier hauptamtliche und neun nebenberufliche Schulärzte in diesem Bereich tätig. Darüber hinaus wurde eine Beratungsstelle für Geschlechtskrankheiten eingerichtet und die kostenlose Behandlung für unbemittelte Patienten und Patientinnen angeboten.

Ein anderer Schwerpunkt der Gesundheitsfürsorge war der Kampf gegen die Tuberkulose. Da diese Krankheit bereits vor dem Krieg vor allem in ärmeren Schichten weit verbreitet war, bestanden schon mehrere Einrichtungen zu ihrer Bekämpfung. Im Jahre 1900 hatte die Lungenheilstätte Engelthal für minderbemittelte Kranke ihren Betrieb aufgenommen. 1906 war von Ärzten und einigen engagierten Bürgern der „Verein zur Bekämpfung der Tuberkulose in Nürnberg" gegründet worden, der eine Auskunfts- und Fürsorgestelle sowie eine Walderholungsstätte unterhielt. Auch im Städtischen Krankenhaus wurden Lungenpatienten in einem eigenen Trakt versorgt. Konnten diese Maßnahmen die gesundheitlichen und sozialen Folgen der Krankheit lediglich mildern, so waren sie angesichts der weiteren Ausbreitung völlig mangelhaft. 1925 konstatierte eine Nürnberger Zeitung: „Die unzureichende Ernährung in den Kriegs- und Nachkriegsjahren sowie heute infolge schlechter wirtschaftlicher Verhältnisse die Wohnungsnot, die Inflation, die Arbeitslosigkeit bilden einen gefährlichen Nährboden dieser schlimmsten Krankheiten."

Besonders betroffen waren jüngere Leute zwischen 15 und 40 Jahren. 1925 kam auf 200 Nürnberger statistisch ein Lungenkranker, und rund drei Prozent der Einwohner wurden ständig wegen Tuberkulose behandelt. Angesichts dieses Ausmaßes mußten an die Stelle der bisherigen Einrichtungen, deren Träger einige wenige Mediziner und engagierte Honoratioren waren, nun planmäßige und verbindliche städtische Organisationen treten. 1922 ging der „Verein zur Bekämpfung der Tbc" über in einen Zweckverband, der die Stadt, die Krankenkassen und die Landesversicherungsanstalt als Träger hatte. Hauptaufgabe des Verbandes, der auf Empfehlung der Staatsregierung zu zahlreichen Nachgründungen führte, war der Betrieb einer Fürsorgestelle, die 1932 in einem Neubau an der Johannisstraße bezogen werden konnte, den zwei der profiliertesten Architekten im Nürnberg der Weimarer Zeit entworfen hatten: Walter Brugmann und Paul Seegy. Ergänzt wurde die Arbeit der Fürsorgestelle durch prophylaktische Maßnahmen. So führte der Stadtrat 1926 eine Anzeigepflicht für Lungenerkrankungen ein, und kostenlose Wohnungsdesinfektionen sollten die Ansteckungsgefahren eindämmen. Auch wurde in Johannis das Siechenheim als eine

Abb. 111: Blick in den Nähsaal des Städtischen Krankenhauses. Photographie 1930.

*Abb. 112:
Stolz dokumentiert die Stadt ihre Leistungen im Wohnungsbau, hier in der Harrichstraße. Photographie 1929.*

Wohn- und Pflegestätte für Lungenkranke in Betrieb genommen. Insbesondere Alleinstehende ohne eigene Wohnung und ohne Möglichkeiten einer häuslichen Pflege fanden hier Aufnahme. 1929 errichtete der renommierte Architekt Otto Ernst Schweizer an der Schnieglinger Straße einen Neubau des „Johannisheims". Schon 1930 machten sich deutliche Erfolge in der Tbc-Bekämpfung bemerkbar, da die Sterblichkeitsrate innerhalb der vorangegangenen 25 Jahre um fast zwei Drittel gesenkt werden konnte.

Zahlreiche Neubauten entstanden auch in den Bereichen der übrigen Krankenfürsorge. In den Jahren 1928 bis 1931 erhielt das Städtische Krankenhaus an der Flurstraße eine neue Frauenklinik und ein Säuglingsheim. Dabei wurden nicht nur die medizinischen Abteilungen nach neuestem Stand der Wissenschaft und Technik ausgestattet, sondern die Klinik insgesamt entsprach modernstem Standard. Kleine Mehrbettzimmer ersetzten die großen Krankensäle, jedes Bett hatte Rundfunkanschluß, und es gab mehrere Aufenthaltsräume. Die Gestaltungs- und Verschönerungsarbeiten im Inneren waren an arbeitslose Künstler vergeben worden. Zur gleichen Zeit wurde mit dem Bau des Theresienkrankenhauses und der Klinik Hallerwiese die Krankenversorgung in Nürnberg ergänzt und vervollständigt.

Wohnungsbau – Daseinsfürsorge

Die ersten Neubaumaßnahmen nach dem Ersten Weltkrieg waren ein Akt der Selbsthilfe, und sie begannen auf unorthodoxe Art. Ein Aufruf des III. Bayerischen Armeekorps forderte Kriegsheimkehrer und erwerbslose ehemalige Rüstungsarbeiter gleichermaßen auf, im Sebalder Forst durch Rodungen Bauland zu erschließen. Zunächst folgten einige Hundert, schließlich fast 2.500 Obdachlose dem Aufruf. In eigener Regie legten die Arbeiter und Soldaten Säge-Werkstätten, Schlossereien, Schreinereien, Steinbrüche, Brunnen und Wege an, und im Loher Moos und Buchenbühl entstanden auf Staatseigentum „wilde" Siedlungen. 1919 wurde die Selbsthilfeaktion als „Siedlungswerk" nachträglich legalisiert. Schon 1920 waren die ersten Häuser fertig, und unter erheblicher finanzieller Beteiligung der Stadt konnten bis 1932 insgesamt 827 Wohneinheiten mit den dazugehörigen Folgeeinrichtungen bezogen werden. Die unbürokratische Aktion des Siedlungswerkes milderte zwar etwas die angespannte Wohnungssituation, beseitigte aber die Wohnungsnot nicht entscheidend. Vor allem fehlte es in Nürnberg an einer gezielten Bau- und Siedlungspolitik.

Erst allmählich entwickelte sich in den Kommunen die Wohnungsfürsorge zu einem Teil der allgemeinen Wohlfahrtspflege und Daseinsfürsorge. Das Jahr 1918 markierte in Nürnberg in mehrfacher Hinsicht hierfür eine Zäsur. Zum einen wurde 1918 das Wohnungsamt errichtet, das durch straffe Wohnungsbewirtschaftung für die Verteilung des knappen Wohnraumes sorgte. Da es ursprünglich nur als vorübergehende Maßnahme geplant war, mußte das Provisorium bereits zwei Jahre nach seiner Gründung reorganisiert werden. Nach dieser „zweiten Gründung" zählte das Nürnberger Wohnungsamt zu den effektivsten städtischen Einrichtungen, und häufig informierten sich Vertreter anderer Stadtverwaltungen über dessen Aufbau und Arbeit vor Ort. Neben der Verwaltung und Verteilung des Wohnraumes koordinierte das Wohnungsamt in den ersten Jahren auch den Ausbau der Notwohnungen.

Bisher stellte die kommunale Finanzierung von Wohnbauten nur die Ausnahme dar. Dies änderte sich ebenfalls im Jahr 1918, als noch Oberbürgermeister Otto Geßler im Hotel Deutscher Hof den „Gemeinnützigen Wohnungsbauverein" ins Leben rief. An der wegweisenden Gründung beteiligten sich Stadt, Industrie und Handel. 1922 erfolgte die Umwandlung in die kommunale „Gemeinnützige Wohnungsbaugenossenschaft" (WBG), der der Oberbürgermeister vorstand. Noch im Gründungsjahr wurde an der Ostendstraße mit dem Bau von Kleinwohnungen begonnen. Neu war dabei die blockweise Bebauung mit Mehrfamilienhäusern. Nach der Währungsreform nahm die WBG weitere Bauvorhaben am Nordostbahnhof und in Johannis in Angriff. Bei den Arbeiten in Johannis kam es zu einer kleinen Sensation, als ein bisher unbekanntes unterirdisches Gangsystem entdeckt wurde. Es stellte sich schließlich heraus, daß dort lange Zeit weißer Silbersand – ein bewährtes Putzmittel – abgebaut worden war.

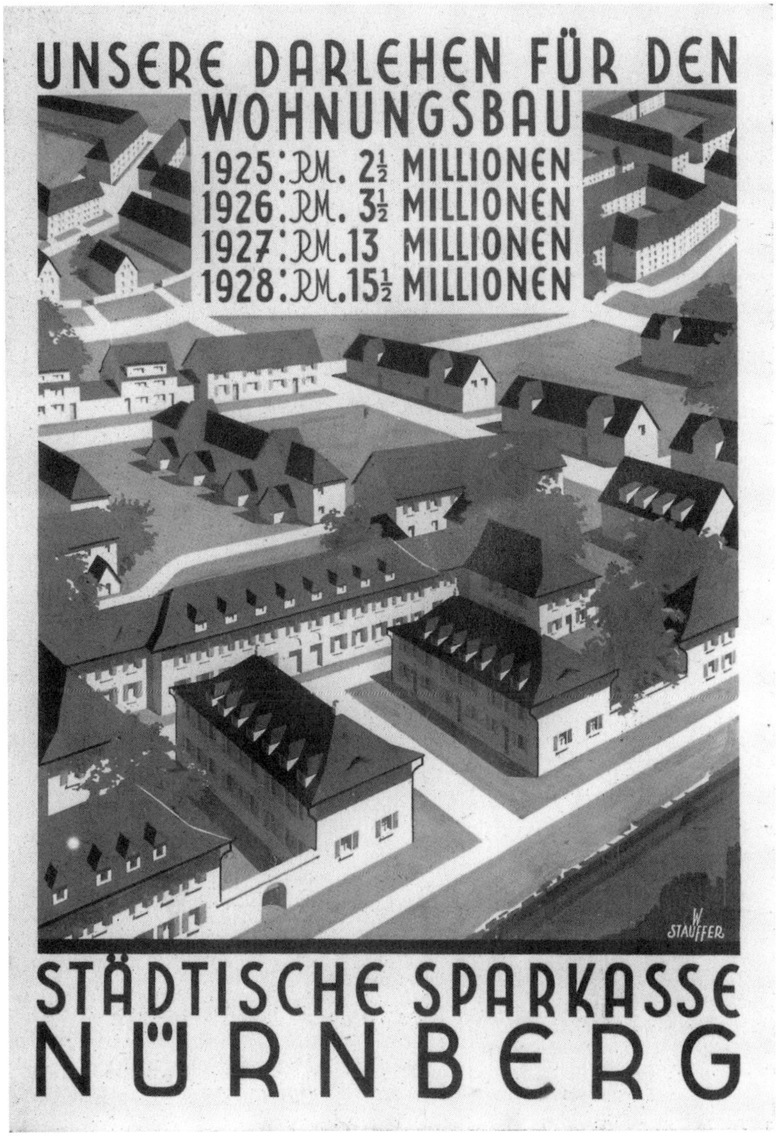

Abb. 113:
Die Sparkasse finanzierte maßgeblich den städtischen und privaten Wohnungsbau in Nürnberg. Schautafel um 1928.

Weitere 1.179 Wohnungen entstanden in Gibitzenhof, wo eine Wohnanlage errichtet wurde, deren zentraler Platz nach Hermann Luppe benannt wurde. Am Nordostbahnhof schuf das städtische Hochbauamt 1.089 neue Wohneinheiten, und zehn Jahre später bezogen kinderreiche Familien eine Siedlung am Hasenbuck. Im Jahr 1932 konnte die WBG den Bau von 5.788 Wohneinheiten verzeichnen, wodurch der Bedarf vor allem an Arbeiter- und Kleinwohnungen gedeckt werden konnte.

Auch andere Bauträger waren nach der Inflation in großem Stile tätig. So errichtete z.B. die Post an der Allersberger Straße bis 1931 nicht nur ein neues Dienstgebäude, sondern auch 144 betriebseigene Wohnungen in unmittelbarer Nähe zum Arbeitsplatz.

Neue Verkehrskonzepte

Nach dem Ersten Weltkrieg wurde nicht nur das Fehlen einer vorausschauenden Bau- und Siedlungspolitik und eines langfristigen Bebauungsplanes der Stadt offenkundig, auch planerische Eingriffe in die Verkehrsgestaltung hatte es nie gegeben. Die rapide Verkehrsentwicklung durch die Motorisierung, durch die boomende Zweiradindustrie und die Zunahme des Individualverkehrs erforderten aber eine zukunftsweisende Neustrukturierung des Verkehrssystems. Ein Generalplan für das Straßen- und Bauliniensystem aus dem Jahre 1871 war der modernen Stadtentwicklung nicht mehr gewachsen. 1928 formulierte schließlich das Statistische Amt der Stadt Nürnberg die neuen Leitlinien moderner Stadtplanung: „Eine wichtige Aufgabe der deutschen Großstädte und Verkehrsmittelpunkte bestand darin, die Besiedelung der den Stadtkern umschließenden Flächen, soweit sie noch unbebaut waren, planmäßig in die richtigen Bahnen zu lenken. Möglichste Trennung der Wohnviertel von den Fabrikvierteln, Schaffung von genügend großen Grünflächen als ‚Lungen der Großstadt', Freilassung der geeigneten Geländestreifen bei Neubebauung für künftige Eisenbahnlinien, Straßenzüge und Kanäle waren hierbei wichtige Ziele."

Bereits Otto Geßler hatte auf der Suche nach einer städtebaulichen Gesamtplanung Kontakt zu dem Berliner Städteplaner Prof. Hermann Jansen aufgenommen. Darauf konnte Luppe zurückgreifen, als er 1921 Jansen mit der Erstellung eines Generalbebauungsplanes beauftragte. 1926 legte Jansen endlich seinen Plan vor, dessen oberste Priorität die Bewahrung und Erhaltung der Altstadt war. Unter dieser Prämisse verlagerte Jansen den Durchgangsverkehr von der Innenstadt auf die Ringstraße. Während die Ringstraße für den Autoverkehr ausgebaut werden sollte, kam das alte Projekt eines Burgbergtunnels nun endgültig zu den Akten. Eine Nord-Süd-Achse für den Individualverkehr verbesserte zudem die Verbindung vom Maxfeld zum Hauptbahnhof. Aufgrund des wachsenden Kraftrad- und Automobilverkehrs – 1910 fuhren in Nürnberg 474, 1925 schon über 4.800 Kraftfahrzeuge – war auch eine Verbesserung der Straßenqualität vorgesehen. Der Plan, den alten Ludwigskanal zugunsten einer Autostraße aufzulassen, wurde zwar nicht verwirklicht, erwies sich aber als zukunftsweisend.

Neben dem Individualverkehr stieg auch die Nachfrage nach einer Ausweitung des öffentlichen Personennahverkehrs. Zunächst wurde das Straßenbahnnetz ausgebaut – bis 1929 konnten 14 neue Strecken eröffnet werden. Nürnberg gehörte auch zu den ersten deutschen Städten, die mit Omnibussen als Zubringer die Vororte bedienten.

Abb.114:
Das öffentliche Nahverkehrsnetz wächst: Omnibuslinie nach Kraftshof. Photographie 1916.

Reichelsdorf war der erste Stadtteil, der mit einem Omnibus an die Innenstadt angebunden wurde, und seit 1925 schloß eine Busverbindung nach Erlangen auch zahlreiche Dörfer im Knoblauchsland an die beiden Städte an. 1929 gab es schon 15 Linien, die alle mit M.A.N.-Fahrzeugen bestückt waren. Eine Modernisierung wurde auch auf der Strecke nach Fürth vorgenommen. 1922 absolvierte die traditionsreiche, aber längst veraltete Ludwigsbahn ihre letzte Fahrt. Drei Jahre später nahm eine Schnellstraßenbahnlinie ihren Betrieb zwischen Plärrer und Fürth auf. Neben dem vorbildlich ausgebauten Liniennetz zeichnete sich der Nürnberger Nahverkehr durch außergewöhnlich günstige Tarife aus: mit nur 13 Pfennigen war der Fahrscheinpreis in Deutschland einmalig.

Als Fürth und Nürnberg 1922 zusammen den ehemaligen Militärflughafen in Fürth-Atzenhof übernahmen, sicherten sich beide Städte den Anschluß an die moderne zukunftsweisende Verkehrsentwicklung. Die Erschließung der Militärflugtechnik für die zivile Luftfahrt bedeutete den Beginn einer neuen Ära der Mobilität des Menschen. Die 1926 gegründete Lufthansa übernahm die Leitung des Flughafens Atzenhof und verband auf dem Luftweg Nürnberg mit München, aber auch mit Essen, Köln, Frankfurt am Main, mit Berlin und Halle, mit Dresden und Chemnitz. Die französische Cidna-Gesellschaft schuf sogar Verbindungen nach Paris, Straßburg und Prag, von wo ein Weiterflug bis nach Bagdad möglich war. Die Nordbayerische Verkehrsflug GmbH, in der Luppe Aufsichtsrat war, blieb hingegen im Inland. Ihr kam eine besondere Bedeutung zu, denn sie stellte die Verbindung zwischen Franken und den traditionellen Wirtschaftsräumen in Sachsen und Thüringen her. In Fürth-Atzenhof starteten 1928 1.057 Inlands- und 278 Auslandsflüge. Aufgrund der guten Entwicklung des Flugverkehrs sah der Stadtrat, auf der Grundlage des Jansen-Planes, die Erschließung des Marienberges für einen neuen Flughafen vor. Der

Ausbau verzögerte sich jedoch durch die Wirtschaftskrise. 1933 konnten die Nationalsozialisten den Erfolg des neuen Flughafens für sich verbuchen.

Eingemeindungen

Während der Phase der Hochindustrialisierung hatte die Stadt Nürnberg durch Eingemeindungen einer Reihe von Vororten einen enormen Flächenzuwachs erfahren. Seit 1901 erfolgten nur noch kleinere Gebietsabrundungen, wie 1905 mit 794 Hektar der Rangierbahnhof und 1910 mit 144 Hektar die Gartenstadt. Nach dem Ersten Weltkrieg betrug die Gesamtfläche der Stadt Nürnberg 6.585 Hektar.

Gesundheitspolitische und vor allem bau- und verkehrspolitische Gesichtspunkte aber waren der Anlaß, weitere Gebiete der Stadtumgebung einzugemeinden. Den Anfang machte 1920 Ziegelstein, zwei Jahre später folgten die Siedlungen Buchenbühl und Loher Moos und weiterhin Reichelsdorf, Krottenbach, Röthenbach bei Schweinau, Zerzabelshof und Eibach. Auch die Orte im Knoblauchsland wurden nun Nürnberger Stadtgebiet: 1923 Almoshof, Lohe und Schnepfenreuth, 1924 Buch, 1928 Höfles und 1930 Kraftshof. Nicht realisiert werden konnte dagegen die Eingemeindung der Stadt Fürth, die beide Stadtverwaltungen seit 1920 ernsthaft berieten. Bereits zweimal vorher waren die Verhandlungen am Widerstand des Nürnberger Magistrats gescheitert, doch 1922 gelang, trotz der traditionellen Rivalität beider Städte, eine Einigung, die allerdings endgültig durch ein Plebiszit der Fürther verhindert wurde. Bei einer Volksabstimmung sprachen sich zwei Drittel der stimmberechtigten Einwohner der Kleeblattstadt gegen die „Einverleibung" aus. Bis 1930 hatte sich das Stadtgebiet Nürnbergs durch die Eingemeindungen auf 10.247 ha vergrößert, und die Einwohnerzahl war von über 332.000 bei Kriegsende auf 412.000 im Jahr 1931 angewachsen. Die Einwohnerzahlen in der Altstadt hingegen gingen seit der Jahrhundertwende spürbar zurück. Hier deutete sich bereits 1925 ein Strukturwandel an, der heute noch als Trend erkennbar ist: „Die Bevölkerungszahl sank für Sebald von 27.733 auf 25.061 und für Lorenz von 25.077 auf 21.139, also insgesamt von 52.810 auf 46.200. Es zeigte sich also in Nürnberg, wie in anderen Großstädten, z.B. auch in München, die Tendenz zur Aushöhlung des Stadtkerns und Bildung einer City. Die Eigenschaft der Innenstadt als Wohnviertel erleidet also auch in Nürnberg Einbußen zugunsten der Entwicklung eines Geschäftsviertels in einer vom Verkehr bevorzugten Lage," konstatierte das Statistische Amt der Stadt.

Arbeitslosigkeit – eine Hypothek der „Ära Luppe"

Das Hauptproblem der Nürnberger Wohlfahrtspolitik in der Weimarer Zeit war, konjunkturell und auch strukturell bedingt, die Arbeitslosigkeit. Schon vor dem Ersten Weltkrieg pendelten die Erwerbslosenzahlen zwischen 900 und 2.500, doch das Jahr 1914 verzeichnete mit 3.774 Personen ohne Arbeit schon einen ersten Höhepunkt. Der gewaltige Arbeitskräftebedarf der Rüstungsproduktion ließ dann die Zahl der Erwerbslosen beinahe ganz schwinden. Um so härter traf die wirtschaftliche und militärische Demobilisierung nach 1919 den Arbeitsmarkt. Die Einstellung der Rüstungsproduktion, die bislang tausende Arbeiterinnen und Arbeiter beschäftigt hatte, sowie die notwendige Wiedereingliederung der Kriegsheimkehrer in bürgerliche, zivile Berufe führten zu einem deutlichen Mißverhältnis zwischen Arbeitskräften und freien Stellen. 1919 waren 7.071 Personen vollerwerbslos und 1.479 nur noch in Kurzarbeit beschäftigt. Zwar verringerte sich die Zahl der Stellenlosen unter der Scheinblüte der Inflation, jedoch wurden im Februar 1925 schon 6.589 Hauptunterstützungsempfänger sowie 4.475 Zuschlagsempfänger registriert. Eine neue Rekordhöhe erreichten beide Gruppen ein Jahr später mit 23.722 beziehungsweise 13.194 Betroffenen. Insbesondere die Massen-Langzeitarbeitslosigkeit wurde zu einem bisher unbekannten Problem. 1926 regelte deshalb ein Reichsgesetz die finanzielle Hilfe für diejenigen, die aus der Unterstützungshöchstdauer ausgesteuert waren. 1926 lebten 312 Personen von der sogenannten Krisenunterstützung, die die Stadt zu einem Teil selbst übernehmen mußte. Mitte des Jahres 1927 waren es bereits 3.398 Empfänger der Erwerbslosenfürsorge und 1932 schließlich 11.219. Der Gesamtfürsorgeaufwand der Stadt betrug im Jahr 1926 14.139.617 Reichsmark, wovon sie die Hälfte aus eigenen Mitteln aufbringen mußte. Zusätzlich zur finanziellen Hilfe verteilte die Stadtverwaltung auch noch Kleidung, Lebensmittel und Brennmaterial.

Einen Schwerpunkt der Arbeitslosenunterstützung bildeten aber auch im Rahmen der „produktiven Erwerbslosenfürsorge" die Notstandsarbeiten. So wurden seit 1920 auf Initiative Luppes im Südosten Nürnbergs von „Ausgesteuerten" Kultivierungsarbeiten durchgeführt. Etwa 1.800 Arbeitslose aus Nürnberg und Fürth rodeten und bewirtschafteten brachliegendes Gelände bei Altenfurt und auf dem Zeppelinfeld, wo Dauerkleingärten angelegt wurden. Zwar fiel 1921 die erste Ernte infolge der schlechten Witterung noch spärlich aus, und die viel zu kleinen Kartoffeln erhielten den Spottnamen „Luppe-Kartoffeln", die Getreide- und Kartoffelerträge in den nächsten Jahren aber fanden volle Anerkennung. Mit der Errichtung von Betriebsgebäuden, von Scheunen und Ställen und der Gründung einer Schweinezucht baute die Stadt die landwirtschaftlichen Aktivitäten der Arbeitslosen in Langwasser, Altenfurt und Moorenbrunn sogar noch aus. Die Produkte wurden an einer städtischen Verkaufsstelle an der Sebalduskirche angeboten und sogar bayernweit mit großem Erfolg vertrieben.

Mit Förderung des Reichsarbeitsministeriums konnten in den Jahren 1925 bis 1927 rund 1.200 Männer bei Arbeitsbeschaffungsmaßnahmen auch im innerstädtischen Bereich beschäftigt werden. So wurden Friedhöfe für Neubelegungen vergrößert, und das Krematorium wurde getüncht, die Kriegsbeschädigtensiedlung in Reichelsdorf wurde kanalisiert, in Eibach ein Löschteich angelegt und Radfahrwege, wie etwa von Ziegelstein nach Kraftshof, wurden befestigt. Da alle Arbeiter nach Tariflohn der Stadt bezahlt wurden, gelang es, die entwürdigende Situation der Arbeitslosigkeit etwas zu mildern. Auch konnten die zahlreichen weiteren Unterstützungs- und Fürsorgemaßnahmen eine Verelendung und den endgültigen sozialen Abstieg vieler Familien verhindern.

Als 1927 eine kurzfristige Entspannung auf dem Arbeitsmarkt eintrat, glaubte man schon, das Tief überwunden zu haben. Doch 1928 verschärften ein Konjunkturrückgang und 1929 die weltweite Wirtschaftskrise die Lage erneut. Die deutsche Wirtschaft war ohnehin durch die hohen Reparationsleistungen und geringen Absatzmöglichkeiten im Ausland permanent belastet. In Nürnberg registrierte das Arbeitsamt 1928 schon wieder 16.936 Arbeitslose, und am Ende des Jahres 1930 war die Zahl der Arbeitssuchenden gar auf 38.211 gestiegen. Damit bezog ein Fünftel der Einwohner Fürsorgegelder, was den Finanzrahmen der Stadt bald sprengte. Eine saisonbedingte Entlastung etwa durch das Baugewerbe, durch die Hopfenernte oder in der Lebkuchenfabrikation war weit unter den Erwartungen geblieben. Darüber hinaus traf die schwere Krise in der Metallindustrie, dem traditionellen Hauptproduktionszweig in der Pegnitzstadt, die Stadt besonders empfindlich. 1929 waren allein in der Metallbranche 10.586 Fachkräfte ohne Beschäftigung, und ein Jahr später war die Zahl sogar auf 12.000 gewachsen. Fehlende Aufträge in der Nadel- und Schreibmaschinenindustrie sowie ein erheblicher Konjunkturrückgang in der bislang florierenden Goldschlägerei führten zu weiteren Entlassungen. Ausschlaggebend für die Auftragsflaute bei den Nürnberger Spezialbranchen war vor allem die ausländische Konkurrenz in der Metallspielwaren-, Bleistift-, Pinsel- und auch Pfeifenindustrie, aber auch die fehlende Kaufkraft im Inland infolge der allgemeinen Krise. Allein im Bereich der Fahrzeugherstellung und der Elektrotechnik, also in den zukunftsweisenden, innovativen Branchen, kam es zu einigen Neueinstellungen. Diese reichten jedoch nicht aus, um das Heer der Arbeitslosen spürbar zu reduzieren. Im Januar 1933 waren in Nürnberg schließlich 58.009 Menschen ohne Arbeit und damit auf die öffentliche Fürsorge angewiesen.

Wahlen – instabile politische Verhältnisse

Das erste Wahljahr 1919

Am 19. Januar 1919 fanden mit der Wahl zur verfassungsgebenden Nationalversammlung die ersten demokratischen Wahlen auf Reichsebene statt. In Nürnberg war die bisherige willkürliche und antiquierte Wahlkreiseinteilung korrigiert und das Mindestalter der Wahlmündigkeit von 25 auf 20 Jahre gesenkt worden. Erstmals waren auch Frauen und Soldaten zur Stimmabgabe zugelassen. Das Verhältniswahlrecht löste das bislang gültige Mehrheitswahlrecht der Bismarck'schen Reichsverfassung ab, und die Mandatsverteilung repäsentierte das tatsächliche Stimmenverhältnis.

Abgesehen vom Wahlboykott der Kommunistischen Partei Deutschlands (KPD) konnte bei der Wahl mit 83 Prozent reichsweit ein hoher Anteil der Wahlberechtigten motiviert werden. Im Deutschen Reich sprachen sich die Wähler klar für die staatstragenden Parteien aus. Die Mehrheits-Sozialdemokratische Partei Deutschlands (MSPD), die Deutsche Demokratische Partei (DDP) und das Zentrum konnten über zwei Drittel der Stimmen auf sich vereinigen. Trotz des eindeutigen Votums von 37 Prozent blieb das Ergebnis der MSPD allerdings weit hinter den Erwartungen zurück. Auch der Stimmenanteil der Unabhängigen Sozialdemokratischen Partei Deutschlands (USPD) von 7,6 Prozent reichte nicht aus, um eine sozialistische Mehrheit zu bilden. Von den bürgerlichen Rechtsparteien schnitt lediglich die Deutschnationale Volkspartei (DNVP) mit 10,3 Prozent gut ab, während die Deutsche Volkspartei (DVP) über 4,4 Prozent eher enttäuscht war.

Deutlich über dem Reichsdurchschnitt lag die Wahlbeteiligung in Nürnberg. 88 Prozent machten hier von ihrem Wahlrecht Gebrauch und belegten so den hohen Grad politischen Verantwortungsbewußtseins in der Industrie- und Arbeiterstadt. Auch im Wahlergebnis hob sich Nürnberg deutlich vom Reich ab. Knapp 52 Prozent konnte alleine die MSPD mit ihrem Spitzenkandidaten Adolf Braun auf sich vereinen. Zusammen mit der USPD, die mit 7 Prozent im allgemeinen Trend lag, kamen die sozialistischen Parteien in Nürnberg auf 59 Prozent und bestätigten so den Ruf der „roten" Hochburg. Überdurchschnittlich stark ging allerdings auch die DVP, die den politischen und gesellschaftlichen Veränderungen außerordentlich kritisch gegenüberstand, aus der Wahl hervor. Fast 29 Prozent der Nürnberger Wahlberechtigten votierten für die rechtsliberale Partei. Der deutliche Gegensatz zwischen bürgerlichen und sozialistisch orientierten Kräften, der auch fortan das politische Leben in Nürnberg bestimmen sollte, trat bereits mit der ersten Wahl offen zutage.

Das Nürnberger Wahlergebnis zur Nationalversammlung war eine Bestätigung des Wählervotums der vorangegangenen Landtagswahl, die ebenfalls auf der Grundlage der Verhältniswahl stattfand. Am 12. Januar 1919 sprachen sich 51,5 Prozent der Nürnberger Wähler für die MSPD aus, die im Landesdurchschnitt nur 33 Prozent erreichte. Immerhin rund 5,7 Prozent sammelte die USPD in Nürnberg, während sie bayernweit lediglich 2,5 Prozent gewann. Mit fast 30 Prozent verbuchte die DVP einen bemerkenswerten Wahlerfolg in Nürnberg, während im Landesdurchschnitt das nationalliberale Parteienspektrum nur etwa 5,8 Prozent der Stimmen errang. Die katholisch-konservative Bayerische Volkspartei (BVP), die mit 35 Prozent landesweit die stärkste Partei wurde, hatte im überwiegend protestantischen Nürnberg keine breite Basis, brachte es aber immerhin auf 9,5 Prozent der Stimmen.

Wahlergebnisse des Nürnberger Gemeinderats

Abb. 115a

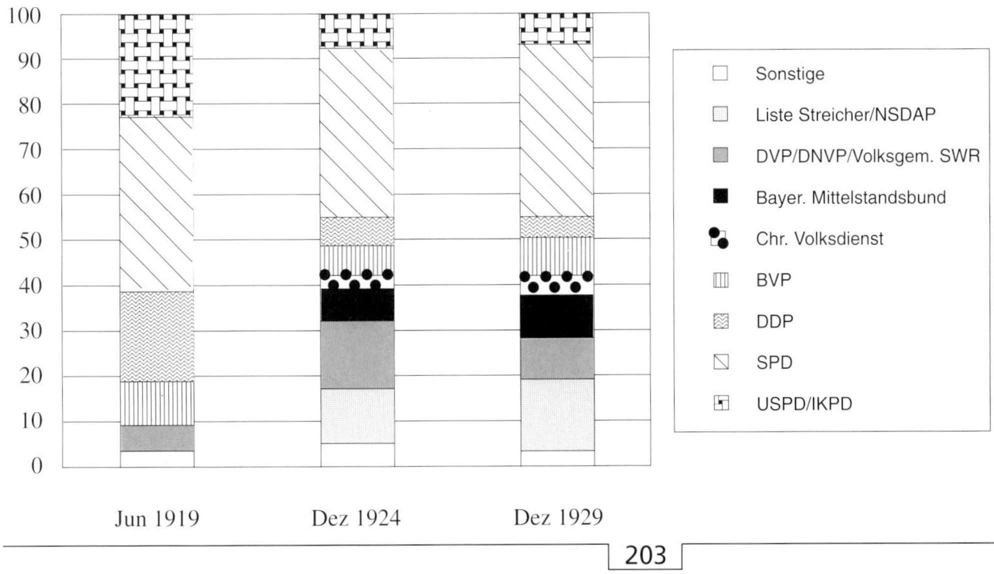

Nicht nur die Verfassung und das Wahlrecht auf Reichs- und Landesebene waren 1919 geändert worden, nach genau 50 Jahren wurde auch die bayerische Gemeindegesetzgebung reformiert. Ein Stadtrat mit 50 Sitzen löste nun das Zweikammersystem des Magistrats- und des Gemeindebevollmächtigtenkollegiums ab. Als Chef der Stadtverwaltung stand dem Stadtrat der Erste Bürgermeister vor. Er leitete seine Rechte und Pflichten vom Stadtrat ab, verfügte aber über umfangreiche Handlungsspielräume, um kommunale Politik zu gestalten und durchzusetzen.

Am 15. Juni 1919 fand in Nürnberg die erste direkte Gemeindewahl nach dem Verhältniswahlrecht statt. Nur etwas mehr als 69 Prozent aller wahlberechtigten Nürnberger gingen zu den Urnen. Das Ergebnis bedeutete vor allem für die MSPD eine herbe Ernüchterung. Mit knapp 38 Prozent lag die Partei deutlich unter den Rekordergebnissen der Januarwahlen und kam im Stadtrat nur auf 20 Sitze. Möglicherweise hatten viele Arbeiter der MSPD einen „Denkzettel" verpassen wollen, weil sie die Räterepublik abgelehnt hatte. Diese Vermutung erhärtete auch das gute Abschneiden der USPD, die mit 22,5 Prozent deutlich zugelegt hatte und sogar 12 Sitze im Stadtrat errang. Zusammen konnten sich die sozialistischen Parteien mit über 60 Prozent der Stimmen gegenüber den vorangegangenen Wahlen jedoch verbessern und stellten die Mehrheit im Stadtrat. Fast gleichstark mit der USPD schnitt die bürgerlich-demokratische DDP ab. Sie belegte mit 21 Prozent 11 Sitze. Das gute Abschneiden der DDP, der auch der noch amtierende Oberbürgermeister Otto Geßler angehörte, war möglicherweise auch eine Anerkennung der Leistungen und Verdienste Geßlers während des Krieges und bei Kriegsende. Die BVP kam auf 4 Sitze, und eine rechtsbürgerliche Sammelliste aus DNVP und Mittelstand konnte 3 Sitze erringen.

Am 30. Juli 1919 wurde Martin Treu von der MSPD mit überwältigender Mehrheit vom Stadtrat zum zweiten Bürgermeister gewählt. 1908 war er als erster Sozialdemokrat in den Magistrat aufgenommen worden und hatte seither eng mit dem bürgerlich-liberalen Flügel zusammengearbeitet. Auch in den folgenden Jahren blieb Treu das Verbindungsglied zwischen SPD und den bürgerlich-liberalen Kräften im Stadtrat. Sein Verdienst war es auch, daß Hermann Luppe von der DDP als Oberbürgermeister für seine Politik den Rückhalt der SPD-Mehrheit fand. Treu bekleidete sein Amt an der Seite Luppes mit großem Engagement und persönlicher Integrität bis 1933. Weniger glücklich erwies sich die Wahl des USPD-Mitgliedes Hugo Freund zum dritten Bürgermeister. Nur denkbar knapp wurde Freund in das Amt gewählt.

Als Otto Geßler in das Reichsministerium wechselte, einigten sich die MSPD, DDP, BVP und DNVP auf Hermann Luppe als neuen Amtsvorstand im Rathaus, der schon lange auf sich aufmerksam gemacht hatte. Mit fast 100 Prozent wurde der Wahlvorschlag in einer Volkswahl bestätigt. Da allerdings kein ernstzunehmender Gegenkandidat angetreten war, fiel die Wahlbeteiligung mit 16,5 Prozent äußerst gering aus. In den folgenden Jahren erfolgte die Wiederwahl der Oberbürgermeister durch den Stadtrat.

Die „Katastrophenwahl" 1920

Die Wahl zum ersten Deutschen Reichstag am 6. Juni 1920 erschütterte die sogenannte „Weimarer Koalition" aus den staatstragenden Parteien MSPD, DDP und Zentrum zutiefst. Sie waren die großen Verlierer der Wahl und konnten nur noch 43 Prozent der Reichstagsmandate behaupten. Allein die MSPD verlor rund 16 Prozent und die DDP immerhin zehn Prozent. Nur das Zentrum mit der BVP blieb mit 18 Prozent stabil. Auf der anderen Seite erstarkten die Flügelparteien. Erstmals stellte sich die KPD zur Wahl und verbuchte rund 2 Prozent. Mit der USPD stellte die extreme Linke nun 20 Prozent im Reichstag. Ebenso legten die rechten Parteien zu: DNVP und DVP erreichten gemeinsam 29 Prozent der Stimmen.

Abb. 116:
Martin Treu (1885–1952), Bürgermeister in Nürnberg von 1919 bis 1933. Photographie um 1910.

Auch im Wahlverhalten der Nürnberger spiegelte sich dieser Trend zum Teil wider. Zwar blieb die MSPD mit 28,7 Prozent deutlich über dem Reichsdurchschnitt und weiterhin stärkste Partei, doch mußte sie gegenüber der Januarwahl den hohen Verlust von 23 Prozent hinnehmen. Entsprechend erfolgreich war die USPD. Sie verbuchte mit 26 Prozent eine Steigerung um 18,5 Prozent und lag damit sogar über dem Reichsdurchschnitt. Die Kommunisten entsprachen mit 2,2 Prozent etwa dem allgemeinen Trend. Auch die rechtsbürgerliche Mittelpartei, die DNVP, erzielte mit 11 Prozent ein gutes Ergebnis, während die DVP mit nur 4,7 Prozent weit absank. Insgesamt erreichte die politische Rechte in Nürnberg immerhin 15 Prozent. Ihr bestes Ergebnis bei einer Reichstagswahl in der Frankenmetropole konnte dagegen die DDP erzielen. Mit einem Stimmenanteil von knapp 17 Prozent lag die Partei Geßlers und Luppes um das Doppelte über dem Reichsdurchschnitt. Die BVP hatte mit ihrem festen katholischen Wählerstamm wieder an die 9 Prozent erhalten.

Am gleichen Tag fanden die Landtagswahlen statt. So ist es nicht verwunderlich, daß die Stimmenverteilung auf die einzelnen Parteien in Nürnberg mit nur geringen Abweichungen dem Ergebnis der Reichstagswahl entsprach. Auf Landesebene setzte sich wiederum die BVP mit fast 40 Prozent der Stimmen durch, doch bei den sozialistischen Parteien waren die Verschiebungen dramatisch. Die MSPD wurde nahezu halbiert und errang nur noch 16 Prozent, während die radikalere USPD über 10 Prozent hinzugewann.

Das „Superwahljahr" 1924

Mit vier Wahlen wurde das Jahr 1924 für die Nürnberger Bürgerinnen und Bürger zum „Superwahljahr". Den Beginn machte am 6. April 1924 die Landtagswahl. Am 4. Mai 1924 wurde turnusgemäß der neue Reichstag gewählt. Wegen einer vorzeitigen Parlamentsauflösung – die Verhandlungen über die Regierungsbildung hatten zu keinem Ergebnis geführt – mußte am 7. Dezember 1924 erneut der Reichstag gewählt werden. An diesem Tag wählten die Nürnberger auch den Stadtrat neu.

Die Landtagswahl brachte für die sozialdemokratischen Kräfte und den bürgerlichen Liberalismus ein alarmierendes Ergebnis und zeigte die politische Dynamik der „völkischen Bewegung" mit Hitler als einen ihrer Trommler. Mit 17,1 Prozent war bayernweit der „Völkische Block" – eine Allianz aus rechtsradikalen Splittergruppen und der nach dem Hitlerputsch 1923 verbotenen Nationalsozialistische Deutsche

Abb. 115b

Vergleich der Wahlergebnisse bei den Reichstagswahlen auf Reichsebene und in Nürnberg

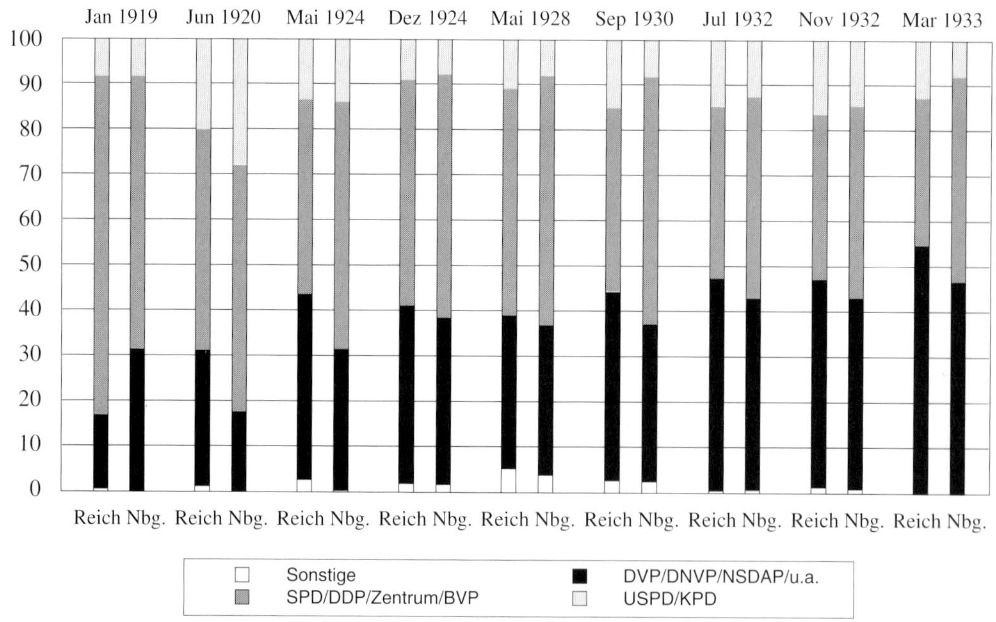

Hinweis: Bei 1919 handelt es sich um die Wahl zur Nationalversammlung. Die Darstellung ist aus Gründen der Übersichtlichkeit stark vereinfacht, indem die „staatstragenden" Parteien sowie links- und rechtsextreme Kräfte zusammengefaßt wurden.

Arbeiterpartei (NSDAP) – nahezu gleichauf mit der nun wieder vereinigten SPD (17,3 Prozent). Im September 1922 hatte in Nürnberg der Einigungsparteitag der Sozialdemokraten stattgefunden, die seit 1917 in MSPD und USPD aufgespalten waren. Die DDP hatte in Bayern nur 3,2 Prozent der Stimmen gewinnen können. Selbst die ansonsten stabile BVP mußte mit 32,9 Prozent einschneidende Verluste hinnehmen und verlor fast ein Drittel ihrer Mandate. Dagegen verzeichneten die Kommunisten mit 8 Prozent einen beachtlichen Wahlerfolg.

Eine ähnliche Stimmengewichtung zeichnete sich in Nürnberg ab. Mit 27,8 Prozent zog der „Völkische Block" fast gleich mit der vereinigten SPD, die mit 28 Prozent als stärkste Partei nur einen hauchdünnen Vorsprung hatte. Wie in München belegten auch in Nürnberg die völkische Bewegung und die Nationalsozialisten den zweiten Platz im Rathaus. Mit 4,5 Prozent schnitt die DDP immerhin etwas besser als im Landesdurchschnitt ab, verlor aber im Vergleich zur Wahl 1920 knapp die Hälfte der Stimmen. Die DDP profitierte auch nicht davon, daß Hermann Luppe als Bürgermeister außerordentlich erfolgreich war. Mit 17,5 Prozent hob sich die KPD deutlich vom Landesdurchschnitt ab. Traditionsgemäß lag der Stimmenanteil der BVP mit 7 Prozent unter dem Landesergebnis.

Die Nürnberg-Fürther „Morgenpresse" urteilte in einer Wahlbetrachtung: „Die Sozialdemokratie hat sich durchwegs gut, teilweise überraschend gut behauptet." Doch der Wahlausgang konnte nicht darüber hinwegtäuschen, daß die Partei ihre früheren Wahlergebnisse nicht mehr erreicht und einen Teil ihrer Wähler an die KPD und auch an rechte Randparteien verloren hatte. Der große Wahlerfolg des „Völkischen Blocks" hing in Nürnberg vor allem mit der Agitation Julius Streichers zusammen, der in Franken zur Integrationsfigur der Rechtsradikalen avancierte. Sie schöpften vor allem aus dem Wählerpotential der bürgerlichen Mittelparteien, die in Nürnberg nahezu bedeutungslos wurden.

Knapp einen Monat später fand der Urnengang zur Reichstagswahl statt. Eine gewisse Wahlmüdigkeit hatte sich zwar durch den schleppenden Besuch von Veranstaltungen und Kundgebungen abgezeichnet, doch wurde in Nürnberg dieser Eindruck am Wahltag nicht bestätigt. Knapp 90 Prozent der Wählerinnen und Wähler machten von ihrem Wahlrecht Gebrauch, während im Reichsdurchschnitt nur 77,4 Prozent zu den Urnen gingen.

„Das Ergebnis der Reichstagswahl hat neu bestätigt, was schon die Landtagswahl gezeigt hatte: Anwachsen der völkischen Stimmen, Abnahme der Sozialisten und Aufreibung der Demokraten." Mit dieser knappen Wahlanalyse brachte die Stadtchronik den reichsweiten Trend auf den Punkt. In der Tat waren die Verluste der Sozialdemokratie dramatisch. Hatten MSPD und USPD zusammen in der vergangenen Reichstagswahl noch 186 Mandate gewonnen, konnte die SPD mit der Rest-USPD nurmehr 21,3 Prozent und damit 100 Mandate erzielen. Viele Wähler waren zur KPD abgewandert, die mit über 12 Prozent sensationelle 10 Prozent hinzugewann. Die liberalen Parteien DDP und DVP verloren beide zugunsten der DNVP, die nochmals über 4 Prozent zulegte. Fast unverändert stabil blieben Zentrum und BVP, die Parteien des politischen Katholizismus. Erstmals errang auch der „Völkische Block" mit der NSDAP Reichstagsmandate. Mit 6,5 Prozent und 32 Sitzen hatte die rechtsradikale Bewegung ein besseres Ergebnis erzielt als die demokratische DDP mit nur 28 Sitzen.

In Nürnberg ging die vereinigte SPD mit 34,3 Prozent als klarer Sieger hervor. Im Herkulessaalbau, dem Wahlquartier der SPD, wurde das Endergebnis entsprechend gefeiert. Aber auch der „Völkische Block" konnte mit 26 Prozent und dem zweitbesten Ergebnis in Nürnberg eine Wahlparty feiern. Dieses Resultat lag mit großem Abstand über dem Reichsdurchschnitt und zeigte an, daß sich in der traditionell „roten" Arbeiterstadt ein starkes antidemokratisches, rechtsradikales Parteienspektrum fest etabliert hatte. Nürnberg war damit nicht nur „rote" Hochburg, sondern auch eine frühe Hochburg der „völkischen Bewegung" und der Nazis in Franken und im Reich geworden. Die Demokraten dagegen hatten in Nürnberg mit 3,7 Prozent im Vergleich zur letzten Reichstagswahl 13 Prozent verloren, und die BVP konnte mit 6,4 Prozent der Stimmen ihren Anteil in etwa halten. Dagegen schnitten am linken Rand der Parteienskala die Kommunisten mit 13,4 Prozent sehr gut ab.

„Das Bekenntnis zur Republik" und „Für Republik und Sozialismus!", so und ähnlich lauteten nach der Reichstagswahl am 7. Dezember 1924 die demokratischen Überschriften der Presse Nürnbergs. Denn die Wahl korrigierte den Trend der Wahl im Sommer. Die staatstragende Mitte wurde wieder stärker und die links- und rechtsradikalen Randparteien verloren. So hatte die SPD über 5 Prozent gutmachen können, und auch die DDP verzeichnete wie das Zentrum einen leichten Gewinn. Eine schwere Niederlage erlitt hingegen der Nationale Block, der mit nur 3 Prozent auf 14 Mandate reduziert wurde. Die Kommunisten mußten ebenfalls einen Stimmenrückgang von 3,6 Prozent hinnehmen.

Auch in Nürnberg votierte eine eindeutige Mehrheit für die staatstragenden Parteien der Weimarer Verfassung. Die SPD verbesserte sich auf 40,6 Prozent, und die DDP konnte ihren Stimmenanteil auf 6,6 Prozent nahezu verdoppeln. Doch die „Abkehr von den völkischen und kommunistischen Krawallpolitikern", so die voreilige Analyse in der Stadtchronik, fiel in Nürnberg nicht so entschieden wie etwa auf Reichsebene aus. Immerhin wählten in der Pegnitzstadt noch 7,3 Prozent die KPD. Das entsprach etwa dem Ergebnis der BVP von 7,5 Prozent. Übereilt erscheint auch das Urteil der „Fränkischen Tagespost": „Die völkische Welle ist völlig zurückgedämmt. Noch nie hat eine Partei in so kurzer Zeit einen derart katastrophalen Zusammenbruch erlebt." Das mochte im Hinblick auf das Ergebnis im Reich noch zutreffen, in Nürnberg konnte sich dagegen der Völkische Block mit der NSDAP auf eine ansehnliche Hausmacht von 10 Prozent stützen. Damit lagen die rechtsradikalen Splitterparteien in der Pegnitzstadt 7 Prozent über dem Reichsdurchschnitt. Darüber hinaus war die bürgerliche Rechtspartei DNVP mit fast 16 Prozent stark in Nürnberg vertreten und trug zur politischen Polarisierung der Frankenmetropole bei.

Der Gemeindewahl, die ebenfalls am 7. Dezember stattfand, war eine monatelange Hetzkampagne gegen die sozialistisch-demokratische Rathausmehrheit unter Luppe vorangegangen. Der „Fränkische Kurier", einstmals bürgerlich-liberales Presseorgan, machte sich zum Sprecher der zersplitterten Rechten und forderte ihren Zusammenschluß gegen die „marxistische" Rathausmehrheit. Neben der rechtsgerichteten Volksgemeinschaft Schwarz-Weiß-Rot trat als weitere republik- und demokratiefeindliche Partei die „Liste Streicher" an. Julius Streicher hatte 1922 die Ortsgruppe Nürnberg der

NSDAP gegründet und fiel besonders als demagogischer und haßerfüllter Versammlungsredner auf der politischen Bühne auf. 1923 gründete er das antisemitische Hetzblatt „Der Stürmer", das zum wichtigen Medium seiner juden- und republikfeindlichen Angriffe wurde. Sein Wahlkampfstil hatte nichts zu tun mit sachlicher politischer Auseinandersetzung und zeichnete sich statt dessen durch Diffamierungen und Beleidigungen seines Hauptgegners, Oberbürgermeister Dr. Hermann Luppe, aus. Als Folge seiner niveaulosen Angriffe – Streicher hatte Luppe etwa die charakterliche Eignung für die Amtsführung abgesprochen und die Verschwendung städtischer Gelder vorgeworfen – kam es im März 1924 zum ersten Luppe-Streicher-Prozeß wegen übler Nachrede. Zwar wurde Streicher zu einer Gefängnisstrafe auf Bewährung sowie zu einer Geldbuße verurteilt, aber er hatte die Verhandlungen im Vorfeld des Wahlkampfes zur Verunglimpfung der Amtsführung Luppes und der SPD ausgenützt.

Streicher hatte Erfolg. Über 11 Prozent der Nürnberger Wähler gaben ihm ihre Stimme und verhalfen seiner Liste zu 6 Sitzen im Stadtrat. Nur noch die Nationalsozialisten in Kulmbach erreichten dieses Ergebnis bei den Kommunalwahlen 1924. Die „Fränkische Tagespost" kommentierte in einer Wahlbetrachtung den Ausgang so: „Das Bedauerlichste an dem Wahlergebnis für den Stadtrat sind die Stimmen, die für den Phantasten Streicher abgegeben wurden. Dieser politische Narr, den kein Mensch mehr ernst nimmt, hat den Wahlkampf in gerade unflätiger persönlicher Weise gegen den Oberbürgermeister Dr. Luppe geführt und diesem wüsten Schreier sind an die 20.000 Menschen zum Opfer gefallen."

Den Rechtstrend, der in Nürnberg schon das Abstimmungsverhalten bei der Reichstagswahl bestimmt hatte, bestätigte auch das gute Abschneiden der ebenfalls rechtsgerichteten Volksgemeinschaft Schwarz-Weiß-Rot. Sie zog mit fast 15 Prozent und neun Sitzen als zweitstärkste Fraktion ins Rathaus ein. Auf der anderen Seite verlor die sozial-liberale Koalition ihre bis dahin sichere Mehrheit. Schwere Verluste erlitt die SPD, die nur noch 20 Sitze behaupten konnte. Fünf Jahre vorher hatten USPD und MSPD 32 Sitze für sich gewonnen. Nur sechs Prozent wählten die DDP, die nurmehr 3 Sitze belegen konnte. Offenbar hatten die Wähler der Partei Luppe keinen Amtsbonus zugestanden. Mit nur 3 Sitzen mußte auch die KPD zufrieden sein, die ohne Führungspersönlichkeit in Nürnberg keine breite Basis hatte. Die BVP und die Bayerische Mittelstandspartei errangen je 4 Sitze, der Christliche Volksdienst einen Sitz.

Das Wahljahr 1924 hatte deutlich gemacht, daß sich die rechtsradikalen Parteien in Nürnberg als feste politische Größe etabliert hatten. In allen Wahlen schnitten sie mit zweistelligen Ergebnissen ab und lagen damit über dem Reichs- beziehungsweise Landesdurchschnitt. Lokale Stimmungsmacher waren dabei Julius Streicher und sein Blatt „Der Stürmer", aber auch der „Fränkische Kurier", der vor allem im Bürgertum seine traditionelle Leserschaft hatte. Der Erfolg der antidemokratischen Kräfte entsprach den Verlusten der sozialistischen und demokratischen Parteien. Fast kontinuierlich schwand der Stimmenanteil der DDP trotz der hervorragenden Leistungen Luppes. Darüber hinaus konnte die SPD von ihrer Vereinigung mit der USPD nicht profitieren und stagnierte. Auch die KPD gewann nicht die Stimmenanteile der ehemaligen USPD-Wähler hinzu.

Für die Kommunalpolitik hatte das neue Kräfteverhältnis im Rathaus verheerende Folgen. Mit dem Einzug Streichers und seiner Gesinnungsgenossen in den Stadtrat begann eine Phase bewußter Obstruktionspolitik, die die Kommunalverwaltung an den Rand ihrer Arbeitsfähigkeit brachte. Störmanöver bei Sitzungen, destruktive Anträge, ungerechtfertigte Mißtrauensvoten gegen Luppes Amtsführung und ähnliche Aktionen kennzeichneten Streichers skandalträchtige „Kommunalpolitik" in den folgenden Jahren. Nur durch die demonstrative Unterstützung der SPD, das loyale Verhalten einiger BVP-Stadträte und den Übertritt von zwei Kommunisten zur SPD konnte Oberbürgermeister Hermann Luppe gerade in dieser schwierigen Amtsperiode beachtliche kommunalpolitische Erfolge erzielen.

Reichs- und Landtagswahl am 20. Mai 1928

Mit großem Jubel nahm die SPD im Reich das Ergebnis der Stimmenauszählung nach der Reichstagswahl am 20. Mai 1928 auf. Mit knapp 30 Prozent hatte sie das Tief der vorangegangenen Wahlen überwunden und den allgemeinen Aufwärtstrend bestätigen können. Auch die Genossen in Nürnberg hatten Grund zur Freude, denn hier hatte die SPD 42,7 Prozent erreicht und leicht hinzugewonnen. Mit 5,2 Prozent verlor die DDP in Nürnberg zwar über ein Prozent, lag mit dem Ergebnis aber hauchdünn über dem Reichsdurchschnitt von 4,9 Prozent. Ebenfalls im Reichstrend war das Resultat der DNVP angesiedelt. Sie erreichte in Nürnberg nur 11,5 Prozent und hatte auch auf Reichsebene über 6 Prozent eingebüßt. Verluste auf

Abb. 115c

Vergleich der Wahlergebnisse bei den Landtagswahlen auf Landesebene und in Nürnberg

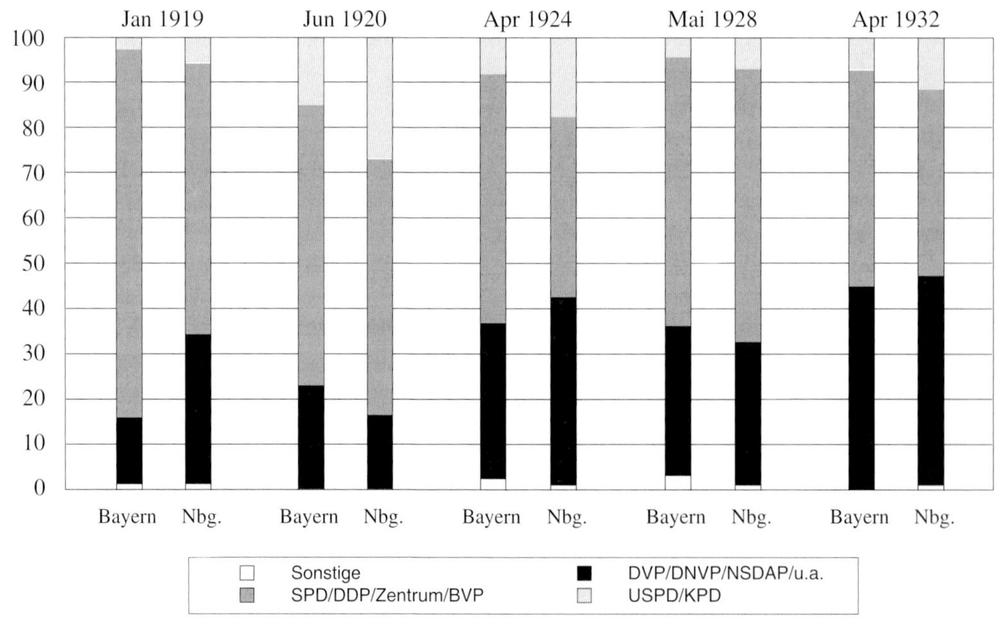

Hinweis: Die Darstellung ist aus Gründen der Übersichtlichkeit stark vereinfacht, indem die „staatstragenden" Parteien sowie links- und rechtsextreme Kräfte zusammengefaßt wurden.

Reichsebene (2,6 Prozent) mußte auch die NSDAP hinnehmen, nicht so jedoch in Nürnberg. In der Frankenmetropole konnte die Hitlerpartei ihr Ergebnis mit 10,5 Prozent im Vergleich zur letzten Reichstagswahl halten und lag damit fast 8 Prozent über dem Reichsdurchschnitt. Der Nürnberger Stimmenanteil der KPD wich ebenfalls vom Reichsergebnis ab. Während dort die Kommunisten über 10 Prozent erhielten, entschieden sich in Nürnberg nur 6,7 Prozent für die Linksradikalen. Die BVP, die mit dem Zentrum insgesamt auf rund 12 Prozent kam, verbuchte in Nürnberg beachtliche 8,6 Prozent. Dagegen kam die DVP, die reichsweit 8,7 Prozent aufwies, in Nürnberg nur auf 3 Prozent. Auf Reichsebene hatten sich die Wähler 1928 also noch einmal für die Weimarer Koalition entschieden und sich gegen eine Mehrheit der rechtsgerichteten Parteien DVP, DNVP und NSDAP gewehrt. Auch die wahlberechtigten Nürnbergerinnen und Nürnberger stärkten den staatstragenden Parteien den Rücken, allerdings konnte sich im Unterschied zum Reich in der Frankenmetropole auch die NSDAP konsolidieren und fest etablieren.

Da die Landtagswahl am selben Tag stattfand, glich das Ergebnis in Nürnberg mit nur geringen Abweichungen der Reichstagswahl. Traditionell lag die SPD über dem Landesdurchschnitt der Partei mit nur 24,2 Prozent. Die KPD erreichte landesweit 3,9 Prozent und blieb auch unter dem Nürnberger Ergebnis, genauso die DDP mit 3,3 Prozent. Eine weitere Konstante stellte das Ergebnis der BVP dar, die im protestantischen Nürnberg mit 8,9 Prozent weit unter dem Landesresultat von 31,6 Prozent blieb. Die NSDAP griff mit 10,4 Prozent wieder auf ein offenbar stabiles Wählerpotential zurück und übertraf in Nürnberg das Landesergebnis um 4 Prozent.

Die Gemeindewahl 1929

Obwohl die Kommunalwahlen am 8. Dezember 1929 vor dem Hintergrund der Weltwirtschaftskrise stattfanden, waren die Bedingungen für Luppes sozial-liberale Koalition weit besser als 1924. Nicht nur die Republik hatte sich außen- und innenpolitisch festigen können, auch Luppe hatte in der vergangenen Amtszeit viel für Nürnberg geleistet. Unter seiner Leitung waren das Wohlfahrts- und Gesundheitswesen reorganisiert und der kommunale Wohnungsbau vorangetrieben worden. Internationales Ansehen hatte Nürnberg mit dem Stadionbau und dem Programm im Dürerjahr 1928 erworben. Auf der anderen Seite hatte die Uneinigkeit rechtsradikaler Splittergruppen wie etwa des Völkischen Blocks oder der Fraktion Schwarz-Weiß-Rot die Bündelung antidemokratischer Kräfte verhindert. Einzig und allein Streicher führte seine Wahlkampfstrategie der Diffamierung und Verleumdung Luppes unbeirrt fort, und er nutzte auch die Parteitage der NSDAP 1927 und 1929 in Nürnberg für seine Agitationen und Werbekampagnen aus. Dennoch erreichte er sein Ziel, den Sturz der „roten" Rathausmehrheit, nicht. Mit 40,6 Prozent sicherte sich die SPD 21 Sitze im Stadtrat. 15,6 Prozent hatten die NSDAP gewählt, die mit 8 Sitzen damit die zweitstärkste Fraktion im Rathaus stellte. Dagegen hatte die Vereinigung Schwarz-Weiß-Rot eine klare Absage von den Wählern erhalten. Mit nur 2,1 Prozent der Stimmen behielt sie gerade einen Sitz. Mit einem Sitz war auch die DVP abgeschlagen. Die DNVP konnte immerhin noch zwei Sitze belegen, ihr Abschneiden kennzeichnet aber ebenfalls den Zerfall der bürgerlichen Rechtsparteien. Nur 4 Prozent der Stimmberechtigten hatten die DDP gewählt, doch spielten die Demokraten mit zwei Mandaten als „Zünglein an der Waage" eine wichtige Rolle im neuen Stadtparlament. Vergleichsweise gut schnitten BVP und Mittelstandspartei mit je 5 Sitzen ab, der Christliche Volksdienst erhielt 3 und die Kommunisten errangen 2 Sitze.

SPD und DDP verfügten mit den beiden Bürgermeistern über 25 Stimmen im Stadtrat. Da die BVP Kooperationsbereitschaft für die kommende Amtsperiode signalisiert hatte, war eine bessere Zusammenarbeit möglich als bisher. Zudem mußten einige NSDAP-Stadträte wegen Amtsmißbrauch und Bestechlichkeit ihr Mandat niederlegen. 1932 wechselten die Stadträte Streicher und der spätere stellvertretende Gauleiter Karl Holz in den Landtag. Der Buchdruckereibesitzer Willy Liebel führte seitdem die Fraktion der Nazis. Trotz der vielen Skandale und der Verweigerung von konstruktiver Sachpolitik behaupteten die Nationalsozialisten sich weiter in der Stadt und erhielten sogar Unterstützung von den Erfolgen auf Reichsebene.

Reichstagswahl am 14. September 1930 – Die „Erbitterungswahl"

Tief saß der Schock bei den verfassungstreuen Parteien nach Auszählung der Stimmen. Die antidemokratischen Kräfte wie DNVP, KPD und NSDAP hatten zusammen von 577 Reichstagsmandaten allein 255 gewonnen. Die absolute Wahlsiegerin war aber die Partei Hitlers. Sie verbesserte sich sensationell von 12 auf 107 Sitze. Die Sozialdemokraten verloren und hatten mit 24,5 Prozent nur noch 143 Reichsmandate. Die DDP behielt mit 3,8 Prozent lediglich 20 Sitze. Leichte Einbußen mußten auch das Zentrum und die BVP hinnehmen. Beide Parteien kamen zusammen auf 87 Mandate. Der Wahlkampf war im ganzen Reich gekennzeichnet durch eine starke Präsenz der Nationalsozialisten, die ihre Aktivitäten und Agitationen von den Sälen auf die Straße verlegt hatten. Auch am Wahltag beherrschten SA-Trupps die Straßen und bezogen vor den Wahllokalen demonstrativ ihre Posten.

Ähnliches spielte sich in Nürnberg ab. Bereits am 24.Juli 1930 hatte Hitler selbst den Wahlkampf der NSDAP im Kolosseum, einem großen Festsaal am Maxtor, eröffnet. Und am Vorabend der Wahl sammelte sich nach Einbruch der Dunkelheit die sogenannte Sturmabteilung (SA) der Nationalsozialisten auf der Insel Schütt und marschierten mit Fahnen, Fackeln und Gesängen über die Theresienstraße zum Hauptmarkt. Über 60.000 Nürnberger gaben der NSDAP am Wahltag ihre Stimme und verhalfen den Nationalsozialisten zu einem bemerkenswerten Wahlsieg. Mit 24 Prozent hatte die Partei nicht nur in Nürnberg fast 14 Prozent seit der letzten Reichstagswahl hinzugewonnen, sondern lag auch deutlich über dem Reichsdurchschnitt von 18,3 Prozent. Die SPD blieb mit 38,5 Prozent weiterhin stark in der Stadt und verzeichnete nur einen leichten Stimmenrückgang. Auch die BVP blieb mit über 8 Prozent stabil.

„Überraschend ist das Ergebnis nicht gekommen, aber niemand hätte wohl ein so starkes Anschwellen der nationalsozialistischen deutschen Arbeiterpartei vermutet und ebenso kam wohl unerwartet der Rückgang bei den Stimmen der Sozialdemokratischen Partei Deutschlands," kommentierte die „Nürnberger Zeitung" den Wahlausgang.

Das Wahljahr 1932

Die Reichspräsidentschaftswahlen im März und April eröffneten den Wahlreigen im Jahr 1932. Zahlreiche prominente Redner der NSDAP kamen im Vorfeld der Wahl nach Nürnberg, um für ihren Kandidaten Adolf Hitler und seine Partei zu werben. Ende Januar sprach etwa Hans Schemm, Gauleiter der NSDAP in Oberfranken, ein äußerst geschickter Demagoge. Die Halle mit über 2.000 Plätzen war schon lange vor Versammlungsbeginn restlos überfüllt. Hitler selbst trat im März in der Festhalle im Luitpoldhain vor 20.000 Menschen auf, und einige Tage später sprachen Streicher und Goebbels im Kolosseum. Das große Interesse, auf das die Nazis und ihre Wortführer in Nürnberg gestoßen waren, schlug sich auch im Wahlergebnis nieder. Reichspräsident Paul von Hindenburg erhielt, wie im Reichsdurchschnitt, in Nürnberg 53 Prozent. Hitler, der reichsweit auf 36,8 Prozent kam, wurde in Nürnberg mit 39,2 Prozent gewählt. Ernst Thälmann, der Kandidat der KPD, blieb in Nürnberg mit 7,7 Prozent unter dem Reichsergebnis von 10 Prozent.

Die Landtagswahlen am 24. April 1932 waren gekennzeichnet von dem schlechten Abschneiden der SPD. Landesweit verlor die Arbeiterpartei über 10 Prozent und erreichte nur noch 15,4 Prozent. In Nürnberg lag ihr Stimmenanteil immer noch doppelt so hoch. Doch auch hier entschieden sich über 10 Prozent der Wähler für eine andere Partei. Mit einem hauchdünnen Vorsprung schnitt landesweit am besten die BVP mit 32,6 Prozent ab. Nahezu eingeholt hatte sie allerdings die NSDAP mit 32,5 Prozent. In Nürnberg gewannen die Nationalsozialisten dagegen eindeutig mit 37,6 Prozent und überflügelten damit erstmals die traditionsreichen Nürnberger Sozialdemokraten.

Mit 84 Prozent zeichnete sich die Reichstagswahl am 31. Juli 1932 durch eine ungewöhnlich hohe Wahlbeteiligung aus. Gleichwohl bedeutete sie ein Desaster für alle demokratischen und verfassungstreuen Kräfte. Mit nur 21,6 Prozent setzte die SPD ihre Talfahrt fort, und die DDP war mit nur einem Prozent nahezu bedeutungslos geworden. Immerhin noch 15,7 Prozent stellte das Zentrum mit der BVP, aber die DNVP hatte mit nur knapp 6 Prozent viele Wähler verloren. Eindeutige Gewinner waren die antidemokratischen, verfassungsfeindlichen Randparteien. Die KPD erreichte mit 14,3 Prozent ihr bislang bestes Ergebnis, und die NSDAP konnte ihren Stimmanteil fast verdoppeln und belegte nun 230 Reichstagsmandate.

Traditionell über dem Reichsdurchschnitt lag in Nürnberg die Wahlbeteiligung, diesmal bei 87 Prozent. Obwohl die SPD auch in der Arbeiterstadt Stimmen verloren hatte, lag ihr Anteil mit 33,5 Prozent noch vergleichsweise hoch. Erstmals wurde die SPD jedoch auch bei Reichstagswahlen von den Nationalsozialisten übertroffen, die 37,7 Prozent erzielen konnten. Auch die KPD hatte in Nürnberg zugelegt und gewann 12,5 Prozent. Allein die BVP erwies sich mit 8,3 Prozent noch stabil, während alle anderen Parteien völlig bedeutungslos wurden.

Gerade in den industriellen Ballungsräumen nahmen die Wähler der NSDAP kontinuierlich zu. Sie rekrutierten sich hauptsächlich aus dem Mittelstand und dem Bürgertum, die vor dem Hintergrund wachsender wirtschaftlicher Not und Arbeitslosigkeit zutiefst verunsichert ihr Heil bei den Versprechungen der Hitlerpartei suchten. Besonders in den besseren und guten Wohnvierteln in Nürnberg, wie am Luitpoldhain und am Stadtpark, votierten überdurchschnittlich viele Bewohner für Hitler. In diesen Vierteln hatten die Nationalsozialisten 1932 schon die absolute Mehrheit. Dagegen zeigen die stabilen Wahlergebnisse der BVP und des Zentrums, daß die katholische Bevölkerung vergleichsweise resistent gegenüber den Nazis war. Anders dagegen lag der Stimmenanteil der NSDAP in überwiegend protestantischen Gebieten und Städten besonders hoch. So waren ihre Gewinne etwa in Ober- und Mittelfranken weit über dem Reichsdurchschnitt.

Da der Reichskanzler Franz von Papen (Zentrum) im neugewählten Reichstag ohne Rückhalt war und einem Mißtrauensvotum zuvorkommen wollte, wurde das Parlament bereits bei seinem ersten Zusammentreten im September wieder aufgelöst. Neuwahlen fanden dann am 6. November 1932 statt, bei denen die Nazis deutliche Verluste hinnehmen mußten. Sie behaupteten sich reichsweit nur noch mit 33,1 Prozent, und erstmals lag das Nürnberger Ergebnis mit 32,7 Prozent unter dem Reichsdurchschnitt. Gestärkt ging dagegen die KPD aus der Wahl hervor. Sie hatte reichsweit fast 17 Prozent gewonnen und in Nürnberg immerhin 15,2 Prozent. Viele rechtskonservative Wähler votierten nun wieder für die DNVP, die im Reichsdurchschnitt 8,3 Prozent und in Nürnberg 6,4 Prozent erhielt. Auch die BVP und das Zentrum bestätigten ihr Ergebnis vom Juli. Allein die SPD konnte nicht vom Einbruch der Nationalsozialisten profitieren. Nicht nur auf Reichsebene büßte die Partei über ein Prozent ein, in Nürnberg verloren die Sozialdemokraten sogar über zwei Prozent. Die zweite Reichstagswahl hatte nicht die gewünschte Klärung gebracht. Wieder war die Regierung Papen ohne Mehrheit, und es gab keine realistischen Koalitionsmöglichkeiten.

Das Ende der Republik: Die letzte Reichstagswahl am 5. Mai 1933

Am 30. Januar 1933 beauftragte Reichspräsident Paul von Hindenburg Adolf Hitler als Reichskanzler mit der Bildung einer neuen Regierung. Hermann Luppe kommentierte diesen Schritt in seinen Erinnerungen: „Der 30. Januar 1933 wurde von vielen Leuten nicht sofort in seinen Folgen durchschaut. Mir war sofort klar, daß trotz des Stärkeverhältnisses im neuen Reichskabinett die Nationalsozialisten sehr bald ihren Totalitätsanspruch durchsetzen würden."

Als nach einer Reichstagsauflösung für den 5. März 1933 erneut Wahlen ausgeschrieben wurden – es sollten die letzten sein – offenbarte der Wahlkampf noch einmal die extreme politische Polarisierung in Nürnberg. Die Wahlkampfaktivitäten wurden zunehmend auf offener Straße ausgetragen. Ein Fackelzug der NSDAP und konservativer Verbände sowie eine Kundgebung am Hauptmarkt schlossen den Wahlkampf der Nazis ab. Mit den gleichen Mitteln versuchte auch die SPD ihre Anhänger zu mobilisieren. „Das rote Nürnberg marschiert!", lautete am 13. Februar 1933 die Überschrift in der „Fränkischen" Tagespost über den Bericht einer Massenkundgebung von 60.000 Menschen, die am Hauptmarkt für die Republik demonstrierten. Letztlich aber fehlten der Arbeiterschaft in Nürnberg – wie auch im Reich – eine gemeinsame und wirksame Abwehrstrategie gegen die Nationalsozialisten. Als ideologischen Hauptgegner bekämpfte die SPD nach wie vor die KPD, und im Reichstag arbeiteten KPD und NSDAP zum Schaden der demokratischen Parteien zusammen.

Immerhin hatten es die beiden Arbeiterparteien verstanden, ihr Wählerpotential zu mobilisieren. Die SPD erreichte in Nürnberg 32,7 Prozent, während sie im Reichsdurchschnitt nur auf 18,3 Prozent kam. Die KPD gewann 8,9 Prozent in Nürnberg und blieb damit unter ihrem Reichsergebnis von 12,3 Prozent. Klarer Sieger aber war die NSDAP mit reichsweit 43,9. Unter diesem Resultat blieb allerdings das Nürnberger Ergebnis mit 41,7 Prozent. Damit lag die Pegnitzstadt auch unter dem Resultat anderer nordbayerischer Städte wie etwa in Fürth, wo 44,8 Prozent für Adolf Hitler stimmten.

Sparkassen-entwicklung

Die Sparkasse im Ersten Weltkrieg

Den Ausbruch des Krieges erlebte die Sparkasse noch in den Räumen des Rathausneubaus an der Theresienstraße. Unter dem Eindruck der drohenden Kriegsgefahr standen schon im Juli beunruhigte Einleger Schlange, um ihre Sparbeiträge abzuheben. Alleine vom 5. Juli bis 8. August 1914 mußte die Sparkasse 1,1 Millionen Mark ausbezahlen. Zeitweise war man sogar gezwungen, Schutzleute für die Aufrechterhaltung von Sicherheit und Ordnung aufgrund des großen Ansturms einzusetzen. Erst als bekanntgegeben wurde, daß die Sparkasse auch im Krieg geöffnet bleibe, ließ der Andrang nach, und die Einlagen stiegen wieder. Insbesondere seit 1917 wurde aufgrund des zunehmenden Warenmangels verstärkt einbezahlt. Zu Beginn des Krieges registrierte die Sparkasse 98.000 Konten mit insgesamt rund 40.000.000 Mark, gegen Ende hatte sich die Höhe der Einlagen verdoppelt, und 132.000 Konten wurden nun verwaltet.

Einen Aufschwung erhielt während des Krieges die Abteilung des Spargiroverkehrs. 1912 beteiligten sich gerade 13 Sparkassenkunden am bargeldlosen Zahlungsverkehr. 1918 nutzten schon 1.757 Personen dieses System. Gefördert wurde der Giroverkehr durch das Bestreben, den Zahlungsmittelumlauf einzudämmen. Dabei gingen der Sparkassenleiter, der Oberbürgermeister, die Referenten und andere städtische Beamte, aber auch die Finanzämter als die ersten Kunden mit gutem Beispiel voran.

Auch das Wertpapiergeschäft wurde durch den Krieg belebt. 1916 nutzten rund 1.400 Kunden die Möglichkeit, ihre Wertpapiere von der Sparkasse verwalten und verwahren zu lassen. Allein die Zeichnung von Kriegsanleihen brachte eine Fülle von Arbeit. Von den insgesamt 250.000 Zeichnungen im Wert von 83 Millionen Mark zeichnete die Sparkasse selbst für 3,3 Millionen Mark Kriegsanleihen.

Inflation und Währungsreform

Während der Inflation reichte die 96köpfige Belegschaft der Sparkasse längst nicht mehr, um die Arbeit zu bewältigen. Die astronomisch hohen Zahlen und der rasche, pausenlose Geldumsatz erschwerten die Buchungsarbeit erheblich. Tresore, Geldschränke und Kassen quollen mit nahezu wertlosem Papiergeld über. Auch die Zinsen stiegen mit rund 60 Prozent in unvorstellbare Höhen und konnten schließlich nur noch geschätzt werden. Zudem erschwerte das Nebeneinander von Inflationsgeld der Reichsbank und Notgeld der Stadt und Firmen den Kassensturz. Am Anfang des Jahres 1923 beschäftigte die Sparkasse 129 Personen. Ende des Jahres waren es schon 219. Arbeitslose Kaufleute und Studenten waren zur Arbeitsentlastung eingestellt worden.

Abb. 117:
Trotz der schlechten Erfahrungen mit der Inflation faßten die Sparer Vertrauen in die neue Währung. Schautafel 1928.

Mit der Währungsreform fand eine radikale Geldentwertung statt. Das Geldvermögen der Sparer schrumpfte beträchtlich oder wurde gar vernichtet. Ende 1923 existierten bei der Sparkasse gerade noch 3.159 Konten mit einem Guthaben. Zehn Milliarden Papiermark entsprachen jetzt einem Rentenpfennig. Über 200.000 Konten waren wertlos geworden, weil sie nicht über diesen Betrag verfügten. Die Gesamthöhe der Spareinlagen betrug 1923 gerade 37.470 Reichsmark. Erst ab 1926 erholte sich der Sparverkehr wieder.

Neuorganisation

Aufgrund des Kapitalmangels erhielten andere Geschäftszweige einen deutlichen Aufschwung, wie etwa der Scheckverkehr oder auch das Kreditgeschäft. Seit 1924 fungierte die Sparkasse als Verwalterin der städtischen Gelder und war deshalb in der Lage, die meisten Kreditkunden bedienen zu können. Viele Geschäftsleute und Unternehmer wurden auf diesem Weg Kunden der Sparkasse. Insbesondere im Wohnungsbau entwickelte sich die Sparkasse zur wichtigsten Hypothekendarlehensgeberin. Von rund 12.000 neu errichteten Wohnungen finanzierte die Sparkasse alleine 8.000 mit. Sie förderte nicht nur Projekte, die der Stadt nahe standen, wie etwa die Wohnungsbaugesellschaft (WBG), sondern auch den privaten Wohnungsbau und belieh bis zu 80 Prozent der Herstellungskosten. Die Sparkasse hatte sich vom einstigen „Spar-Institut" zum Förderer des Nürnberger Wohnungsbaus und anderer stadtnaher Unternehmen sowie der Wirtschaft und Industrie entwickelt.

Mit der Etablierung neuer Geschäftszweige ging auch ein Modernisierungsschub des Geschäftsbetriebes einher. 1924 wurde an Stelle der kameralistischen die kaufmännische Buchführung eingeführt. Außerdem eröffnete eine eigene Kreditabteilung. Die Anwendung moderner Buchungs- und Additionsmaschinen wie etwa der „National-Saldiermaschine" professionalisierte und beschleunigte die Kontenführung und verbesserte somit die Kundenbetreuung. Neuland beschritt die Sparkasse 1924 auch im Bereich der Werbung. Die vorrangige Aufgabe der Sparkassenwerbung bestand zu Beginn in der Zurückgewinnung des Vertrauens der Kunden in die Stabilität der Währung. Aber auch Selbstdarstellung und Information über die eigenen Leistungen waren und sind zentrale Anliegen der Sparkassenreklame.

Mehr Service für die Kunden bot darüber hinaus der schrittweise Ausbau des Zweigstellennetzes. Ein 1913 aufgestelltes Programm sah die Einrichtung von mehreren Zweigstellen in verschiedenen Stadtteilen vor. Nur die Filiale am Aufseßplatz konnte vor dem Krieg noch verwirklicht werden. Erst 1919 öffneten Filialen in St. Johannis und ein Jahr später an der Fürther Straße. Nach und nach wurde das ganze Stadtgebiet mit Zweigstellen erschlossen, bis 1930 waren es schon 13, und bis 1937 kamen nochmals fünf hinzu. Um 1930 war die Sparkasse innerlich und äußerlich neu gestaltet. Modernisierung und Erweiterung hatten die Sparkasse zum größten Geldinstitut der Stadt gemacht.

Abb. 118:
Ab 1924 wandte sich die Sparkasse mit professionell gestalteter Werbung an ihre Kunden. Plakat um 1928.

Abb. 119:
Auch Kinder wurden als Kunden gewonnen. Plakat um 1928.

Kapp-Lüttwitz-Putsch

„In Berlin haben rechtsstehende Elemente mit Hilfe von Baltikumtruppen die Reichsregierung vertrieben und die Gewalt an sich gerissen. Durch die verbrecherische Gewalttat ist in ganz Deutschland der Bürgerkrieg heraufbeschworen und das Deutsche Reich mit dem Untergang bedroht." Besorgt kommentierte Hermann Luppe die Vorgänge des sogenannten Kapp-Lüttwitz-Putsches am 16. März 1920 in einer Stadtratssitzung. Am 13. März hatten republikfeindliche Politiker um Wolfgang Kapp sowie unzufriedene Militärs um General Walter Freiherr von Lüttwitz versucht, die Reichsregierung zu stürzen. Zwar scheiterte der Umsturzplan an der Loyalität der Ministerialbürokratie zur legalen Regierung und an dem unkoordinierten Handeln der Putschisten, die politischen Folgen waren dennoch nachhaltig. Nicht nur auf Reichsebene hatte der Putsch die tiefe Kluft zwischen demokratischen Kräften auf der einen Seite und reaktionären und rechtsradikalen auf der anderen Seite offenbart. Auch in Bayern mußte die sozialistische Regierung Hoffmann unter dem Druck der Verhältnisse zurücktreten und das Bündnis zwischen MSPD und Bürgerlichen beenden. Der reaktionäre Regierungspräsident von Oberbayern, Gustav von Kahr, bildete das erste rein bürgerliche Kabinett in Bayern. Das letztlich planlos durchgeführte Unternehmen Kapps forderte reichsweit über 3.000 Tote.

In Nürnberg löste der Kapp-Lüttwitz-Putsch die schwersten Unruhen der Nachkriegszeit aus. Noch am ersten Tag des Putschversuches versicherte sich Luppe bei den Parteien MSPD, USPD, DVP und BVP in einer Besprechung ihrer Verfassungstreue. Auch die in Nürnberg stationierte Reichswehrbrigade 24 bekannte sich zur Reichsregierung und boykottierte Befehle des selbsternannten Reichskanzlers Kapp. MSPD und USPD riefen für den folgenden Tag zu Demonstrationszügen auf. Am 15. März fand ein Generalstreik statt. Die Arbeitsniederlegung führte zum Teil zu chaotischen Zuständen. Die Straßenbahn stellte den Verkehr ein, und das Großkraftwerk Franken drosselte die Energieerzeugung. Auf das Gerücht hin, daß die Wasserversorgung ebenfalls vom Streik betroffen sei, legten die Hausfrauen Vorräte in Kübeln und Fässern für die nächsten Tage an. Einzig und allein die Lebensmittelläden blieben geöffnet, doch in einer Atmosphäre allgemeiner Unsicherheit kam es zu Hamsterkäufen. Es herrschte eine „Nervosität, die fast an die Augusttage 1914 erinnerte", beschrieb die „Nürnberger Zeitung" vom 23. März 1920 die Stimmung. An einer großen Kundgebung im Luitpoldhain nahmen über 70.000 Menschen teil. Dabei wurde auf die Bedeutung des Generalstreiks der Arbeiterschaft als Kampf gegen die Reaktionäre hingewiesen. Die USPD ging sogar noch einen Schritt weiter und stellte im Stadtrat den Antrag auf Bewaffnung der Arbeiterschaft, der jedoch abgelehnt wurde. Immer mehr Einwohner bewaffneten sich aber auf eigene Initiative. Gewalttätige Auseinandersetzungen häuften sich. Bald versuchten radikale Linke die Wirren für verfassungsfeindliche Ziele auszunutzen. Bewaffnete Angehörige des roten Matrosenbundes fuhren mit aufgepflanzten Bajonetten auf Lastwagen durch die Stadt und hielten eine Versammlung mit etwa 500 Teilnehmern im „Historischen Hof" ab. Das Gespenst der Räterepublik und ein Aufstand der Spartakisten drohten. Noch wurde von einem gewaltsamen Vorgehen gegen die roten Revolutionäre abgesehen, um Blutvergießen zu vermeiden. Doch am 17. März eskalierte die Situation. Als am

Bahnhofsplatz eine aufgebrachte Menschenmenge die Herausgabe von Waffen aus einem Depot im Bahnpostgebäude gewaltsam durchsetzte, schritt die Reichswehr, unterstützt von einem Erlanger Studentenbataillon, ein. Im Tumult kam es zum Schußwechsel. Ging die Provokation auch, nach Aussagen Beteiligter, von den Aufständischen aus, so wurde sie von der Reichswehr mit unangemessener Härte beantwortet. Während auf Seiten des Militärs einige Soldaten geringfügig verletzt wurden, kamen unter den Zivilisten 21 Menschen ums Leben. Zudem forderten die „Mittwochskämpfe", wie die Presse die blutigen Ereignisse nannte, zahlreiche Verletzte, darunter viele Frauen und Kinder.

Hermann Luppe hatte das Massaker auf dem Bahnhofsplatz nicht verhindern können. Sein Angebot, die Situation durch Verhandlungen zu klären, war von Hauptmann Adolf Heiß, dem Leiter des Militäreinsatzes und erklärtem Feind der Weimarer Verfassung, abgelehnt worden. Erst als der Generalstreik andauerte und weiteres Blutvergießens drohte, wurde Luppes Vermittlerrolle vom Militär akzeptiert.

In einem Gespräch mit Vertretern der Reichswehr, der streikenden Arbeiterschaft und dem stellvertretenden Stadtkommissar Heinrich Gareis erreichte Luppe, daß bei Abbruch des Streiks weitere Reichstruppen in den Vororten blieben und nicht nach Nürnberg einmarschierten. Darüber hinaus sollten Mitglieder der USPD und MSPD in die überwiegend bürgerlichen Einwohnerwehren aufgenommen werden. Das Ziel war, auf diese Weise revolutionäres Potential zu neutralisieren und auf einen gemäßigten politischen Kurs zu bringen. Tatsächlich war am 18. März die Ruhe weitgehend wiederhergestellt. Gareis, der die Ergebnisse der Absprache durch neuerliche provozierende Maßnahmen bewußt gefährdete, wurde von Luppe geschickt ausgeschaltet, indem er weitere Abmachungen nur noch mit dem Regierungspräsidenten traf. Nach einer Woche hatte sich die Situation in der Stadt stabilisiert. Die politischen Gegensätze, die auch künftig in Nürnberg und im Reich die Ordnung und Sicherheit erschütterten, waren jedoch deutlich zutage getreten. Hauptmann Heiß gründete aus dem Kern des Erlanger Studentenbataillons den rechtsradikalen Wehrverband „Reichsflagge". Staatskommissar Gareis ebnete durch seine reaktionäre Einstellung der republikfeindlichen Rechten mit ihrem Führer Julius Streicher den Weg im „roten" Nürnberg.

Hermann Luppe

Hermann Luppe, 1874 in Kiel geboren und aufgewachsen, entstammte einem gutbürgerlichen, weltoffenen und kulturell aufgeschlossenen Elternhaus. Sein Studium der Nationalökonomie und Rechtswissenschaften absolvierte er in Genf, Leipzig, Berlin und Kiel, wo er auch promovierte. 1900 trat er seinen Dienst als Magistratsassessor in Frankfurt am Main an und zeichnete sich bald als tüchtiger Verwaltungsbeamter aus. Schon 1919 wirkte er in Frankfurt als Stadtrat, und von 1913 bis 1919 bekleidete er das Amt des Zweiten Bürgermeisters. Durch die vorbildliche Reorganisation des Fürsorgewesens machte sich Hermann Luppe über Frankfurts Grenzen hinaus als sozialpolitisch aufgeschlossener und fortschrittlicher Kommunalpolitiker einen Namen.

1918 gehörte Luppe zu den Gründern der liberalen Deutschen Demokrati-

Abb. 120: Hermann Luppe (1874–1945), Oberbürgermeister von Nürnberg 1920 bis 1933. Photographie um 1930.

schen Partei (DDP) um Friedrich Naumann und zog als Abgeordneter der DDP in die Nationalversammlung ein. Zeitlebens blieb er ein glühender Verfechter des Demokratiegedankens und der Weimarer Republik.

Als 1920 Otto Geßler in das Reichsministerium für Wiederaufbau wechselte, berief der Nürnberger Stadtrat mit den Stimmen der DNVP, MSPD, DDP und BVP mit Dr. Hermann Luppe einen der profiliertesten Kommunalpolitiker ins Amt des Oberbürgermeisters. Mögliche Ressentiments, die gegen ihn als Norddeutschen gehegt wurden, schwanden bald aufgrund seiner persönlichen Integrität und fachlichen Kompetenz. Als überzeugter Demokrat arbeitete Luppe in der Arbeiterstadt besonders eng mit der SPD zusammen, weshalb er sogar als „heimlicher Sozialist" von weiten Kreisen des Bürgertums beargwöhnt wurde. Trotz der wirtschaftlichen und politischen Schwierigkeiten der Weimarer Republik erlangte die Pegnitzstadt gerade unter der Ägide Luppes eine kulturelle Blüte und machte bedeutende Fortschritte in ihrer städtebaulichen Entwicklung sowie im Ausbau einer modernen Leistungsverwaltung. Vor allem Luppes Kompetenz in Fragen der allgemeinen Wohlfahrt schlug sich in der vorzüglichen Neuorganisation des Fürsorgewesens nieder. Auch die verkehrstechnische Erschließung Nürnbergs wurde etwa durch gezielten Ausbau des öffentlichen Nahverkehrs auf völlig neue Grundlagen gestellt. Der kommunale Wohnungsbau erhielt eine massive und erfolgreiche Förderung. Weiterhin gab es auf den Gebieten von Sport, Bildung und Kultur neue Ansätze, wie zum Beispiel die Einrichtung des städtischen Amtes für Leibesübungen sowie die Gründung der Handelshochschule und der Volkshochschule zeigten. Weltweit Lob und Anerkennung erhielt die Stadt Nürnberg 1928 für die Eröffnung des neuen Stadions und für das überaus erfolgreiche Dürerjahr.

Aber auch überregional engagierte sich Luppe für kommunalpolitische Fragen. Als angesehenes Mitglied im wichtigsten deutschen kommunalen Spitzenverband, dem Deutschen Städtetag, arbeitete er segensreich im Wohlfahrtsausschuß des Städtetags. Als Vorstand des Vereins für öffentliche und private

Abb. 121: Werbemarke zum Dürerjahr 1928.

Fürsorge widmete er sich diesem wichtigen Bereich. Als Mitglied des Reichsvorstandes des Republikanischen Reichsbundes und des Reichsbanners Schwarz-Rot-Gold stand Luppe für seine weltanschauliche Überzeugung ein.

Seine produktive und effektive Zusammenarbeit mit den Sozialdemokraten sowie sein kompromißloses Eintreten für die Demokratie setzten Luppe den gehässigen Angriffen und schamlosen Diffamierungen der Nazis, insbesondere Julius Streichers, aus. In mehreren Beleidigungsklagen und zwei Prozessen konnte zwar Luppe seinen guten Ruf wiederherstellen, doch die permanenten Anfeindungen stellten eine starke nervliche Belastung dar.

Im März 1933 hatten die Nazis ihr Ziel in Nürnberg erreicht. Luppe wurde seines Amtes enthoben. Er übersiedelte erst nach Berlin, dann in seine Heimatstadt Kiel. Trotz unzähliger Schikanen und Verhaftungen durch die Gestapo, trat er mutig für seine demokratische Überzeugung ein. Im März 1945 kamen Hermann Luppe und seine Frau Hulda bei einem Bombenangriff in Kiel ums Leben.

Dürerjahr 1928

„Ein Dürerjahr haben wir bereitet, nicht eine kurze Gedenkfeier oder ein prunkendes Fest. Schlicht und einfach wie der große Meister, aber würdig und eindringlich soll alles sein, was die alte Noris ihren Bürgern und Gästen bietet", umriß Hermann Luppe am 10. April 1928 in seiner Eröffnungsrede die Konzeption des Festjahres.

Bereits 1926, im Zeichen eines neuen wirtschaftlichen Aufschwungs, entschloß sich der Stadtrat, anläßlich des 400. Todestages Albrecht Dürers ein Festjahr zu Ehren des großen Sohnes der Stadt auszurichten. Im Vordergrund der Planungen stand dabei weniger eine Steigerung des Fremdenverkehrs durch volkstümliche Massenveranstaltungen, vielmehr wollte man Darbietungen von internationalem Format und hohem kulturellem Niveau. Insbesondere Hermann Luppe erkannte in einer geglückten Dürer-Feier die Chance, der bayerischen Industriemetropole auch im Bereich der Kunst und Kultur zu weltweitem Ansehen zu verhelfen. Mit dem Stadtrat Dr. Ludwig Wagner und später mit Stadtrat Hans Dürr übernahm er selbst die Gesamtleitung des Unternehmens.

Professionalität kennzeichnete schon die Vorbereitungsphase. Eine umfassende Werbekampagne mit Plakaten, Broschüren, Bildpostkarten und Sonderstempeln machte auf das bevorstehende Ereignis weltweit aufmerksam. In zahlreichen in- und ausländischen Zeitungen wurden Inserate veröffentlicht. Der amtliche Dürerjahr-Prospekt lag in englischer Sprache sogar auf den großen Schiffahrtslinien aus. Selbst mit Hilfe moderner audiovisueller Medien wurde Interesse geweckt: Diaserien standen Vereinen, Schulen,

Universitätskursen und anderen Kultureinrichtungen leihweise zur Verfügung. Ein eigens produzierter Werbefilm lief in allen großen deutschen Kinos. Auch die Nürnberger Wirtschaft beteiligte sich rege an den Werbemaßnahmen und nutzte ihre weltweiten Geschäftsverbindungen, indem Faltblätter in mehreren Sprachen der Korrespondenz beigelegt wurden. Luppe selbst warb bei einer Privatreise in den USA für das Projekt. Eine große Pressekonferenz im Auswärtigen Amt in Berlin, wenige Wochen vor der Eröffnung, schloß die Werbekampagne vor dem Festprogramm ab.

Anzeige 1928

Ein Besuch auf dem Johannisfriedhof am 6. April 1928 und ein Festbankett im Rathaus mit viel Prominenz leiteten das Gedenkjahr ein. Zum Höhepunkt der Festfolge wurde die Ausstellung im Germanischen Nationalmuseum mit Originalwerken Dürers und seines künstlerischen Umfeldes. Trotz anfänglicher Widerstände gelang es den Organisatoren, eine große Anzahl von Arbeiten Dürers, seines Lehrers und seiner Schüler aus den großen Museen der Welt zusammenzutragen. Beeindruckt stellte der Direktor der Bremer Kunsthalle Dr. Waldmann am Ende fest: „Die Ausstellung wird unvergeßlich sein und bedeutet eine große Leistung Nürnbergs und des Germanischen Museums. Keiner der jetzt lebenden Menschen wird jemals eine solch reiche Sammlung von Werken Dürers, seiner Vorläufer, seiner Zeitgenossen und seiner Schüler, an einem Ort wieder vereinigt sehen."

Zahlreiche weitere Ausstellungen und Sonderveranstaltungen begleiteten die große Schau im Germanischen Nationalmuseum. So zeigte etwa das Staatsarchiv Schriften und Urkunden zur Stadtgeschichte, das Stadtarchiv befaßte sich mit der Rezeption Dürers, und die Stadtbibliothek stellte Nürnbergs Kultur zur Dürerzeit vor. Volkstümliche Veranstaltungen wie Büttnertänze und Schembartläufe am Hauptmarkt und am Spitalplatz, die Aufführung von Hans-Sachs-Schwänken und Festaufführungen im Stadttheater, Stadtrundgänge und Vorträge wurden ebenfalls in den Veranstaltungskalender mit aufgenommen und rundeten das Programm ab. Fahnen- und Fassadenschmuck sowie die Beleuchtung etlicher historischer Gebäude unterstrichen zusätzlich den Festcharakter, der die ganze Stadt für ein Jahr erfaßt hatte.

Bei allem Stolz auf den großen Nürnberger Maler vermieden die Organisatoren weitgehend deutsch-nationale Töne. Luppe selbst wies in seiner Eröffnungsrede auf die Abstammung des Meisters hin: „Dürer gilt uns als deutschester Künstler und doch ist sein Vater aus Ungarn nach Nürnberg zugewandert". Luppe stellte Dürers Wirken in den Dienst „für das friedliche Zusammenleben der Völker, für die Erhaltung unserer gemeinsamen Kultur!"

Das Dürerjahr 1928 markierte zweifellos einen Höhepunkt im kulturellen Leben der Weimarer Republik. Nürnberg war für einige Zeit eines der bedeutendsten Kunstzentren Europas. Aufgrund der großen Besucherzahlen – man zählte rund 200.000 Gäste, eine Zahl, die alle Erwartungen überstieg – konnte das Unternehmen auch finanziell abgedeckt werden. Nicht zuletzt die Privatwirtschaft profitierte vom Gedenkjahr. Die traditionsreichen Nürnberger Gewerbezweige verknüpften ihre Produkte mit dem berühmtesten Sohn der Stadt: Es gab „Dürer-Bier", „Dürer-Lebkuchen", „Dürer-Bleistifte", aber auch „Auflegematratzen zum Dürerjahr" und ein „Patent-Bett Dürer". Durch die Restaurierung und Sanierung vieler Privatgebäude vor

*Abb. 122:
Die Tourismusbranche boomte im Dürerjahr und bot den Besuchern der Stadt modernsten Service. Photographie 1928.*

dem Jubiläum hatte sich darüber hinaus das Erscheinungsbild der Stadt gebessert.

Aber nicht nur materiell, sondern auch geistig wirkte das Dürerjahr in die Zukunft. Die ganze Welt war auf Nürnberg aufmerksam geworden. Mit Ungarn, dem Herkunftsland der Familie Dürers, begann ein reger kultureller Austausch. Die Überschüsse aus dem Festetat wurden vom bayerischen Staat und vom Reich aufgestockt, und aus der Summe wurde eine Stiftung zur Förderung begabter Künstler gegründet. Im Dezember 1928 zog Luppe mit Stolz das Fazit: „Durch das Dürerjahr hat sich Nürnberg seinen Platz an der Sonne von neuem erobert und man wird von Nürnberg jetzt nicht nur als von der schönen mittelalterlichen Stadt, die man gesehen haben muß, sprechen, sondern daneben auch von Nürnberg als der modernen Kunststadt, zu der sie sich in jüngster Zeit entwickelt hat."

Moderne Architektur

Der Neuanfang in Nürnbergs Stadtentwicklung nach dem Ersten Weltkrieg fand seinen sichtbaren Ausdruck in der baulichen Neugestaltung. Der kulturelle und zeitliche Schwerpunkt des Schaffens lag dabei zwischen den Jahren 1926 und 1932. Bei allen Bauvorhaben bestimmte der sogenannte Jansenplan, der entscheidende Stadtentwicklungsplan, als oberste Prämisse die Bewahrung der Altstadt. Doch es gab auch andere Stimmen. So forderte Stadtrat Wagner 1927: „Es kann selbst von eifrigsten Freunden alter Schönheit kein Verbot jedweder Neuerung am ehemaligen Bestand gefordert werden. Sonst würde die Altstadt Nürnberg zu einem toten Museumsstück."

Es war vor allem das Verdienst Hermann Luppes, daß die Pegnitzstadt im Bauwesen einen mutigen und aufgeschlossenen Weg einschlug, fern von ver-

Abb. 123: Japanische Gestaltungselemente wie die Sprosseneinteilung der Fenster kennzeichneten die Innenarchitektur des Arbeitsamtes an der Karl-Grillenberger-Straße. Photographie um 1930.

krampften historisierenden und altertümelnden Tendenzen. Nach Luppes Auffassung brauchte eine aufstrebende Stadt wie Nürnberg auch moderne, zeitgenössische Architektur als Kennzeichen und Ausdruck moderner, urbaner Lebensformen. Neben architektonischen und stadtplanerischen Vorstellungen sollten aber ebenso soziale und kulturelle Ansprüche erfüllt werden. So waren viele der neuen Einzelbauten der „Ära Luppe" Stätten der Volksbildung, Volkskultur und Kommunikation. So wirkte etwa, trotz des modernen Anspruchs, die Gestaltung des 1926 fertiggestellten Arbeitsamtes in der Karl-Grillenberger-Straße vergleichsweise moderat. Der Architekt Otto Ernst Schweizer lehnte sich bei seinem Bau mit steilem Satteldach, Dachgauben und der Sandsteinverkleidung bewußt an den Baustil der Nürnberger Altstadt an und trug damit der Erhaltung des einheitlichen Stadtbildes Rechnung. Außerordentlich modern hingegen entwarf er die Innenräume. Hier dominierten nüchterne klare Formen, die durch Skelett- und Sprosseneinteilung der japanischen Bautradition nachempfunden waren. Nach dem Entwurf von Walter Brugmann, dem späteren Chef im Hochbauamt, entstanden 1927 in Sandreuth das städtische Gaswerk sowie ein Wasserreinigungsgebäude. 1930 konnte Schweizer mit dem Milchhof an der Kressengartenstraße eine weitere große städtische Versorgungsanlage ihrer Bestimmung übergeben. Der Nürnberger Milchhof stellte die größte und fortschrittlichste Einrichtung seiner Art in Europa dar. Luppe selbst bewertete den Bau als „eine der vorbildlichsten Schöpfungen in Nürnberg" während seiner Amtszeit. Die Betriebsgebäude mit Maschinen- und Ausgabenhalle, Tank- und Reparaturanlagen sowie die verschiedenen Verwaltungsgebäude galten als architektonisch vorbildlich geglückte Funktionsbauten.

Abb. 124:
Die elegante Architektur und die moderne Ausstattung des „Plärrer-Automaten" machten die Wartehalle zum städtebaulichen Blickfang. Photographie vor 1933.

Einen weiteren städtebaulichen Höhepunkt markierte die Straßenbahnwartehalle am Plärrer, die nach einem Entwurf von Brugmann 1932 in Betrieb genommen wurde. Durch die großzügige Verglasung wirkte der „Plärrer-Automat" transparent. Reizvoll war auch der raffiniert geschwungene Grundriß der Wartehalle, die mit einer Imbißstube und mit öffentlichen Telefonapparaten ausgestattet war.

Bereits 1927 war mit dem Planetarium am Wöhrder Tor nach Plänen von Schweizer eines der markantesten und zugleich umstrittensten Bauwerke in der Weimarer Zeit errichtet worden. Wegen seiner runden Form und seiner Kuppel aus Stahlbeton verhöhnten die Nürnberger den Bau als „neuen Gaskessel" oder als „versunkene Glocke". Ausfallend in seinen Anfeindungen aber war Julius Streicher, der in seinen Hetztiraden die Niederreißung des „synagogalen" Bauwerks forderte. 1934 wurde das Zeiss-Planetarium als Symbol der verhaßten „Ära Luppe" tatsächlich abgerissen, was der braune Oberbürgermeister Willy Liebel so kommentierte: „Die Nachwelt werde entscheiden, wer die größeren Simpel gewesen seien, die es errichtet oder die es niedergelegt hätten!" Die Anlage des Planetariums am Wöhrder Tor ergänzte 1931 die Volkssternwarte auf dem Rechenberg nach den Plänen von Paul Seegy.

Eine weitere moderne kulturelle Einrichtung entstand unter der Leitung Ludwig Ruffs an zentraler Stelle am Königstorgraben: 1927 eröffnete mit dem Phöbus Palast das größte Nürnberger Lichtspieltheater seinen Betrieb. Auch hier kennzeichneten einfache schlanke Formen die Fassade.

Am 10. Juni 1928 fand die Eröffnungsfeier zu einem Bauensemble statt, das

Abb. 125:
Das Planetarium. Der markante Klinker-Rundbau am Wöhrder Tor wurde 1934 als Symbol der „Ära Luppe“ von den Nationalsozialisten abgerissen. Photographie um 1930.

Abb. 126:
Funktionalität und eine klare Formensprache sind Kennzeichen des Neuen Bauens: Das Nürnberger Stadionbad. Photographie 1928.

Abb. 127:
Als architektonische Glanzleistung gerühmt: Das Sonnenbadcafé im Stadionbad. Photographie 1928.

Nürnberg weites internationales Ansehen und Renommee einbrachte. Die Gesamtanlage des neuen städtischen Stadions veranschaulichte nicht nur die hohen Leistungen der kommunalen Sportförderung, sondern das Stadion galt als besonders geglücktes Beispiel für modernes Bauen in Nürnberg. Schon 1921 hatte Luppe den Bau einer Gesamtsportanlage angeregt und Schweizer mit dem Entwurf beauftragt. Die Gestaltung der großzügigen Frei- und Grünanlagen der Volkserholungsstätte wurde Alfred Hensel übertragen. Neben dem eigentlichen Stadion, der sogenannten Hauptkampfbahn für über 50.000 Zuschauer, gehörten zur Sportanlage zwei weitläufige Spielwiesen, zwölf Tennisplätze, vier große Sportplätze mit Aschenbahn, Umkleidehaus und Warmwasserduschen sowie ein Tanzring mit 2.500 Zuschauerplätzen. Im Stadionbad erregten vor allem die großzügig verglaste Gaststätte sowie das Sonnenbadcafé großes Aufsehen. In einer Fachzeitschrift schwärmte der Architekt Justus Bier in einem Beitrag zu den Nürnberger Stadionbauten: „Von großer Kühnheit im Konstruktiven ist das Sonnenbadkaffee mit seinen vier nach der Mitte zusammengeschobenen Tragpfeilern, die den ganzen Bau mit großen Fensterflächen zu umgreifen ermöglichen. Der Blick aus dem Innern hat etwas Zauberhaftes: man fühlt sich im umformten Raum und nimmt doch an der unendlichen Weite der Prospekte teil, die bis an die fernen Juravorberge hinführen. Die Konstruktion ist hier wie schon beim Tribünenbau in den Dienst einer freien, beschwingten Raumempfindung getreten, die eigentümlicher Ausdruck unseres Zeitalters ist."

Nicht nur Lob aus der Fachwelt wurde dem Nürnberger Stadion zuteil, es erhielt auch den Ehrenpreis der Deut-

Abb. 128:
Das Kaufhaus Schocken am Tag der Eröffnung, 11.Oktober 1926. Ansichtskarte.

schen Reichsregierung und behauptete sich sogar im internationalen Vergleich. Denn 1928, anläßlich der Olympischen Spiele in Amsterdam, wurde die Volksparkanlage mit der Goldmedaille in der Abteilung Architektur/Gruppe Städtebau geehrt und damit als die schönste und gelungenste Sportanlage der Welt anerkannt. Trotz eines großen finanziellen Aufwandes hatte die Stadt das Projekt aus „sozialen und ideellen Gründen" mit Unterstützung des bayerischen Staates verwirklicht.

Über die herausragenden kommunalen Bauten hinaus machten auch bemerkenswerte Privatbauten in der „Ära Luppe" auf sich aufmerksam, wie etwa das Kaufhaus am Ring oder das Kaufhaus Schocken am Aufseßplatz, das bei der Eröffnung am 11. Oktober 1926 einen Ansturm von mehr als 100.000 Schaulustigen erlebte. In mehrfacher Hinsicht stellte das Kaufhaus ein Novum dar. Zum einen war es weit weg vom eigentlichen Einkaufszentrum der Innenstadt gelegen, und ausgerechnet die für einen Einkaufsbummel wenig attraktive Südstadt erhielt nun ein nach modernsten Vorgaben gestaltetes und organisiertes Kaufhaus. Darüber hinaus wurde das Kaufhaus mit 450 Angestellten und Arbeitern zu einem wichtigen Arbeitgeber. Und schließlich wertete das Kaufhaus Schocken, das der Berliner Architekt Erich Mendelsohn meisterlich entworfen hatte, das ganze Arbeiterviertel im Süden Nürnbergs auf. „Die strenge Sachlichkeit des 'Bausstils' mag man beurteilen wie man will, hier ist sie in genialer Weise ausgenutzt, um mit allen erdenklichen Mitteln einen unvergeßlichen Eindruck hervorzurufen", lobte etwa eine Berliner Zeitschrift. Wie der Architekt Mendelsohn war auch der Gründer des Kaufhauses, Salman Schocken, Jude. Zusammen mit Luppe, der die Niederlassung Schockens in Nürnberg unterstützt hatte und der auch am Eröffnungstage anwesend war, wurde Schocken von Anfang an Zielscheibe nationalsozialistischer Diffamierungen und Anfeindungen. Insbesondere Julius Streicher überhäufte den Unternehmer in seinem antisemitischen Hetzblatt „Der Stürmer" mit Verleumdungen und üblen Beleidigungen. All dies konnte jedoch den wirtschaftlichen Erfolg des Konzerns nicht schmälern.

Abb. 129:
Jeder Name eine Legende: Die Clubelf. Photographie vor 1925.

Der „Club"

Beachtenswerte Erfolge und Leistungen im Radsport oder in Kampfsportarten wie Ringen und Boxen, aber auch in der Leichtathletik brachten Nürnberg schon vor dem Ersten Weltkrieg den Beinamen einer Sporthochburg ein. Zu weltweitem Ruhm verhalf der Stadt an der Pegnitz jedoch erst eine lokale Besonderheit – der „Club".

Als am 4. Mai 1900 ganze 18 sportbegeisterte Mittelschüler in der „Burenhütte" an der Deutschherrnwiese den 1. Fußballclub Nürnberg (1. FCN) gründeten, war es um den Fußballsport nicht eben gut bestellt. Zwei frühere Vereine waren mangels Mitglieder wieder eingegangen. Die Meinung, Fußballspielen sei nicht gesellschaftsfähig, war nicht nur in Deutschland verbreitet. Hinzu kam ein Ministerialerlaß, der seit 1912 das Spielen an Schulen verbot und bis 1920 gültig bleiben sollte. Trotz der zahlreichen Hemmnisse entwickelte sich jedoch der neue Verein ganz gut und lockte immer mehr Zuschauer zu den Spielen auf die Deutschherrnwiese. Schon 1905 konnten durch Spendengelder ein besserer Platz mit Umkleidekabinen und Kassenhäuschen an der Ziegelgasse eingeweiht werden. Drei Jahre später erfolgte der Umzug auf ein neues Gelände in der Maiacherstraße, das sogar mit Holztribünen ausgestattet war. 1913 endlich erwarb der Verein von dem Schloßbesitzer Leonhard Haas Liegenschaften in Zerzabelshof. Mit dem „Zabo" unterhielt der 1.FCN fortan den „schönsten Platz von ganz Deutschland", wie es in der Presse hieß. Wälder und Wiesen umgaben die Anlage, die auch mit Tennisplätzen und

Abb. 130:
Das Lokalderby 1.FC Nürnberg - SpVgg Fürth war das Sportereignis schlechthin in der Region. Photographie aus den 20er Jahren.

Schwimmbecken ausgestattet wurde. Tribünen aus fränkischem Fachwerk verliehen der Sportstätte zusätzlich Lokalkolorit. Innerhalb weniger Jahre avancierte das Fußballspielen in Nürnberg zu einer ausgesprochen populären Sportart. Unzählige „Stadtgrabenligen" schossen wie Pilze aus dem Boden, wie etwa am Maxtor, am Mohrentor oder am Spittlertor bei Gostenhof. Kleine und große Buben eiferten dort ihren Idolen nach, und nicht wenige der fränkischen Fußballgrößen hatten ihre Karriere in einer dieser Stadtgrabenmannschaften begonnen.

Neu war auch der Spielertypus des fränkischen Fußballers. Während in England als dem Mutterland des Fußball oder auch im Ruhrgebiet hauptsächlich Arbeiter die Mannschaftszusammensetzung bestimmten, rekrutierte sich die erste Meisterelf des 1.FCN zum Großteil aus Studenten. Mit dem linken Verteidiger Jean Steinlein und später mit dem Mittelfeldspieler Hans Kalb standen sogar zwei Doktoren für den Club auf dem Platz.

Der Aufstieg des Vereins vollzog sich beispielhaft. Hatte die Mannschaft vor dem Krieg noch vergeblich um die süddeutsche Meisterschaft gekämpft, konnte sie sich 1916 als „Kriegsmeister" endlich behaupten. Nach dem Krieg knüpfte der Verein an die gute Entwicklung an. 1920 gewann die Mannschaft die erste Deutsche Meisterschaft. 1921, 1924, 1925 und 1927 konnte der 1.FCN, der als „der Club" über Fachkreise hinaus längst zum Begriff geworden war, den Titel verteidigen. Insbesondere die legendären Derbys gegen den Erzrivalen SpVgg Fürth zählten zu den sportlichen Höhepunkten in Franken. Mit der Straßenbahn und bis 1922 noch mit der alten Ludwigsbahn fuhren die Clubfans zur Spielstätte nach Ronhof. Der Ansturm war so groß, daß sich die Verwaltung der Ludwigsbahn jedesmal extra große Waggons bei der Reichsbahn ausleihen mußte. Waren die beiden Mannschaften auch Rivalen, so stellten sie Ende der zwanziger Jahre nahezu alleine die deutsche Nationalelf und bestätigten so das Weltniveau des fränkischen Fußballs.

Ohne Trainer erarbeiteten sich die Nürnberger Fußballer ihren eigenen Stil, „getragen und vererbt in glücklicher Weise durch markante Spielerindividualitäten." 1919 absolvierte der spätere Zahnarzt Hans Kalb technisch brillant und zweikampfstark sein erstes Spiel. Mit Hans Schmidt, der mitunter hart zur Sache ging, und Carl Riegel, der durch seine raffinierten Dribblings die Gegner ausspielte, formierte Kalb eine Dreierlaufreihe, die bald zum Markenzeichen der Clubtaktik wurde. Mit dem Nationalspieler Hans Sutor wechselte ein weiterer ausgezeichneter Einzeltechniker, der vor allem wegen seiner präzisen Flanken gefürchtet war, ausgerechnet von Fürth nach Nürnberg. Luitpold Popp, Heiner Träg und der Schweizer Gustav Bark setzten durch ihre Kraft und Ausdauer neue Akzente im Nürnberger Team. Mit den beiden Ungarn Peter Szabo und Alfred Schaffer, mit Willy Böß, Anton Kugler und vielen anderen verfügte der 1. FCN in den zwanziger Jahren über weitere Spieler der Extraklasse. Außergewöhnliches Glück hatte Nürnberg auch mit seinen beiden Torhütern. 240 mal stand Benno Rosenmüller, der „Elfmetertöter", im Tor des Club. Die Spezialität des wendigen, schnellen Keepers waren Strafstöße: von 14 Elfmetern konnte er lediglich einen nicht parieren. Dennoch stand Rosenmüller immer im Schatten des legendären Fußballidols Heiner Stuhlfauth. Als bester Tormann der Zwischenkriegszeit absolvierte der gelernte Elektromonteur 605 Spiele für den Club und 21 Länderspiele. Reaktionsschnelligkeit, Fangsicherheit und gewagte Ausflüge ins Spielfeld wurden zu seinen Markenzeichen. 1930 beendete Stuhlfauth seine aktive Karriere und übernahm das Nürnberger Traditionslokal „Sebaldusklause". Bei allem Erfolg und aller Popularität blieben die Spieler Amateure und verdienten ihren Lebensunterhalt mit einer geregelten Arbeit. So wurde nicht nur ein harter, kraftvoller Fußball gespielt, auch jenseits des Platzes kokettierten die Spieler mit ihren spartanischen Lebensformen. Der Sportjournalist Hans Schödel schwärmte: „Das waren noch Kerle! Sie arbeiteten meistens die ganze Woche durch und setzten sich dann in die Holzklasse und fuhren die ganze Nacht durch, um dann am nächsten Tag eindeutig zu gewinnen und wieder eine ganze Nacht in der Holzklasse heimzufahren."

Abb. 131: Tribünenaufgang. Ab 1928 fanden die Heimspiele des Club im Stadion statt. Photographie 1928.

Doch nicht nur durch die aufsehenerregenden sportlichen Erfolge des „Clubs" erlebte der Nürnberger Fußball einen beispiellosen Aufschwung, sondern auch durch die gezielte Sportförderung der Stadtverwaltung wurde die einmal verpönte Sportart salonfähig. Luppe selbst erwirkte bei der Regierung die

Erlaubnis zur Einführung des Fußballspiels in den Schulsport der Volksschulen. Als erste Stadt in Deutschland führte Nürnberg auch ein eigenes Stadtamt für Leibesübungen ein. Der Höhepunkt des städtischen Engagements war jedoch 1928 die Fertigstellung des Stadions, das mit mehr als 50.000 Plätzen fortan einen angemessenen Rahmen für Fußballspiele des „Club" und andere Wettkämpfe bildete.

Aufstieg der NSDAP

Seit 1920 formierten sich in Nürnberg politische Gruppen mit deutsch-völkischer Prägung, die aus ihrer republikfeindlichen Gesinnung keinen Hehl machten. Ein weiteres gemeinsames Merkmal war ihr radikaler Antisemitismus. Auf einer Veranstaltung des „Bundes deutscher Kriegsteilnehmer" sprach auch der noch unbekannte Adolf Hitler, der 1920 aus diesem Anlaß erstmals die Pegnitzstadt besuchte. Zwei Jahre später erfolgte die Gründung einer NSDAP-Ortsgruppe, an deren Spitze der Volksschullehrer Julius Streicher stand. Streicher, 1885 im Landkreis Augsburg geboren, hatte sich jahrelang in rechtsradikalen nationalistischen Gruppierungen engagiert und vor allem durch seinen rüden Antisemitismus auf sich aufmerksam gemacht. Im Oktober 1922 unterstellte er sich mit seinen Anhängern seinem Konkurrenten Hitler, wodurch die NSDAP sich auch in Franken ausbreitete. Fortan betätigte sich Streicher nicht nur als Volksverhetzer und Demagoge, der auf einem primitiven, vulgären Niveau undemokratische und rassistische Ziele verfocht, sondern er machte sich darüber hinaus auch als geschickter Organisator einen Namen, so daß Hitler ihn 1925 mit der Parteiorganisation in allen drei fränkischen Regierungsbezirken beauftragte. Im selben Jahr betrieb Streicher auch den Aufbau der Nürnberger SA, zu deren Gründung er in seinem Hetzblatt „Der Stürmer" aufgerufen hatte. Binnen weniger Jahre konnte Streicher die Nürnberger Ortsgruppe zu einer straff gegliederten Parteiorganisation formen. 1927 stellte die NSDAP in Nürnberg mit etwa 2.000 Mitgliedern rund 2,75 Prozent aller Parteigenossen, und überdies belegten die Wahlerfolge die wachsende Zahl der Anhänger. Auch stand mit der Geschäftsstelle in der Hirschelgasse eine gute Infrastruktur zur Verfügung.

Die Pegnitzstadt als Verkehrsknotenpunkt spielte zudem als Austragungsort politischer Großkundgebungen in der Weimarer Republik eine wichtige Rolle. Nicht nur Veranstaltungen der Sozialdemokraten hatten in der Arbeiterstadt einen traditionsreichen Rahmen, im „roten" Nürnberg fand 1923 auch der aufsehenerregende „Deutsche Tag" statt. Unter dem Deckmantel einer Gedenkfeier für die Schlachten bei Sedan 1870 und Tannenberg 1914 trafen sich paramilitärische Kampfverbände wie der „Bund Oberland", die „Reichsflagge" unter Hauptmann Heiß, und sogar die SA demonstrierte in einem Aufmarsch auf der Deutschherrnwiese sowie auf einem Umzug durch die Stadt ihre republikfeindliche Gesinnung. Zusammenstöße mit der organisierten Arbeiterschaft waren dabei vorprogrammiert. Dabei tolerierte der Nürnberger Polizeidirektor und ehemalige Staatskommissar Heinrich Gareis die demokratiefeindliche Haltung der sogenannten vaterländischen Verbände und machte deren gefährliche Agitation erst möglich.

Im August 1927 führten die Nationalsozialisten nach den Parteitagen in München und Weimar erstmals in Nürnberg einen Reichsparteitag durch. Stärke und Geschlossenheit sollten zur Schau gestellt und die Anhängerschaft mobilisiert und vergrößert werden. Es waren in der Hauptsache pragmatische Gründe, die für die Auswahl Nürnbergs als Austragungsort gesprochen hatten. Zum einen lag Nürnberg geostrategisch günstig und war vor allem durch ein Eisenbahn- und Straßennetz verkehrstechnisch außerordentlich gut erschlossen. Zum andern stand mit dem Luitpoldhain und der Festhalle ein idealer Veranstaltungsrahmen zur Verfügung. Sicher spielte auch eine Rolle, daß die NSDAP in Nürnberg auf eine gute Parteiorganisation zurückgreifen konnte, und die Aussicht, durch die Konfrontationen mit der organisierten Arbeiterschaft landesweit für Aufsehen zu sorgen, war auch nicht ohne Reiz. Die historische Rolle der ehemaligen Reichsstadt, des „Reiches Schatzkästlein", sowie die pittoreske Atmosphäre, die den Propagandashows der 30er Jahre ihren besonderen Charakter verleihen sollten, gaben bei der Auswahl Nürnbergs dagegen noch nicht den Ausschlag.

Dabei geriet der erste Reichsparteitag in Nürnberg zu einem Desaster. Die Nürnberger Bevölkerung zeigte wenig Interesse an den Aktivitäten der Nationalsozialisten. Die Veranstaltungen waren äußerst schlecht besucht, oft füllten nicht einmal 100 Zuhörer die Vortragssäle. Nur mit Hilfe der auswärtigen Teilnehmer konnte der Fackelzug der SA und der SS arrangiert und die sogenannte Fahnenweihe im Luitpoldhain vor einer ansehnlichen Zahl von Zuschauern zelebriert werden. Sowohl bezüglich der Besucherzahlen als auch der Einnahmen wurden die Erwartungen der Organisatoren nicht erfüllt. In der offiziellen Parteigeschichtsschreibung fand dies jedoch keinen Niederschlag. Hier wurde der Parteitag als großer Erfolg bezeichnet.

Aus Geldmangel fand der nächste Reichsparteitag erst 1929 statt, und wiederum wurde Nürnberg als Austragungsort bestimmt. Diesmal hatten die Organisatoren die einzelnen Veranstaltungen besser koordiniert und auch auf einen gewissen Unterhaltungswert der Darbietungen geachtet. Die vielen Vorträge blieben zwar wieder ohne große Resonanz, doch dafür stießen volkstümliche Vorführungen wie ein Großfeuerwerk oder die vielen Musikveranstaltungen bei einer breiten Öffentlichkeit auf Interesse. Zu den beeindruckenden Massenkundgebungen zählten ein Treffen im Stadion mit 40.000 Teilnehmern und ein nächtlicher Fackelzug mit Marschmusik durch die Stadt sowie die rituellen Totengedenkfeiern im Luitpoldhain. Aus dem ganzen Reich und sogar aus Österreich waren Nationalsozialisten angereist. Der Reichsparteitag 1929 fand weit über die Grenzen Bayerns hinaus Beachtung. Dabei gerieten allerdings nicht nur die Veranstaltungen in die Schlagzeilen der Presse, sondern vor allem die Ausschreitungen und Gewalttätigkeiten zwischen SA und SS einerseits und der organisierten Arbeiterschaft andererseits. In den meisten Fällen provozierten die Nationalsozialisten die oftmals blutigen Zusammenstöße. So kam es beispielsweise zu einem Schußwechsel im Café Merk, einem bekannten Treffpunkt der Kommunisten in Nürnberg, nachdem Nazis das Lokal überfallen hatten. Aber auch anfänglich harmlose Reibereien eskalierten schließlich zu brutalen Raufhändeln, und selbst unbeteiligte Personen wurden von SA-Horden körperlich mißhandelt. Vielfach störten Nazis den Straßenbahnbetrieb, stürmten einen Wagenzug und schlugen Fahrer und Fahrgäste nieder. Der Terror der Nazi-Schläger beherrschte Nürnbergs Straßen während dieses zweiten Reichsparteitags. Die Ordnung und Disziplin, die bei den Aufmärschen der Nazi-Truppen demonstriert wurden, standen in scharfem Gegensatz zum Terror und den Gewalttätigkeiten, mit denen die braunen Teilnehmer die Straßen Nürnbergs verunsicherten. Auch hinterließen viele Parteigenossen ihre Quartiere in stark verschmutztem oder demoliertem Zustand. Der NS-Führung war es deshalb unangenehm, auf welche Weise ihre Mitglieder das Gastrecht der Pegnitzstadt mißbraucht hatten. Um den Schein der Legalität zu wahren, distanzierte sich die Partei offiziell von den Ausschreitungen.

1930 sollte erneut ein Parteitag in Nürnberg abgehalten werden, wobei diesmal die Organisatoren einen ruhigen Verlauf in ihrem Antrag garantierten. Angesichts der wirtschaftlichen Gewinne, die Massenveranstaltungen mit sich brachten, und der hohen Arbeitslosigkeit in der Stadt schienen die Chancen auf Zustimmung im Stadtrat nicht einmal schlecht. Doch vor allem die SPD verwehrte sich mit den Stimmen der BVP und Luppes gegen die Austragung. Da auch in keiner anderen Stadt ein NS-Parteitag stattfand, hatte die alte Reichsstadt damals schon für die Nationalsozialisten eine Sonderrolle gespielt. Die Wahl Nürnbergs zur „Stadt der Reichsparteitage" war gefallen. Ein erneuter Versuch der Nazis im Jahr 1931 scheiterte am Veto der SPD. Sogar Luppe hatte diesmal einen Parteitag der NSDAP in Nürnberg aus wirtschaftlichen Gründen befürwortet. Da für 1932 kein Parteitag geplant war, fand erst wieder 1933 die nächste Massenkundgebung der Nazis in Nürnberg statt. Der „Reichsparteitag des Sieges" war der erste Parteitag der NSDAP im „Dritten Reich". Schon der Titel war Programm: Die Nationalsozialisten hatten über alle anderen politischen Kräfte den Sieg errungen. Dies galt es nun zu zelebrieren. In seiner Eröffnungsrede bestimmte Hitler Nürnberg „für alle Zeit" zur „Stadt der Reichsparteitage".

Nürnberg im „Dritten Reich"

Gleichschaltung und Machtübernahme

Nach der Ernennung Hitlers zum Reichskanzler am 30. Januar 1933 und der Reichstagswahl am 5. März 1933 übernahmen die Nationalsozialisten auf allen politischen Ebenen und in allen gesellschaftlichen Bereichen die Macht. Die Ernennung des Altnationalsozialisten Franz von Epp zum Reichskommissar von Bayern am 9. März machte den Weg frei zur gewaltsamen Abschaffung aller demokratisch legitimierten Organe. Noch am gleichen Tag wurde damit in Nürnberg begonnen. Die Inszenierung der „nationalen Revolution" nahm ihren Anfang auf der Deutschherrnwiese, wo sich SA (Sturmabteilung) und SS (Schutzstaffel) sammelten und ihren Marsch zur Deutschherrnkaserne, dem Sitz der Nürnberg-Fürther Polizeidirektion, antraten. Eine Motorradstaffel führte den Zug an und eine SA-Kapelle begleitete die Aktion musikalisch. An der Polizeidirektion ergriff Julius Streicher, gleichsam als Regisseur der Machtübernahme, das Wort. Das Aufziehen der Hakenkreuzfahne über der Polizeidirektion demonstrierte symbolisch die Gleichschaltung des ersten öffentlichen Gebäudes. Danach setzte der Zug seinen Weg zum Rathaus fort. Dicht gedrängt hatte sich dort bereits eine große Menschenmenge vom Hauptmarkt bis hoch zur Burg eingefunden und wartete neugierig auf die kommenden Ereignisse. Wieder hielt Streicher eine kurze Rede. Während die Hakenkreuzfahne am Rathaus entrollt wurde, läuteten die Glocken der evangelischen Kirchen St. Lorenz, St. Sebald und St. Egidien. Mit Applaus, Heil-Rufen und dem Anstimmen des Deutschlandliedes bekundeten sehr viele

Schaulustige ihre Zustimmung zu dem Ereignis. Danach wurde auch auf der Burg eine Hakenkreuzfahne gehißt. Anschließend fuhren Abteilungen der NSDAP zum Hauptbahnhof und in die einzelnen Stadtteile, um auch dort ihren Machtanspruch durch das Aufziehen von Hakenkreuzfahnen symbolisch geltend zu machen. Während diese ersten Aktionen noch halbwegs friedlich verliefen, gingen die Nationalsozialisten schon in der folgenden Nacht mit erheblicher Brutalität vor, um ihre totalitäre Herrschaft durchzusetzen.

In der Nacht vom 9. auf 10. März besetzten braune Horden unter Führung Streichers das Gebäude der sozialdemokratischen „Fränkischen Tagespost" in Steinbühl hinter dem Bahnhof, demolierten die Einrichtung und die Druckmaschinen und nahmen mehrere Redakteure in „Schutzhaft". Damit war die Gleichschaltung der Presse eingeleitet. Auch das Haus der Metallarbeitergewerkschaft in der Vorderen Kartäusergasse, das Sekretariat der BVP in der Flaschenhofstraße und das Gebäude der Allgemeinen Ortskrankenkasse in der Waizenstraße wurden besetzt.

Mit der schrittweisen Entmachtung des Stadtrats erfolgten in den kommenden Tagen die Ausschaltung und die Abrechnung mit dem politischen Gegner. Martin Treu wurde zum Rücktritt gezwungen, und Hermann Luppe wurde vom Regierungspräsidenten von Mittelfranken eine Beurlaubung nahegelegt. Trotz ihres Rückzugs kamen beide Bürgermeister am 13. März in Haft. Nach mehreren Wochen „Schutzhaft" wurde Luppe schließlich zwangspensioniert. An seiner Stelle übernahm Willy Liebel zunächst kommissarisch die Amtsgeschäfte.

Nach der gewaltsamen Verdrängung der beiden Bürgermeister aus der Verwaltungsspitze „korrigierten" die Nationalsozialisten auf der Grundlage der bayerischen „Gleichschaltungsgesetze" vom 31. März und 7. April die Mandatsverteilung im Stadtrat. Die demokratisch gewählte Volksvertretung wurde aufgelöst und von 50 auf 44 Sitze verringert. Entsprechend dem Ergebnis der letzten Reichstagswahl beanspruchte die NSDAP im Stadtrat 21 Sitze und errang mit den drei Sitzen der „Kampffront Schwarz-Weiß-Rot" die absolute Mehrheit im Rathaus. Die SPD bekam 16 Sitze, und die BVP erhielt noch vier Mandate. Am 27. April fand die erste Sitzung des Stadtrats in der neuen Zusammensetzung statt. Als wichtigster Punkt stand die Wahl der Bürgermeister auf der Tagesordnung. Fraktionsführer und Stadtkommissar Willy Liebel sollte als Erster Bürgermeister im Amt bestätigt werden. Daneben kandidierte Dr. Walter Eickemeyer als zweiter Bürgermeister. Er hatte unter Luppe das Finanzreferat geleitet und war allmählich ins rechte bürgerliche Lager übergewechselt. Aus taktischen Gründen befürworteten die Nationalsozialisten die Kandidatur des konservativen Verwaltungsfachmannes, denn sie bedeutete eine gewisse Beruhigung der bürgerlichen Kreise. Als dritter Bürgermeister trat der Nationalsozialist Justizrat Dr. Christian Kühn an.

Zur Wahl konnten nur 14 der 16 verbliebenen SPD-Stadträte erscheinen, da zwei bereits verhaftet waren. Noch immer hofften die Sozialdemokraten, durch die verfassungskonforme Ausübung ihrer Mandate das NS-Regime wirksam bekämpfen zu können. Doch die Wahl geriet zur Farce und offenbarte endgültig, daß parlamentarische Meinungsbildung und Entscheidungsfindung roher Gewalt gewichen waren. Während Eickemeyer einstimmig gewählt wurde, gab die SPD-Fraktion bei der Abstimmung über die beiden Natio-

Abb. 132:
1937 wurde das Gauhaus am „Schlageterplatz“ (ehemals und heute wieder Marienplatz) bezogen. Die Stadt Nürnberg hatte Julius Streicher den Baugrund zu seinem 50. Geburtstag geschenkt. Photographie 1937.

nalsozialisten leere Zettel ab. Streicher reagierte auf die Stimmenthaltungen mit einem Wutausbruch, und die NS-Stadträte prügelten auf die Sozialdemokraten ein, wobei Karl Bröger sogar krankenhausreif geschlagen wurde. Offiziell wurde die einstimmige Wahl aller Kandidaten bei Abgabe von 14 ungültigen Stimmen als Wahlergebnis bekanntgegeben.

Der Druck auf die verfassungstreuen Parteien, insbesondere auf die SPD, wuchs zunehmend. Planmäßig wurden die Stadträte an der Teilnahme an Sitzungen gehindert. Ständig waren sie Schikanen bis hin zu gewalttätigen Übergriffen und zur „Schutzhaft“ ausgesetzt. Im Mai legten Peter Meyer, Anna Schwarm und Marie Brand aufgrund des Terrors ihre Mandate nieder. Am 14. Juni verzichteten alle SPD-Stadträte offiziell auf die Ausübung ihrer Mandate. Sie gaben damit dem permanenten Druck nach.

Einige Tage später, am 22. Juni, wurde die SPD reichsweit verboten. Alle Nürnberger SPD-Stadträte wurden in das KZ Dachau verschleppt. Auch die Stadträte der BVP gaben zermürbt ihre Mandate auf. Die „Kampffront Schwarz-Weiß-Rot“ schloß sich freiwillig der NSDAP an, und damit waren bereits im Juni alle Stadträte Nazis. Als am 30. August 1933 die neuen Stadträte in ihr Amt feierlich eingeführt wurden, kommentierte Julius Streicher zynisch die Aushöhlung der demokratischen Strukturen: „Die Bürgerschaft freut sich, daß die Beratungen so rasch verlaufen. Das verdanken wir dem Geschick des Oberbürgermeisters. Was sollen wir auch heute noch viel reden, wo wir doch die Macht haben.“

Mit der „Anpassung" des Stadtrats an die neuen Machtverhältnisse und der „Gleichschaltung" der Gewerkschaften ging die „Säuberung" des Verwaltungsapparates einher. Zahlreiche Beamte wurden wegen ihrer jüdischen Abstammung oder ihrer „nationalen Unzuverlässigkeit" entlassen und durch „Altkämpfer der nationalsozialistischen Bewegung" ersetzt. Die pseudolegale Grundlage hierzu bildete das „Gesetz zur Wiederherstellung des Berufsbeamtentums". Die Verwaltungsinspektorin Dr. Edith Abraham und der Obermedizinalrat Prof. Dr. Ernst Nathan wurden wegen ihrer jüdischen Abstammung aus dem städtischen Dienst entlassen. Neben vielen prominenten Mitgliedern der Stadtverwaltung verloren auch zahllose kleine Beamte und Angestellte ihre Stellung. Im Juli erhielten wegen politischer Unzuverlässigkeit allein 20 Straßenbahnbedienstete ihre Kündigung. Außerdem wurden über 20 Kanzleiassistenten und Sekretäre, Verwaltungsinspektoren, Vollzugs- und Ermittlungsbeamte, Familienfürsorgerinnen, Aufseher und Werkmeister ihres Dienstes enthoben. Auch mehrere Lehrkräfte mußten wegen „nichtarischer" Abstammung aus dem Schuldienst scheiden. Eine weitere Entlassungswelle fand im Dezember 1933 statt. Insgesamt waren 238 städtische Beamte durch 315 Nationalsozialisten ersetzt worden.

Die Gleichschaltung erfaßte nahezu alle Bereiche des öffentlichen und gesellschaftlichen Lebens. Unliebsame Personen in wichtigen Positionen und an Schaltstellen der Macht wurden durch Parteifunktionäre ersetzt. Sogar der Polizeidirektor Heinrich Gareis mußte seinen Abschied nehmen. Er hatte zwar durch seine rechtsgerichtete Gesinnung das Aufkommen der Nationalsozialisten in Nürnberg begünstigt, doch ein wirklicher Nationalsozialist war er nicht. Sein Nachfolger wurde für kurze Zeit Johann Erasmus Freiherr von Malsen-Ponickau, der jedoch keinen Hehl aus seiner Abneigung gegen das proletenhafte Milieu um Streicher machte, weshalb ihn schon bald der SA-Gruppenführer Hanns Günther von Obernitz im Amt ablöste. Auch er hielt sich wegen seiner selbstherrlichen Amtsführung nicht lange und wurde schließlich 1934 durch den parteilosen Regierungsrat Dr. Benno Martin ersetzt. Martin gelang es immerhin, die Polizei von Parteieinflüssen weitgehend frei zu halten. Darüber hinaus war er 1940 an der Entmachtung Streichers entscheidend beteiligt.

Besonders skrupellos gingen die Nazis bei der „Gleichschaltung" der Gewerkschaften vor. Noch am 1. Mai, den die Nationalsozialisten zum Feiertag ausgerufen hatten, marschierten die freien Gewerkschaften gemeinsam mit den NS-Parteiformationen auf den Arbeiterkundgebungen. Am Tag darauf wurden sie jedoch verboten und durch die „Nationalsozialistische Betriebszellenorganisiation" ersetzt. Unter der Leitung des Gaubetriebszellenleiters und Obersturmbannführers der SA, Georg Peßler, stürmten SA-Truppen die Geschäftsstelle des Metallarbeiterverbandes in der Vorderen Kartäusergasse, die Büros des Schuhmacherverbandes in der Essenweinstraße und des Zentralverbands der Angestellten in der Ludwigstraße. Die bisherigen Geschäftsführer wurden in „Schutzhaft" genommen.

Auch andere wichtige Interessenvertretungen und Verbände wurden gleichgeschaltet. So traten schon im März Parteifunktionäre an die Spitze der Handwerkskammer sowie der Industrie- und Handelskammer. Zwei Monate später wurde der Leiter der Nürnberger Rundfunkabteilung Dr. Alfred Graf abgesetzt. Auch ihn ersetzte ein zuverlässiges NSDAP-Mitglied. Im September wurde die Bayerische Landesgewerbeanstalt gleichgeschaltet, wo im neuen Verwaltungsrat nun führende Parteifunktionäre wie Willy Liebel wirkten.

Jedoch vollzog sich die NS-Machtübernahme nicht in allen Fällen ohne Widerstand. Am 31. Mai trat während einer Versammlung im Saalbau der Gartenstadt der SPD-Stadtrat Andreas Schramm entschieden gegen die Gleichschaltung der Baugenossenschaft ein. Als SA-Leute unter Führung des Gaupropagandaleiters Karl Holz den Sozialdemokraten verhafteten, kam es zum offenen Widerstand gegen die Nazis. Daraufhin nahm ein Überfallkommando weitere 77 Versammlungsteilnehmer fest. Noch in derselben Nacht umstellten mehrere Hundertschaften der Landespolizei und der SA die Gartenstadt und hoben im Verlaufe der anschließenden Razzia Schuß- und Stoßwaffen sowie Munition aus diversen Verstecken aus.

Empfindliche Eingriffe nahmen die neuen Machthaber besonders im kulturellen Bereich vor und machten so vieles, was in der Weimarer Repulik geleistet worden war, zunichte. Schon im März wurde die von Luppe ins Leben gerufene Volkshochschule aufgelöst. Zur „Wiederherstellung des lauteren deutschen Geistes" inszenierten die Nationalsozialisten am 10. Mai 1933 am Hauptmarkt eine Bücherverbrennung. Verbände wie SA, HJ (Hitlerjugend), SS und die Studentenschaft marschierten von Wöhrd über die Sulzbacher Straße, vorbei am Maxtor und Egidienberg zum Hauptmarkt. Dort hatte sich bereits eine große Menschenmenge eingefunden. Auf einem Scheiterhaufen wurden zahllose „undeutsche" Bücher aus den städtischen Bibliotheken, darunter Werke von Karl Marx, Erich Maria Remarque und dem Schweizer Dramatiker Emil Ludwig, verbrannt.

Abb. 133: Julius Streicher beim Essenfassen während der Nürnberger Prozesse. Photographie 1945.

Auch die bildende Kunst blieb nicht von den „Säuberungsaktionen" verschont. Gegen den bisherigen Leiter der Städtischen Galerie am Königstor, Prof. Dr. Traugott Schulz, wurde ein Dienststrafverfahren eingeleitet. Sein Nachfolger, der regimetreue Direktor Emil Stahl trat schon im April und Mai mit einer Sonderausstellung unter dem Titel „Nürnberger Schreckenskammer" an die Öffentlichkeit. Die Nürnberger Ausstellung war eine der ersten ihrer Art in Deutschland. Werke von namhaften Künstlern und Künstlerinnen wie Joseph Scharl, George Grosz, Otto Dix, Karl Schmidt-Rottluff, Max Slevogt oder Charlotte Berend-Corinth wurden als „entartet" verunglimpft. Die Bilder waren seit 1920 systematisch von der Stadtverwaltung angekauft worden. Etwa 10.000 Besucher sahen die Schau bei freiem Eintritt. Rund 130 Bilder und Graphiken aus städtischem Besitz, darunter Arbeiten von Alfred Kubin, Oskar Kokoschka, Lionel Feininger und Ernst Barlach, beschlagnahmte die NSDAP

Abb. 134:
Die Nationalsozialisten verlegten den Christkindlesmarkt vom Hans-Sachs-Platz auf den Hauptmarkt. Damit und mit der Neubelebung traditionellen Nürnberger Brauchtums machten sie sich bei vielen beliebt. Photographie 1935.

und brachte sie nach Berlin. Weit unter Wert wurden die Werke entweder im Ausland verschleudert oder von den Nazis als „nicht verwertbar" verbrannt.

Gleich nach der Machtübernahme mußte das Planetarium als Symbol der Ära Luppe seinen Betrieb einstellen. 1934 beschloß der Stadtrat auf ausdrücklichen Wunsch Streichers sogar den Abbruch des modernen Zeiss-Planetariums am Wöhrder Tor. 25.000 Reichsmark investierte die Stadt Nürnberg für die Schleifung. Auch die Nachbildung des Neptunbrunnens – eine Stiftung des jüdischen Hopfenhändlers Ludwig Gerngros – wurde im Juni 1934 von ihrem zentralen Standort am Hauptmarkt entfernt.

Neben den Veränderungen im Stadtbild zeigten zahlreiche Straßen- und Gebäudeumbenennungen den Beginn einer neuen politischen Zeit an. Im Mai 1933 erhielt die Hochschule für Wirtschafts- und Sozialwissenschaften den Namen „Hindenburg-Hochschule". Der Hauptmarkt wurde in „Adolf-Hitler-Platz" umbenannt, der Marienplatz hieß nun „Schlageterplatz", und die Äußere Ziegelgasse wurde nach Horst Wessel benannt.

Gewisse Sympathien erwarben sich die Nazis in der Denkmal- und Traditionspflege. So fand im „Dritten Reich" der Christkindelsmarkt erstmals wieder auf dem Hauptmarkt statt, und auch der alte Brauch des Nürnberger Faschingsumzuges wurde im Februar 1934 von den Nationalsozialisten wiederbelebt. Mit zahlreichen Instandsetzungen historischer Bauwerke wurde überdies das Image Nürnbergs als der „deutschesten aller deutschen Städte" und des „Reiches Schatzkästlein" kultiviert und hochstilisiert.

Im kirchlichen Bereich erleichterten führende Geistliche den Nationalsozialisten die Machtübernahme. Abwartend, wenn nicht sogar wohlwollend stand vor allem die evangelisch-lutherische Landeskirche in Bayern dem Nationalsozialismus gegenüber. Auch in der überwiegend protestantischen Stadt Nürnberg – 62,7 Prozent der Einwohner waren evangelisch – stellte sich die Kirche zunächst nicht aktiv gegen die Verbrechen und den Terror des NS-Regimes. Am 11. Juni 1933 verfolgten zudem Tausende mit großem Interesse die Amtseinführung von Landesbischof Hans Meiser in der Lorenzkirche. Meiser hatte bereits in den 20er Jahren keinen Hehl aus seiner antisemitischen Einstellung gemacht und trug auch jetzt sein gutes Verhältnis zu den neuen Machthabern offen zur Schau. Zwar distanzierte sich Meiser bald von den „Deutschen Christen“, lehnte aber einen aktiven Widerstand gegen die Nazis ab. Am 23. Juli bestätigten die Neuwahlen für die evangelischen Kirchenvorstände, in welch hohem Maße die Landeskirche von Nationalsozialisten bereits durchsetzt war. Über 70 Prozent der gewählten Kirchenvorstände gehörten schon zu diesem Zeitpunkt Parteiorganisationen der NSDAP an.

Besonders enge Verbindung zum Nationalsozialismus suchten die „Deutschen Christen“, die in Nürnberg besonders aktiv waren. Bei einer großen Kundgebung am 17. Juli am Hauptmarkt sprachen sie sich für eine evangelisch geführte Reichskirche auf Basis der „arischen Rasse“ und des deutschen Volkstums aus. Auch Teile der evangelischen Geistlichkeit nahmen an diesem Bekenntnis teil.

Im Herbst des Jahres 1933 waren nahezu alle Bereiche des gesellschaftlichen und politischen Lebens von NS-Parteifunktionären unterwandert. Die Nationalsozialisten übten in Nürnberg seitdem unumschränkt ihre Macht und Schreckensherrschaft aus.

Nothilfe, Wirtschaft und Baumaßnahmen

Als die Nationalsozialisten 1933 die Macht übernahmen, waren fast 30 Prozent der Deutschen ohne Arbeit. Hitler war mit dem Wahlversprechen angetreten, Wirtschaftsdepression und Massenarbeitslosigkeit sowie Wohnungsnot zu beseitigen. Die Chancen, durch eine erfolgreiche Wirtschafts- und Arbeitsmarktpolitik sein Regime zu festigen, standen nicht schlecht, denn der konjunkturelle Tiefpunkt des Jahres 1932 war bereits überschritten. Darüber hinaus konnten die Nationalsozialisten auf den wirtschaftspolitischen Konzepten der Weimarer Republik aufbauen. So basierte etwa das im Juni 1933 erlassene „Gesetz zur Verminderung der Arbeitslosigkeit“ und ein „Instandsetzungsprogramm“ für Häuser und öffentliche Bauten auf Plänen, die noch die Regierung Papen entwickelt hatte. Tatsächlich gelang es der NS-Führung binnen weniger Jahre, die wirtschaftlichen Schwierigkeiten scheinbar zu lösen. Die Arbeitslosigkeit ging spürbar zurück. 1938 herrschte mit einer Arbeitslosenquote von nur noch 1,9 Prozent nahezu Vollbeschäftigung.

Zum Katalog des nationalsozialistischen Krisenmanagements zählten kostenintensive Arbeitsbeschaffungmaßnahmen, für die die Regierung alleine bis Ende 1934 fünf Millarden Reichsmark ausgab. Der Ausbau der öffentlichen Infrastruktur, die Förderung des privaten Wohnungsbaus, aufwendige Siedlungsprogramme und der Straßenbau wurden damit finanziert. Der Bau der Autobahnen, ein Projekt, welches noch in der Weimarer Republik konzipiert worden war, zählt irrtümlich bis heute zu den Erfolgsobjekten des „Dritten Reiches“. Durch den bewußten Verzicht auf den Einsatz moderner Bautechnik und von Maschinen wurden bei allen Bauten mehr Menschen beschäftigt als tatsächlich benötigt. Hohe Investitionen in der Rüstung schufen überdies in der Industrie neue Arbeitsplätze. Schließlich entzogen die 1935 eingeführte allgemeine Wehrpflicht und der sechsmonatige Arbeitsdienst dem freien Markt künstlich Arbeitskräfte. Auch andere dirigistische Eingriffe reduzierten allmählich die Zahl der Arbeitsuchenden. So wurde etwa ein

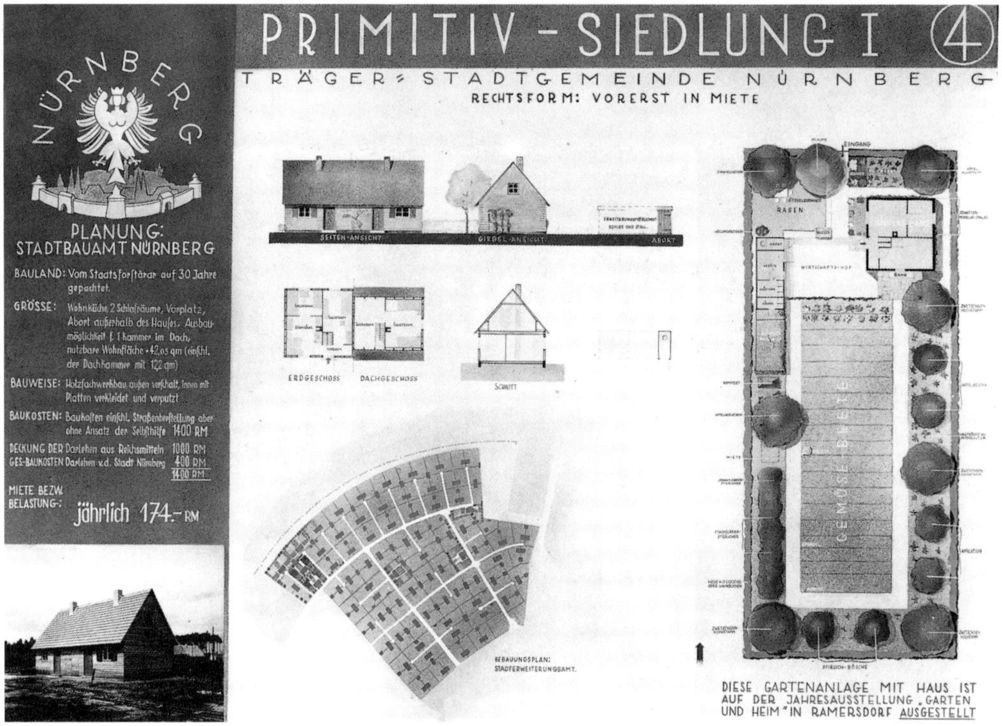

Abb. 135: Die Pläne der „Primitiv-Siedlung I“ südlich der Werderau basierten auf Konzepten der Weimarer Zeit. Die Baukosten für eine Wohneinheit sollten nur 1.400 RM betragen. Schautafel 1934.

„Ehestandsdarlehen“ von bis zu 1.000 Reichsmark nur dann gewährt, wenn die bisher berufstätige Braut nach der Hochzeit ihren Arbeitsplatz aufgab.

Wie auf Reichsebene, so griffen auch in Nürnberg die Maßnahmen zur Krisenbewältigung. Noch im März 1933 registrierte das Arbeitsamt Nürnberg 54.148 Erwerbslose. Zwei Jahre später waren es nur noch 36.463, davon in Nürnberg selbst 25.040, und 1937 gerade noch 8.634 Arbeitslose.

Im Rahmen des reichsweiten Arbeitsbeschaffungsprogramms standen der Stadt Nürnberg im Jahr 1933 rund 14 Millionen Mark aus Darlehens- und Zuschußbeiträgen der Reichsregierung zur Verfügung. Aus diesen Mitteln sollten rund 4.500 Arbeitslose mit Instandsetzungs- und Ergänzungsarbeiten an städtischen Gebäuden, mit der Verbreiterung und Verstärkung von Brücken sowie mit der Erhaltung und Erneuerung von Baudenkmälern und Kunstwerken beschäftigt werden. Darüber hinaus wurde an den endgültigen Ausbau des Flughafens und eine Erweiterung der Städtischen Werke gedacht. Noch 1933 ließ das Tiefbaureferat gefährliche Straßenkurven in Thon, Eibach und Reichelsdorf begradigen. Weiterhin wurden zahlreiche Straßen ausgebessert oder zum Teil sogar neu hergestellt. Auch dringende Renovierungsmaßnahmen an Kanal- und Kläranlagen wurden ausgeführt. Neben diesen vordringlich notwendigen Baumaßnahmen führten die Städtischen Werke eine ganze Reihe zusätzlicher Arbeiten durch, wie etwa die Erweiterung der Gasversorgung, den Ausbau des Elektrizitätswerkes und der Wasserversorgung.

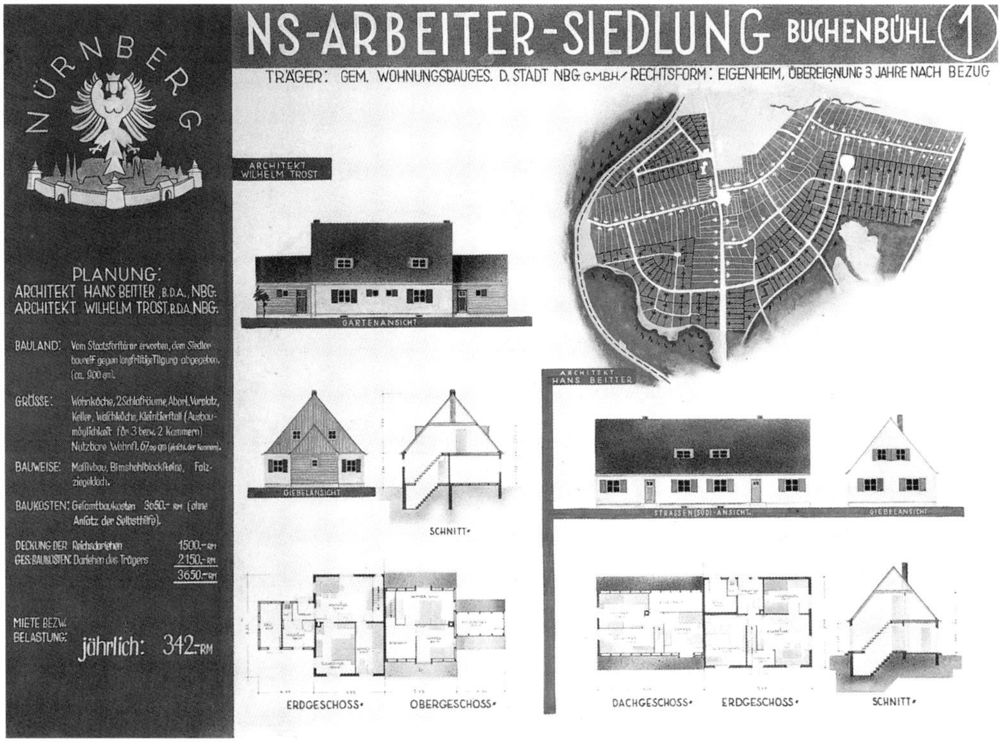

Abb. 136: Buchenbühl, das Vorzeigeprojekt des NS-Siedlungsbaus in Nürnberg. Schautafel 1934.

Die verschiedenen Maßnahmen der Stadt wurden von Zwangsbeschlüssen gewerblicher Verbände ergänzt. So legte etwa im Dezember 1933 der Nürnberg-Fürther Einzelhandel bindend fest, daß Betriebe je nach Größenordnung einen oder sogar mehrere zusätzliche Arbeitskräfte einstellen müßten. Dabei sollten ältere Personen und vor allem SA- und SS-Mitglieder bevorzugt werden. Darüber hinaus stiftete die Stadt Nürnberg im Dezember 1933 für die Schaffung von neuen Arbeitsplätzen eine eigene Plakette. Die Auszeichnung wurde an das Eisenwerk Nürnberg, vormals J. Tafel, gleich mehrmals verliehen, aber auch an die Siemens-Schuckert-Werke, an die M.A.N., an Zündapp und viele andere.

Viele der prämierten Firmen schufen vor allem durch die Übernahme von Rüstungsaufträgen neue Stellen, wie zum Beispiel die von Fritz Neumeyer gegründeten Zündapp-Werke. Auch die Kabel- und Metallwerke Neumeyer AG in der Klingenhofstraße fertigten bald Munition sowie Kabel für den Kriegsbedarf. An der Äußeren Bayreuther Straße nahmen die Dynamit-AG und Metall und Eisen GmbH, ebenfalls ein Neumeyer-Werk, die Herstellung von Munitionshülsen auf. Die M.A.N.-Werke stellten nicht nur den neuen Panzertyp „Panther" her, sondern sie wurden auch wegen des Lokomotivenbaus zu einem kriegswichtigen Betrieb. Das Nürnberger Siemens-Werk war bedeutend in der Montage von Flak- und Marinescheinwerfern. Auch andere traditionsreiche Nürnberger Metallwarenfabriken spielten eine große Rolle im Aufrüstungsprogramm des NS-Regimes. So stellten seit Kriegsbeginn die Triumphwerke Munition her, und die Firma Chillingworth preßte Hohlkörper für Seeminen. Auch indirekt waren zahlreiche Firmen in die Rüstungswirtschaft eingebunden. Die Ardie-Werke lieferten etwa, nachdem der Betrieb in den 30er Jahren „arisiert" worden war, anstatt Motorräder jetzt Anlasser für Düsenjäger und Bombenflieger. Die Faun-Werke, die bisher Lastwagen produzierten, fertigten nun spezielle Transporter für Panzer und Zugmaschinen für die Luftwaffe. Insgesamt waren 129 Nürnberger Betriebe als wichtige Heereslieferanten registriert.

Die NS-Führung verstand es geschickt, selbst geringfügige Verbesserungen oder öffentliche Baumaßnahmen mit großem Aufsehen zu feiern und als wichtige wirtschaftliche und arbeitspolitische Erfolge des Regimes herauszustellen. Jedes kleine Richtfest und jede Eröffnung boten dazu Anlaß. So wurde zum Beispiel die Einweihung der neuen Ringstraße zwischen Hauptbahnhof und Plärrer, die lediglich verbreitert worden war, Anfang September 1933 mit großem Parteiaufgebot begangen. Der Musikzug der Standarte „Franken" spielte auf, während sich alle beteiligten Arbeiter in Reih und Glied aufgestellt hatten. Oberbürgermeister Liebel hielt eine feierliche Weiherede, und der bayerische Ministerpräsident Ludwig Siebert übergab die Straße symbolisch ihrer Bestimmung. War die aufwendige Inszenierung, gemessen am Anlaß, weit übertrieben, so vermittelte sie doch Entschlossenheit und eine neue Aufbruchstimmung.

Auch die Fertigstellung der erheblich verbreiterten und verstärkten Hallertor-Brücke am 5. September 1937 wurde mit einem großen Parteiaufgebot gefeiert. Einen Tag vor Eröffnung des Reichsparteitags weihten Streicher und Liebel die nach dem ermordeten NS-Landesgruppenleiter Wilhelm Gustloff umbenannte Brücke gemeinsam mit einem Mahnmal für den Toten ein. In der Ansprache Streichers trat die verkehrstechnische Neuerung weit in den Hintergrund. Der Gauleiter nutzte die Gelegenheit vielmehr für eine seiner üblichen antisemitischen Hetzreden.

Wegen des ständig wachsenden Verkehrsaufkommens war der Ausbau wichtiger Ausfallstraßen notwendig geworden, wie der Sulzbacher Straße, der Erlenstegener Straße, der Bayreuther Straße oder der Rothenburger Straße. Anfang Februar 1936 wurde auch unter Leitung des staatlichen Straßenamtes mit der Verlegung der Regensburger Straße begonnen. Die neue Straße wurde nicht nur die erste von zwei Autobahnzubringern für die Strecke Berlin-München, sondern war auch als Aufmarschstraße zum Reichsparteitagsgelände geplant.

Als außerordentlich populär und identitätsstiftend erwiesen sich die Wiederherstellungsarbeiten an historischen Bauwerken. Hier täuschten die Nationalsozialisten ein Traditionsbewußtsein vor, das nicht nur bei den Nürnbergern gut ankam. So begingen am 2. September 1934, nur zwei Tage vor Beginn des Reichsparteitags, Oberbürgermeister Liebel und Ministerpräsident Siebert feierlich die Wiedereröffnung der Kaiserburg, die für repräsentative Staatszwecke restauriert worden war. Am Festakt im Burghof nahmen zahlreiche Vertreter der Behörden, der Reichswehr und der Landespolizei teil. Darüber hinaus wurden in den folgenden Jahren der Zwinger und die Wehranlage zwischen Kartäusertor und Färberplatz instandgesetzt, aber auch die Waffenhöfe am Frauentor und am Spittlertor, was zur Verschönerung des Stadtbildes unverkennbar beitrug.

NS-Volkswohlfahrt und Winterhilfswerk

Öffentlichkeitswirksam und aufwendig inszenierten die Nationalsozialisten auch alle Maßnahmen zur Hilfe der notleidenden Bevölkerung. Unter der Regie des Reichspropagandaministers Joseph Goebbels nahm im September 1933 das Winterhilfswerk „WHW" seine Arbeit auf. Bereits 1931 waren unter Oberbürgermeister Luppe angesichts der steigenden Arbeitslosigkeit verschiedene Initiativen gegründet worden, wie etwa das „Nürnberger Hilfswerk" und die „Nürnberger Nothilfe". Beide Organisationen wurden schon wenige Wochen nach der Machtübernahme gleichgeschaltet und im September der NS-Volkswohlfahrt unterstellt, wie sich auch alle Vereine und Verbände der freien Wohlfahrtspflege dem „WHW" unterordnen mußten. Die Aktivitäten der NS-Volkswohlfahrt dienten aber nicht nur der Selbstdarstellung des Regimes, sondern eine kollektive Opferbereitschaft sollte auch die postulierte „Volksgemeinschaft" als ein Stück NS-Ideologie verwirklichen helfen.

Abb. 137: Oberbürgermeister Willy Liebel präsentiert sich öffentlichkeitswirksam bei einer Straßensammlung auf dem Christkindlesmarkt. Photographie 1938.

Die Programmpalette des Winterhilfswerks war breit gefächert und umfaßte neben den Spendenaktionen auch zahlreiche Unterhaltungsveranstaltungen, um die Menschen zu Hilfen zu motivieren. So wurde in Nürnberg die Bevölkerung mit Standkonzerten und Kundgebungen am „WHW"-Mahnmal am Bahnhofsplatz mobilisiert. Darüber hinaus sorgte das NS-Kraftfahrerkorps mit Propagandafahrten durch die Stadt für Aufsehen, und in mehrtägigen Straßen- und Haussammlungen verkauften Mitglieder unterschiedlicher Parteiorganisationen ehrenamtlich Abzeichen und Ansteckrosen. Neben Geld konnten auch Naturalien gespendet werden. Regelmäßig wurden „Pfundsammlungen" organisiert und die abgegebenen Lebensmittel an Unterstützungsbedürftige verteilt.

Als Erfindung des „WHW" fand am Erntedanktag 1933 der erste sogenannte Eintopfsonntag „zur Förderung des Kampfes gegen Hunger und Kälte, aber auch als Bekenntnis zur Volksgemeinschaft" statt. Jede Gaststätte durfte den Gästen nur ein Gericht anbieten, und alle Einnahmen, die 50 Pfennig je Mahlzeit überstiegen, mußten an das „WHW" abgeführt werden.

Auch das soziale Engagement von Privatpersonen und Firmen kam unter die Obhut des „WHW". So stellte die Firma J.W. Faber etwa eine stillgelegte Halle

Winter-Hilfswerk des deutschen Volkes 1933/34

für den Bereich des Freistaates Bayern.

Ausweis.

Inhaber dieser Bescheinigung hat sein Notopfer im Winter 1933/34 der Volksgemeinschaft zur Verfügung gestellt.

Diese Bescheinigung berechtigt zum Besitz der Ehren-Türplakette

„Wir haben geholfen"

und zum Tragen der gleichlautenden Ehren-Nadel.

München, den 1. Dezember 1933

Der Landesführer

Ausweis des „WHW"

an der Schanzäckerstraße als Sammellager für Sachspenden zur Verfügung. Dort konnten Kleider, Mobiliar und andere Gebrauchsgegenstände des täglichen Lebens abgegeben werden. Selbst ein Atelier für notleidende Künstler wurde in der Halle eingerichtet. Darüber hinaus gehörten kulturelle Veranstaltungen zum Aktionsprogramm des „WHW", wie etwa Kino-, Opern- oder Kabarettvorstellungen, aber auch Konzerte im Herkules-Velodrom. Die guten Ergebnisse des „WHW" kamen jedoch nicht nur durch freiwillige Spenden zustande. Beamte, Angestellte, Arbeiter, ja sogar Pensionisten mußten von ihren Einkünften ein „Notopfer" abführen. Von November 1933 bis einschließlich März 1934 kamen in Nürnberg auf diese Weise über 80.000 Mark zusammen. Tatsächlich wurde das „WHW" zu einem wichtigen wirtschaftlichen und sozialen Faktor, der den städtischen Etat spürbar entlastete. Das NS-Regime finanzierte dadurch geschickt kommunale Wohlfahrts- und Fürsorgeaufgaben auf Kosten privater Einkommen und individueller Spender.

Wohnungsnot und Siedlungsbau

Anfang der 30er Jahre stellte neben der Arbeitslosigkeit die große Wohnungsnot wieder ein vordringliches Problem der Städte dar, denn die Regierung Brüning hatte den kommunalen Sozialwohnungsbau gestoppt. Dabei war als neues Siedlungsmodell die „Stadtrandsiedlung" noch am Ende der Weimarer Republik entwickelt worden. Insbesondere Langzeitarbeitslose, Kurzarbeiter und kinderreiche Familien erhielten dort kostengünstige Wohnungen, die sie zum Teil in Selbsthilfe mit errichtet hatten. Die Ernteerträge aus den Nutzgärten trugen überdies auch in wirtschaftlich schwierigen Zeiten zur Existenzsicherung bei. In Nürnberg wurden etwa 100 Holzhäuser nach diesem Modell in Großreuth und Gebersdorf errichtet, und auch die M.A.N. griff das Konzept auf und baute bis 1933 an der Zollhausstraße 25 Doppelhäuser.

Durch Selbsthilfe versuchten auch die Nationalsozialisten, der Wohnungsnot wirksam zu begegnen. Ende des Jahres 1933 gab die Stadt Nürnberg bekannt, daß sie mit der Gaubetriebszellenleitung Mittelfranken und der Deutschen Arbeitsfront ein großzügiges Siedlungsprogramm durchführen werde. Selbsthilfesiedlungen sollten in Buchenbühl und östlich des Südfriedhofes entstehen, während bei Schwaig und Behringersdorf Eigenheime geplant waren. Der Siedlungsgedanke der Weimarer Zeit trat dabei allerdings in den Hintergrund. Vielmehr spielten die Projekte als weitere Arbeitsbeschaffungsmaßnahmen eine wichtige Rolle, denn als Auflage für die Selbsthilfesiedler galt die Überlassung ihres Arbeitsplatzes an einen Arbeitslosen während des Hausbaues. Darüber hinaus stand das Bauprogramm ganz in der Tradition der nationalsozialistischen „Blut und Boden"- Ideologie, da nach zwei bis drei Jahren die Siedler Eigentümer ihres Hauses und Grundstückes werden konnten. „Dem tiefen Sehnen des deutschen Menschen nach dem eigenen Stück Boden, das er mit seinen eigenen Händen bebauen kann", entsprächen Siedlungen dieser Art, rühmte 1938 das im Gauverlag Bayreuth erschienene Architekturbuch „Das Bauen im neuen Reich". Auf dieser ideologischen Basis beruhte auch die bewußte Ablehnung mehrgeschossiger Mietshäuser als der Ursache aller sozialen Probleme der modernen Industriegesellschaft, denn „beim Anblick mancher Großstadt und manches 'Industriedorfes' mag es scheinen, als ob alle Bindungen zu bodenständigen Kulturwerten zerrissen seien." Selbst die Auswahl der Siedler wurde nach ideologischen Gesichtspunkten durchgeführt. Regimetreue, Kinderreichtum und „Erbgesundheit" waren wichtige Bewerbungskriterien.

Mit großem Aufwand wurde Anfang Oktober 1934 die Hebefeier der NS-Siedlung in Buchenbühl begangen. Im August des folgenden Jahres fand dann aus Anlaß der Fertigstellung der ersten Häuser die Einweihung der neuen Siedlung statt. Mit Flaggenschmuck und dem Aufmarsch des Arbeitsdienst-Musikzuges feierten die Siedler und zahlreiche Gäste das Projekt überschwenglich. Den Höhepunkt der Festlichkeit stellte die offizielle Übertragung des Titels „NS-Siedlung Nürnberg, Abteilung Buchenbühl" dar.

Abb. 138: Siedlungshäuser in Buchenbühl. Photographie 1937.

Die pompös inszenierte Übergabe der NS-Siedlungen täuschte jedoch über die tatsächlichen geringen Erfolge des NS-Wohnungsbaus hinweg. Darüber hinaus wurden auch Projekte aus der Weimarer Zeit gezielt von den Nazis als eigene Leistungen dargestellt. So erhielt etwa die vor 1933 geplante Siedlung bei Moorenbrunn den Namen Julius Streichers, was den Eindruck einer nationalsozialistischen Gründung erwecken sollte. 1934 wurden dort die ersten fünf Häuser von insgesamt 200 geplanten Siedlerstellen eingeweiht. 1936 konnten in Krottenbach und Eberhardshof zwei weitere Stadtrandsiedlungen bezogen werden, die schon 1932 geplant worden waren, und im gleichen Jahr wurden an der Gebersdorfer Straße 56 Siedlerstellen fertiggestellt. Der Siedlerverein „Heimfried" errichtete in den Jahren 1935 und 1936 zudem über 180 Eigenheime hinter dem Südfriedhof und auch im Norden an der Effeltricher Straße.

Schon 1933 bis 1935 waren sogenannte Primitivsiedlungshäuser südlich der Werderau entstanden. Bei der Errichtung der insgesamt 300 Siedlerstellen in Holzbauweise herrschte äußerste Sparsamkeit. So wurden zum Beispiel Altmaterial verwendet, auf Stromanschlüsse wurde ganz verzichtet, Sammelzapfstellen an zentralen Punkten der Siedlung ersetzten die Wasseranschlüsse in jedem Haus, und die Trockenaborte befanden sich außerhalb der Wohnbereiche. Die Ausgaben für die verkehrstechnische Erschließung und Anbindung sparte die Stadt ebenfalls, indem sie die Siedler zum Straßenbau heranzog. Der als „Nürnberger Haus" bezeichnete primitive Häusertyp wurde auf der Deutschen Siedlungsausstellung in München-Ramersdorf 1934 vorgestellt und als „ganz ausgezeichnete Leistung in sozialer und nationaler Hinsicht" gelobt.

Auf dem Gelände des Schießplatzes an der Katzwanger Straße gründeten die Siemens-Schuckert-Werke 1934 eine Kurzarbeitersiedlung mit insgesamt 100 Siedlerstellen. Carl Friedrich von Siemens hatte die erste Kurzarbeitersiedlung in Franken beträchtlich bezuschußt.

Trotz der städtischen und privaten Bauaktivitäten blieb das NS-Siedlungsprogramm jedoch Stückwerk. Nur einige 100 Siedlungsstellen waren geschaffen worden, und der große propagandistische Aufwand konnte nicht über die anhaltende Wohnungsnot hinwegtäuschen. Vielversprechende Konzepte aus den 20er Jahren zur Behebung des Wohnraummangels, wie etwa die Bebauung des Langwasserareals durch die städtische Wohnungsbaugesellschaft WBG, wurden dagegen nicht ausgeführt. Gegen Ende des Jahres 1934 war auf dem Wohnungsmarkt noch keine fühlbare Erleichterung eingetreten. Es fehlten rund 10.000 Wohnungen.

1936 sahen die Nationalsozialisten als einzigen Ausweg aus der Wohnungsmisere die Wiederaufnahme des ideologisch bekämpften kommunalen Wohnungsbaues. Die WBG baute in den folgenden Jahren die Mietwohnanlagen am Nordostbahnhof sowie in Johannis aus und wurde auch in Schweinau, an der Welserstraße und am Hasenbuck tätig. Darüber hinaus entstanden Mehrfamilienhäuser in der Südstadt und am Maxfeld. Das Bauvorhaben der Baugesellschaft der Deutschen Arbeitsfront am Ludwigsfeld hingegen kam über Ansätze nicht hinaus. Lediglich entlang der Regensburger Straße wurden 336 Wohneinheiten errichtet. Einen Höhepunkt des kommunalen Wohnungsbaus unter nationalsozialistischer Regie markierte das Jahr 1936, in dem fast 1.200 Wohneinheiten fertiggestellt wurden. 1938 kamen die Bauaktivitäten nahezu zum Erliegen, obwohl rund 15.000 Wohnungen fehlten, und 1941 war das Wohnungsdefizit auf 25.500 angestiegen. Die Nazis waren mit ihrer ideologisch bestimmten Wohnungspolitik endgültig gescheitert.

Funktionsbauten

Nachverdichtung und Ausdehnung der Stadt machten zahlreiche Folgebauten notwendig. In Eibach, Gebersdorf und in der Saarbrücker Straße bauten bis 1938 die Architekten Heinz Schmeißner und Wilhelm Schlegtendal neue Schulhäuser. Darüber hinaus mußte die Volksschule in Buchenbühl wegen des Siedlungsausbaues erweitert werden. 1940 übergab Oberbürgermeister Willy Liebel mit der „Hermann-Göring-Schule" an der Oedenberger Straße „das größte Schulhaus, das in Nürnberg seit dem Weltkrieg erbaut wurde", seiner Bestimmung. Die Entwürfe stammten wieder von Schmeißner und Schlegtendal. Auch ein neues Schulhaus in Kraftshof wurde 1940 eingeweiht.

Mit der Errichtung neuer Kirchensprengel wurde auch dem Bedarf an Kirchenbauten Rechnung getragen. Insgesamt neun Sakral- bzw. Gemeindebauten entstanden, voran die evangelische Reformations- und Gedächtnis-Kirche am Maxfeld, die ebenfalls evangelische Melanchthonkirche in Ziegelstein, die katholische Pfarrkirche St. Kunigund am Ludwigsfeld und etliche kleinere Kirchen in den Stadtrandsiedlungen. Insbesondere die Kirchenarchitektur in den noch dörflichen Vororten, wie zum Beispiel in Altenfurt, Katzwang und Gebersdorf, ist gekennzeichnet von einfachen Bauformen und von der Verwendung heimischer Materialien.

Auch Zweckbauten wurden im „Heimatschutzstil" mit angedeutetem Fachwerk und Holzverkleidung errichtet, wie etwa die Straßenmeisterei Fischbach an der Autobahnstrecke Berlin-München oder das Verwaltungs- und Wohngebäude der Straßenbahn an der Äußeren Bayreuther Straße. Monumental-repräsentativ hingegen wurde

1934–1939 der neue Postverladebahnhof an der Bahnhofstraße gestaltet.

1937 bis 1939 errangen die Architekten Heinz Schmeißner und Kurt Schneckendorf sowie die Landschaftsarchitekten Alfred Hensel und Kurt Ahles große Beachtung und Anerkennung mit der baulichen und gärtnerischen Ausgestaltung des neuen Tiergartenareals am Schmausenbuck. Unter Verwendung der alten Steinbrüche konnten Freigehege wie auch Hochbauten reizvoll in die natürliche Landschaft eingegliedert werden. Bis heute gilt der Nürnberger Tiergarten als ein gelungenes Beispiel landschaftsbezogener Planung und Gestaltung. Schon 1912 war der Nürnberger Zoo an der Bayernstraße angelegt worden und im süddeutschen Raum als die bedeutendste und schönste Einrichtung dieser Art allgemein anerkannt. Mit der Erschließung des Geländes für die Reichparteitage war jedoch die Verlegung notwendig geworden, und sie erfolgte auf Kosten des „Zweckverbandes Reichparteitage Nürnberg", der seit 1935 die Finanzierung des gigantomanen Projektes regelte und leitete. Mitglieder des „Zweckverbandes" waren die Stadt Nürnberg, das Reich, das Land Bayern und die NSDAP.

Reichsparteitagsgelände

Den bislang gravierendsten Eingriff in die Stadtstruktur stellte zweifellos seit 1933 der schrittweise Ausbau des 600 Hektar großen Areals im Südosten Nürnbergs als „Reichsparteitagsgelände" dar. Nicht nur der Tiergarten, für den immerhin angemessener Ersatz geschaffen wurde, mußte dem Großbauprojekt weichen. Dem Gelände fiel mit dem Volkspark Dutzendteich auch ein wichtiges Naherholungsgebiet zum Opfer. Überdies blieb das geplante und

Abb. 139:
Die von dem Architekten Gottfried Daumer 1938 entworfene Reformations-Gedächtniskirche an der Bayreuther Straße ist eine von sechs in der NS-Zeit erbauten Kirchen. Photographie 1944.

dringend notwendige Siedlungsbauprogramm durch die WBG in Langwasser auf der Strecke, da das Areal für das große Zeltlager der Teilnehmer an den Reichsparteitagen vereinnahmt wurde.

Zunächst leitete Paul Ludwig Troost die Planung der Anlage. Nach seinem Tode 1934 übertrug Hitler dem erst 30jährigen Architekten Albert Speer den Entwurf und die Ausführung der Aufmarschplätze, Lager- und Repräsentativbauten, die bis 1943 fertiggestellt sein sollten.

Als Austragungsort für die alljährlich stattfindenden Reichsparteitage stand die Architektur der Gesamtanlage und ihrer einzelnen Bauten ganz im Dienste der NS-Ideologie. Die monumentalen Bauensembles spiegelten den maßlosen Herrschaftsanspruch Hitlers und seines Regimes wider. Hitler selbst bezeichnete sie als „Worte aus Stein". Als Kulissen für die Inszenierung der „Volkgemeinschaft" erreichten sie aber erst durch die Massenaufmärsche und durch den gezielten Einsatz von Fahnenschmuck ihre volle Wirkung. Der Architekt Wilhelm Lotz beschrieb 1937 den symbolbeladenen Aufbau der Gesamtanlage als Veranschaulichung des politischen Programms: „Auf der einen Seite liegen die Bauten der Führung, auf der anderen die Lager und dazwischen, zweckhaft und symbolisch zugleich die Aufmarschfelder mit ihrer großen Achse, der Straße. Führung und Gefolgschaft finden zusammen und stehen sich hier gegenüber."

Als erste Anlage der jahrelang größten Baustelle Deutschlands wurde der Luitpoldhain umgestaltet. Anläßlich der Landesausstellung 1906 war das Areal mit der Festhalle in ein reizvolles Naherholungsgebiet mit Brunnen, Bäumen und Grünflächen verwandelt worden, das aber auch für Versammlungen und Kundgebungen genutzt wurde. 1930 hatte die Stadt Nürnberg ihren Toten des Ersten Weltkriegs zudem ein Kriegerehrenmal errichtet. Wegen seines monumentalen Stils sowie der Zweckbestimmung bezogen die Nationalsozialisten die Ehrenhalle mit ein. Als zentrale Kulisse für den NS-Totenkult erhielt der Luitpoldhain nun ein neues Gesicht: Wasserbecken, Alleebäume und die Anpflanzungen wurden entfernt und an ihrer Stelle eine Arena mit Steintribünen und Führerkanzel angelegt. Auch die Jugendstilfassade der Maschinen- und Festhalle erhielt durch die Verblendung mit Muschelkalkplatten einen monumentalen Charakter.

Nach den Plänen von Albert Speer wurde die Tribünenanlage des Zeppelinfeldes in den Jahren 1935 bis 1937 errichtet. Neben der Luitpoldarena blieb es die einzige Anlage, die auch fertiggestellt wurde. Zuschauerränge und Haupttribüne mit „Führerkanzel" und Aufmarschfeld gehörten auch hier wieder zu den typischen Stilelementen nationalsozialistischer Herrschaftsarchitektur. Über die ideologische Funktion des Zeppelinfeldes schrieb der Nationalsozialist Wilhelm Lotz: „Die Architektur ist nur ein Teil des Bildes, das hier gestaltet wird. Sie ist sogar nicht einmal der wesentliche Teil, denn das sind die Formationen, die hier aufmarschiern. Die Aufgabe für den Architekten bestand darin, dem Ereignis, dem Aufmarsch der straff gegliederten uniformierten Massen vor dem Führer zur Entgegennahme der Rede den baulichen Rahmen, die Fassung und die Gliederung zu geben. Daraus ergab sich zweierlei, nämlich der Maßstab für die Bauten und ihre Gliederung und die Gestaltung des Feldes zu einem großen Raum unter dem freien Himmel."

1935 wurde der Grundstein zur Kongreßhalle auf dem ehemaligen Tiergartenareal gelegt. Nicht Albert Speer, sondern die Nürnberger Architekten Ludwig und Franz Ruff hatten den Bau nach dem Vorbild des römischen Kolosseums entworfen. Das Projekt blieb allerdings Fragment wie auch das „Märzfeld" für die Veranstaltungen der Wehrmacht und das „Deutsche Stadion", das einmal mit Plätzen für 405.000 Zuschauer die größte Sportarena der Welt werden sollte, aber über den Aushub der Baugrube nie hinauskam. Auch die „Große Straße" als Aufmarschstraße der Wehrmacht wurde nicht mehr ihrer Bestimmung übergeben. Denn mit dem Beginn des Zweiten Weltkriegs stellten die Nationalsozialisten selbst die Arbeiten am Reichsparteitagsgelände ein.

Monumentalität, Gigantomanie und Masse prägten aber nicht nur die Architektur auf dem Reichsparteitagsgelände, sondern auch alle Veranstaltungen. Bis zu 500.000 Mitglieder verschiedener Parteiorganisationen nahmen jährlich an den Aufmärschen und Paraden teil. Hinzu kam ein wachsender Strom von Zuschauern. 1938 waren es über 800.000 Gäste, die nach Nürnberg reisten.

Wegen des gewaltigen Andranges mußten in der Innenstadt zusätzliche Übernachtungsmöglichkeiten geschaffen werden sowie eine Reihe neuer Versorgungs- und Verkehrsanlagen zur Erschließung des Reichsparteitagsgeländes. Besonderes Augenmerk wurde dabei auf den Ausbau der Bahnhöfe gelegt. So erfolgte in den Jahren 1934 bis 1936 für 1,3 Millionen Mark die Neugestaltung des Bahnhofs Dutzendteich. Zwei Unterführungen und erheblich erweiterte Treppenaufgänge trugen den hohen Anforderungen Rechnung. Als Entlastungsstation nahm 1937 der Bahnhof Zollhaus den Betrieb auf, und mit acht Bahnsteigen verfügte auch der neue Bahnhof Märzfeld zwischen dem Teilnehmerlager in Langwasser und dem Märzfeld über eine außerordentlich hohe Kapazität. Die Station wurde 1938 vor der endgültigen Fertigstellung eröffnet, und noch im Kriegsjahr 1940 erfolgte der Ausbau des Bahnhofs Fischbach.

Mit Ausnahme einiger Baracken war das Teilnehmerlager im Anschluß an das Märzfeld eine riesige Zeltstadt, die etliche hunderttausend Mitglieder von NS-Organisationen während der Reichsparteitage beherbergte. Nach und nach wurde das Gelände durch eine Wasserleitungsanlage erschlossen, die von einem Wasserbehälter auf dem Hohen Bühl versorgt wurde. Der Wasserausgleichsturm an der Ölser Straße entstand nach einem Entwurf von Albert Speer.

Ebenfalls einem Entwurf Speers lag das Umspannwerk an der Regensburger Straße zugrunde, das Strom für das Lager, die Aufmarschgelände und vor allem für die aufwendigen Lichtinszenierungen auf dem Zeppelinfeld lieferte. Daneben wurde 1939 in unmittelbarer Nähe zum Parteitagsgelände eine SS-Kaserne nach den Plänen von Franz Ruff errichtet.

Abb. 140: Die 1906 anläßlich der Landesausstellung errichtete Ausstellungshalle wurde für die Reichsparteitage der NSDAP zu einem monumentalen Bau umgestaltet. Photographie um 1935.

An zentralen Punkten der Innenstadt boten repräsentative Neu- oder Umbauten den vielen Gästen ausreichende Unterkunftsmöglichkeiten. Das Hotel „Deutscher Hof", Stammquartier Hitlers in Nürnberg, wurde beträchtlich erweitert, und in der Eilgutstraße, direkt am Hauptbahnhof, sollte der „Fränkische Hof" als Hotelneubau hauptsächlich NS-Journalisten beherbergen. Aber er wurde erst 1939 fertig. Ebenfalls an zentraler Stelle waren seit 1936 am Bahnhofsplatz im Gästehaus der NSDAP die Ehrengäste Hitlers untergebracht. Einer neuen Nutzung, und zwar nicht nur für die Reichsparteitage, führten die Nationalsozialisten die Kaiserstallung zu. Sie wurde 1935 zur „Reichsjugendherberge Luginsland" ausgebaut.

Abb. 141: Wohnalltag, wie ihn die nationalsozialistische Propaganda nicht zeigte: Haus in der Schnieglinger Str. 276. Photographie 1938.

Parteibauten

Auch über die gewaltigen Maßnahmen für die Reichsparteitage hinaus war die NSDAP in Nürnberg mit Bauten tätig. So fand am 27. Februar 1937 die feierliche Einweihung des „Gauhauses" am Marienplatz statt. Das Grundstück dazu hatte die Stadt Julius Streicher zu seinem 50. Geburtstag geschenkt. Privat residierte der selbsternannte „Frankenführer" seit 1935 in der Cramer-Klett-Villa, die ihm die Stadt kostenlos überlassen hatte.

Der zunehmenden Militarisierung und Aufrüstung trugen zahlreiche weitere Bauunternehmungen Rechnung. An der Schafhofstraße wurden 1938 Teile eines geplanten Verwaltungsgebäudes des Luftgaukommandos XIII fertiggestellt, und an der Rothenburger Straße entstand ein Lazarett. Schon 1936 nahm die „Luftschutzschule Hermann Göring" an der Ostendstraße ihren Lehrbetrieb als erste Einrichtung dieser Art in Bayern auf. „Die neue Luftschutzschule brachte einem immer dringender werdenden Bedürfnis endlich Erfüllung, und zwar in einer Weise, die im gleichen Maße vom städtebaulichen und schönheitlichen Standpunkt wie vom Verwendungszweck aus zufriedenstellt", urteilte die Architekturzeitschrift „Der Baumeister". Im Rahmen des „Luftschutz-Führerprogramms" von 1940 stellte sich Nürnberg frühzeitig mit zahlreichen Bunkern auf einen Luftkrieg ein. Bis 1941 wurden nicht weniger als 23 Hoch- und Tiefbunker gebaut. Während außerhalb der Altstadt die Hochbunker aus Beton errichtet wurden, versuchte das Hochbauamt, Bunker in der Innenstadt dem Stadtbild anzupassen. Mit angedeuteten Aufzugserkern und Giebeln fügte sich der Bunker in der Hirsvogelgasse ins Stadtbild Wöhrds ein, und auch der Grübelbunker war mit Sandsteinverkleidung und Walmdach der historischen Altstadt angeglichen.

Die propagandistisch aufgeblähten Baumaßnahmen in Nürnberg während des „Dritten Reiches" trugen nur wenig zur Stadtentwicklung und zur Urbanisierung der fränkischen Industriemetropole bei. Die NS-Siedlungspolitik war gescheitert. Der kommunale Wohnungsbau stellte in den meisten Fällen lediglich die Fortführung der in der Weimarer Republik entwickelten Programme dar. Auch viele Maßnahmen zur Verbesserung der Infrastruktur, etwa im Bereich der Verkehrspolitik, basierten, wie der Autobahnbau, auf Plänen der Weimarer Zeit. Gewisse Verdienste erwarben sich die Nationalsozialisten mit Instandhaltungsarbeiten an historischen Gebäuden und Bauensembles, wie etwa der Burg oder der Stadtmauer. Jedoch zeigen gleichzeitig hohe Investitionen in den Luftschutz und auch der Bau der Luftschutzschule, daß eine Bombardierung in Kauf genommen wurde.

Völlig Neues schufen die Nationalsozialisten mit der Anlage des Reichsparteitagsgeländes. Aber die nahezu funktionslosen Hüllengebäude erfüllten einzig und allein den Zweck als größenwahnsinnige Herrschaftssymbole und gaben kaum Impulse für eine qualitative Weiterentwicklung der Stadt. Der Bau verhinderte sogar ein wichtiges Wohnungsbauprogramm auf dem Gelände in Langwasser. Bis heute stigmatisieren die baulichen Überreste Nürnberg sichtbar als ehemalige „Stadt der Reichsparteitage".

Luftkrieg und Zerstörung

Seit dem Ersten Weltkrieg gewann die Luftwaffe in den Industrieländern zunehmend an Bedeutung. Den Auf- und Ausbau moderner Fliegertruppen begleiteten Maßnahmen zur Organisation des zivilen Luftschutzes. Schließlich gestattete 1926 das Pariser Luftabkommen auch dem Deutschen Reich die Einrichtung eines zivilen Luftschutzes, während der Besitz von Militärflugzeugen nach dem Versailler Vertrag für Deutschland untersagt war. Dennoch wurde schon 1920 im Truppenamt der Reichswehr ein Referat für Fragen der militärischen Luftfahrt aufgebaut. Darüber hinaus kam es bei der politischen Annäherung des Deutschen Reiches an die Sowjetunion zu einer intensiven Zusammenarbeit zwischen Reichswehr und Roter Armee. In Zentralrußland entstanden Ausbildungseinrichtungen für deutsche Militärpiloten sowie Flugzeug- und Waffenfabriken. Handelte es sich bei dieser geheimen deutsch-sowjetischen Kooperation lediglich um einzelne Projekte, so setzte seit der Machtübernahme der Nationalsozialisten sowohl im Luftschutz als auch in der verdeckten Wiederaufrüstung eine erhebliche Steigerung ein. Gemäß dem Wehrgesetz vom März 1935 und der damit verbundenen offenen Remilitarisierung wurde die Luftwaffe nun auch offiziell als dritter Wehrmachtsteil unter dem Oberbefehl Hermann Görings in die Armee eingegliedert. Schon 1936 starteten deutsche Flieger zu ihrem ersten verheerenden Einsatz im spanischen Guernica. Die vernichtenden Auswirkungen eines Luftangriffes führte Deutschland dann im Zweiten Weltkrieg mit der Bombardierung Warschaus 1939 und ein Jahr später mit der Zerstörung der Altstadt von Rotterdam in dramatischer Weise der Weltöffentlichkeit vor Augen.

Nürnberg bei Kriegsbeginn

Der Kriegsbeginn am 1. September 1939 änderte zunächst nur wenig im Nürnberger Alltagsleben. Mit dem Aufruf des zivilen Luftschutzes trat die Verdunkelungspflicht in Kraft, Vergnügungs- und Bildungsangebote wurden reduziert, und das Nürnberger Volksfest wurde vorzeitig beendet. „Entsprechend dem Ernst der Stunde" stellten die Kabaretts ihre Vorstellungen ein, die Museen und Galerien schlossen ihre Pforten. Vorübergehend setzte auch die Hindenburg-Hochschule ihren Lehrbetrieb aus, eröffnete ihn aber im August 1940 wieder. Die städtischen Versorgungseinrichtungen schränkten ebenfalls ihren Betrieb ein, vor allem vereinfachte die Straßenbahn ihren Fahrplan. Schon Ende September kamen erstmals wieder Schaffnerinnen zum Einsatz. Kriegsbedingte Umstrukturierungen mußte auch die Verwaltung vornehmen. Vorsorglich richtete die Stadt ein Ernährungs- und ein Wirtschaftsamt ein. Die Einführung von Lebensmittelmarken und Bezugsscheinen war sogar schon Ende August 1939 erfolgt. Unter der persönlichen Aufsicht von Oberbürgermeister Liebel wurden die Reichskleinodien im Februar 1940, die erst 1938 aus Wien nach Nürnberg geholt worden waren, bombensicher im Bunker an der Oberen Schmiedgasse untergebracht.

In den ersten zwei Kriegsjahren blieb Nürnberg von Kampfeinsätzen noch weitgehend verschont. 1940 flogen zwar erste britische Bomber auf Deutschland, doch konzentrierten sich diese zunächst hauptsächlich auf militärische Ziele. Noch war die deutsche Luftwaffe der Royal Air Force überlegen.

In Nürnberg war am 1. September 1939 ein blinder Fliegeralarm ausgelöst worden, der den völlig unzureichenden Zustand der Luftschutzunterkünfte offenbarte. Polizeipräsident und Stadtverwaltung richteten deshalb Appelle an die Bevölkerung zum Ausbau bombensicherer Keller. „Im Treppenhaus mußten Eimer, mit Wasser gefüllt, sowie Sandsäcke aufgestellt werden. Feuerpatschen wurden genäht, eine Luftschutzapotheke angeschafft, Gasmasken probiert, im Keller Bänke und Stühle aufgestellt, die erste Luftschutzübung im Krieg konnte stattfinden. Die Sirenen heulten zur Probe, wir fanden uns alle im Keller ein, es gab Getränke und Gebäck, jemand spielte auf dem Akkordeon, mir hat es gefallen", schildert eine Gostenhoferin die Luftschutzmaßnahmen in ihrem Stadtteil.

Im August 1940 warf die Royal Air Force die ersten Bomben bei Nürnberg ab, und Einschläge wurden in Burgfarrnbach, am „Märzfeld" und im Knoblauchsland verzeichnet. Zwei weitere Angriffe im Oktober des folgenden Jahres forderten bereits zwei Tote und mehrere Verletzte, richteten darüber

Abb. 142: Blick vom Laufer Torturm. Im Hintergrund die Türme der Egidienkirche und die Kaiserburg. Photographie 20. April 1945.

hinaus aber nur vergleichsweise geringe Schäden entlang der Eisenbahnstrecke Nürnberg-Fürth an. Zwar gab es immer wieder Fliegeralarm, doch blieb Nürnberg, abgesehen von einigen Streuschäden in verschiedenen Stadtteilen, längere Zeit vor schweren Zerstörungen verschont.

Erste Großangriffe

1942 führten die Briten die ersten Flächenbombardements auf Industrieanlagen und Städte in Deutschland durch. Ein Jahr später beherrschten sie dann mit den US-Streitkräften weitgehend den deutschen Luftraum. Die Kriegsstrategie der alliierten Kampfverbände zielte dabei nicht nur auf die Zerstörung von kriegswichtigen Anlagen ab. Durch die ständigen Fliegerangriffe sollte auch die Bevölkerung demoralisiert werden. Die deutsche Öffentlichkeit prangerte diese Taktik als blanken Terror an.

Am 29. August 1942 flog die Royal Air Force den ersten folgenschweren Großangriff auf Nürnberg. Bomben fielen unter anderem auf den Kontumazgarten und die Deutschherrnwiese. Sofort dehnten sich zahlreiche Brände aus.

Auch in der Altstadt loderten mehrere Feuer. Obwohl durch die heftige Gegenwehr der Nürnberger Flak noch 23 britische Flugzeuge abgeschossen werden konnten, richtete der Abwurf größerer Mengen von Sprengbomben, Stabbrandbomben und Phosphorbrandbomben erheblichen Schaden an. 136 Menschen kostete der Angriff das Leben, und Hunderte wurden verletzt. Über 23.000 Menschen waren ausgebombt, und nicht alle fanden sofort eine neue Unterkunft. Neben vielen Wohnungen waren auch historische Gebäude und mehrere Funktionsbauten getroffen worden. Die Burg, das Albrecht-Dürer-Haus, die Elisabethkirche und der Obstmarkt erlitten schwere Schäden. Die Luitpoldhalle am Dutzendteich brannte völlig nieder. Wichtige Versorgungsbauten wie das Sebastianspital, das Marthakrankenhaus und einige Schulen waren schwer getroffen, ebenso zahlreiche Industriebetriebe. Auch gingen große Lebensmittelvorräte in Flammen auf. Die Hauptpost, einige Bahnhöfe und Gleisanlagen wurden verwüstet. Wehrmachtskommandos und Kriegsgefangene unterstützten die Bergungsmannschaften bei den Räumungsarbeiten. Bis zu 18 Stunden waren die Trupps im Einsatz. Immerhin waren die Wasser- und Stromversorgung intakt geblieben. Die Bevölkerung bewahrte trotz des Schocks Ruhe und Besonnenheit.

Noch immer herrschte in Nürnberg eine relative Normalität. Die Menschen waren weder schlecht gekleidet noch schlecht ernährt. Sogar die Schaufenster waren noch dekoriert. Mitte Januar 1943 folgte dann der Schock. Die verheerende Niederlage der 6. Deutschen Armee in Stalingrad ließ die Illusionen über einen deutschen Sieg schwinden. Die gewohnten Siegesmeldungen wurden nun von Durchhalteparolen abgelöst, die ihren fanatischen Höhepunkt in der Ausrufung des „Totalen Krieges" durch Joseph Goebbels am 18. Februar 1943 im Berliner Sportpalast fanden.

Als Reaktion auf die Katastrophe von Stalingrad wurden in Nürnberg Läden und Gaststätten geschlossen. Kinderlose, nicht berufstätige junge Frauen wurden zum Arbeitseinsatz zwangsverpflichtet. 15 bis 17jährige Gymnasiasten mußten eine Ausbildung als Flakhelfer absolvieren, wozu sie in der Nähe der Flakstellungen Quartiere bezogen.

Ab Februar 1943 sollte Nürnberg verstärkt das Ziel schwerer Luftangriffe werden, denn als bedeutender Verkehrsknotenpunkt spielte die Industriestadt für die deutsche Kriegsführung eine wichtige Rolle. Hier kreuzten sich die Bahnlinien, die das Ruhrgebiet mit Wien und Südosteuropa sowie Berlin und Mitteldeutschland mit Italien verbanden. Darüber hinaus stellte das Großkraftwerk Franken in Gebersdorf als Schaltstation die Verbindung der Kraftwerke im Osten und Süden her und war damit für die Stromversorgung im Reich von unschätzbarem Wert. Und nicht zuletzt zeichnete sich Nürnberg mit seinen zahlreichen Rüstungsbetrieben als „Waffenschmiede" im Deutschen Reich aus, die es in den Augen der Alliierten auszuschalten galt.

Am 25./26. Februar 1943 erfolgte der zweite Großangriff auf Nürnberg. Wegen schlechter Sichtverhältnisse kam die Pegnitzstadt jedoch glimpflich davon, da ein Großteil der abgeworfenen Bomben auf das Knoblauchsland fiel. Doch mußten 17 Tote, zahlreiche Verletzte und fast 1.000 Obdachlose registriert werden. Die historische Wehrkirche St.Georg in Kraftshof brannte völlig nieder. Der Nordostbahnhof wurde schwer getroffen. Bereits wenige Tage später fand in der Nacht vom 8. auf den 9. März 1943 der nächste Großangriff statt. Auch hier verfehlte wegen der schlechten Sichtverhältnisse fast die Hälfte der Bomben ihr Ziel. Dennoch war das Ausmaß der Schäden enorm. Vor allen Dingen die industriereiche Südstadt war schwer getroffen, aber auch im Norden und in St. Johannis wurden zahlreiche Einschläge registriert. Insgesamt starben 343 Menschen bei dem Angriff, wobei einige Langzeitzünderbomben zum Opfer fielen, die erst Stunden nach dem Abwurf explodierten. Rund 800 Personen wurden verletzt und über 10.000 obdachlos. Nicht nur die Einschläge selbst, sondern die zahlreichen Brände hatten diesmal hohe Schäden angerichtet. So brannte die Mauthalle fast völlig aus, die Frauenkirche und das Germanische Nationalmuseum waren von Brandbomben schwer getroffen, und das Schauspielhaus und das „Herkules-Velodrom" waren unwiederbringlich zerstört. Die Sebalduskirche und die Kaiserburg waren schwer beschädigt. Wegen der vielen Bombenschäden war zudem die öffentliche Versorgung gefährdet. So mußten einige Krankenhäuser Einschläge vermelden, zahlreiche Straßenbahnwaggons und ein Lebensmittellager waren vernichtet. Auch war die Gasversorgung unterbrochen, so daß in vielen Wohnungen nicht mehr gekocht werden konnte.

Zwei folgenschwere Großangriffe durch die britische Luftwaffe fanden 1943 im August statt. In der Nacht vom 10. auf den 11. August wurde Wöhrd dem Erdboden gleichgemacht. Ein Flächenbrand von 1,5 Quadratkilometern verwüstete die einstige Industrievorstadt. Zudem konnten zahlreiche Brände in der Altstadt nicht gelöscht werden, da ein Treffer am Schmausenbuck die Löschwasserversorgung unterbrochen hatte. 585 Menschen fanden den Tod im Bombenhagel, 382 wurden in den Kellern verschüttet, fast 3.000 Personen wurden verletzt und 28.000 verloren ihre Wohnung.

Der britische Angriff in der Nacht vom 27. auf den 28. August war früh erkannt worden, so daß die Nürnberger Flak und die Nachtjäger erbitterten Widerstand leisten konnten. Die Royal Air Force verlor 33 ihrer Maschinen. Ein großer Teil der Bomben fiel in den Reichswald. Trotzdem waren über hundert Tote und mehrere hundert Verletzte zu beklagen, und über 5.500 Menschen wurden obdachlos. Vor allem Laufamholz, erst 1938 nach Nürnberg eingemeindet, war schwer verwüstet worden. In den folgenden Monaten zermürbten die ständigen Fliegeralarme die Moral der Bevölkerung.

Während bei den ersten Bombenangriffen die Menschen noch vergleichsweise gefaßt reagiert hatten, zehrten jetzt die ständige Angst vor Fliegeralarm, die ersten Versorgungsengpässe und vor allem für viele Ausgebombte die schlechte Wohnsituation in Notunterkünften an den Nerven. Viele Menschen verließen aus Furcht vor Luftangriffen die Stadt.

Am 31. März 1944 startete die Royal Air Force mit 795 Bombern zum größten Nachtangriff während des Zweiten Weltkriegs auf Nürnberg. Ziel der Briten war der Hauptgüterbahnhof. Da bereits an der belgischen Grenze deutsche Nachtjäger die Angreifer unter Beschuß genommen hatten und wegen des bedeckten Wetters viele Bomben ihr Ziel verfehlten, verlief der Angriff in Nürnberg selbst glimpflich. Dagegen verzeichneten die umliegenden Landkreise schwere Schäden.

Eine weitere Zäsur im Kriegsgeschehen markierten im Sommer 1944 die Landung der Alliierten in der Normandie

Abb. 143:
Vom Hauptbahnhof blieb nur ein Torso. Photographie 24. April 1945.

sowie das unaufhaltsame Vorrücken der sowjetischen Truppen nach Ostpreußen. An einen Sieg der deutschen Wehrmacht glaubten jetzt nur noch einige Fanatiker und Uneinsichtige, während der Großteil der Bevölkerung auf ein rasches Ende des Krieges hoffte, und zwar durch die Amerikaner. An der „Heimatfront" machte sich Resignation breit, zumal die Luftangriffe in immer kürzeren Abständen erfolgten.

In einer mehrtätigen Angriffsserie am 8. und 10. September, am 3. und 19. Oktober und am 25. und 26. November 1944 verloren rund 1.000 Menschen ihr Leben, und mehrere 10.000 Personen wurden obdachlos. Am 10. September, dem ersten Tagesangriff, hatten erstmals US-Kampfverbände, die Flying Fortress, am Einsatz teilgenommen. Ihr Auftrag lautete, vor allem die M.A.N.-Produktionsstätten für den Kampfpanzer „Panther" zu zerstören. Aus diesem Grund wurde die Südstadt bei fast allen Angriffen schwer getroffen. Bei diesem Angriff wurden auch das historische Pellerhaus und die Moritzkapelle mit dem Bratwurstglöcklein zerstört.

In den Jahren 1942 bis 1944 mußte Nürnberg 20 Luftangriffe hinnehmen, die einen hohen Blutzoll forderten und die Stadt schwer zeichneten. Aber noch existierten große Teile der historischen Bausubstanz, und auch viele Wohn- und Industriegebiete waren noch weitgehend intakt geblieben.

Zerstörung des alten Nürnberg

Am 2. Januar 1945 fielen um 19.20 Uhr wieder Bomben auf Nürnberg. Aus Sicht der britischen Luftwaffe waren die Bedingungen für einen Angriff ausgesprochen gut, denn Vollmond und

Abb. 144:
Ein amerikanischer Soldat betrachtet die Wucht der Zerstörung. Photographie 24. April 1945.

ein wolkenloser Himmel boten günstige Sichtverhältnisse. Darüber hinaus lag Nürnberg seit der Rückeroberung Frankreichs in der Reichweite des verbesserten Flugnavigationssystems, was einen präzisen Bombenabwurf ermöglichte. Die Angreifer peilten diesmal nicht nur die industriellen Kerngebiete an, sondern luden ihre Bombenfracht auch über Wohngebieten und vor allem über der historischen Altstadt ab, die wegen der engen Bebauung ein leicht entflammbares Ziel darstellte. 514 viermotorige „Lancaster-Bomber" warfen innerhalb von 25 Minuten rund 100 Luftminen, 6.000 Sprengbomben und etwa eine Million Stabbrandbomben ab und erzeugten einen riesigen Flächenbrand, der weithin in Franken sichtbar war. In England stellte man befriedigt fest: „It was a nearly perfect example of area bombing".

In dieser einzigen Nacht kamen über 1.800 Menschen ums Leben. Die Registrierung der Toten dauerte bis Mitte März, da die Bergung der Verschütteten viel Zeit in Anspruch nahm. Auch gab es Schwierigkeiten, die grausam entstellten Leichen zu identifizieren. Nicht alle Vermißten konnten gefunden werden. Zudem war eine ausreichende Versorgung der rund 6.000 Verletzten nicht mehr möglich, da die meisten Arztpraxen in Nürnberg zerstört waren.

Etwa 100.000 Menschen wurden in dieser Nacht obdachlos. Wer nicht bei Bekannten in Nürnberg oder auf dem Lande unterkam, wurde notdürftig in den großen Luftschutz- und Felsenkellern untergebracht, wie etwa am Webersplatz, im Paniersbunker, in den Bunkern am Lorenzerplatz oder am Laufer Tor. Selbst in dem eiskalten Bierkeller der

*Abb. 145:
Blick auf die Reste von Plärrer, Spittlertor und die Lorenzer Stadtseite. Entlang der Stadtmauer sind drei Abschnitte des zum Löschteich umgewandelten Grabens zu erkennen. Photographie 25. April 1945.*

Brauerei Tucher an der Bayreuther Straße hausten viele Nürnberger in den letzten Kriegswochen und noch längere Zeit darüber hinaus.

„In diesem unterirdischen Nürnberg wohnt das Grauen. Hier fristen Ausgebombte der letzten Großangriffe ihr nacktes Leben. Hier müssen sie wohnen, hausen, schlafen, essen. Sie sind zu Höhlenmenschen geworden. Vielfach in ganzen Familien, die keine Beziehungen zum flachen Land haben und es nicht übers Herz bringen, um Asyl bettelnd von Haus zu Haus zu gehen. Auch solche Nürnberger findet man hier, die die alte Heimat um keinen Preis der Welt verlassen, weil sie hier zu Hause und im Schatten der Lorenzkirche und der Kaiserburg aufgewachsen sind," schrieb ein Zeitgenosse. Die Lebensbedingungen in den unterirdischen Notunterkünften waren in jeder Hinsicht katastrophal.

Ein anderer Nürnberger Augenzeuge hielt fest: „Es riecht nach Menschen in den Bunkern. Trotz Ventilation. Kein Wunder! Seit Wochen sind diese Nürnberger nicht mehr aus den Kleidern gekommen. Sehr häufig tritt eine besondere Erscheinung auf: Der Schreck beim Sirenengeheul geht vielen nicht nur in die Ohren, sondern auch in die Hosen. Die Darmnerven vertragen es nicht mehr. Und die Bunkermenschen haben kaum ein zweites Hemd zum Wechseln, Körperpflege ist Luxus geworden. Wer kann heute noch ein Bad nehmen? Wer hat soviel Holz oder Kohle übrig? Wer hat überhaupt noch eine Badewanne? Im Bunker lebende Frauen führen ihre

*Abb. 146:
Die Ruinen des
Heilig-Geist-Spitals.
Photographie 1945.*

Kinder jetzt in den ersten Märztagen hinunter zur Pegnitz, um ihnen wenigstens wieder einmal die Dreckkruste von der Haut ohne Seife wegschaben zu können. Diese Atmosphäre wirkt sich aus. Sie ist für viele nicht mehr tragbar. Immer wieder trägt man einen Toten die 70 Stufen hoch, erzählen die Bunkerwarte. Aber manch neuer Nürnberger erblickt auch hier unten das Licht der Welt."

Das schreckliche Bombardement am 2. Januar hatte die Altstadt dem Erdboden gleichgemacht. Gebäude, die nicht unmittelbar getroffen waren, wurden durch den Flächenbrand vernichtet. Noch Tage nach dem Angriff hüllten dicke Rauchwolken die Stadt ein, und es dauerte acht Tage, bis alle Brandherde unter Kontrolle waren. Löschzüge aus ober- und mittelfränkischen Städten und Orten halfen bei den Räumungsarbeiten, sogar ein Löschzug aus Dresden, das am 13./14. Februar selbst zerstört werden sollte.

Die gesamte Altstadt mit ihren kunsthistorisch bedeutsamen Bauten war in Schutt und Asche gelegt. Auch umliegende Stadtteile und bisher intakte Wohnviertel waren verwüstet. Totalschäden wiesen viele Industriebetriebe auf. Ebenso waren die Versorgungsbetriebe wie das Großkraftwerk Franken, das Gaswerk, das Wasserwerk und die Straßenbahn schwer getroffen, und in der Stadtverwaltung waren sämtliche Unterlagen verbrannt. Bombentrichter und Trümmerberge prägten nun das Stadtbild der Noris.

Die Alliierten setzten ihre Angriffe auf Nürnberg in den folgenden Wochen fort und zerstörten die noch wenigen Reste an unversehrter Bausubstanz. So

Abb. 147:
Trümmerfrauen. Photographie um 1945.

Abb. 148:
Alltag in Trümmern. Photographie 24. April 1945.

erfolgte am 13. und 14. Februar 1945 ein Doppelangriff, und am 20. Februar nahm die amerikanische Luftwaffe Flying Fortress mit dem bislang größten Aufgebot Nürnberg erneut unter Beschuß. Beim Angriff am darauf folgenden Tag wurden die Cnopf'sche Kinderklinik und mehrere Betriebe, darunter Lyra und AEG, vernichtet. Am 16. und 17. März folgten erneute Angriffe und am 5. und 11. April dann die beiden letzten. In den letzten Kriegswochen, als alles längst entschieden war, fanden in den Ruinen Nürnbergs nochmals über 2.600 Menschen den Tod. Sie verbrannten, wurden von Bomben zerfetzt, erschlagen oder verschüttet. Weitere 70.000 Nürnberger verloren ihre Wohnungen oder Unterkünfte.

Abb. 149:
Das zerstörte Innere der Egidienkirche. Photographie Januar 1945.

1946 schilderte der Journalist Wolf Strache die Ausmaße der Verwüstung: „Das, was Nürnberg vor allen anderen deutschen Städten auszeichnete, war ein geschlossenes mittelalterliches Stadtbild. Der Krieg hat auch in den Außenbezirken von Nürnberg verheerend gewütet, aber entscheidend ist doch der Verlust der Innenstadt, eben jenes Kernes, der seit einem halben Jahrtausend im festen Mauerring der Stadtbefestigung umschlossen lag. Würde man heute mit einem Flugzeug über die alte Reichsstadt fliegen, so könnte man wohl wie einst die Rundung der Mauern und der Gräben erkennen, auch noch den mächtigen Burgberg am Rande der Stadt. Aber im Niedersteigen würden sich die erkennbaren Einzelheiten mehr und mehr verlieren. Das Auge fände im Grundriß der kleinen und großen Straßen nur noch Berge von zerschlagenen Steinen, ein Gewirr von ausgebrannten Ruinen und zertrümmertem Bauwerk, wo einst die alten Handwerksstraßen mit ihren Giebeln und Erkern standen, und da und dort ein Skelett einer zerschlagenen Kirche. Über den Ruinen der Straße ‚Am Ölberg', in deren Schluchten und Löchern die primitiven Ofenrohre armseliger Behausungen ragen, von Menschen, die sich in den Kellern unter den Ruinen eine Bleibe eingerichtet haben, erhebt sich die Burg."

Einmarsch der US-Streitkräfte

Strategien und Pläne zur Bodenverteidigung an der „Heimatfront" wurden weder vor noch während der ersten Kriegsjahre entwickelt. Die deutschen Abwehrmaßnahmen erstreckten sich lediglich auf den Luftschutz. Die in Nürnberg noch verbliebenen Militär- und Ordnungskräfte stellten sich eher auf innere Unruhen, politischen Widerstand oder Revolten von Zwangs- und Fremdarbeitern ein als auf Angriffe feindlicher Infanterie. Erst die verlustreichen Bombenangriffe seit 1944 und die sich abzeichnende Niederlage zwangen die NS-Führer langsam zum

Abb. 150: Eroberer für die einen, Befreier für die anderen. Photographie 27. April 1945.

Umdenken. Mitte März 1945 begann in Nürnberg allmählich die systematische Evakuierung von Schwangeren, Alten, Kranken und Müttern mit Kleinkindern. Berufstätige und Luftschutzkräfte wurden hingegen weiterhin in der Stadt gebraucht. Gleichzeitig setzten führende NS-Funktionäre auf Propagandaveranstaltungen ihre Durchhalteappelle fort und versuchten, die Furcht in der Bevölkerung vor der heranrückenden US-Army zu schüren. Insbesondere der stellvertretende Gauleiter Karl Holz genoß nun als „Reichsverteidigungskommissar" eine starke Stellung in ganz Mittelfranken.

Ende März meldete der Wehrmachtsbericht, daß US-Kampftruppen von Aschaffenburg über Lohr bis Gemünden und Hammelburg vorgedrungen seien, also nur noch rund 100 Kilometer von Nürnberg entfernt waren. Noch einmal bauten deutsche Verbände eine Kampflinie auf, woraufhin Gauleiter Holz die Mitteilung plakatieren ließ, „daß der fränkische Boden vom Feind gesäubert sei." Während diese Meldung die Hoffnung und Zuversicht der Nürnberger stärken sollte, wiesen andere Nachrichten auf den Ernst der Lage hin. Am 7. April empfahl die „Fränkische Tageszeitung" vor allem Frauen mit Kindern sowie älteren und nicht mehr berufstätigen Personen, die Stadt zu verlassen, da Nürnberg wie auch Fürth nun zum „rückwärtigen Operationsgebiet" zählten. Am 12. April verfügte ein Befehl aus dem Führerhauptquartier, daß jede Stadt als „Festung" zu verteidigen sei. Während in anderen fränkischen Städten wie Bamberg, Erlangen oder auch Fürth die Vernunft und Zivilcourage einzelner ein weiteres Blutvergießen verhinderten, setzte sich Holz persönlich dafür ein, daß der Verteidigungsbefehl in Nürnberg ausgeführt wurde. Holz ordnete an: „Jeder Verräter oder jede Verräterin, die weiße Fahnen hissen, verfallen unweigerlich dem Tode und werden aufgehängt". Schon am nächsten Tag rief er zur Bildung des Volkssturms auf, zu dem sich alle nicht wehrpflichtigen Männer zwischen 16 und 60 Jahren melden mußten. Ihre militärische Ausbildung sowie ihre Ausrüstung waren völlig unzureichend. Dennoch leisteten viele Volkssturmpflichtige aus Angst vor den angedrohten Repressalien dem Aufruf Folge. Auch ein „Volksaufgebot" wurde zur Verteidigung Nürnbergs ausgehoben. Dieses erfaßte Frauen, Männer über 60 Jahre und sogar Kranke und Verwundete. Zur Errichtung von Schanzen und Panzersperren am Stadtrand sollten die Mitglieder des Volksaufgebotes eigenes Arbeitsgerät wie Schubkarren, Schaufeln und Hacken mitbringen. Aber nur wenige meldeten sich, denn alle sehnten ein rasches Ende des Krieges herbei. Die militärische Bedeutung des „letzten Aufgebots" und ihrer Sperren war angesichts der waffentechnischen Überlegenheit der US-Army geradezu lächerlich.

„Beim Anblick mancher dieser 'Panzersperren' muß selbst der blutigste militärische Laie den Kopf schütteln. Sie laufen quer über die Straße, vom Gartenzaun eines Vorgärtchens zum Gartenzaun eines anderen Vorgärtchens. Solche Sperren – es gab auch massive – wurden von den Panzern glatt mit einer kleinen Schwenkung umfahren. Die Leidtragenden waren die Vorgartenbesitzer. Ihre Zäune wurden niedergewalzt, manches Hauseck mitgenommen. Und nachher erhielten die Umlieger von den US-Truppen den Befehl, Baumstämme und eingerammte Schienen wegzuräumen", erinnerte sich der Augenzeuge Fritz Nadler.

Auch die Zerstörung der Infrastruktur und der Versorgungseinrichtungen gehörte aufgrund des „Nero-Befehls" zum Verteidigungsplan. So wurden Anlagen am Flugplatz und das große Munitionslager bei Feucht gesprengt. Überdies sollte die Zerstörung sämtlicher Rednitzbrücken in Vach, Fürth, Stein, Mühlhof und Lohhof, der Katzwanger Straßenbrücke, des Fußgängerstegs bei Gerasmühle, der Brücken in Schwabach und der Pegnitzbrücken in Doos und Schniegling den Feind aufhalten. Flakstellungen wurden bei Almoshof, Buch, am Schmausenbuck und in Fischbach installiert. Der Verteidigungsbefehl galt für alle, niemand in der Stadt durfte sich ergeben. „Wir werden kämpfen wie die Löwen mit fanatischer Wut um jeden Fußbreit Boden", lautete die Parole des Reichsverteidigungskommissars Holz. Noch am 20. April wurde ein Bewohner vor dem Bahnhofsbunker erschossen, als er sich mit einer weißen Fahne ergeben wollte.

Am 15. April erreichte das XV. US-Korps den Großraum Nürnberg. Zusammen nahmen die 3. Division über Erlangen und die 45. Division über die unbeschädigte Autobahn die Pegnitzstadt in die Zange. Insgesamt setzten die Amerikaner zur Eroberung der „Stadt der Reichsparteitage" rund 45.000 Soldaten ein. Höchstens 12.000 Mann zählten die Truppen auf deutscher Seite. Teile des 38. SS-Panzergrenadierregiments 'Götz von Berlichingen' und der Rest eines in Bodenkämpfen völlig unerfahrenen Luftwaffenregiments bildeten den Kern der Verteidigung. Unterstützt wurden sie von einigen Ersatztruppen aus Nürnberg und Fürth. Schließlich ergänzten der Volkssturm, HJ-Angehörige und blutjunge Arbeitsdienstmänner die Abwehr. Etwa 140 Flakbatterien rings um Nürnberg wurden von Halbwüchsigen und russischen Hilfswilligen bedient, und an den Scheinwerfern standen Frauen und Mädchen. Flakmunition war zwar in ausreichendem Maße vorhanden, doch fehlte es an schweren Waffen wie Panzern und Artilleriegeschützen. Wegen der personellen wie waffentechnischen Unterlegenheit stellte die Verteidigung Nürnbergs von Beginn an ein aberwitziges und unverantwortliches Unterfangen dar.

*Abb. 151:
In der Nähe von Fürth ergaben sich 60 Zivilisten den Soldaten des 242. Regiments der 42. Infanteriedivision. Photographie 18. April 1945.*

Am 16. April erreichten die ersten US-Panzer am Kalbsgarten Erlenstegen. Der 'Endkampf' begann. Ohne auf Widerstand zu stoßen, besetzten die US-Truppen zunächst Buchenbühl und den Rangierbahnhof. Am nächsten Tag nahm die amerikanische Artillerie Nürnberg unter Beschuß, da Oberbürgermeister Liebel auf eine telefonische Aufforderung zur Übergabe der Stadt nicht reagiert hatte. Besonders heftige Gegenwehr leisteten deutsche Truppen in Almoshof, in Lohe und in der Nähe der SS-Kaserne an der Bayernstraße. Dennoch rückten die Amerikaner unaufhaltsam vor und kontrollierten bereits am Abend des ersten Kampftages den Norden, Osten und Südosten Nürnbergs. Am folgenden Tag tobten die Häuserkämpfe in der Bucher-, Rollner-, Bayreuther, Sulzbacher, Ostend- und der Regensburger Straße. Gegen Abend war fast der ganze Stadtmauerring von US-Truppen umstellt, und die letzten deutschen Flakstellungen fielen.

Trotz der Aussichtslosigkeit des Kampfes hielt Karl Holz an der Verteidigung fanatisch fest. Am 16. April hatte er an Hitler telegraphiert: „Der Endkampf um die Stadt der Reichsparteitage beginnt. Die Soldaten schlagen sich tapfer und die Bevölkerung ist stolz und standhaft. Ich werde in dieser deutschesten aller Städte bleiben, kämpfen und fallen!" Doch zwei Tage später versuchte er selbst, aus dem Kessel um Nürnberg zu entkommen. Seine geplante Flucht nach München scheiterte allerdings schon bei Schwabach, wo er auf Amerikaner stieß, was ihn zur Rückkehr zwang.

Während sich die Nachbarstadt Fürth am 19. April kampflos den Amerikanern ergab, leisteten die Truppen in Nürn-

Abb. 152: „Victory parade and flag raising cermonies" am 21. 4. 1945 auf dem Hauptmarkt. Die Panzer waren während der Siegesfeier mit Sandsäcken gegen Panzerfaustbeschuß geschützt. Photographie 1945.

berg unter der verbissenen, sinnlosen Führung von Reichsverteidigungskommissar Karl Holz weiterhin erbitterten Widerstand. In Johannis, am Maxtor, am Hauptbahnhof und am Plärrer tobte der Häuserkampf zwischen deutschen Scharfschützen und amerikanischen Streitkräften. Daraufhin nahmen die US-Truppen die Altstadt schwer unter Artilleriefeuer, wobei die Sebalduskirche, der Neutorturm und die Ruine der Frauenkirche nochmals getroffen wurden.

Am 20. April brach endlich der Widerstand zusammen. Nur der harte Kern um Karl Holz verschanzte sich weiterhin im Polizeipräsidium an der Elisabethkirche. Zwar lehnte die deutsche Kampfführung die Übergabe der Stadt an die Amerikaner immer noch ab, aber ein couragierter Funktionär der Technischen Nothilfe nahm mit den US-Streitkräften Kontakt auf und handelte schließlich ein Ende der Beschießung aus. Durch Handzettel forderten die Amerikaner die Nürnberger Bevölkerung zur Kapitulation auf. Tatsächlich begaben sich die meisten Verteidiger in Gefangenschaft. Langsam krochen die Menschen aus ihren Bunkern und Unterschlupfen, weiße Tücher wurden gehißt und Parteiabzeichen schnell beseitigt. Noch in der Nacht zum 20. April hatte Oberbürgermeister Liebel sich das Leben genommen. Nur Gauleiter Holz setzte die aberwitzigen Kämpfe fort und zwang kapitulationsbereite Soldaten, ihn zu unterstützen. Einige Polizisten, die in die amerikanischen Linien liefen, um sich zu ergeben, erschoß er eigenhändig. Der sinnlose Widerstand konnte erst eingestellt werden, als Holz endlich tot war. Ein Einschuß unter dem Kinn deutete auf einen Selbstmord hin. Aufgrund seines Verteidigungsbefehls

Abb. 153: Die Letzten verlassen ihre Verstecke. Photographie 20. April 1945.

trug Karl Holz allein die Verantwortung dafür, daß in den letzten Kriegstagen noch viele Menschen den Tod fanden. Allein auf deutscher Seite starben 682 Menschen, von denen über die Hälfte Zivilisten waren. Außerdem waren durch die Beschießung nochmals hohe Schäden an Gebäuden entstanden. So brannten etwa die Türme der Sebalduskirche in den letzten Kriegsminuten aus.

Obwohl noch vereinzelt gekämpft wurde, ergriff die 3. Division am Abend des 20. April, dem 56. Geburtstag Hitlers, mit einer improvisierten Siegesparade auf dem Hauptmarkt symbolisch von Nürnberg Besitz. Der Platz hieß offiziell noch Adolf-Hitler-Platz, wurde aber an diesem Tag zu Ehren des Divisionskommandanten O'Daniel in „Iron-Mike-Place" umgetauft. Vor etwa 4.000 Kriegsgefangenenen spielte die Militärkapelle die amerikanische Nationalhymne, die US-Flagge wehte allerdings wegen des Todes Präsident Roosevelts auf Halbmast. Eine offizielle Übergabe der Stadt war nicht erfolgt. Zur eigentlichen Siegesfeier am Tag darauf traten Vertreter beider Divisionen an. „Diese Eroberung Nürnbergs ist ein Symbol für den Zusammenbruch Hitlers und der Nazi-Partei", erklärte Generalmajor O'Daniel in seiner Ansprache auf dem Hauptmarkt. Ein Symbol des Sieges über den Nationalsozialismus war auch die dritte Militärparade auf dem ehemaligen Reichparteitagsgelände, während der eine 200 Pfund schwere Munitionsladung das vergoldete Hakenkreuz über der Zeppelintribüne in die Luft sprengte.

Reichsparteitag

Abb. 154:
Die Postkarte im Dienst der NS-Propaganda: Anläßlich des Reichsparteitages 1934 marschieren 50.000 Arbeitsdienst-Freiwillige am „Adolf-Hitler-Platz" am Führer vorbei. Ansichtskarte 1934.

Bis heute leidet Nürnberg unter dem Stigma, „Stadt der Reichsparteitage" gewesen zu sein, wozu Adolf Hitler sie bestimmt hatte. Nachdem 1927 und 1929 bereits zwei Parteitage der NSDAP in der Pegnitzstadt ausgetragen worden waren, avancierte Nürnberg ab 1933 endgültig zum Schauplatz der monumentalen Propagandaveranstaltung der Nazis.

Alljährlich im September demonstrierte die Partei mit großem Aufwand ihre Macht und die angebliche Geschlossenheit des deutschen Volkes. In Massenaufmärschen der großen Parteiorganisationen wie dem Reichsarbeitsdienst, der HJ, den „Politischen Leitern", der SS und der SA, dem Nationalsozialistischen Kraftfahrerkorps (NSKK) oder dem Nationalsozialistischen Fliegerkorps (NSFK), aber auch der Wehrmacht feierte sich das Regime selbst. Die Deutschen sollten auf Hitler und die nationalsozialistische Ideologie und Bewegung eingeschworen werden. Jeder Deutsche sollte sich der Parteidoktrin unterordnen. Mit Fackelzügen, Fahnen und Massenappellen mit zum Teil pseudosakralem Charakter wurden Volksgemeinschaft und Führerkult in Szene gesetzt. Gleichzeitig sollten die glanzvoll inszenierten Feiern auch über die aggressiven politischen Ziele der NSDAP hinwegtäuschen und von den Terrormaßnahmen des Regimes ablenken. Besonders zynisch mutet etwa das Motto des „Reichsparteitags der Freiheit" von 1935 an, auf dem die verbrecherischen „Nürnberger Rassegesetze" beschlossen wurden. Und während die Vorbereitungen für den „Reichsparteitag des Friedens" 1939 getroffen wurden, arbeitete Hitler zur gleichen Zeit systematisch auf einen Krieg hin. Am 27. August 1939, nur sechs Tage vor der geplanten Eröffnung, wurde die Großveranstaltung abgesagt – der deutsche Überfall auf Polen stand unmittelbar bevor.

Zentrale Bestandteile des Programms waren unter anderem stets die „Blutfahnenweihe" im Luitpoldhain, der Reichsarbeitsdienstappell auf dem Zeppelinfeld, aber auch die Schaumanöver der Wehrmacht. Als spektakulärer Höhepunkt der Veranstaltungen galt der sogenannte Lichtdom, der den Aufmarsch der „Politischen Leiter" zur

Abb. 155: Aufmarsch entlang der Zeppelintribüne. Die strenge Reihung der Pfeiler korrespondierte mit den marschierenden Kolonnen. Photographie um 1936.

Attraktion machte. 150 Flakscheinwerfer waren um das Zeppelinfeld postiert und strahlten weit in den Nachthimmel hinein. Albert Speer hatte sich die faszinierende Lichtschau einfallen lassen, um das schlechte Bild der unsportlichen und meist unattraktiven Teilnehmer am Aufmarsch zu kaschieren. Trotz des vergleichsweise hohen Eintrittspreises von bis zu zehn Reichsmark ließen sich Tausende von Zuschauern von der raffinierten Illumination verzaubern.

Als Kulisse für die Propaganda-Schauen mußte nicht nur die historische Altstadt herhalten. Im Auftrage Hitlers entwarf der Architekt Albert Speer eigene kultische Feierstätten für die nationalsozialistische Selbstdarstellung auf dem „Reichsparteitagsgelände". Große Aufmarschflächen, Tribünenanlagen mit gewaltigem Fassungsvolumen und eine exponierte Führerkanzel waren wichtige Merkmale aller Anlagen, wie zum Beispiel des Zeppelinfeldes, des Märzfeldes, der Luitpoldarena oder des Deutschen Stadions. Speer gestaltete mit Hitler nicht nur den baulichen Rahmen, sondern fungierte zugleich auch als Regisseur und Choreograph der einzelnen Veranstaltungen und Feiern. Bis zu einer Million Teilnehmer und Besucher kamen während der Parteitagswoche aus ganz Deutschland in die Frankenmetropole, die gerade 400.000 Einwohner zählte.

Die scheinbar glanzvolle Selbstinszenierung stand allerdings im Gegensatz zu zahlreichen organisatorischen Pannen und zur mangelnden Disziplin unter den vielen Teilnehmern. Schon 1934 erhielt jeder Teilnehmer ein Merkblatt mit ausführlichen Verhaltensvorschriften. An zentraler Stelle des Regelkataloges stand in dicken Lettern: „Ein Nationalsozialist betrinkt sich nicht". Dieses Gebot konnte allerdings den häufigen Alkoholexzessen nicht vorbeugen. Schon ein 1933 erlassenes Alkoholverbot für die Zeit des Reichsparteitags war ohne Wirkung geblieben. Die Verhaltensmaßregeln bezogen sich auch auf den Umgang mit den Gastgebern:

„Verhalte Dich im Quartier so, wie es sich für einen Nationalsozialisten geziemt. Wenn Dir Privatquartier zugewiesen wurde, dann denke daran, daß Du dies der Opferfreudigkeit Nürnberger Volksgenossen zu verdanken hast und richte darnach Dein Benehmen ein. Es beweist weder Anstand noch Verstand, wenn Du meinst, der Quartiergeber sei Dein Hausknecht oder Stiefelputzer." Auch dieser Vorschrift stand die unerfreuliche Realität entgegen. 1936 etwa prangerte ein interner Bericht die mangelnde Sauberkeit einer Gruppe Politischer Leiter an, die nicht nur „alle möglichen Papier- und Pappkartons zurückgelassen haben, sondern in allen Ecken und Nischen lagen Speise-, Wurst- und Käsereste, Zigarren- und Zigarettenstummel sowie sonstiger Unrat herum, die einen derartigen Gestank verbreiteteten, daß einem beim Betreten der Räume schlecht wurde."

Außerordentlich peinlich und schädlich für das Image der NSDAP waren eine Reihe sittlicher Verfehlungen. SA-Leute, die im Teilnehmerlager Langwasser untergebracht waren, suchten regelmäßig das Armenhaus auf dem sogenannten Märzfeld auf, wo sich einige Bewohnerinnen prostituierten. Auch Ausschweifungen im Nürnberger Rotlichtmilieu widersprachen der NS-Ideologie von Zucht und Disziplin. Über 100 SS-Männer wurden schließlich als „Tugendwächter" abkommandiert, um Parteigenossen am Zutritt der Bordelle hinter der Frauentormauer zu hindern.

Mißglückte Aufmärsche wurden in den Medien totgeschwiegen. Die betreffenden Veranstaltungen gerieten allerdings zur Farce und vermittelten nicht Macht und Stärke des Regimes, sondern leisteten einen Beitrag zur Volksbelustigung. Kein Reichsparteitag verging ohne verpatzte Choreographien. Ein Bericht von 1938 vermittelt ein anschauliches Bild von der blamablen Vorstellung der Politischen Leiter: „Der Fackelzug der Politischen Leiter hat, wie im vorigen Jahr, wieder nicht geklappt. Für die Teilnehmer war es ein gemeinsames Wettrennen. Der Musikzug konnte während des Fackelzuges einfach nicht spielen, weil es ihm nicht möglich war, das Tempo zu halten. Der Fackelzug der Politischen Leiter war einfach eine Katastrophe. Die meisten Politischen Leiter sind überhaupt nicht dahinter gekommen, daß sie beim Führer vorbeimarschierten. Dieses Antreiben und dieser Dauerlauf, der jedes Jahr festgestellt werden muß, bringt alles durcheinander."

Für die audiovisuelle Verbreitung bedienten sich die Nationalsozialisten modernster Medien. Neben einer ausführlichen Würdigung in den Zeitungen wurden Bildbände über die einzelnen Reichsparteitage veröffentlicht. Privatfirmen boten darüber hinaus Bildpostkarten, Zigarettenalben, Zinnteller und ähnliche Erinnerungsstücke an. Zu den wichtigsten Multiplikatoren und Verherrlichungen zählte der 1934 gedrehte Film „Triumph des Willens" von Leni Riefenstahl. Der Tonfilm lief in allen deutschen Kinos. Er vermittelte im In- und Ausland auch denen, die nicht nach Nürnberg gekommen waren, die suggestive Wirkung der Reichsparteitage.

Noch eine weitere Facette der Parteitage wies auf die aggressive Ausrichtung der nationalsozialistischen Politik und Bewegung hin. Die Heeresschauen am „Tag der Wehrmacht", die Wehrsportwettkämpfe auf dem Zeppelinfeld sowie die unzähligen Aufmärsche in Uniform kennzeichneten die Militarisierung im NS-Reich. Zugleich wurden auf den Veranstaltungen militärische Tugenden wie Gehorsam, Unterordnung und Disziplin eingeübt. Aber auch die logistischen Leistungen wie etwa beim Massentransport und bei der Massendisziplinierung boten wichtige Erfahrungen, auf die bewußt bei der Kriegsvorbereitung zurückgegriffen wurde.

Abb. 156:
Der „Lichtdom" wurde erstmals 1936 eingesetzt. 150 dicht nebeneinander aufgestellte Flakscheinwerfer vermittelten die Illusion einer übermächtigen Strahlenkuppel. Photographie 1938.

*Abb. 157:
Ehrung der „Toten der Bewegung" in der Luitpoldarena. Photographie um 1938.*

Die Reichsbahn empfahl sich mit der Lösung der logistischen Probleme für „höhere" Aufgaben.

Die Vorbereitung auf den Krieg war eines der Ziele der Reichsparteitage. Doch im Zentrum stand das Propagandaspektakel mit Showeffekten. Der Parteitag sollte ein Fest für die deutsche Nation, für die „Volksgemeinschaft" sein. Als Staatsfeiern demonstrierten die Parteitage die Macht der Nationalsozialisten und verkündeten die vermeintliche „Größe" des Regimes. Die Rituale und pseudoreligiösen Zeremonien führten Teilnehmer und Besucher zu „Gottesdiensten" zusammen, in deren Mittelpunkt immer der „vergötterte" Parteichef Adolf Hitler stand. Die Parteitage mehrten aber auch den „Ruhm" Nürnbergs. Voll Stolz stellte Oberbürgermeister Willy Liebel fest: „Im nationalsozialistischen Staat wurde Nürnberg zu einem Mittelpunkt des politischen Geschehens. Ehrwürdige Vergangenheit und die große deutsche Gegenwart formen heute den Charakter der Stadt". Dieses zweifelhafte Image haftet der ehemaligen Reichsstadt noch heute an, mehr als 50 Jahre nach dem Ende des verbrecherischen Regimes.

*Abb. 158:
Nürnberger Frauen
und Männer feierten
den Vorbeimarsch der
Wehrmacht begeistert
mit dem Hitlergruß.
Photographie 1936.*

„Nürnberger Gesetze"

Nach der Machtübernahme durch die Nationalsozialisten schlug der Antisemitismus im Deutschen Reich in rohe Gewalt gegen die jüdische Bevölkerung um. Die Diskriminierungen und schrittweise Entrechtung der Juden fanden dabei in aller Öffentlichkeit statt. Besonders brutale Formen nahm das Vorgehen gegen die jüdischen Bürger in Nürnberg an. Hier hatte der Gauleiter Julius Streicher mit Hetzkampagnen und seiner Zeitung „Der Stürmer" schon vor der Machtübernahme das soziale Klima der Stadt vergiftet. In Greuelgeschichten mit nahezu pornographischem Charakter präsentierte „Der Stürmer" die Juden als Verbrecher. Selbst Nichtjuden, die mit Juden freundschaftlichen Kontakt pflegten, stellte das Hetzblatt unter der Rubrik „Kleine Nachrichten" mit Namen und Adresse an den Pranger. Im Stürmerverlag erschienen sogar Kinderbücher mit antisemitischem Inhalt, wie etwa „Der Giftpilz". Streicher beließ es jedoch nicht nur bei verbalen Attacken und Parolen. Am 1. April 1933 organisierte er den von Goebbels reichsweit angeordneten Boykott jüdischer Geschäfte und Kaufhäuser in Nürnberg. Weitere Boykottaktionen initiierte er auf eigene Faust, wie seit 1934 die alljährlichen „Weihnachtsboykotte".

Den Anfang zur gesetzlichen Sanktionierung der Diskriminierung und des Terrors gegen Juden machte das „Gesetz zur Wiederherstellung des Berufsbeamtentums" vom April 1933, das die Juden aus öffentlichen Ämtern ausschloß. Das Berufsverbot betraf in Nürnberg hauptsächlich Beamte im städtischen Fürsorge- und Gesundheitswesen. So verloren der Vorstand der Dermatologischen Abteilung, Prof. Dr. Ernst Nathan, und der renommierte Schularzt Dr. Julius Mainzer ihre Ämter. Mainzer hatte sich als Gründer des Sonderkindergartens für psychisch geschädigte Kinder überregional ausgezeichnet. Auch Dr. Alexander Frankenburger, der Gründer und Leiter der Beobachtungsstelle für Lungenkranke, mußte 1933 seinen Posten aufgeben. Wenige Tage nach der Pogromnacht am 8./9. November 1938 beging Frankenburger Selbstmord. Im Juli 1933 hob dann die Kassenärztliche Vereinigung die Zulassung für alle „nichtarischen" Ärzte reichsweit auf. Nürnberg hatte dieser Entscheidung schon vorgegriffen, denn bereits Ende März verfügte der Ärztliche Bezirksverein für jüdische Ärzte die Niederlegung ihrer Ämter. Am 7. April 1933 zwang das „Gesetz über die Zulassung zur Rechtsanwaltschaft" jüdische Juristen zur Aufgabe ihrer Kanzleien. Die Verdrängung der deutschen Juden aus vielen Berufen ging einher mit ihrer gesellschaftlichen Ausgrenzung. So verbot Anfang August 1933 die Stadt Nürnberg Juden den Zutritt zu allen städtischen Schwimmbädern. Diesem beschämenden Vorgehen folgten zahlreiche Nürnberger Geschäftsleute und Gastronomen, die Schilder mit der Aufschrift „Juden unerwünscht" auslegten. Andere Geschäfte biederten sich durch Inserate im „Stürmer" an das neue Regime an. Ein führendes Bekleidungshaus warb in seiner Anzeige sogar mit seinem „arischen" Bedienungspersonal.

1935 erreichte schließlich die Legalisierung der Entrechtung der deutschen Juden ihren Höhepunkt im Erlaß der „Nürnberger Rassegesetze". Ursprünglich war als Höhepunkt des „Reichsparteitags der Freiheit" die Verabschiedung des „Reichsflaggengesetzes" vorgesehen, mit dem das Hakenkreuz zur Reichsflagge erhoben werden sollte. Hitler reichte jedoch das Flaggengesetz als zentrales Ereignis des Parteitages und des eigens dafür einberufenen „Reichstages" nicht aus. Nur zwei Tage vor der anberaumten „Reichstagssitzung" im Haus des Kulturvereins am Frauentorgraben beauftragte Hitler Innenminister Wilhelm Frick, „zur Auffüllung des Programms" ein „Judengesetz" auszuarbeiten, mit dem die formal-legale Grundlage für die Entrechtung und Ausschaltung der Juden geschaffen werden sollte. In der Villa des Lebkuchenfabrikanten Haeberlein formulierten in hektischer Eile Frick und ein kleiner Kreis, dem auch der „Judenreferent" des Reichsinnenministeriums, Dr. Werner Lösener, angehörte, den Gesetzestext. Mit dem Flaggengesetz wurden das „Reichsbürgergesetz" und das „Gesetz zum Schutze des deutschen Blutes und der deutschen Ehre" noch am Abend des 15. September 1935 im Kulturvereinshaus am Frauentorgraben vom „Reichstag" einstimmig verabschiedet.

Die beiden Gesetze, die die Nationalsozialisten selbst als „Verfassungsgesetze" einstuften, stellten die Weichen für die systematische Judenverfolgung und legalisierten die schrittweise Ausschaltung der jüdischen Bevölkerung aus nahezu allen gesellschaftlichen und wirtschaftlichen Bereichen. Das „Reichsbürgergesetz" definierte den Status des „Reichsbürgers", der den Juden verwehrt wurde. Damit waren die Juden aus der deutschen „Volksgemeinschaft" ausgeschlossen und wurden zu Bürgern minderen Ranges, ohne volle politische Rechte und ohne Recht auf das „Volksvermögen". Auch die freie Berufswahl beschnitt das „Reichsbürgergesetz". Nach und nach wurden jüdische Angestellte aus allen öffentlichen Arbeitsverhältnissen gedrängt. Juristen, Ärzte und Apotheker durften nicht mehr praktizieren. Der Ausschluß aus vielen Berufsgruppen bedrohte immer mehr jüdische Familien in ihrer wirtschaftlichen und sozialen Existenz.

Abb. 159:
Seit 1923 gab Julius Streicher sein berüchtigtes antisemitisches Hetzblatt „Der Stürmer" heraus, mit einer Auflage von bis zu 300.000 Exemplaren. „Der Giftpilz" sollte Kinder im Sinne des Nationalsozialismus erziehen. Photographie 1936.

Das „Blutschutzgesetz" stellte Eheschließungen oder auch außerehelichen Verkehr zwischen Juden und „Ariern" fortan unter Strafe. Vergehen gegen „Blut- und Rassenschändung" ahndete das Gericht mit Gefängnis bis zu 15 Jahren. Während viele glaubten, mit der gesetzlichen Regelung der „Rassenfrage" hätte die Diskriminierung der Juden ihren Höhepunkt gefunden, machte die überaus harte Anwendung der Gesetze und der Folgeverordnungen diese Hoffnungen zunichte. Allein bis 1940 wurden in Deutschland 1.911 Personen wegen „Rassenschande" verurteilt.

Reichsweit Aufsehen erregte eine besonders brutale Anwendung des „Blutschutzgesetzes" vor dem Sondergericht in Nürnberg. Der berüchtigte Richter Oswald Rothaug verurteilte 1942 in ei-

Abb. 160:
Im Rahmen des „Parteitags der Freiheit" wurden im Gebäude des Industrie- und Kulturvereins am 15. September 1935 die berüchtigten „Nürnberger Gesetze" beschlossen. Ansichtskarte 1908.

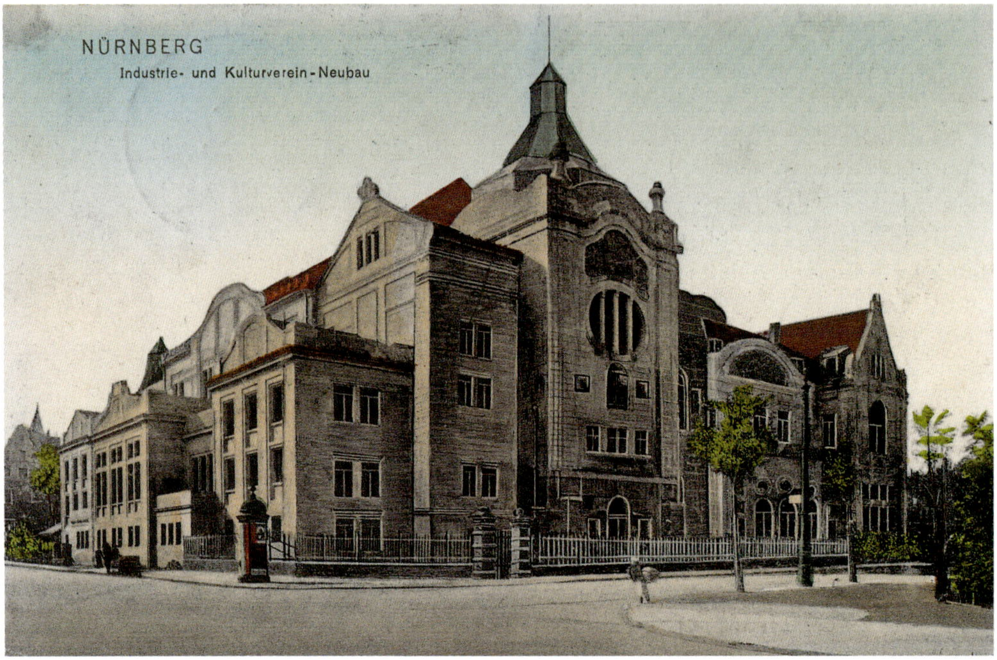

nem zweitägigen Schauprozeß den jüdischen Kaufmann Leo Katzenberger wegen angeblicher „Rassenschande" zum Tode. Damit hatte die Strafgerichtsbarkeit in Deutschland als Instrument der Judenvernichtung eine neue verbrecherische Qualität erhalten.

Aber auch in anderen Bereichen der Judenverfolgung übernahmen Nürnberger Richter eine zweifelhafte Vorreiterrolle. So zwang im Mai 1938 das Amtsgericht Nürnberg eine jüdische Familie wegen ihrer „Rassezugehörigkeit" zur Räumung ihrer Mietwohnung. Im November des gleichen Jahres sprach das Amtsgericht ein Mieturteil mit fristloser Kündigung aus, da die Anwesenheit von Juden für die Mitbewohner eines Mietshauses eine „Belästigung" darstelle. Zu vier Jahren Zuchthaus wurde ein Nürnberger Jude verurteilt, nur weil er eine nichtjüdische Frau freundlich gegrüßt hatte. Solche Urteile waren im Deutschen Reich bislang ohne Beispiel.

In Nürnberg machten Richter und andere Amtsträger besonders regen Gebrauch von Gesetzen und Verordnungen, die sich gegen die jüdischen Einwohner und ihr Eigentum richteten. Außerordentlich brutal verlief auch die Pogromnacht von 8. auf 9. November 1938. Neun Juden wurden ermordet, und zehn weitere nahmen sich selbst das Leben, da sie das Unrecht und die Quälereien nicht ertragen konnten. Am 29. November 1941 wurden die ersten in Nürnberg wohnhaften Juden nach Riga zwangsdeportiert. Weitere Transporte in die Vernichtungslager im Osten folgten. Von den insgesamt 1.631 aus Nürnberg deportierten Juden überlebten nur 72.

Der „fränkische Arisierungsskandal"

Eine neue Qualität der Judenverfolgungen leiteten die „Nürnberger Gesetze" vom 15. September 1935 ein. Sie bildeten auch die formal-rechtliche Grundlage für die schamlose Enteignung der Juden, denen das Recht auf Teilhabe am deutschen „Volksvermögen" abgesprochen wurde. Ihr Eigentum und ihr Besitz galten nun offiziell als „betrügerisches" und „raffendes Kapital", das der deutschen „Volksgemeinschaft" als dem angeblich rechtmäßigen Besitzer zurückgegeben werden mußte.

Nach den „Nürnberger Gesetzen" sollten Juden in Nürnberg physisch und psychisch so unter Druck gesetzt werden, daß sie „freiwillig" zur Aufgabe ihrer Geschäfte oder Betriebe bereit waren. 1938 war schließlich die völlige „Entjudung der deutschen Wirtschaft" eine beschlossene Sache der Nazis. Zur „Legalisierung" der „Entjudung" wurde angeordnet, daß bei den „Arisierungen" von Großhandelsfirmen und Industriebetrieben in jedem Fall der Gauleiter bzw. der Gauwirtschaftsberater sowie die Industrie- und Handelskammer zu beteiligen waren und der zuständige Regierungspräsident die Arisierung abschließend zu genehmigen hatte. Die Übernahme von jüdischen Einzelhandelsgeschäften oder Handwerksbetrieben unterlag dagegen nur der Genehmigungspflicht der kommunalen Behörde.

Im Gegensatz zur reichsweiten „Entjudung" der Wirtschaft wurde in Nürnberg unter Leitung Julius Streichers der Akt der völligen „Entjudung" der Wirtschaft früher, konsequenter und brutaler durchgeführt als andernorts. Bereits nach dem „Weihnachtsboykott" von 1937 begannen in der „Stadt der Reichsparteitage" die Zwangsarisierungen, die dem primitiven, aber erfolgreichen Schema folgten: Der jüdische Verkäufer wurde physisch bedroht und verhaftet, und der arische Käufer oder die Nürnberger Parteistellen diktierten den Übernahmepreis.

So wurde am 6. Januar 1938 Julius Langstadt, der jüdische Besitzer der „Marmorecke" am Josephsplatz, unter einem Vorwand verhaftet. Im Keller der Gestapo mußte er unter Zwang zu Protokoll geben, daß von seiner Seite eine Verkaufsabsicht bestünde und er mit

*Abb. 161:
Die im maurischen Stil erbaute Synagoge wurde nach Plänen des Stadtbaurats Adolf Wolff in den Jahren 1869 bis 1874 errichtet. Zu diesem Zeitpunkt zählte die jüdische Gemeinde rund 2.000 Mitglieder. Zum Reichsparteitag 1938 – drei Monate vor der Reichspogromnacht – wurde die Synagoge abgebrochen. Photographie um 1930.*

dem von der Parteileitung bestimmten Käufer einverstanden sei. Der Käufer berechnete daraufhin den Kaufwert des bekannten Modewarenspezialgeschäftes auf knapp 250.000 Reichsmark, was etwa einem Drittel des tatsächlichen Geschäftswertes entsprach.

Nur wenige Wochen nach der „Marmorecke" wurde der Betrieb von Dr. Walter Lessing, die älteste Firma galvanischer Kohle in Deutschland, „arisiert". Der Wert des bedeutenden Unternehmens war im Jahr zuvor auf 1,4 Millionen Reichsmark geschätzt worden. Als ein auswärtiger Kaufinteressent in Nürnberg eintraf, wurde er von der Parteileitung zurückgewiesen. Schließlich mußte das Unternehmen, unter dem Druck der Nürnberger Parteistellen, an den bisherigen Betriebsführer für nur 400.000 Mark verkauft werden.

Im Frühjahr 1938 setzte in Nürnberg ein regelrechter Arisierungswettlauf ein, der unzählige Parteigenossen auf den Plan rief, die sich am Besitz der Juden hemmungslos bereichern wollten. Eine unrühmliche Rolle spielte dabei der AEG-Direktor Otto Strobl, der sowohl Gauwirtschaftsberater als auch Präsident der Industrie- und Handelskammer (IHK) war. Als Gauwirtschaftsberater mußten ihm alle Arisierungsanträge zugestellt werden, über deren Genehmigung er allein bestimmte. Voraussetzungen waren, daß der eventuelle Käufer ein „alter Kämpfer" war und daß er bereit war, 1,5 bis drei Prozent der Kaufsumme an den Gau Franken abzuführen.

Seit dem Sommer 1938 legte Strobl die von ihm bereits befürworteten Verträge auch noch dem Adjutanten des Gauleiters, SA-Oberführer Hanns König, zur Bestätigung vor, der als Erfüllungsgehilfe Streichers fungierte. Nachdem König seine Zustimmung gegeben hatte, unterzeichnete Strobl in seiner Funktion als Präsident der IHK den Kaufvertrag. Im Gegensatz zu den gesetzlich geregelten Arisierungsverfahren lagen also die Entscheidungen bei der „Entjudung" von Großhandelsfirmen und Industriebetrieben in Nürnberg allein bei der Partei. Hauptnutznießer dieses Verfahrens waren die Parteileitung, zahlreiche hohe Parteifunktionäre und die von der Partei protegierten „arischen" Käufer, die die jüdischen Unternehmen und Geschäfte zu einem Spottpreis übernahmen. So wurde zum Beispiel im August 1938 das Margarinewerk Dessauer, dessen Wert bei etwa 1,7 Millionen Reichsmark lag, für nur 226.000 Reichsmark an einen „arischen" Erwerber verkauft. Insgesamt erreichten die in den Monaten April bis August 1938 erzwungenen Arisierungen einen Umfang von 3,5 bis vier Millionen Reichsmark.

Die Beträge mußten auf „Sperrkonten" einbezahlt werden, von denen die betroffenen Juden nur geringe Summen für ihren Lebensunterhalt abheben durften. Schon im April 1938 hatten sich rund 800.000 Reichsmark auf den verschiedenen Sperrkonten angesammelt. Hinzu kamen die Sonderabgaben und „Spenden" für den Gau, für die Kreisleitung Nürnberg-Stadt oder den Kreisleiter von Fürth, die sich auf einen Betrag von mindestens 347.000 Reichsmark beliefen.

Streicher, der im Sommer 1938 in finanzielle Schwierigkeiten geraten war, interessierte sich selbst nach der „Reichskristallnacht" für einige Arisierungsfälle, doch entschied er sich schließlich für den Erwerb eines Aktienpakets der Mars-Werke. Dieses befand sich im Besitz des jüdischen Bankiers Martin Kohn, den man bereits ins Gefängnis geworfen hatte. Dort mußte Kohn un-

ter brutalem Druck einen Abtretungsvertrag unterzeichnen, demzufolge das Aktienkpaket der Mars-Werke im Nominalbetrag von 112.500 Reichsmark für ganze 5.600 Reichsmark an Gauleiter Streicher überging.

Vom 10. November 1938 bis zum 10. Februar 1939 wurden in Nürnberg die noch bestehenden 62 jüdischen Handwerksbetriebe und 63 Einzelhandelsgeschäfte „entjudet". Weiterhin wechselten in Nürnberg und Fürth 72 jüdische Großhandelsfirmen und Industriebetriebe ihren Besitzer. Allein 33 Firmenwechsel erzielten einen Arisierungsgewinn von insgesamt 14,5 Millionen Reichsmark, ein Betrag, der die Größenordnung der Gewinne bei den rund 1.200 jüdischen Betrieben erahnen läßt, die 1935 in Nürnberg und Fürth existiert hatten.

Die Enteignung von Grundstücken oder Häusern der Juden wurde überwiegend vom stellvertretenden Gauleiter Karl Holz geleitet, und zwar mit äußerster Härte. SA-Männer holten die jüdischen Eigentümer in die Geschäftsstelle der Deutschen Arbeitsfront (DAF), wo sie oft unter massivem Druck dazu gezwungen wurden, ihren Besitz an einen von der Gauleitung zu benennenden arischen Erwerber zu verkaufen. In der Regel erhielten die jüdischen Besitzer fünf bis zehn Prozent des Einheitswertes erstattet, mußten zuvor aber die Hypotheken bezahlen, wenn die Objekte damit belastet waren. Wenn sich Juden weigerten, ihren Besitz abzugeben, wurden sie im Keller der DAF solange gedemütigt, geschlagen und gefoltert, bis sie „freiwillig" die Übernahmeverträge unterzeichneten. Insgesamt erbrachte die „Holz-Aktion" für den Gau Franken 240 jüdische Grundstücke und Häuser, die der Partei Mieteinnahmen von rund 40.000 Reichsmark pro Monat sicherten.

Nach der „Reichskristallnacht" wurden in Nürnberg und Fürth 38 „arisierte" Häuser wieder weiterverkauft, wobei die Kaufverträge durch Karl Holz vermittelt wurden. Auf seine Anweisung hin mußten die arischen Käufer einen gewissen Teil der Kaufsumme als „Spende" an den Gau Franken abführen. Am 5. Dezember 1938 wies dieses „Spendenkonto" bereits einen Betrag von 1,6 Millionen Reichsmark auf.

Zahlreiche Parteifunktionäre haben sich durch die Arisierungen persönlich an jüdischem Eigentum schadlos gehalten. So erwarb der Parteigenosse Hanns König ein Anwesen in der Nornenstraße für 5.400 Reichsmark und verkaufte es einige Tage später für 50.000 Reichsmark weiter.

1938/1939 waren in Nürnberg und Fürth rund 600 Grundstücke und Häuser „entjudet" worden. Die dabei erzielten Arisierungsgewinne betrugen rund 21 Millionen Reichsmark. Dazu kamen noch 1,6 Millionen Reichsmark, die an den Gau Franken abgeführt werden mußten und rund eine Million Reichsmark aus Veräußerungen an „arische" Dritterwerber.

Besonders beliebt war die Übernahme jüdischer Kraftfahrzeuge. Unter massivem physischen Druck mußten die Juden sich bereit erklären, ihr Auto an einen von der Partei genannten Interessenten zu verkaufen. Für nur fünf bis zehn Prozent des tatsächlichen Wertes erwarben viele „verdiente Parteigenossen" wertvolle Autos aus jüdischem Besitz. So bekam Fritz Herrwerth, der Chauffeur des Gauleiters, einen NS-Fiat im Wert von fast 3.000 Reichsmark für nur 100 Reichsmark, und der Fotograf der Gauleitung übernahm für 100 Reichsmark einen Mercedes-Benz, der einen Schätzwert von fast 10.000 Reichsmark hatte.

Im Frühjahr 1939 wurde angeordnet, daß die in Nürnberg lebenden Juden alle Gegenstände aus Gold, Silber, Platin und Edelsteinen sowie auch wertvolle Kunstgegenstände im Städtischen Leihamt abzuliefern hatten. Werte von fast sechs Millionen wurden so den Juden in Nürnberg und Fürth entzogen und zugunsten des Reiches eingezogen. Nach der „Reichskristallnacht" verließ fast die Hälfte der in Nürnberg lebenden Juden mittellos die Stadt, sie waren arm. Sie waren von Streicher und seiner Clique regelrecht ausgeplündert worden.

Das eigenmächtige Vorgehen, die Korruption und die schamlose Bereicherung der NS-Funktionäre um den Gauleiter Julius Streicher erregten bald auch in Berlin die Aufmerksamkeit und veranlaßten Hermann Göring, den Beauftragten für den Vierjahresplan zur Kriegsvorbereitung, eine Kommission einzusetzen, die die Vorgänge in Nürnberg untersuchen sollte. Die „Göring-Kommission" nahm am 10. Februar 1939 ihre Arbeit auf. Sie machte nicht das von den Juden erlittene Unrecht rückgängig, sondern die „Entjudungsgewinne" wurden nun dem Reich zugeführt. Streicher und seinen Spießgesellen geschah nichts. Bei Streicher wurde nur gefunden, „daß er nicht zur Menschenführung geeignet sei". Er mußte sich auf sein Gut Pleikershof zurückziehen.

Die Emigration der Nürnberger Juden

Zu Anfang des Jahres 1933 lebten in Nürnberg 8.260 Juden, ihr Bevölkerungsanteil betrug etwa zwei Prozent. Am 1. Januar 1940 wohnten nur noch 2.628 Juden in der Pegnitzstadt. Gerade die ungeheure Brutalität, mit der die Nationalsozialisten in der Stadt Streichers gegen die jüdische Bevölkerung vorgingen, veranlaßte zahlreiche Familien frühzeitig zur Emigration und rettete auf diese Weise vielen das Leben.

Schon in den ersten sechs Monaten nach der nationalsozialistischen Machtübernahme verließen über 750 Juden ihre Heimatstadt. Nicht alle flüchteten sofort ins ausländische Exil. Vielfach zogen die Familien zunächst in andere deutsche Städte, wie nach München, Berlin, Leipzig oder Frankfurt am Main, wo sich antisemitische Ausschreitungen im Vergleich zu Nürnberg noch in Grenzen hielten.

Im folgenden Jahr stieg die Zahl der Emigranten jedoch schon auf 1.476 Personen an. Einen weiteren Höhepunkt brachte die Verabschiedung der „Nürnberger Rassegesetze", woraufhin 837 Juden aus Nürnberg fortzogen.

Bis 1938 verließen nochmals über 1.000 Menschen die Stadt, und im Jahr darauf flüchteten 1.409 Personen aus Nürnberg, denn die blutigen Exzesse in der Pogromnacht vom 8./9. November 1938 hatten vielen das Ausmaß der brutalen Bedrohung vor Augen geführt. Erst 1938 wanderte zum Beispiel der Anwalt Rudolf Bing nach Israel aus. Er und seine Familie zählten zu den angesehensten Vertretern der Nürnberger Wirtschaft. Auch die Familie Kahn, ehemalige Mitinhaber der bekannten Spielwarenfabrik „Schuco", emigrierte nach der „Reichskristallnacht" und baute sich in den USA eine neue Existenz auf. In die Türkei flüchtete der Nürnberger Islamwissenschaftler Karl Süßheim, nachdem seine Schwägerin sich nach dem Terror der Pogromnacht das Leben genommen hatte. Sein Bruder Max Süßheim, SPD-Mitglied und prominenter Kommunalpolitiker, war bereits

1933 einem Schlaganfall erlegen. Er hatte Oberbürgermeister Luppe in den Verleumdungsprozessen gegen Streicher erfolgreich verteidigt und war deshalb in besonderem Maße Zielscheibe nationalsozialistischer Diffamierungskampagnen gewesen. 1939 brachten sich auch die Rabbiner der israelitischen Kultusgemeinde in Nürnberg in Sicherheit. Dr. Josef Heilbronner emigrierte nach der Entlassung aus dem KZ Dachau nach New York. Der Rabbiner Dr. Kurt Metzger wanderte in die USA aus. Im Dezember 1939 hatten nochmals 857 Juden Nürnberg verlassen.

1937 wurde in der Neuen Gasse eine „Auswanderer-Beratungstelle für Nordbayern" eröffnet. Hier konnten sich auswanderungswillige Juden nicht nur über den formalen Ablauf einer Emigration informieren, sondern sie wurden auch gezielt auf das Leben im Ausland vorbereitet. Sprachkurse in Englisch, Spanisch, Hebräisch und Französisch wurden angeboten. Neue berufliche Qualifikationen vermittelten etwa Lehrveranstaltungen in Buchführung oder Maschinenschreiben. Auch die jüdischen Schulen nahmen Fremdsprachen und die Vermittlung technischer Kenntnisse verstärkt in den Unterrichtsplan auf.

Die Emigranten verfügten überwiegend über ein hohes Ausbildungsniveau und waren beruflich bestens qualifiziert. 619 Auswanderer waren selbständige Kaufleute und Händler, weitere 208 kaufmännische Angestellte, und 119 Emigranten arbeiteten als Mediziner, Ingenieure und Juristen. Im pädagogischen Bereich waren 47 Lehrer und Kindergärtnerinnen tätig. 39 Flüchtlinge übten ein Gewerbe oder ein Handwerk aus, und nur 25 waren als Arbeiter beschäftigt. Eher klein war auch die Gruppe der Landwirte mit nur fünf Personen. Daneben emigrierten 61 zumeist weibliche Hausangestellte sowie 20 Krankenpflegerinnen, und über 130 Personen befanden sich noch in der Ausbildung. Vor allem jüngere Leute wagten die Flucht ins Ausland. Fast 70 Prozent der Emigranten waren nicht älter als 50 Jahre.

Bis Kriegsbeginn wurden 2.747 Auslandspässe ausgestellt, 1939 alleine 1.391. Bevorzugtes Auswanderungsland waren die USA. Allein 1.030 Nürnberger Emigranten bauten sich dort eine neue Existenz auf, wie etwa der Zweiradfabrikant Carl Marschütz in Kalifornien. 572 Nürnberger Juden flüchteten nach England, 226 nach Palästina, je 118 nach Holland und Frankreich. Aber auch in Südamerika, Afrika, China und in der Schweiz fanden viele Aufnahme.

Die Verbliebenen wurden ab Herbst 1941 von der „Endlösung der Judenfrage" erfaßt. Am 29. November verließ der erste Vernichtungstransport Nürnberg. Er umfaßte 512 Angehörige der Kultusgemeinde unter 65 Jahren und endete in der Nähe von Riga, wo fast alle ermordet wurden. Nach dem Ende des Krieges waren von diesen Deportierten nur noch 16 am Leben.

Im März 1942 fand eine zweite große Deportationswelle statt, und sie umfaßte 426 Personen, von denen niemand am Leben blieb. In einer dritten Deportation wurden 533 Juden, die älter als 65 Jahre waren, nach Theresienstadt verschickt. Für ihre „Einordnung ins Altersheim des Ghettos" mußten die alten Leute aus ihren Sperrkonten fünf Jahre im voraus bezahlen. Nur 72 Männer und Frauen aus der Nürnberger Kultusgemeinde überlebten den Holocaust.

Nur wenige mochten nach dem Ende des Krieges aus ihrem Exil nach Nürn-

Inserat aus dem Isr. Gemeindeblatt

Hermann Kesten

berg, der Stadt des „Stürmers" und der „Rassegesetze", zurückkehren. Dennoch fühlten sich viele Emigranten trotz des erlittenen Unrechts mit ihrer Heimatstadt verbunden, wie etwa Adolf und Eric Kahn. Sie versorgten nach dem Krieg die Schuco-Arbeiter regelmäßig mit Care-Paketen und nutzten auch ihre geschäftlichen Beziehungen in den USA für einen Neuaufbau der Nürnberger Spielwarenfirma. Auf eigenen Wunsch wurde der Gründer der Hercules-Werke Carl Marschütz auf dem Westfriedhof in Nürnberg begraben. Er war im Alter von 94 Jahren in Los Angeles verstorben. Der von den Nazis verfemte Schriftsteller Hermann Kesten nahm 1980 die Ehrenbürgerwürde seiner Vaterstadt an, um so seine Verbundenheit mit Nürnberg zu dokumentieren.

Widerstand und Volksopposition

Überraschend schnell und reibungslos gelang den Nationalsozialisten im März 1933 nach der Machtübernahme im Stadtrat die Gleichschaltung der Stadtverwaltung und die Ausschaltung der politischen Gegner in Nürnberg. Noch am 12. Februar 1933 hatten fast 70.000 Menschen bei der letzten Kundgebung der Eisernen Front am Hauptmarkt gegen die Nationalsozialisten demonstriert. Doch nach einer massiven Terror- und Verfolgungswelle in der Stadt stellten die meisten Regimegegner nur einige Wochen später keine Gefahr mehr für den NS-Staat dar.

Gleich nach der Machtübernahme traten die neuen Verordnungen „zum Schutz von Volk und Staat" und „zur Abwehr heimtückischer Angriffe gegen die Regierung der nationalen Erhebung" in Kraft, auf deren Grundlage nichtparteikonformes Handeln und Denken bestraft werden konnte. Eigens eingerichtete Sondergerichte beschäftigten sich ausschließlich mit politischen Delikten, die unter das „Heimtückegesetz" fielen. Die Vorsitzenden des Nürnberger Sondergerichts, Dr. Oswald Rothaug und Rudolf Oeschey, machten besonders rigiden Gebrauch von der politischen Strafverfolgung. Ihre brutale Verhandlungsführung und Urteilspraxis waren gekennzeichnet von überdurchschnittlich vielen Todesurteilen und langjährigen Freiheitsstrafen. Bis Kriegsbeginn verhandelte das Nürnberger Sondergericht mindestens in 285 Fällen. Kritische Äußerungen oder abfällige Bemerkungen über Hitler und führende Parteifunktionäre ahndete das Sondergericht bereits mit mehrmonatigen Gefängnisstrafen. Nach Kriegsbeginn verschärften insbesondere die „Verordnung zur Ergänzung der Strafvorschriften zum Schutze der Wehrkraft des deutschen Volkes" und die „Verordnung über außerordentliche Rundfunkmaßnahmen" die gefällten Urteile. Von 1940 bis 1945 führte das Sondergericht nochmals 344 Verfahren durch.

Fälle geplanten oder gar organisierten Widerstands verhandelte das Oberste Landesgericht in München. Mindestens 120 Nürnberger und Nürnbergerinnen mußten sich dort wegen Hochverrats verantworten. Keimzelle des aktiven Widerstands und der individuellen Opposition in Nürnberg war die Arbeiterbewegung. Gegen sie richteten sich in erster Linie die Verfolgungen und Gewaltakte des neuen Regimes.

Durch Massenverhaftungen vieler Funktionäre schien die Parteistruktur schon im April 1933 vernichtet. Jedoch hatte sich die KPD, die schon seit längerem mit einem Verbot gerechnet hatte, auf die Arbeit im Untergrund vorbereitet. Druckmaschinen und Papier waren vor den Nazis verborgen worden. So konnten Parteizeitungen noch einige Monate heimlich gedruckt und verteilt werden. Ein Zentrum des kommunistischen Widerstandes stellte der Stadtteil St. Johannis dar. Unter der Redaktion ihres Herausgebers Fritz Peter erschien seit 1930 regelmäßig die kommunistische Stadtteilzeitung „Der Rote Sandberg", und das auch noch nach der Machtübernahme. Heimlich wurde auch das Stadtteilblatt „Rotes Gostenhof" hergestellt. Helfer legten die Blätter in Hausfluren und Briefkästen aus und kassierten sogar Geldbeiträge von politisch zuverlässigen Empfängern. Einige Verteiler und Verteilerinnen wurden aber bei ihrer risikoreichen Arbeit beobachtet, verhaftet und vom Sondergericht zu langen Freiheitsstrafen verurteilt. Als auch Peter denunziert wurde, sicherte eine von ihm organisierte Ersatzmannschaft noch bis November 1933 das Erscheinen der Widerstandszeitung. Aus Angst vor Entdeckung und weiteren Verhaftungen gab die Gruppe schließlich das Blatt auf. Auch das „Rote Gostenhof" wurde eingestellt. Weiterhin aber wurden Flugblätter aus der Tschechoslowakei in die Stadt geschmuggelt.

Neben der SA-Wache diente das unterirdische Gangsystem unter der Burg, das später während der Luftangriffe Tausenden von Nürnbergern Zuflucht bot, als Gefängnis und Ort der brutalen Verhöre von verhafteten Kurieren und KPD-Funktionären. Zellen ohne Tageslicht und menschenunwürdige hygienische Bedingungen gehörten ebenso zum psychologischen Druck wie die Inszenierung eines „Femegerichtes", bei dem SA-Leute in Maske, Kapuze und schwarzem Talar von den Häftlingen unter Todesdrohungen Stillschweigen über die erlebten Qualen erzwangen.

Abb. 162: Joseph E. Drexel, 1896–1976, der spätere Gründer der „Nürnberger Nachrichten". Photographie.

Formal bestand zwar die SPD einige Monate länger als die KPD, jedoch wurden die Stadtratsmitglieder an der Ausübung ihres Mandats gehindert und Parteifunktionäre sowie aktive Mitglieder schikaniert und terrorisiert. Als die SPD im Juni 1933 schließlich verboten wurde, waren die meisten Sozialdemokraten auf eine konspirative Parteiarbeit nur schlecht vorbereitet.

Kernzellen des sozialdemokratischen Widerstandes in Nürnberg waren die Arbeiterhochburgen in der Gartenstadt und im Loher Moos. Von dort aus wurden etwa die Verbreitung verbotenen Schrifttums organisiert und ein Verteilernetz aufgebaut. In den Arbeitervororten Loher Moos, Ziegelstein, Johannis, Maxfeld, Gostenhof, Gartenstadt, Gleißhammer, Gibitzenhof und Lichtenhof hielten zudem Verbindungsleute miteinander Kontakt. Beschafft wurden verbotene Literatur, viele Flugblätter und auch die Exil-Zeitung „Neuer Vorwärts" von Grenzgängern aus der Tschechoslowakei, wo sich in Prag der Exil-Vorstand der SPD organisiert hatte. Als Wanderer oder Skiläufer getarnt, setzten unter anderen Julius Loßmann, Franz Haas, Andreas Staudt, August Meier und Otto Kraus ihr Leben als Kuriere aufs Spiel. Als Verbindungsmann nach Prag fungierte dabei der ehemalige SPD- Reichstagsabgeordnete Hans Dill. Der Aufbau einer illegalen Parteiorganisation in Nürnberg scheiterte allerdings an mehreren Verhaftungswellen im Frühjahr und Sommer 1934. Dabei waren wichtige Funktionäre und führende Perönlichkeiten vielfach durch feige Denunziation entdeckt worden.

Am 21. Dezember 1935 lud Julius Streicher überraschenderweise 15 ehemalige KZ-Häftlinge, darunter viele Sozialdemokraten, mit ihren Angehörigen in den „Deutschen Hof" ein. Die politischen Gefangenen waren auf seinen ausdrücklichen Wunsch hin vorzeitig entlassen worden. Die sogenannten „Streicheramnestien" sollten zum einen den angeblich humanen Umgang des Regimes mit den politischen Gegnern vorgaukeln, zum anderen auch die Ergebnisse der weltanschaulichen Umerziehung im KZ verdeutlichen. Wie der „Fränkische Kurier" berichtet, befahl Streicher in seiner Rede den Entlassenen eindringlich, „in ihrem eigenen Interesse und dem ihrer Familien, sich jeder Betätigung gegen den heutigen Staat, der doch für alle Volksgenossen das Beste wolle, zu enthalten." Als eine weitere Demütigung mußten die Entlassenen die Übergabe eines Weihnachtsgeschenkes und eines kleinen Handgeldes durch die NS-Volkswohlfahrt empfinden. Viele Sozialdemokraten behielten jedoch ihre Ablehnung des verbrecherischen Regimes bei.

Eine andere Art der Opposition gegen Hitler stellte der bürgerliche Widerstand dar, an dessen Spitze in Nürnberg der Versicherungsprokurist Dr. Joseph E. Drexel und der Regierungsrat Karl Tröger standen. Die Nürnberger Gruppe war die stärkste Fraktion der nationalbolschewistischen Widerstandsbewegung des Schriftstellers Ernst Niekisch. Angehörige des gebildeten Bürgertums sowie führende Vertreter von Wirtschaft und Industrie trafen sich regelmäßig zum Austausch unzensierter Informationen. Sogar Pläne für ein aktives Vorgehen gegen die Nazis wurden erörtert. Doch 1935 konnte die Gestapo einen Spitzel einschleusen, und 1937 wurden bayernweit 75 Angehörige der Niekischgruppe verhaftet. In Nürnberg war dies das Ende des bürgerlichen Widerstandes. Drexel verbüßte zunächst eine Zuchthausstrafe und wurde danach mit dem Vermerk „Rückkehr unerwünscht" nach Mauthausen überstellt. Er überlebte das KZ, und im Herbst 1945 gab er mit den „Nürnberger Nachrichten" die erste Nachkriegszeitung in Nürnberg heraus. Der Verwaltungssitz des Zeitungsverlages befindet sich bis heute im ehemaligen Gauhaus der NSDAP.

Einen systematischen Widerstand des Klerus in kirchenamtlichem Auftrag gegen die Unrechtstaten der Nationalsozialisten gab es auch in Nürnberg nicht. Doch unzählige Gläubige und Geistliche wehrten sich couragiert gegen Übergriffe und Eingriffe in das kirchliche Leben. So verweigerte die evangelische Landeskirche Bayerns den Anschluß an die „Deutschen Christen", die sich ideologisch mit den Nationalsozialisten identifizierten. Im September 1933 informierten 16 Nürnberger Pfarrer mit neun weiteren in einem Rundschreiben ihre Amtskollegen über ihren Appell an Landesbischof Hans Meiser, gegen die Übernahme des sogenannten Arierparagraphen ins kirchliche Leben zu protestieren, demzufolge getaufte Juden kein geistliches Amt übernehmen durften. Gleichzeitig wurden gefährdete Pastoren aus den Pfarrämtern genommen und anderweitig eingesetzt. Nicht nur für eigene kirchenpolitische Interessen setzte sich dagegen Pfarrer Wilhelm Geyer ein. Nach der „Reichskristallnacht" vom 8./9. November 1938 kritisierte er öffentlich am darauffolgenden Sonntag in seiner Predigt die antisemitischen Terrorakte und Ausschreitungen in Nürnberg und verlas mit allen Geistlichen der Pfarrei St. Lorenz demonstrativ die Zehn Gebote vor dem Altar. Geyer und seine Kollegen blieben von der Gestapo unbehelligt.

Ähnlich wie die evangelische Kirche beschränkte auch die katholische Kirche in Nürnberg ihren Widerstand gegen das NS-Regime auf die Wahrung ihrer Rechte im Rahmen des 1933 geschlossenen Reichskonkordats. Vor allem der Fortbestand der Konfessionsschulen sowie des katholischen Vereinswesens wurden in Nürnberg zentrale Punkte der Auseinandersetzung zwischen Katholiken und Nationalsozialisten. Zwar garantierte das Reichskonkordat formal die kirchliche Jugendarbeit, solange sie sich auf religiöse Bereiche erstreckte, tatsächlich aber wurden solche Aktivitäten ständig überwacht und behindert. So kamen beispielsweise im April 1934 acht Mitglieder von katholischen Jugendverbänden 14 Tage wegen des Verdachtes auf „illegale Blockbildung" in „Schutzhaft". 1937 wurde auch Pater Gamelbert Maier von der Pfarrei St. Ludwig in Gibitzenhof von der Gestapo wegen des Verdachtes auf Bestehen einer illegalen Jugendvereinigung verhört. Zudem wurden die Predigten vor Jugendlichen einer strengen Kontrolle unterworfen. Dem in St. Ludwig tätigen Franziskanerpater Notker Klenk warfen die Nationalsozialisten 1936 aufgrund

Abb. 163:
Pfarrer Wilhelm Geyer prangerte die antisemitischen Ausschreitungen der Nationalsozialisten an. Photographie um 1936.

einer Denunziation mehrere „staatsabträgliche Äußerungen" vor. Das Verfahren gegen ihn mußte aber mangels Beweisen eingestellt werden. Vom Schuldienst war er allerdings bereits entbunden worden. 1937 erhielten die „Marianische Jungfrauenkongregation" und die Jugendgruppe „Weiße Rose" der Gemeinde St. Kunigund in der Südstadt ein Betätigungsverbot wegen angeblicher „volks- und staatsfeindlicher Bestrebungen". Im gleichen Jahr mußte unter dem Druck der Verhältnisse der katholische Turnverein DJK Falke e.V. aufgelöst werden.

Nicht nur in der konfessionellen Jugend- und Vereinsarbeit setzten die Nationalsozialisten ihren Totalitätsanspruch durch, sondern auch im Erziehungswesen. Entgegen den Zusicherungen im Reichskonkordat wandten sich die Machthaber in aggressiven Kampagnen gegen die Bekenntnisschulen. Vor jedem Einschulungstermin verpflichtete etwa der Nationalsozialistische Lehrerbund (NSLB) alle Kollegen, für die „Deutsche Gemeinschaftsschule" zu werben. Nicht alle Lehrer ließen sich jedoch einschüchtern. An der „Julius-Streicher-Schule" in der Scharrerstraße weigerten sich vier Pädagogen, einem Antrag auf Beseitigung der Konfessionsschule zuzustimmen.

Strafversetzungen innerhalb der Stadt und auch von Nürnberg weg waren die Folgen dieses Protests für die „Knierutscher", wie Julius Streicher die glaubensfesten Katholiken diffamierte. Versammlungen mit Streicher als Hauptredner, Drohungen mit Verlust des Arbeitsplatzes und die Verpflichtung der Beamten und Angestellten zur Ummeldung ihrer Kinder gehörten zum Einschüchterungsprogramm. Während die evangelische Elternschaft bald verstärkt auf die zum Teil existenzgefährdenden Repressalien reagierte, blieben die Katholiken lange Zeit in der Schulfrage resistent. 1936 ging die Zahl der Anmeldungen an katholischen Schulen „nur" um rund 40 Prozent zurück, während die protestantischen Schulen einen Verlust an Neuanmeldungen von 83 Prozent verzeichneten. Aber 1937/38 hielten dem Druck nur noch wenige Christen stand. Die Pfarrchronik der katholischen Pfarrei St. Ludwig im Süden Nürnbergs vermerkte hierzu 1937: „Mit zäher Ausdauer verteidigten namentlich viele Mütter die katholische Schule. Vielfach von der Sorge um das tägliche Brot getrieben, vollzogen sie unter Tränen die Abmeldung ihrer Kinder." Im April 1937 hob eine Regierungsentschließung die Bekenntnisschulen endgültig auf. 1941 wurden in Nürnberg die Schulkreuze aus den Klassenzimmern entfernt.

Einen der wenigen aufsehenerregenden Fälle aktiven katholischen Widerstands in Nürnberg stellte das Wirken des 1937 verhafteten Jesuitenpaters Alois Jung aus der Pfarrei St. Kunigund dar. Jung hatte in mehreren Abhandlungen und Predigten offen die Inszenierung sogenannter Sittlichkeitsprozesse kritisiert, in denen katholische Geistliche wegen angeblicher sittlicher Verfehlungen angeklagt wurden. Die Protestschriften waren von ihm und zwei Schreibkräften in der Pfarrei vervielfältigt und an Verwandte und Bekannte in ganz Deutschland verschickt worden. 1939 verhandelte das Oberlandesgericht Nürnberg unter Vorsitz von Oswald Rothaug den Fall. Wegen „staatsfeindlicher Hetze" wurde Pater Jung zu zwei Jahren und acht Monaten Gefängnis verurteilt.

Vor allem während der letzten Kriegsjahre halfen zahlreiche Nürnberger Geistliche und Ordensschwestern ihren katholischen Glaubensbrüdern aus dem Ausland. 1943 traf der erste Unter-

grundpfarrer aus Frankreich, Joseph Gelin, verkleidet als Schreiner in Nürnberg ein. Seine Erlebnisse hielt er in einer Art Tagebuch fest. Gelin organisierte zusammen mit fünf weiteren Untergrundpfarrern und zahlreichen sogenannten Laienaposteln für die rund 20.000 französischen Kriegsgefangenen, freiwilligen Arbeiter und Zwangsarbeiter Gottesdienste und leistete Seelsorgearbeit. Der Aufbau eines kirchlichen Lebens, verborgen vor den Augen der Gestapo und vor Denunzianten, gestaltete sich außerordentlich schwierig. Als unauffälliger Haupttreffpunkt für die französischen Christen galt bald die Ecke des Hauptpostamtes, „wo zu einer bestimmten Stunde mit Gewißheit ein Priester anzutreffen war, oft auch mit dem Allerheiligsten. Allerdings war strengste Vorsicht geboten, denn jede Ansammlung von Menschen wurde rasch verdächtig. Die Priester gingen unter den Arkaden hin und her oder schlenderten über den Platz und hörten dabei die Beichte."

Wertvolle Hilfe für ihre seelsorgerische Arbeit fanden die französischen Priester bei ihren deutschen Amtskollegen. So stellte etwa Pfarrer Leonhard Übler aus Altenfurt den französischen Christen seine Kirche St. Sebald für heimliche Treffen zur Verfügung. Übler lernte sogar Französisch, um gegebenenfalls selbst die Heilige Messe für die Gläubigen zelebrieren zu können. Auch Pfarrer Johannes Freitag von St. Joseph am Rechenberg setzte sich über das Verbot hinweg, mit Fremdarbeitern in deren Muttersprache zu reden, und predigte auf Französisch. Ebenso stand die Kirche bei Gebersdorf den französischen Gläubigen zur Verfügung. Der Pfarrer der Frauenkirche, Franz Rathgeber, bot den Franzosen die Klarakirche für ihre Gottesdienste an, die bald zum religiösen Mittelpunkt der französischen Gemeinde wurde. Nicht nur Pfarrer, sondern auch viele Gläubige setzten sich mutig für die Franzosen ein. So überließ ein katholisches Gastwirtsehepaar aus Ziegelstein der französischen Gemeinde das Gastzimmer für ihre Gottesdienste. Auch zahlreiche evangelische und katholische Ordensschwestern arbeiteten mit den Franzosen zusammen. Schwester Benedicta Schrott von den „Engli-

Abb. 164:
Schwester Benedicta Schrott. Ein Leben lang war sie mit Abbé Gelin befreundet. Photographie 1993.

schen Fräulein" etwa nutzte ihre französischen Sprachkenntnisse und betreute französische Mädchen. Darüber hinaus organisierte sie Lebensmittel für Kranke. Auch zwei evangelische Gefängnisschwestern vermittelten ungeachtet der konfessionellen Unterschiede und überbrachten heimlich Päckchen und Briefe an die Inhaftierten.

Trotz der fast lückenlosen Überwachung durch den NS-Staat riskierten alle Helfer und Helferinnen ihr Leben, indem sie unerlaubt Räume zur Verfügung stellten, französischen Arbeitern, Geistlichen und Gefangenen Unterkunft gewährten und sie verpflegten. Letztlich aber beschränkte sich die kirchliche Opposition auf Aktionen der Nächstenliebe und der Menschlichkeit. Einen organisierten, gezielten Widerstand gab es nicht. Nur wenige Nürnberger leisteten aktiven Widerstand, da die Entschlossenheit einzelner keine Massenbewegung gegen das Regime zu entfachen vermochte. Dem Widerstandsgedanken fehlte eine breitere Basis in der Bevölkerung, denn zu viele ließen sich von den tatsächlichen oder nur scheinbaren wirtschaftlichen und außenpolitischen Erfolgen blenden. Darüber hinaus erstickte ein weitverbreitetes Spitzelsystem und feiges Denunziantentum alle Ansätze organisierten und wirksamen Widerstands im Keim.

Luftschutzplakette

Luftschutz

Mit dem Ausbau der modernen Luftwaffe nach dem Ersten Weltkrieg mußten Abwehrstrategien gegen die neuen Gefahren entworfen werden: Maßnahmen zum Luftschutz bildeten nun eine neue Facette in der Landesverteidigung. Trotz der strengen Auflagen zur Entmilitarisierung gewährte der Versailler Vertrag dem Deutschen Reich den Aufbau eines passiven Luftschutzes. Daraufhin wurde bereits 1919 die Technische Nothilfe als Hilfsorganisation für den Katastrophenfall gegründet. Nachdem eine Ächtung von Luftangriffen auf zivile Ziele bei den Beratungen der Haager Landkriegsordnung nicht durchgesetzt werden konnte, richtete das Deutsche Reich 1927 eine eigene Luftschutzdienststelle ein, und vier Jahre später veröffentlichte das Reichsinnenministerium „Richtlinien für die Organisation des zivilen Luftschutzes". Seit 1932 gaben viele Städte „Ortsanweisungen für den Luftschutz der zivilen Bevölkerung" heraus. Darüber hinaus wurden neben dem behördlich organisierten Luftschutz zunehmend Vereine aktiv, die sich um Aufklärung über die neuen militärischen Gefahren bemühten. 1933 schließlich trat der Reichsluftschutzbund an die Stelle der bisherigen Organisationen.

Auch in Nürnberg, das seit 1934 als „Luftschutzort I.Ordnung" in der Liste der besonders gefährdeten Städte rangierte, wirkte eine Ortsgruppe des Reichsluftschutzbundes. Ein reichsweites Luftschutzgesetz reglementierte dann seit 1935 die Handhabung der baulichen und personellen Vorkehrungsmaßnahmen. Als örtlichen Luftschutzleiter sah das Gesetz einen staatlichen Vertreter vor, nämlich den Polizeipräsidenten, während die jeweilige Stadtverwaltung über keinerlei Weisungsrecht verfügte. Lediglich für den Selbstschutz in städtischen Einrichtungen trug die Nürnberger Stadtverwaltung die Verantwortung. In Nürnberg erwies sich jedoch die Zusammenarbeit der Stadt mit dem Luftschutzleiter Benno Martin und ab 1942 mit Otto Kuschow als ausgesprochen kollegial. Vor allem ließen die Polizei-

präsidenten den städtischen Beamten weitgehend freie Hand bei der Verwendung von Reichsmitteln für den Ausbau bombensicherer Unterkünfte.

Seit 1936 bereitete das NS-Regime die Menschen psychologisch auf einen Luftkrieg vor. So wurden im Mai und im November dieses Jahres Luftschutzübungen durchgeführt, bei denen der Sirenenalarm allerdings noch von klingelnden Radfahrern simuliert wurde. Als im Juni 1938 anläßlich des fünfjährigen Bestehens des Reichsluftschutzbundes reichsweit eine Luftschutzwoche stattfand, wurde in Nürnberg das Jubiläum mit einer Kundgebung auf der Insel Schütt gefeiert. Drei Tage später machten in sämtlichen Schulen ein Probefliegeralarm, ein Propagandamarsch des Jungvolkes in Volksgasmasken und eine Kundgebung auf der Insel Schütt mit Vorführungen auf den sogenannten Jugendluftschutztag aufmerksam. Nürnberg war eine der ersten Städte im Reich, in denen Volksgasmasken ausgegeben wurden. Für fünf Reichsmark konnte jeder Nürnberger eine Maske erwerben. Wohlfahrtsempfänger wurden kostenlos damit ausgerüstet. Im Januar 1939 fand für die Städte Nürnberg und Fürth eine Verdunkelungsübung statt, die ein Probealarm am frühen Morgen abschloß. Schon 1936 war als Ausbildungszentrum für Selbstschutzkräfte wie Luftschutzwarte die „Luftschutzschule Hermann Göring" an der Ostendstraße als erste Institution dieser Art in Bayern errichtet worden.

Organisatorische Maßnahmen oder Einrichtungen, die Hilfe und Schutz vor einem Bombenangriff hätten bieten können, blieben dagegen weit hinter dem großen Propagandalärm zurück. Denn bis Januar 1939 standen nur zehn öffentliche und neun städtische Luftschutzräume sowie zwei Räume für den Sicherheits- und Hilfsdienst zur Verfügung.

Abb. 165: Die architektonische Gestaltung des Bunkers „Hohe Marter" sollte bewußt an die runden Stadtmauertürme erinnern. Photographie 1944.

Der Einbau von Luftschutzräumen in Wohnhäusern war bis 1939 sogar freiwillig und deshalb kaum vorangetrieben worden. Insgesamt war Nürnberg bei Kriegsbeginn auf einen Luftangriff nicht ausreichend vorbereitet, vor allem fehlten überall in der Stadt bombensichere Schutzräume. Selbst nach dem Überfall auf Polen und den Bombardements der Städte Warschau und Rotterdam blieben Luftschutzmaßnahmen in Nürnberg vorerst Stückwerk. Bis Ende 1939 errichtete das Hochbauamt lediglich 274 behelfsmäßige Sammelunterkünfte, und bis Juni 1940 waren es erst 351. Immerhin wurden einige von der städtischen Wasserleitung unabhängige unterirdische Wasserbecken zur Löschwasserversorgung angelegt. Aber erst im Oktober 1940 ordnete ein „Führerbefehl" für luftkriegsgefährdete Großstädte, trotz Materialmangels, ein Sofortprogramm zum Ausbau bombensicherer Unterkünfte an. Dar-

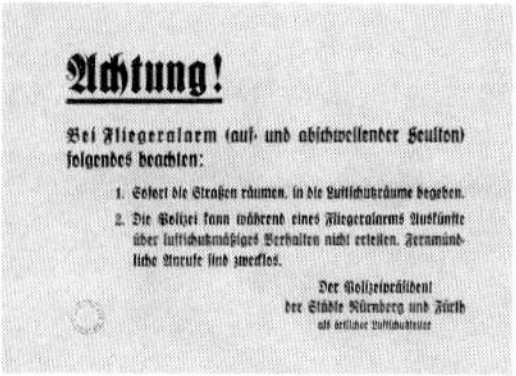

Achtung!

Bei Fliegeralarm (auf- und abschwellender Heulton) folgendes beachten:

1. Sofort die Straßen räumen, in die Luftschutzräume begeben.
2. Die Polizei kann während eines Fliegeralarms Auskünfte über luftschutzmäßiges Verhalten nicht erteilen. Fernmündliche Anrufe sind zwecklos.

Der Polizeipräsident
der Städte Nürnberg und Fürth
als örtlicher Luftschutzleiter

Luftschutzhandzettel

aufhin errichtete das Hochbauamt 15 Bunker für rund 12.500 Menschen, bevorzugt in Vierteln ohne andere Sicherungsmöglichkeiten, etwa mit nicht unterkellerten Schlichtbauwohnungen. So versorgten den Süden Nürnbergs Hochbunker an der Landgrabenstraße, an der Bleiweißstraße sowie südlich der Werderau. Dem mittelalterlichen Stadtbild angeglichen wurden die Hochbunker in der Grübelstraße und in Wöhrd, und der Bunker Hohe Marter erinnerte an die Architektur der vier Stadttürme. Weitere Bunker enstanden am Stadtrand in Thon, an der Leyher Straße, in Kleinreuth und am Theresienkrankenhaus.

Trotz des sich ausweitenden Luftkrieges verfügte die Reichsregierung 1941 wegen Materialknappheit und Arbeitskräftemangel einen Baustopp für Zivilbunker. Nur noch der Bunker für die städtische Frauenklinik konnte fertiggestellt werden. Wegen des Neubauverbots mußten andere Möglichkeiten für den Luftschutz gefunden werden. So erhielten etwa die vier Stadttürme, deren sechs Meter dicke Mauern bereits einen vorzüglichen Schutz gewährten, stahlbewehrte Betondecken. Vor allem aber rettete eine andere Nürnberger Besonderheit zahlreichen Einwohnern das Leben: Die Felsengänge, die in den Burgberg geschlagen worden waren, boten rund 15.000 Menschen Platz. Alle Hoch- und Tiefbunker waren für etwa 23.000 Menschen vorgesehen, doch im Ernstfall suchten dreimal so viele Menschen Schutz, die sich zu Recht hier sicher fühlten, da die Anlagen selbst Volltreffern standhielten.

Nur unzureichend waren die Luftschutzräume unter den Wohnhäusern, zu deren Ausbau verstärkt seit 1941 aufgerufen wurde. Die Vermauerung von Kellerfenstern, die Abstützung der Kellerdecken oder der Einsatz von gassicheren Türen boten keinen ausreichenden Schutz gegen Feuer und Bomben. Auch die Deckungsgräben, deren Bau seit 1941 als Ersatz für den Bunkerbau intensiviert wurde, blieben gegen Bombeneinschläge wirkungslos und konnten lediglich Splitter abwehren. Die Zahl der Splittergräben und ausgebauten Luftschutzräume überstieg schließlich mit 348.000 Plätzen den Bedarf bei weitem, denn 1944 lebten nur noch 260.000 Menschen in der „Stadt der Reichsparteitage".

Personell und technisch verfügte der Luftschutz über mehrere Feuerlösch- und Entgiftungsabteilungen, Instandsetzungs- und Sanitätsbereitschaften, Kampfstoffuntersuchungsstellen und Sprengkommandos. Bis 1940 umfaßte der Luftschutz in Nürnberg nicht weniger als 2.813 Mann. Ihre Aufgabe bestand neben den Lösch- und Bergungsarbeiten zum Beispiel im vorsorglichen Markieren von Fluchtwegen, im Anlegen von Wassergassen bei Feuerstürmen, aber auch in der Überwachung von Ruhe und Ordnung in den Bunkern während des Angriffs. Bis 1944 traten auch noch die sogenannten Schnellkommandos in Aktion, die schon während eines Angriffs zum Löschen ausrückten. Doch wegen der schweren Angriffe in den letzten beiden Kriegsjahren gaben sie diese lebensgefährliche Strategie auf.

Als die Bombardierung von Hamburg 1943 die verheerenden Auswirkungen eines Flächenbrandes aufzeigte, zog dies eine ganze Reihe von Nachbesserungen im Nürnberger Luftschutz nach sich. So wurden die Felsenkeller mit einem Fluchtwegesystem ausgestattet. Überall in der Stadt wurden zusätzliche Löschwasserbecken angelegt, ja sogar Teile des Stadtgrabens wurden mit Wasser gefüllt. Gleichzeitig wurden die Hausbesitzer dazu veranlaßt, ihre

Dachböden zu entrümpeln und sie von leicht entflammbarem Material zu befreien. Wasser- und Sandvorräte lagerten bald in allen Wohnungen und Häusern, und Hausgemeinschaften rüsteten sich mit Löschwerkzeugen aus. Im April 1943 eröffnete Karl Holz als stellvertretender Gauleiter in der Norishalle sogar eine Luftschutz-Ausstellung, in der sich die Nürnberger über Selbstschutzmethoden informieren konnten.

Trotz aller Schutzmaßnahmen war aber die Stadt Nürnberg auf die Großangriffe nicht hinreichend vorbereitet. So fanden bis Kriegsende nur zehn Prozent der Einwohner einen wirklich bombensicheren Unterschlupf. Die zahlreichen Vorkehrungen für den Gebäudeschutz konnten die Vernichtung durch Feuer und Einschläge lediglich verzögern, nicht aber verhindern.

In ganz Deutschland einmalig war dagegen die Bergung der beweglichen Kunstschätze sowie die Sicherung einzelner ortsgebundener Baudenkmäler. Seit Kriegsbeginn regelte zwar ein Merkblatt des Bayerischen Landesamtes für Denkmalpflege die Unterbringung von Kunstgegenständen, doch die Umsetzung der Empfehlungen geschah eher halbherzig, da der staatliche Zwang dazu fehlte. Zum einen besaß die Sicherung der meist kriegswichtigen Industrieanlagen den Vorrang, zum anderen stand angesichts der Materialknappheit und des Mangels an Arbeitskräften der Schutz von Kunstwerken im Hintergrund. Außerdem vermittelten vermauerte Brunnen oder Epitaphe und kahle, schmucklose Kirchen wenig Siegeszuversicht. Da ein ernsthaftes staatliches Engagement im Kunstluftschutz ausblieb, wurden die Nürnberger Beamten selbst aktiv, allen voran der Referatsleiter für Luftschutzangelegenheiten, Konrad Fries, und der Leiter der Hochbauamtsabteilung für

Abb. 166:
Im März 1943 wurde der Schöne Brunnen eingemauert. Photographie 1943.

Denkmalpflege, Julius Lincke. Eine Reihe von Maßnahmen sollte historische Baudenkmäler vor dem Ausbrennen schützen. So wurden Dachböden aufwendig entstaubt, mit Brandmauern durchzogen, Holzdachstühle chemisch gegen Feuer imprägniert, Böden mit Kalk bespritzt und feuergefährdete Fenster vermauert. Doch letztlich konnten alle diese Bemühungen die verheerende Wirkung der Bomben und der Brände nicht verhindern. Die großen Kirchen brannten aus, und auch der historische Rathaussaal, Sinnbild der ehemaligen Freien Reichsstadt, wurde vernichtet. In einzelnen Fällen verzögerten die Schutzmaßnahmen immerhin die Ausweitung des Feuers, so daß die Löschmannschaften wertvolle Zeit gewannen. Besonders grotesk mutete die Kennzeichnung der Schutzwürdigkeit besonders bedeutender Gebäude mit Schildern an, denn oftmals widerstanden nur die Schilder selbst den Flammen. Jedoch konnten aufgrund dieser Prioritätenregelung und durch den wagemutigen Einsatz der Löschmannschaften einige Gebäude vor der völligen Vernichtung gerettet werden, wie etwa das Fembohaus, die Landesgewerbeanstalt und auch das Albrecht-Dürer-Haus, das die Hausmeisterin selbst löschte.

Als wesentlich wirkungsvoller erwies sich die Sicherung der ortsgebundenen Kunstwerke, die mit Splitterschutzwänden umhüllt, einbetoniert oder mit Backsteinen ummauert wurden. Auf diese Weise konnten zum Beispiel das Sebaldusgrab, das Westportal an der Lorenzkirche und der Schöne Brunnen unbeschädigt erhalten werden. Das Material zur Sicherung sowie die Arbeitskräfte mußten dabei in zähem Kampf dem Generalbevollmächtigten für die Regelung der Bauwirtschaft abgerungen werden. Auch der Großzügigkeit der örtlichen Luftschutzleitung, die sogar Hilfskräfte für den Kunstluftschutz abstellte, ist die Rettung wertvoller Freiplastiken zu verdanken.

*Abb. 167:
Das von der US-Regierung erlassene Fraternisierungsverbot hatte nicht lange Bestand.
Photographie 1945.*

Entgegen der offiziellen Empfehlung, die beweglichen Kunstwerke außerhalb der Stadt unterzubringen, zogen es Fries und Lincke vor, die mobilen Kunstschätze innerhalb Nürnbergs zu bergen. Sie nutzten die Felsenkeller unter dem Paniersplatz und der Oberen Schmiedgasse sowie den Neutorturm, den die Nürnberger während der Bombenangriffe kaum aufsuchten, als Kunstbunker. Unter Umgehung der restriktiven staatlichen Weisungen ließ die Stadtverwaltung die Räume stillschweigend und in „Schwarzarbeit" zur Verwahrung der Kunstgegenstände klimagerecht ausbauen. Die Reichskleinodien, der Tucher-Altar, das Männleinlaufen der Frauenkirche, der Englische Gruß, kostbare Glasfenster aus fast allen Kirchen, Brunnenfiguren und viele andere unersetzliche Kunstgegenstände überdauerten dort unversehrt den Krieg. Auch Bestände des Stadtarchivs und der Bibliothek, wie zum Beispiel wertvolle Drucke von Albrecht Dürer und Handschriften von Hans Sachs, konnten auf diese Weise gerettet werden. Viele andere Institutionen, Kirchen und auch Privatleute, die von dem vorbildlichen Kunstluftschutz erfahren hatten, nutzten das Angebot der Stadt und brachten Kunstgegenstände von welthistorischer Bedeutung in Nürnberg unter. So verwahrte das Germanische Nationalmuseum unter anderem den Beheim-Globus unter dem Burgfelsen, die Universität Heidelberg rettete dort die Manessische Handschrift, und die Bibliothek von Wolfenbüttel brachte mit dem Sachsenspiegel eines der ältesten deutschen Rechtsbücher in Sicherheit. Kein einziges in den Nürnberger Felsenkellern und Türmen geborgenes Kunstwerk oder Kulturgut ging verloren, während viele auswärtig untergebrachte Kunstschätze verbrannten oder nach Kriegsende Plünderungen und Zerstörungen zum Opfer fielen, wie etwa in der Cadolzburg.

Neubeginn nach 1945 – ein Ausblick

Politik

Die Stadt Nürnberg bot bei Kriegsende ein absolut desolates Bild. Die Bevölkerung war auf nur noch rund 178.000 Einwohner gesunken. 36 Prozent der Wohngebäude waren völlig zerstört, und nur neun Prozent waren unbeschädigt geblieben. Rund elf Millionen Kubikmeter Schutt mußten erst beseitigt werden, bevor mit dem Wiederaufbau begonnen werden konnte. Auch die Infrastruktur war zusammengebrochen. Straßen und Schienen waren zerstört oder wegen der vielen Bombentrümmer unpassierbar. Weder die Verkehrswege nach außerhalb noch innerhalb der Stadt konnten genutzt werden. Zudem hatten die Städtischen Werke, die die Industrieanlagen mit Energie, Wasser und Gas versorgen sollten, schwere Schäden zu verzeichnen. Strom wurde oft nur stundenweise abgegeben. Ehemaligen Rüstungsbetrieben drohten darüber hinaus Demontagen oder zumindest Teildemontagen. Nur langsam begannen die dringend nötigen Aufräumungsarbeiten und ersten Reparaturen, denn es fehlte an Geld und Material zum Wiederaufbau.

Aufbau der Verwaltung und Neuordnung des politischen Lebens

Um die vordringlichsten Aufgaben wie die Versorgung der Bevölkerung mit Lebensmitteln und die Aufrechterhaltung der öffentlichen Ordnung bewältigen zu können, brauchte die US-Militärregierung, der in Nürnberg Oberstleutnant Delbert Fuller vorstand, einen Ansprechpartner in der Stadt. Zunächst wurde der zweite Bürgermeister Dr. Walter Eickemeyer mit der Weiterführung der Stadtverwaltung beauf-

Abb. 168:
„Aber wenigstens leben wir noch…“
Photographie 1945.

worden. Nachforschungen hatten aber ergeben, daß Luppe bei einem Bombenangriff ums Leben gekommmen war.

Erst im Sommer 1945 leitete ein radikaler Kurswechsel die Entnazifizierung ein. Nach einer „Fragebogenaktion“ der Alliierten wurden über 2.600 Bedienstete in der städtischen Verwaltung binnen weniger Wochen entlassen. Die Mitgliedschaft in einer nationalsozialistischen Organisation reichte in vielen Fällen für eine Kündigung aus. Die radikale Säuberung brachte die öffentliche Verwaltung an den Rand ihrer Funktionsfähigkeit. Bald holte man eine große Zahl von „Mitläufern“ in ihre Ämter zurück. Bereits im Herbst 1945 deutete sich eine allmähliche Normalisierung des öffentlichen Lebens an: Seit dem 15. November 1945 wurden die Militärregierungen in den Städten und Kreisen aufgelöst, und die deutschen Behörden erhielten ihre Selbstverwaltungskompetenzen nach und nach zurück. Darüber hinaus konstituierten bzw. reorganisierten sich die Parteien und stellten sich am 26. Mai 1946 der ersten Stadtratswahl nach dem Kriege. Wegen des Papiermangels druckten die Parteien keine eigenen Wahlzettel, sondern informierten die Bevölkerung in den „Nürnberger Nachrichten“ über ihre Ziele und Weltanschauung. Am 11. Oktober 1945 war die erste Ausgabe der „Nürnberger Nachrichten“ als dritte Zeitung in Bayern erschienen.

Mit einer außerordentlich hohen Wahlbeteiligung von 90 Prozent wählten die Nürnberger mit 45,8 Prozent die SPD zur stärksten Kraft im Rathaus. Die CSU erhielt 35,6 Prozent, die KPD 9,2 Prozent, die FDP 5,4 Prozent und die Wiederaufbau-Vereinigung WAV 4,0 Prozent. In der Sitzung vom 5. Juni 1946 bestätigte der neugewählte Stadtrat den sozialdemokratischen Oberbürger-

tragt. Nach seiner politischen Überprüfung wurde Eickemeyer jedoch schon am 22. April 1945 wieder entlassen und interniert. Ihm folgte das ehemalige Stadtrats- und NSDAP-Mitglied Julius Rühm als kommissarischer Bürgermeister. Gleichzeitig forderte die Militärregierung alle städtischen Beamte, Angestellten und Arbeiter auf, ihren Dienst wieder aufzunehmen. Davon wurde auch politisch belastetes Personal nicht ausgenommen, da die Aufrechterhaltung der Verwaltung zunächst Vorrang hatte. Schon im Juli erfolgte erneut ein Wechsel an der Spitze der Stadtverwaltung. Der Sozialdemokrat Martin Treu löste den Interimsbürgermeister Rühm im Amt ab. Der bereits 74jährige SPD-Kommunalpolitiker war nach sorgfältigen Recherchen von US-Offizieren für den Posten ausgewählt worden. Als zweiter Bürgermeister wurde Hans Ziegler, ebenfalls ein SPD-Mann, benannt. Ursprünglich war Hermann Luppe als Idealbesetzung für das Amt des obersten Verwaltungsbeamten favorisiert

Abb. 169: Notdürftige Behausungen in Kellerräumen waren lange Zeit die einzige Unterkunft für viele Nürnberger. Diese Bewohner haben sich ihren Tabakvorrat „organisiert". Photographie 1948.

meister Hans Ziegler im Amt. Ziegler hatte im Dezember 1945 Martin Treu abgelöst, der wegen seiner Kritik an der ungerechten Entnazifizierungspolitik der Besatzungsmacht vom Dienst suspendiert worden war. Der Aufbau der Dezernate sowie die Organisation des Wiederaufbaus der Stadt waren die Hauptschwerpunkte der ersten Amtsperiode des Stadtrats. Die zweite Stadtratswahl im Juni 1948 bestätigte die bisherigen Mehrheitsverhältnisse, doch wurde keiner der drei Bürgermeister wiedergewählt. Als Oberbürgermeister setzte sich der Sozialdemokrat Dr. Otto Ziebill durch. Erstmals in der Geschichte der Nürnberger Sozialdemokratie stellte die Arbeiterpartei beide Amtsvorsteher, denn Bürgermeister wurde der SPD-Mann Heinrich Landgraf. Ihm folgte 1949 Julius Loßmann. 1951 schied auch Ziebill aus. Der kompetente Verwaltungsexperte wechselte ins Amt des Präsidialdirektors des Deutschen Städtetages.

Im März 1952 fand die dritte Gemeindewahl nach dem Krieg statt. Wieder gewann die SPD hinzu und behauptete 24 Stadtratsmandate von insgesamt 50 Sitzen. Die CSU errang neun Sitze und die FDP sieben. Die übrigen zehn Mandate verteilten sich auf Splittergruppen mit Sonderinteressen wie etwa der Block der Heimatvertriebenen, die WAV oder die KPD. Sparkassendirektor Otto Bärnreuther (SPD) wurde zum neuen Oberbürgermeister gewählt. Als Bärnreuther mit nur 49 Jahren 1957 unerwartet starb, folgte ihm Dr. Andreas Urschlechter (SPD) im Amt. In einer Direktwahl erhielt er 57 Prozent der Stimmen und wurde der bis dahin jüngste Oberbürgermeister in der Bundesrepublik. Urschlechter war bestens vertraut mit der Stadt, denn seit 1946 arbeitete er

Abb. 170: Evakuierte Nürnberger machten auf ihre Notlage aufmerksam. Photographie um 1949.

als stellvertretender Wiederaufbaureferent, und seit 1955 war er als berufsmäßiger Stadtrat für den Geschäftsbereich Wiederaufbau-, Wohnungs- und Grundstücksverwaltung zuständig. 1981 stellte sich Urschlechter zum letzten Mal zur Wiederwahl, verließ aber 1982 überraschend die SPD. Als dienstältester Oberbürgermeister trat er 1987 in den Ruhestand. In den 30 Jahren seiner Amtszeit hatte Urschlechter nicht nur den Wiederaufbau der Stadt Nürnberg maßgeblich mitgeprägt und beeinflußt, er hatte sich auch für eine moderne, zukunftsorientierte Stadtentwicklung engagiert. Der Aufbau einer leistungsfähigen Verkehrsinfrastruktur mit U-Bahn, S-Bahn oder Rhein-Main-Donau-Kanal gehören ebenso zur Bilanz der „Ära Urschlechter" wie etwa der Neubau des Messezentrums oder der Bau der Meistersingerhalle. In hohem Maße war Urschlechter auch an der Konzeption und der Entstehung des neuen Stadtteils Langwasser im Südosten Nürnbergs beteiligt, der als Verwirklichung urbanen Wohnens internationale Anerkennung fand.

1978 verlor die SPD ihre absolute Mehrheit im Stadtrat und mußte mit der FDP zusammenarbeiten. Seit 1984 bis 1996 bestimmte die SPD schließlich im Bündnis mit den Grünen – der am längsten funktionierenden rot-grünen Zusammenarbeit in einer bundesdeutschen Großstadt – die Geschicke der Stadt weiter. Nach dem Ausscheiden von Dr. Andreas Urschlechter im Jahr 1987 stand Dr. Peter Schönlein (SPD) dem Stadtrat vor. Um die hohen Wahlkosten zu reduzieren, änderte er den Turnus der Bürgermeisterwahl und legte sie mit der Stadtratswahl zusammen. Schon 1990 stellte er sich der Wiederwahl und konnte sich behaupten. Seine Partei errang 32 Sitze, die CSU 25, die Grünen sechs, die FDP einen Sitz, und auch zwei Parteilose erlangten Mandate. Bei der Stadtratswahl 1996 aber unterlagen Schönlein und das rot-grüne Bündnis der Oppositon. Ludwig Scholz (CSU) übernahm im Mai die Verantwortung im Rathaus.

In den Luftangriffen des Zweiten Weltkriegs war mit der Nürnberger Altstadt ein einzigartiges kulturhistorisches Gesamtbaudenkmal von weltgeschichtlicher Bedeutung in Schutt und Asche gelegt worden. Viele historische Gebäude waren vollständig vernichtet, die meisten zumindest stark beschädigt. Ebenso waren weite Teile der Industrie- und Wohnanlagen zerstört und viele Versorgungs- und Bildungseinrichtungen ruiniert. Aufgrund dieser Schadensbilanz wurde 1946 sogar kurzzeitig erwogen, die gesamte Altstadt als Mahnmal gegen den Krieg als Ruine zu belassen, doch 1947 stellte der Stadtrat die Weichen für einen Neubeginn. Als eine der ersten deutschen Städte schrieb Nürnberg einen Wettbewerb zum Wiederaufbau der Stadt aus. Grundbedingungen waren, die topographische Struktur der Altstadt beizubehalten und die früheren herausragenden Gebäude wiederherzustellen, voran die charakteristischen historischen Baudenkmäler, wie dies die Nürnberger Architekten Heinz Schmeißner und Wilhelm Schlegtendal vorgeschlagen hatten. Ihre Ideen und Vorstellungen wurden im Grundplan von 1950 weitgehend aufgenommen. Nürnberg sollte im Kern als gotische Stadt wiederaufgebaut werden. Die Neubauten hatten sich dieser Wiederherstellung einzuordnen. Das bedeutete eine harmonische Einfügung und denkmalpflegerische Einordnung aller Bauten nach Maßstab und Material. Der Wiederaufbau Nürnbergs wurde innerhalb von zwei Jahrzehnten in weiten Teilen durchgeführt.

Die Wiederherstellung des charakteristischen Bildes der Nürnberger Altstadt bleibt ein anerkennenswerter Erfolg. So ist etwa die Restaurierung der Nürnberger Wehranlagen und der Burg eine große denkmalpflegerische Leistung. Weiterhin wurden fast alle Kirchen wieder instandgesetzt, was vor allem ein großes Verdienst der evangelischen und katholischen Gemeinden war. Aber auch das Bauensemble des Heilig-Geist-Spitals, das Dürerhaus, die Mauthalle oder der Wolff'sche Rathausbau wurden mit viel Sorgfalt wiederaufgebaut. Bei anderen Gebäuden wurde die verbliebene Bausubstanz in die Neubauten integriert, wie etwa beim Pellerhaus am Egidienberg. Diese Synthese aus Altem und Neuem war nicht immer unumstritten. Vieles ging auch unwiederbringlich verloren, wie etwa die Moritzkapelle mit dem Bratwurstglöcklein oder zahlreiche alte Bürgerhäuser wie das Toplerhaus. In vielen Fällen haben sich die Neubauten gekonnt dem Charakter der Altstadt angepaßt. Dies gilt zum Beispiel für die Banken und die Stadtsparkasse am Lorenzer Platz oder für den Neubau des Germanischen Nationalmuseums, für den Sep Ruf als Architekt verantwortlich war.

*Abb.171:
Mit der Wahl vom 8. November 1987 folgte Dr. Peter Schönlein (SPD) Dr. Andreas Urschlechter im Amt. Photographie 1987.*

*Abb.172:
Ludwig Scholz (CSU) – hier zusammen mit Innenminister Dr. Günther Beckstein auf der „Consumenta" – wurde am 24. März 1996 zum neuen Oberbürgermeister der Stadt gewählt. Photographie 1995.*

Abb. 173: Die Hamsterfahrt hat sich offensichtlich gelohnt. Photographie Sommer 1946.

Aber nicht nur die verlorene Bausubstanz galt es zu ersetzen, vielmehr mußte auch den neuen, zukunftsweisenden Bedürfnissen Rechnung getragen werden. Schon im Herbst 1946 stellte die SPD-Stadtratsfraktion fest: „Der Aufbauwille der Nürnberger Bevölkerung und die sich überall regende private und öffentliche Bauinitiative machen die baldige Aufstellung eines Bauplanes zur Altstadt zur zwingenden Notwendigkeit".

So mußten das Verkehrssystem durch den Ausbau der Ringstraße verbessert und der Plärrer als einer der Hauptknotenpunkte im innerstädtischen Verkehr neugestaltet werden. Das „EWAG-Hochhaus", 1953 erbaut und mit 14 Stockwerken größtes Hochhaus in Bayern, ist bis heute markantes Wahrzeichen des Wiederaufbaus. Daneben entstanden noch in den 50er Jahren viele weitere Büro- und Geschäftsbauten, wie das der „Universa" oder der „Nürnberger Lebensversicherung" um den Altstadtring, der bisweilen als „Versicherungsmeile" bezeichnet wird. „Nürnberg schaut nicht mehr durch Butzenscheiben", lobte der Schriftsteller Max von Aufseß den modernen Stil des Wiederaufbaus.

Eine ausgewogene Architektur sollte auch für Wohn- und Gewerbebauten geschaffen werden. „Jeder Mensch muß eine Wohnung haben, damit seine Arbeitskraft und Lebensfreude nicht erlischt, sondern erhöht wird", forderte Otto Bärnreuther als eine der dringlichsten Aufgaben des Wiederaufbaus, denn noch lange lebten viele Evakuierte außerhalb Nürnbergs. Auch die stetig wachsende Zahl der Flüchtlinge und Heimatvertriebenen – 1957 waren es mit 59.200 Personen 13,6 Prozent der Nürnberger Bevölkerung – verschärfte das Wohnungsproblem. Zur Entlastung waren 1948 in Langwasser die ersten aus Geldern des „Marshallplans" geförderten Wohnungen der Bundesrepublik errichtet worden. Unter Oberbürgermeister Urschlechter begann die systematische Erschließung des neuen Stadtteils, die in ihrer Zielsetzung weit über die Bereitstellung ausreichender Wohnungen hinausging. Großzügige Grünanlagen, aber auch ausgewiesene Industrie- und Gewerbeflächen sowie eines der ersten Einkaufszentren der Bundesrepublik ermöglichen urbanes Wohnen im jungen Stadtteil Langwasser. Daneben wurden durch Sanierungsarbeiten auch die anderen Stadtteile Nürnbergs besser erschlossen und aufgewertet. Die Lebensqualität wurde damit spürbar erhöht.

*Abb 174:
Wartburgs und Trabbis am Lorenzer Platz.
Photographie 1989.*

Auch Einrichtungen für das Gemeinwohl wie neue Krankenhäuser, Schulen und Kirchen wurden errichtet. Als Zentren des kulturellen und gesellschaftlichen Lebens wurden die Meistersingerhalle am Luitpoldhain, die Akademie der Bildenden Künste, das Konservatorium und das Schauspielhaus neu gebaut. 1986 erfolgte die Grundsteinlegung zum neuen Südklinikum. 1991 konnte das Frankenstadion nach einer gründlichen Sanierung und Vergrößerung wieder eröffnet werden. 1993 wurde der Erweiterungsbau des Germanischen Nationalmuseums seiner Bestimmung übergeben.

Nürnberg zählt heute fast 500.000 Einwohner und weist durch die Eingemeindungen von 1972 die flächenmäßig bislang größte Ausdehnung auf. Doch noch immer geht der Wiederaufbau und die Ausgestaltung der Altstadt weiter, denn nicht alle kriegsbedingten Baulücken sind geschlossen. So steht weiter die Ruine des Katharinenklosters, und erst 1989 war das sogenannte Kreuzgassenviertel ausgebaut worden.

Abb. 175:
In den Jahren 1956 bis 1958 entstand der sogenannte Theodor-Heuss-Bau nach einem Entwurf des Architekten Sep Ruf. Photographie 1959.

Abb. 176:
Moderne Architektur, wie hier das „Plärrer-Hochaus" von 1953, damals das höchste Bauwerk Bayerns, findet nur vor den Mauern der Altstadt Platz. Die autogerechte Stadt war lange Jahre Leitbild der Städteplanung. Photographie 1967.

*Abb. 177:
Langwasser – der Stadtteil im Grünen. Photographie 1993.*

*Abb. 178:
Die Einweihung von „Deutschlands schönstem Stadion“ erfolgte 1991. Photographie 1994.*

*Abb.179:
Mit einem Kostenvolumen in Höhe von 579 Millionen DM wurde das Südklinikum, projektiert für über 1.000 Betten, in den Jahren 1986 bis 1994 errichtet.
Photographie 1995.*

*Abb.180:
Private Bauträgerschaft realisierte mit dem Cinecittà eine neue Facette im Stadtbild: Am 18.10.1995 wurde die Kinostadt mit ihren zahlreichen Cafés und Bars an der Stelle der alten LGA-Maschinenhalle eröffnet.
Photographie 1996.*

Wirtschaft

Abb.181: Nürnberg konnte nach dem Zweiten Weltkrieg seine Rolle als traditionsreicher Siemens-Standort behaupten. In der Fertigung werden überwiegend Frauen beschäftigt. Photographie 1969.

Nach dem Ende des Krieges war in Nürnberg rund die Hälfte der Industriebauten völlig zerstört. Noch schwerer hatte es die Werkstätten und Einzelhandelsgeschäfte in der Altstadt getroffen. Doch mit den Instrumenten der Warenbewirtschaftung und vor allem mit den entschieden wirksameren Mitteln des Naturaltausches und der Kompensation begann der wirtschaftliche Wiederaufbau in der zerbombten Stadt. Eine tiefe Zäsur im Wirtschaftsleben der Nachkriegszeit war die Währungsreform vom 20. Juni 1948. Seitdem ging es aufwärts. Einen schweren Einbruch aber brachte die Errichtung des „Eisernen Vorhangs", denn damit verlor die Nürnberger Wirtschaft weite Teile ihres „Hinterlandes" und ihrer traditionellen Absatzmärkte, etwa in der Tschechoslowakei, in Polen, Ungarn oder Rußland. Sehr nachteilig machte sich für den Standort Nürnberg auch die „Revierferne" bei der Versorgung mit Kohle und Rohstoffen bemerkbar. Und doch gelang es der Nürnberger Wirtschaft in den Jahren des „Wirtschaftswunders", sich an die veränderte Lage anzupassen und sich in den neuen Wirtschaftsräumen zu behaupten, wobei Teile der Nürnberger Industrie förmlich boomten. Der Bausektor erlebte eine Hochkonjunktur – mehr als 10.000 Wohngebäude wurden in den 50er Jahren errichtet. Firmen wie Grundig, Diehl, Siemens, AEG, Photo-Porst und das Versandhaus Quelle stiegen sogar zu Weltfirmen auf. Die Zahl der Beschäftigten in der Nürnberger Industrie wuchs in diesen Jahren von 77.999 auf 120.000, nicht zuletzt durch den Zuzug von ausländischen Arbeitskräften.

Um Anschluß an die Wirtschaftsräume im Westen und an die Weltmärkte zu gewinnen, nachdem der Osten Europas verschlossen war, mußten die Verkehrswege in die neuen Wirtschaftsregionen ausgebaut werden. Dies erfolgte durch die Elektrifizierung der Bahnstrecke nach Frankfurt und durch den Bau der Autobahnen in Richtung Frankfurt und Stuttgart sowie durch die Eröffnung des Flughafens am Marienberg. Wichtig für die Nürnberger Wirtschaft war weiterhin der Bau des Rhein-Main-Donau-Kanals seit 1959. Ein Strukturwandel aber deutete sich bereits mit dem Niedergang und schließlich Zusammenbruch der traditionsreichen Zweiradindustrie an.

Mit dem Aufstieg der Wirtschaft in den Jahren des „Wirtschaftswunders" wurden auch die Verbindungen und Verflechtungen in der Städteachse Erlangen-Fürth-Nürnberg-Schwabach immer enger, so daß aus den vier Städten und ihrem Umland eine eigenständige „Wirtschaftsregion" entstand, die „In-

Abb. 182:
Das Quelle-Versandgebäude an der Fürther Straße wurde zum wichtigen Arbeitgeber für den gesamten nordbayerischen Raum. Photographie 1962.

Abb. 183:
Die Internationale Spielwarenmesse ist das Aushängeschild des Messestandorts Nürnberg. Vignette 1952.

dustrieregion Mittelfranken". Die Struktur war geprägt von vielfältigem Handwerk und Industrie, voran von der Metallindustrie und dem verarbeitenden Gewerbe, insbesondere von der Maschinenindustrie, der Metallverarbeitung und Metallveredelung, der Elektrotechnik, der Feinmechanik und Optik. Der Dienstleistungsbereich blieb dagegen zurück. Stark war auch die Abhängigkeit vom Export.

Die Konzentration der Arbeitsplätze innerhalb der Städteachse oder „Industriegasse" führte zu einer hohen Pendlerbewegung – rund 120.000 Arbeitskräfte pendelten in den sechziger Jahren täglich nach Nürnberg, was bald den Bau von S-Bahn und U-Bahn erforderlich machte. Mit dem Bau der U-Bahn wurde 1967 begonnen, zunächst mit der Linie U1 von Langwasser nach Fürth/Hauptbahnhof. Ein Jahrzehnt später folgte der Bau der Linie U2 von Röthenbach über den Plärrer in Richtung Flughafen, der im Jahr 2000 erreicht werden soll. Dieser konnte in den vergangenen Jahren das Verkehrsaufkommen beträchtlich steigern, vor allem seit der Wiedervereinigung. 1980 wurden 772.000 Fluggäste gezählt, und 1995 waren es bereits nahezu 2,3 Millionen, die in dem neuen Flughafengebäude abgefertigt wurden. Daneben ist Nürnberg sehr gut in das deutsche und internationale Schienenverkehrsnetz eingebunden. In dem Verkehrsverbund Großraum Nürnberg (VGN) sind U-Bahn, S-Bahn, Bahnen und Busse der Bundesbahn zusammengeschlossen. Dabei erfreut sich der öffentliche Personennahverkehr (ÖPNV) wachsender Beliebtheit. 1994 nutzten 175 Millionen Fahrgäste das Angebot des Verkehrsverbundes, und der Trend ist steigend.

Ausgesprochen gut hat sich auch der Nürnberger Hafen entwickelt, der 1995 privatisiert wurde. In ihm sind die drei Verkehrsträger Straße, Schiene und Wasser ideal zusammengefaßt. Der Hafen ist zu einem Güterverkehrs- und Logistikzentrum geworden und umfaßt Frachtumschlag, Speditionen, Lagerung und sogar Produktions- oder Veredelungsbetriebe.

Überaus erfolgreich ist auch die Nürnberger Messe auf dem 1973 eingeweihten Messezentrum, wo jährlich über 100 Veranstaltungen stattfinden. Die über 30 Fachmessen mit 15.000 Ausstellern werden heute von mehr als 1,5 Millionen Menschen besucht. Unbestrittener Höhepunkt ist dabei die Spielwarenmesse, die weltweit führende Messe dieser Branche.

Bei allem erfolgreichen Aufstieg aber war der Strukturwandel in der Nürnberger Industrie unübersehbar. Rund 8.000 Arbeitsplätze gingen in den 70er Jahren in der Metall- und Elektroindustrie verloren. Sie konnten zunächst noch weitgehend von den Dienstleistungsbetrieben aufgefangen werden, von denen die erfolgreichsten die Gesellschaft für Konsum-, Markt- und Absatzforschung (GfK) und die Datenverarbeitungsorganisation des steuerberatenden Berufes (DATEV) sind. Die GfK ist heute das bedeutendste Marktforschungsinstitut in Deutschland und in Europa die Nummer zwei. Die DATEV ist sogar das Paradebeispiel eines Dienstleisters. Sie wurde 1966 gegründet und entwickelte sich rapide vom Kleinbetrieb zu einem der führenden EDV-Unternehmen in Europa, das rund 34.000 Steuerberater betreut. Auch die „Nürnberger Versicherungsgruppe" ist erfolgreich aufgerückt in die Spitzengruppe der deutschen Versicherer und zählt in einzelnen Segmenten bereits zu den Marktführern.

Überaus wichtig war auch die 1961 erfolgte Eingliederung der seit 1919 bestehenden Hochschule für Wirtschafts- und Sozialwissenschaften (WISO) als sechste Fakultät der Friedrich-Alexander-Universität, die sich seither nach den beiden Standorten Erlangen-Nürnberg nennt. Die WISO zählt heute rund 6.000 Studenten, mehr als 8.000 Studenten besuchen die Georg-Simon-Ohm-Fachhochschule. Beide Bildungseinrichtungen stellen einen hervorragend ausgebildeten und qualifizierten Nachwuchs für Nürnbergs Wirtschaft zur Verfügung.

Noch 1991 konnte die Industrie- und Handelskammer Nürnberg in ihrem Jahresbericht konstatieren: „Der Wirtschaftsraum Nürnberg – die heimliche Millionenstadt Bayerns – ist eines der zehn größten Wirtschaftszentren Deutschlands und gehört zur Spitzengruppe der deutschen Technologieregionen, in den letzten Jahren mit überdurchschnittlich hohem wirtschaftlichen Wachstum". Dazu erwartete man sich nach der deutschen Wiedervereinigung und der Öffnung der Grenzen nach Osteuropa einen langen Wirtschaftsaufschwung. Nürnberg sah sich künftig als Drehscheibe des Verkehrs und der Handelsströme in Europa. Jedoch wurden Nürnberg und die ganze Wirtschaftsregion von tiefgreifenden strukturellen Veränderungen erfaßt, die noch nicht abgeschlossen sind und von denen niemand voraussagen kann, wie sie enden werden. Der Umbau der veralteten Industriegesellschaft zu einer modernen Dienstleistungs- und Informationsgesellschaft trifft das Wirtschaftszentrum Nürnberg besonders schwer und nachhaltig. Zwischen 1972 und 1994 sind in der Wirtschaftsregion Nürnberg rund 65.000 Arbeitsplätze weggefallen, wobei die Rationalisierungsmaßnahmen nicht nur ungelernte Arbeiter und Facharbeiter trafen, sondern auch Angehörige des mittleren Managements und Ingenieure. Kaum ein Tag vergeht ohne neue Meldungen über Personalabbau, Verlagerungen von Produktionen ins Ausland oder gar von Schließungen. Besonders der Großmaschinenbau, der Anlagen- und Kraftwerksbau, der Rundfunk- und Fernsehgerätebau, die Haushaltsgeräte- und Büromaschinenbranche und die Elektroindustrie sind vom Stellenabbau betroffen. Ihre Bedeutung sinkt schneller als der Dienstleistungssektor wachsen kann. Auch macht sich nachteilig bemerkbar, daß viele Konzerne und Banken ihre Zentralen aus Nürnberg verlagerten.

Der Strukturwandel der Nürnberger Wirtschaft hat aber längst begonnen. So erreicht der Dienstleistungsbereich mittlerweile einen Anteil von rund 65 Prozent an der Gesamtbeschäftigung. Vor allem hat sich Nürnberg fast unbemerkt zu einer „Medienstadt" mit großen Zukunftsperspektiven entwikkelt. Es beherbergt nämlich zahlreiche Printmedien und audiovisuelle Medien sowie mehrere Unternehmen für Marketing und Kommunikation. Traditionell hohen Rang besitzt vor allem das

Abb. 184:
Seit 1950 ist Nürnberg wieder an den internationalen Luftverkehr angeschlossen. Der Flughafen ist wichtigstes Verbindungsglied zwischen der nordbayerischen Industrie und den Handelszentren der Welt. Photographie 1992.

Abb. 185:
Die DATEV wurde 1966 gegründet. Das EDV-Dienstleistungsunternehmen stellt u.a. den Steuerberatern Programme und EDV-Kapazität für die Unterstützung bei der Mandantenbetreuung zur Verfügung. Photograhpie 1996.

Abb. 186:
Bereits 1934 wurde die Gfk-Nürnberg e.V. als erstes Marktforschungsinstitut in Deutschland von Prof. Dr. Wilhelm Vershofen gegründet. Im Bereich der Handelsforschung zum Beispiel werden Informationen aus den verschiedenen Absatzkanälen erhoben, Befragungen im Handel durchgeführt und umfangreiche Testmarktforschungen auf der Basis von elektronischen Verfahren betrieben. Photographie 1992.

Abb.187:
Im Oktober 1988 eröffnete die IHK ihr neues Zentrum für Weiterbildung in der Walter-Braun-Straße mit einer Kapazität von 850 Plätzen. Photographie 1989.

Druckgewerbe, so daß Nürnberg sogar als „heimliche Druckhauptstadt" und als führendes Tiefdruckzentrum Europas gilt. Großunternehmen wie „maul belser" und U.E. Sebald drucken mehr als 50 Millionen Zeitschriften monatlich. Täglich erscheinen Zeitungen mit einer Gesamtauflage von rund 450.000 Exemplaren. Nürnberg hat auch mit der Entwicklung der elektronischen Medien Schritt gehalten. Neben dem Studio Nürnberg des Bayerischen Rundfunks strahlen noch fünf private Radiosender und zwei Fernsehsender in die Region aus. Durch den Ausbau der Nürnberger Messe, den Erweiterungsbau des Germanischen Nationalmuseums, den Neubau der Landesgewerbeanstalt und den Bau eines neuen staatlichen Museums für moderne Kunst sucht Nürnberg weiterhin für Besucher und Touristen attraktiv zu bleiben und seinen Ruf als Kulturstadt zu festigen.

Als besondere „Kompetenzfelder" für die Wirtschaftsregion Nürnberg werden die vier Technikbereiche Kommunikationswirtschaft, Umwelttechnik, Verkehrstechnologie und Energietechnik gesehen, in denen die Region vor allem ihre Zukunftschancen sieht. Ein wichtiger Faktor auf dem Weg zu einem Innovations- und Dienstleistungszentrum sind die Wissenschaft, die Forschung und die Ausbildung, die durch die Universität, die Fachhochschule und andere schulische Einrichtungen sowie durch Anwendungs-, Innovations- und Gründerzentren gewährleistet sind. Neben Technologieförderung und Technologietransfer wird die Design-Förderung zum weiteren wichtigen Instrument zur Sicherung der Wettbewerbsfähigkeit. Durch seine vielfältigen zukunftsorientierten Forschungseinrichtungen und seine leistungsfähigen Unternehmen hat Nürnberg gute Voraussetzungen, um ein modernes Entwicklungs- und Produktionszentrum für Industrie und Dienstleistung zu bleiben. Nürnberg sieht sich nicht als eine Krisenregion, sondern ist davon überzeugt, die großen Aufgaben und Herausforderungen der Zukunft bewältigen zu können.

Abkürzungen

IHK = Industrie- und Handelskammer
JffL = Jahrbuch für fränkische Landesforschung
MVGN = Mitteilungen des Vereins für Geschichte der Stadt Nürnberg
NF = Nürnberger Forschungen
NW = Nürnberger Werkstücke

Auswahlbibliographie

Architektur in Nürnberg 1900–1990, Hg. Centrum Industriekultur Nürnberg, Stuttgart 1981.

Bärnreuther, Otto, Auferstehung einer Stadt, Sonderbeilage der Nürnberger Nachrichten vom 15. 10. 1955.

Barthel, Otto, Die Schulen in Nürnberg 1905–1960, Nürnberg o.J.

Bauen in Nürnberg 1933–1945. Architektur und Bauformen im Nationalsozialismus, Nürnberg 1995.

Bayern und seine Armee. Eine Ausstellung des Bayerischen Hauptstaatsarchivs aus den Beständen des Kriegsarchivs, München 1987.

Beckh, Hermann, Johannes Zeltner (1805–1882). Ein Nürnberger Unternehmer, in: MVGN 58 1971, S. 304–336.

Beckh, Louis Constantin, Bayerns Großindustrie und Großhandel, Nürnberg 1895.

Beckh, Louis Constantin, Chronik der Maschinenfabrik J.W. Spaeth, Nürnberg 1895.

In die neue Zeit. Nürnberg 1850–1900. Nürnberg 1992.

Berichte über die Bayerische Landes-Industrie-Gewerbe- und Kunst-Ausstellung zu Nürnberg 1882, Hg. Ausschuss des polytechnischen Vereins in München, München 1884.

Bericht über die Veranstaltungen und den Verlauf des Dürerjahres. Nürnberg 1928. Hg. Stadtrat Nürnberg, Nürnberg 1928.

Bösch, Hans, Geschichte der Maschinenbau-Aktiengesellschaft Nürnberg mit Filiale Gustavsburg und der Nürnberger Drahtstiftenfabrik Klett & Co., Nürnberg 1895.

Boldt, Werner, Der Januarstreik in Bayern unter besonderer Berücksichtigung Nürnbergs, in: JffL 25 (1965). S. 5–42.

Braun, Adolf, Haushaltsrechnungen Nürnberger Arbeiter, Nürnberg 1901.

Braun, Rainer, Garnisonsbewerbungen aus Franken 1803–1919. Motive und Hintergründe, in: JffL 47 (1987), S. 105–150.

Brettinger, Valentin, Handels- und Gewerbe-Adreßbuch Nürnberg-Fürth, Nürnberg 1891.

Bröger, Karl, Der Held im Schatten, Jena 1919.

Bruder, Thomas, Nürnberg als bayerische Garnison von 1806 bis 1914, (= NW 48), Nürnberg 1992.

Buchner Ernst (Hg.), 1914–1918. Wie es damals daheim war. Das Kriegstagebuch eines Knaben, Nürnberg 1930.

Carl, Ferdinand, Die Städtische Sparkasse in Nürnberg, ihre Entstehung und Entwicklung, Nürnberg 1906.

Cohen, Rudolf, Schuckert 1873–1923. Würzburg 1923.

Das Bauen im neuen Reich, Hg. Gauverlag Bayerische Ostmark in Verbindung mit Gerdy Troost, Bayreuth 1938.

Das billigste Nürnberger Kleinsthaus als „Einfachsiedlerstelle der Stadt Nürnberg", in: Der Baumeister, Heft 9, Jg. 32, 1934.

Das Nürnberger Stadion im Sport- und Volkspark auf dem Zeppelinfeld. Eine Beschreibung seiner Entstehung. Hg. Stadtrat, Nürnberg o.J.

Dehn, Paul, Das neue Nürnberg und seine internationale Bedeutung, München 1883.

Der Luftkrieg in Nürnberg. Quellen des Stadtarchivs zum 2. Januar 1945, Hg. Stadtarchiv Nürnberg, Nürnberg 1985.

Die Arbeitslosigkeit, ihre statistische Erfassung und ihre Bekämpfung, (= Mitteilungen des statistischen Amtes der Stadt Nürnberg, Heft 1), Nürnberg 1911.

Die Bleistiftfabrik von Johann Faber in Nürnberg. Festschrift, Nürnberg 1889.

Diefenbacher, Michael/Lehner, Julia, Vom Augustinerkloster zum Lorenzerplatz. Zur Geschichte der Hauptniederlassungen der Stadtsparkasse Nürnberg, Nürnberg 1994.

Die Kriegsfürsorge der Stadt Nürnberg 1914, Nürnberg 1914.

Die Versorgung des Stadt Nürnberg mit Getreide, Mehl und Brot im Weltkriege, bearbeitet von Christian Weiß, Nürnberg 1918.

Die Wohlfahrtseinrichtungen Nürnbergs. Ein Auskunftsbuch, Hg. Städtisches Wohlfahrtsamt, Nürnberg 1921.

Die Region Nürnberg (Monographien Deutscher Wirtschaftsgebiete), Hg. von der IHK Nürnberg, Nürnberg 1996.

Ehrenbacher, Robert, Die Geschichte des fränkischen Hopfenbaues nebst einer Betrachtung der Entwicklung und Organisation des Nürnberger Hopfenmarktes, Nürnberg 1915.

Endres, Rudolf, 100 Jahre Nürnberger Geschichtsverein – 100 Jahre Nürnberger Geschichte, in: MVGN 65 (1978), S. 9–26.

Endres, Rudolf, Raumerschließung und Industrialisierung in Nordbayern, in: Frühe Eisenbahnbauten als Pionierleistung (= Schriften des Zentralinstituts für fränkische Landeskunde und allgemeine Regionalforschung an der Universität Erlangen-Nürnberg Bd. 32), Neustadt a.d.Aisch 1993, S. 31– 50.

Endres, Rudolf, Warum wurde die erste Eisenbahn zwischen Nürnberg und Fürth gebaut? in: Mitteilungen der Fränkischen Geographischen Gesellschaft 31/32. 1984/85. S. 481–502.

Faber, Johann, Zur Geschichte des Bleistiftes, Nürnberg 1898.

Festschrift zur Eröffnung des neuen Krankenhauses der Stadt Nürnberg, Nürnberg 1898.

Festschrift zur 40.ten Hauptversammlung des Vereins Deutscher Ingenieure in Nürnberg vom 11.–15. Juni 1899, Hg. Fränkischer Oberpfälzischer Bezirks-Verein Deutscher Ingenieure, Nürnberg 1899.

Fries, Konrad/Lincke, Julius, Der Kunstluftschutz in der Stadt Nürnberg während des Zweiten Weltkrieges, in: MVGN 66 (1979), S. 292–303.

Fritzsch, Robert, Nürnberg im Krieg, Düsseldorf 1984.

Fritzsch, Robert, Nürnberg unterm Hakenkreuz, Düsseldorf 1983.

75 Jahre Kommunales Verhältniswahlrecht. 75 Jahre SPD-Stadtratsfrakion Nürnberg 1908–1983, Hg. Stadtarchiv Nürnberg, Nürnberg 1983.

Gelin, Joseph, 1943–1945. Erlebnisse eines französischen Arbeiterpriesters, Nürnberg 1995.

Gerlach, Walter (Hg.), Das Buch mit alten Firmen der Stadt Nürnberg im Jahre 1959, Nürnberg 1959.

Geßler, Otto, Auf dem Nürnberger Bürgermeisterstuhl im Weltkrieg 1914–1918, in: Festgabe für seine Königliche Hoheit Kronprinz Rupprecht von Bayern, München 1953, S. 98–126.

Geßler Otto, Nürnberger Lebensmittelversorgung im Kriege, in: Fränkische Tagespost vom 2. 2. 1917, No. 28.

Gesundheitspflege in Nürnberg an der Wende des 19. Jahrhunderts. Festschrift dargeboten den Mitgliedern und Teilnehmern der 24. Versammlung des deutschen Vereins für öffentliche Gesundheitspflege, Nürnberg 1899.

Gömmel, Rainer, Wachstum und Konjunktur der Nürnberger Wirtschaft (1815–1914), Stuttgart 1978.

Götz, Norbert, Um Neugotik und Nürnberger Stil (= NF 23), Nürnberg 1981.

Graphisch-Statistischer Atlas der Stadt Nürnberg (= Mitteilungen des Statistischen Amtes der Stadt Nürnberg, Heft 4), Nürnberg 1914.

Grote, Ludwig, Die romantische Entdeckung Nürnbergs, München 1967.

Guthmann, Marga, Erlebt in Gostenhof, Nürnberg 1989.

Gutmann, Adam (Hg.), Bayerns Industrie und Handel, Nürnberg 1906.

Hambrecht, Rainer, Der Aufstieg der NSDAP in Mittel- und Oberfranken, (= NW 17), Nürnberg 1976.

Hanschel, Hermann, Oberbürgermeister Hermann Luppe, (= NF 21), Nürnberg 1977.

Hecht, Emil, Die bauliche Entwicklung Nürnbergs unter Berücksichtigung der Arbeiterwohnungsfrage, Nürnberg 1878.

Hess, Hans, Die Wohnungsverhältnisse der Nürnberger Arbeiterbevölkerung, Nürnberg 1893.

Im Zeichen der Waage. Wirtschaft und Gesellschaft im Wandel. 425 Jahre Nürnberger Handelsvorstand. Hg. IHK mit Gerhard Pfeiffer, Nürnberg 1985.

Industriekultur in Nürnberg. Eine deutsche Stadt im Maschinenzeitalter. Hg. Hermann Glaser, Wolfgang Ruppert, Norbert Neudecker, München 1980.

Jegel, August, Die wirtschaftliche Entwicklung von Nürnberg-Fürth, Stein und des Nürnberger Raumes seit 1806. Nürnberg 1952.

Koch, Christian/Täuberich Hans Jürgen, Bier in Nürnberg-Fürth, Brauereigeschichte in Franken, München 1987.

Kriegsnotstandsmaßnahmen für städtische Beamte, Lehrkräfte, Arbeiter, Hilfsangestellte, Pensionisten und Hinterbliebene von städtischen Angestellten, Nürnberg 1917.

Kunze, Karl, Kriegsende in Franken und der Kampf um Nürnberg im April 1945, (= NF 28), Nürnberg 1995.

Lebermann, Kurt, Die Konzentration der Bingwerke, in: Wirtschaftsstudien, Hg. Georg Schanz, Leipzig, Erlangen 1924, S. 61–64.

Leute vom Fach. Nürnberger Handwerk im Industriezeitalter, Hg. Centrum Industriekultur Nürnberg, Nürnberg 1988.

Lotz, Wilhelm, Das Reichsparteitagsgelände und seine Bauten, in: Der Baumeister, Heft 10, Jg. 35, 1937.

Luppe, Hermann, Mein Leben, Nürnberg 1977.

Merkel, Gottlieb, Sterblichkeits- und allgemeine sanitäre Verhältnisse, in: Die sanitären Verhältnisse und Anstalten der Stadt Nürnberg, Nürnberg 1877.

Monatsberichte des Arbeitsamtes Nürnberg, Dezember 1920.

Monatsberichte des Arbeitsamtes Nürnberg, Februar 1930.

Mück, Wolfgang Kurt, Deutschlands erste Eisenbahn mit Dampfkraft. Die kgl. priv. Ludwigs-Eisenbahn zwischen Nürnberg und Fürth, Fürth 1968.

Müller, Arndt, Geschichte der Juden in Nürnberg 1146–1945, Nürnberg 1968.

Murko, Matthias, Motorradlegenden. Nürnberger Zweiradgeschichte. Hg. Centrum Industriekultur Nürnberg, Nürnberg 1994.

Nadler, Fritz, Ich sah wie Nürnberg unterging, Nürnberg 1972.

Nürnberger Ausstellungsberichte. Die Bayerische Landesausstellung 1896 in Nürnberg und Führer durch Bayern in Wort und Bild. Nr. 46, 1896.

Nürnberg-Fürther Straßenbahn 1881–1935. Städtische Werke Nürnberg/Straßenbahn, Nürnberg 1935.

Nürnberg in alten und neuen Reisebeschreibungen. Ausgewählt von Barbara Fürst, Düsseldorf 1990.

Nürnbergs Entwicklung in den letzten 25 Jahren (= Mitteilungen des Statistischen Amtes der Stadt Nürnberg, Heft 11), Nürnberg 1928.

Nürnberg während des Krieges. Wirtschaftliche Lage und soziale Fürsorge, Hg. Statistisches Amt, Nürnberg 1914.

Pechmann, Heinrich Freiherr von, Der Ludwigskanal, Nürnberg 1854.

Peter Behrens und Nürnberg. Ausstellungskatalog des Germanischen Nationalmuseums Nürnberg. Nürnberg 1980.

Peter Luginsland, alias Hans Schoedel, Das warn halt noch Zeiten, 3. Bd, Nürnberg 1963.

Pfeiffer, Gerhard, Das Nürnberger Gemeindebevollmächtigtenkollegium 1818–1919, in: MVGN 65 (1978), S. 350– 396.

Pfeiffer, Gerhard (Hg.), Nürnberg. Geschichte einer europäischen Stadt, München 1971.

Poschinger, Heinrich von, Bankgeschichte des Königreichs Bayern, Erlangen 1875, Nachdruck 1977.

Rée, Johannes Paul, Bayerische Jubiläums-Landes-Ausstellung Nürnberg 1906. Offizieller Bericht, Nürnberg 1907.

Reicke, Emil, Das Buch der alten Firmen in der Stadt Nürnberg, Leipzig 1930.

Rossmeissel, Dieter, Arbeiterschaft und Sozialdemokratie in Nürnberg 1890–1914, Nürnberg 1977.

Satzung. Kriegskreditbank Nürnberg-Fürth, Aktiengesellschaft in Nürnberg, Nürnberg 1914.

Scharrer, Johannes, Deutschlands erste Eisenbahn mit Dampfkraft oder Verhandlungen der Ludwigs-Eisenbahn-Gesellschaft in Nürnberg, Nürnberg 1836.

Scharrer, Johannes, Ein Blick in Nürnbergs Gewerbegeschichte, Beilage zum Jahresbericht über die technischen Lehranstalten in Nürnberg für 1835/36, 10.

Scholtes, Philipp, das städtische Elektrizitätswerk Nürnberg, Nürnberg 1899.

Schramm, Georg Wolfgang, Bomben auf Nürnberg, Luftangriffe 1940–1945, München 1988.

Schramm, Georg Wolfgang, Der zivile Luftschutz in Nürnberg 1933–1945 (= NW 35), Nürnberg 1983.

Schröder, Peter, Die Entwicklung des Nürnberger Großgewerbes. 1807–1870. Studien zur Frühindustrialisierung, Nürnberg 1971.

Schrötter, Georg, Geschichte der Stadt Nürnberg, Nürnberg 1909.

Schuh, Georg von, Elektrische Anlagen für städtische Zwecke unter der Berücksichtigung der von Oskar von Miller für die Stadt Nürnberg ausgearbeiteten Projekte einer elektrischen Centrale. Vortrag gehalten im Verein Treu Nürnberg am 14. 12. 1893.

Schuh, Georg von, Nürnberg im Jubiläumsjahre 1906, Nürnberg 1906.

Schultheiß, Werner, Zwei unbekannte Vorschläge zur Errichtung von Sparkassen, Pensions- und Leihkassen in Nürnberg von 1810 und 1813, in: MVGN 49 (1959), S. 439–456.

Schwanhäußer, Eduard, Die Nürnberger Bleistiftindustrie und ihre Arbeiter in Vergangenheit und Gegenwart, Nürnberg 1895.

Schwarz, Klaus Dieter, Weltkrieg und Revolution in Nürnberg. Ein Beitrag zur Geschichte der deutschen Arbeiterbewegung, Stuttgart 1971.

Schwarzwälder, Wilhelm, Die Entwicklung des Nürnberg-Fürther Exportes nach den Vereinigten Staaten von Nordamerika, Nürnberg 1912.

Schwemmer, Wilhelm, Nürnberger Bürgerhäuser der Altstadt Lorenzer Seite, (= NF 14), Nürnberg 1970.

Siedlungspläne der Stadt Nürnberg, in: Der Baumeister, Beilage Heft 4, Jg. 33, 1935.

Stahl, Helmut, Ingenieursausbildung in Nürnberg im Wandel der Strukturen, in: MVGN 67 (1980), S. 192–198.

Statistisches Jahrbuch der Stadt Nürnberg, Jge. 11–24, (1919–1933), Nürnberg 1921–1934.

Steffan, Franz/Diehm, Walter, Die Bayerische Staatsbank 1780–1969, Würzburg 1969.

Stein, Erwin (Hg.), Monographien Deutscher Städte Bd. 23, Nürnberg 1927.

Stockhaus, Dörthe, „Aber mir sind trotzdem satt worn mit unserer Suppn". Nürnberger Arbeiterkost um die Jahrhundertwende, in: MVGN 81 (1994), S. 243–272.

Terhaerst, Rudolf, Städtisches Gaswerk Nürnberg. Denkschrift aus Anlaß der Eröffnung des neuen Gaswerks Nürnberg, Nürnberg 1906.

Verkehrsentwicklung Nürnbergs im 19. und 20. Jahrhundert, (= NF 17), Nürnberg 1972.

Verwaltungsberichte der Stadt Nürnberg, Hg. Stadtmagistrat, Nürnberg 1891–1913.

Wachtel, Joachim, Der deutsche Durst, München 1977.

Wachter, Clemens, Die Auseinandersetzungen der katholischen Kirche mit dem nationalsozialistischen Regime in Nürnberg, in: MVGN 82 (1995) S. 275–319.

Weber, Karl Julius, Reise durch Franken, Stuttgart 1983.

Weiß, Christian, Die Stadt Nürnberg und ihre Arbeiter. München 1912/1914.

Wenzel, Georg, Die Geschichte der Nürnberger Spielzeugindustrie, Nürnberg 1967.

Wiessner, Paul, Die Anfänge der Nürnberger Fabrikindustrie (1818– 1850), Frankfurt am Main, 1929.

Wurmb, Dietrich von, Die städtebauliche Entwicklung Nürnbergs von 1806 bis 1914, München 1969.

Wirtschaftsraum Mittelfranken, Hg. in Zusammenarbeit mit der Industrie- und Handelskammer Nürnberg, Nürnberg 1987 (2).

Zelnhefer, Siegfried, Die Reichsparteitage der NSDAP, (= NW 46), Nürnberg 1991.

Zinner, Bernd, Die Handelskammer von Mittelfranken, 1842–1889, (= NW 19), Nürnberg 1976.

Zorn, Wolfgang, Zur Nürnberger Handels- und Unternehmergeschichte des 19. Jahrhunderts, in: Beiträge zur Wirtschaftsgeschichte Nürnbergs, Hg. Stadtarchiv Nürnberg. 2 Bde., Nürnberg 1967.

Zug der Zeit – Zeit der Züge. Deutsche Eisenbahn 1835–1985, Bd. 1, Hg. Eisenbahnjahr Ausstellungsgesellschaft mbH, Nürnberg, Berlin 1985.

Zuschlag, Christoph, Entartete Kunst. Ausstellungsstrategien im Nazi-Deutschland, Worms 1995.

Zeitungen

Fränkischer Kurier 1890–1933.
Fränkischer Kurier, Industrienummer 1912.
Fränkische Tagespost 1917–1920.
Acht-Uhr Blatt 1929.
Nürnberger Zeitung 1930.
Nürnberger Anzeiger 1905.
Nürnberger Anzeiger und Münchner freie Presse 1902.
Nordbayerische Zeitung 1905.
Illustrierte Neue Zeitung vom 11. 10. 1930.
Vereinszeitung des 1. Fußballklub Nürnberg Nr. 9, 1922.

Stadtarchiv Nürnberg (StadtAN)

F2 Chronik der Stadt Nürnberg. Bde. 29–48 (1917–1949).
C7/I Generalregistratur 2301.
C7/I Generalregistratur 8131.
C7/I Generalregistratur 11271.
C7/IX Stadtratsprotokolle 139.
C7/IX Stadtratsprotokolle 140.
C7/IX Stadtratsprotokolle 141.
C7/IX Stadtratsprotokolle 142.

Bildnachweis

Stadtarchiv Nürnberg:
Abb. Umschlag vorne, 1, 12, 13, 14, 16, 17, 18, 19, 20, 21, 24, 26, 27, 29, 30, 32, 33, 37, 40, 41, 42, 43, 44, 47, 48, 51, 56, 58, 64, 65, 67, 69, 74, 75, 76, 79, 85, 88, 89, 90, 91, 93, 94, 95, 100, 101, 104, 105, 106, 108, 109, 111, 112, 114, 116, 120, 121, 123, 124, 125, 126, 127, 129, 130, 131, 132, 133, 134, 135, 136, 137, 138, 139, 140, 141, 142, 143, 144, 145, 146, 147, 148, 149, 150, 151, 152, 153, 155, 156, 157, 158, 159, 161, 162, 165, 166, 167, 168, 169, 170, 171, 173, 175, 176, 181, 182, 183 sowie die Abbildungen auf den Seiten 18, 19, 32, 72, 76, 164, 182, 192, 193, 246, 282, 288.

Archiv der Stadtsparkasse Nürnberg:
Abb. 6, 7, 8, 9, 10, 11, 15, 22, 23, 25, 34, 35, 36, 38, 39, 45, 46, 50, 53, 55, 59, 60, 61, 62, 63, 68, 72, 73, 77, 78, 80, 81, 82, 83, 84, 86, 87, 92, 96, 97, 110, 113, 117, 118, 119, 122, 128, 154, 160.

Stadtbibiliothek Nürnberg:
Abb. 31, 52, 57, 70, 98, 99, 102, 103, 107 sowie die Abbildungen auf den Seiten 34, 43, 94, 98, 99, 180, 222, 281, 290.

Graphische Sammlung/Museen der Stadt Nürnberg:
Abb. Umschlag vorne, 2, 3, 4, 5.

Walter Bauernfeind/Ulrich Woitek:
Abb. 115a, 115b, 115c.

Bischof + Broel:
Abb. Umschlag vorne, 177, 185, 186.

Flughafen Nürnberg:
Abb. 184.

Kurt Fuchs:
Abb. 178, 179.

Geschäftsstelle der CSU-Stadtratsfraktion Nürnberg:
Abb. 172.

Industrie- und Handelskammer:
Abb. 187.

Uli Kowatsch:
Abb. 180.

Herbert Liedel:
Umschlag hinten

Archiv der „Nürnberger Nachrichten":
Abb. 174.

Privatbesitz:
Abb. 163, 164 sowie die Abbildung auf Seite 86.

Personen- und Firmenregister

Firmen persönlichen Namens sind durch ein nachfolgendes (Fa.) gekennzeichnet.
Personen, die nobilitiert wurden, sind mit (von) gekennzeichnet.